生涯规划·就业指导·创业指导

大学生全程就业指导

主　编　王新文　胥　亮
编　委　王新文　刘必兰　严红霞　吴　敏
　　　　胥　亮　贾成俊　廖立敏　严红霞

南京大学出版社

图书在版编目(CIP)数据

生涯规划·就业指导·创业指导 / 王新文,胥亮主编. —南京:南京大学出版社,2014.8(2019.7 重印)

ISBN 978-7-305-13743-3

Ⅰ.①生… Ⅱ.①王… ②胥… Ⅲ.①大学生—职业—选择 Ⅳ.①G647.38

中国版本图书馆 CIP 数据核字(2014)第 181065 号

出版发行 南京大学出版社
社　　址 南京市汉口路 22 号　　邮编 210093
出 版 人 金鑫荣

书　　名 生涯规划·就业指导·创业指导
主　　编 王新文　胥　亮
责任编辑 徐佳乐　吴　汀　　编辑热线 025-83686531

照　　排 南京理工大学资产经营有限公司
印　　刷 丹阳兴华印务有限公司
开　　本 787×960　1/16　印张 20.5　字数 409 千
版　　次 2014 年 8 月第 1 版　2019 年 7 月第 5 次印刷
ISBN 978-7-305-13743-3
定　　价 42.00 元

网　　址:http://www.njupco.com
官方微博:http://weibo.com/njupco
官方微信号:njupress
销售咨询热线:(025)83594756

前言

在高等学校从事就业指导工作多年,时常会面对一些大三大四的学生,对自己的未来仍然一片迷茫:不知道自己未来想从事什么职业,不知道自己未来能从事什么职业,更不知道自己现在有什么职业本领……面对这样的学生,我往往是一声叹息:这是我们学校教育的欠缺,导致孩子们只会读书,只会读死书!他们毕业了怎么办?

这是谁的责任?学校领导?专业老师?辅导员?都不是!这是我国社会转型期的普遍现象,是我们现有教育体系的课程设置和市场需求相脱节所导致的。在欧美发达国家和我国的香港特别行政区,从中学就开始生涯规划的教育,让学生了解自己,了解社会就业环境,使他们对自己的未来的发展有一个明确的路径指向,使自己对未来学校的选择、专业的选择有科学依据。我国在市场经济建设的进程中,社会对高等教育人才的要求越来越高,市场对那些没有接受生涯规划教育、缺乏职业技能的大学生已经亮起了黄灯。因此,高等院校的就业指导工作不能再按照传统的毕业前夕进行就业指导的思路开展,而必须将就业指导贯穿于大学教育的全程。教育行政部门也早就对就业指导工作提出了类似的意见。

就业指导的全程化应该包含生涯规划(包含学业规划)、就业指导和创业指导三部分。以三年制高职为例,一般而言分三个阶段,第一阶段是学生在大一第一学期,学生应该接受生涯规划教育,了解自己的生涯发展方向,制定大学阶段的学业规划;第二阶段是大一第二学期至大二第二学期,学生应该接受就业知识的教育,认真学习专业知识,提升专业技能,拓展自己的知识面,不断修正或微调自己的生涯目标;第三阶段是大三学年全年,应该接受就业政策、技巧的教育和培训,到实习单位实习,提升专业知识的运用水平和实际操作能力。四年的本科专业的学生只需要延长第二阶段时间即可。这样的安排,让学生知道,所有的学习都是按照学业规划进行的,学业规划的基础是科学的生涯规划,大学阶段的学习是为了未来更好的步入社会,走进职场,实现人生价值。

按照上述思路,我们编写了这本教材。教材的第一章到第四章是生涯规划部分(包含学业规划),第二章到第十三章是就业指导的内容,第十四章、十五章是大学生创业指导的内容。为了方便教学和学生自学,本教材在编写过程中力图做到以下三点:

一、视野开阔，针对性强。本教材吸收了国内外就业指导专业人士的研究成果，将生涯规划和就业指导、创业指导有机相连，指导大学生从大一就开展业生涯规划，使他们明白自己到底适合从事何种职业，再依据生涯规划的结果开展学业规划。这样大学生就可以从大一开始，树立目标、逐步积累、稳步提高，为未来的就业做准备。教材中，无论是从各种职业素质的介绍，还是推荐材料的准备，或是对就业信息的分析及各种来自于现实中大学生的第一手案例等，这些资料针对性极强而又富于说服力，容易为大学生群体所接受。

二、案例丰富，可读性强。本教材用简洁易懂的语言，娓娓道来的方式将内容展现在读者面前。书中丰富的案例和资料构成了本教材一个明显的特色。这种编写手法更有利于读者轻松的阅读，拉近作者和读者的距离，帮助读者了解更为实际和全面的信息，也使该书增加了阅读的趣味性和针对性。

三、信息量大，受益者众。本教材不仅能对大学一至四年级的学生有效地起到指导作用，也能对刚毕业离开校园的大学生起到指导作用，如有关大学生应具备的职业素养，不仅是对在校大学生的要求，也是对走上职场的毕业生的要求。又如，本教材不但介绍了国家和江苏省的就业政策，还将每年吸收全国绝大多数毕业生的长三角、珠三角和京津塘环渤海经济区的主要城市的就业政策介绍给读者，方便大学生有针对性的作出决策。此外，书中关于推荐材料的制作、面试的方法和技巧、择业的心理误区、弱势群体的就业等方面的内容对社会其他需要求职的群体也有一定的帮助。

面对年复一年的巨大的就业压力，面对莘莘学子渴求的眼光，我们编写这本书，希望它能给大学生们和需要就业的人们以有益的帮助，引导他们顺利走进职场。

编　者

2014. 8

目　　录

第一部分　生涯规划、学业规划

绝大多数大学生在高考后的高校招生志愿填报阶段都有过这样的经历：填报什么专业让人很纠结。是的，由于中学阶段没有接受过职业生涯规划的教育，许多同学的志愿填报是盲目的，你所填报的专业和录取的专业未必是最适合你的。职业生涯规划的理论表明，每个人的职业兴趣是不一样的，对于填报志愿这种和未来自己职业相关度很高的重要工作，必须要有职业生涯规划做基础，因为，不是社会上热门的专业就是适合你的专业，也不是收入高的职业就是适合你的，而是你喜欢的、你有兴趣的才是适合你的。本教材第一章到第四章就是告诉你怎样做职业生涯规划及学业规划。

第一章　生涯自我探索
——内在探索

提醒：对自我的内在探索，是生涯规划的第一步，一定要认真探索，因为它将是生涯规划决策的基础，意义重大。

生涯与职业生涯

做生涯规划的前提是要求我们首先要了解自己，然后了解自己所处的环境，在此基础上才能进行生涯决策。

一、生涯

所谓生涯，是从出生到生命终结的全部历程。对于生涯，我们至少可以从两种角度去理解：一是从生物学的角度看，它是单向的，出生——成长——衰老——死亡，具有不可逆性。人在生涯的生物属性面前，常常有时不我待的紧迫感，个体能做的是顺应生物发展规律，在

有限的空间内进行保健，以期延缓衰老。二是从社会学的角度看，在有限的生物周期内，个体可以有选择地参与社会活动，这就使得生涯具有多样性、开放性。人生是在生物属性的限定与社会属性的开放双重条件下展开的。生涯的生物属性有其自然规律，不以人的意志转移。我们需要关注的是生涯的社会属性，关注在自己有限的生涯中，使我们的职业变得更有意义的部分。

萨帕(Super)[①]认为，人生的整体发展是由时间、领域和投入程度决定的，即职业生涯包括时间、领域和投入程度三个层面。

第一，时间层面。职业生涯的时间层面，按人的年龄和生命历程分为成长、探索、确立、维持和衰退五个阶段。

第二，领域层面。职业生涯的领域层面或者范围层面，是指一个人终身所扮演的各种不同角色，例如儿童(子女)、学生、休闲者、公民、工作者、夫妻、家长、父母和退休者等九种角色。

第三，深度层面。深度，即职业生涯的投入程度，是指一个人在扮演每一个角色时所投入的程度。

正是由于不同类型的职业角色提供的支撑作用及需要的付出大不相同，因此，我们首先才要澄清自己的人生价值观，调配各种角色的分量比重，在此基础上进行职业生涯的定位与规划。

二、职业生涯

(一) 职业生涯定义

萨帕指出，职业生涯是生活中各种事件的演进方向和历程，统合了人一生中的各种职业和生活角色，由此表现出个人独特的自我发展组型；它也是人自青春期至退休以后，一连串有酬或无酬职位的综合，甚至包括了副业、家庭和公民的角色。

我国台湾学者林幸台指出，职业生涯包括个人一生中所从事的工作，以及其担任的职务、角色，同时也涉及其他非工作或非职业的活动，即个人生活中衣食住行娱乐各方面的活动和经验。

美国职业心理专家施恩则把职业生涯分成了外职业生涯与内职业生涯。所谓外职业生涯是指从事职业时的工作单位、工作地点、工作内容、工作职务、工作环境、工作待遇等因素的组合及其变化过程。内职业生涯是指从事一项职业时所具备的知识、观念、心理素质、能力、内心感受等因素的组合及其变化过程。

---

① 萨帕：美国具有代表性的职业生涯发展管理专家，著名职业心理学家，被誉为生涯发展大师。

（二）职业生涯发展阶段

尽管不同的个体职业生涯路线不同，但在几十年的职业生涯中，还是会经历一些共同的阶段。关于职业生涯发展阶段，学者有不同的分法。萨帕的分类得到了较多学者的认同，他将人生职业生涯发展划分为五个阶段，每个阶段又分为不同的时期：

1. 成长阶段。0—14 岁。对职业经历从好奇、幻想到兴趣，到有意识培养职业能力的逐步成长过程。这一阶段具体分为 3 个成长期：

(1) 幻想期(10 岁之前)：儿童从外界感知到许多职业，对于自己觉得好玩和喜爱的职业充满幻想并进行模仿。

(2) 兴趣期(11—12 岁)：以兴趣为中心，理解、评价职业，开始作职业选择。

(3) 能力期(13—14 岁)：开始考虑自身条件与喜爱的职业是否相符合，有意识地进行能力培养。

2. 探索阶段。15—24 岁。择业、初就业。也可分为 3 个时期：

(1) 试验期(15—17 岁)：综合认识和考虑自己的兴趣、能力与职业社会价值、就业机会，开始进行择业尝试。

(2) 过渡期(18—21 岁)：进入劳动力市场，或者进行专门的职业培训。

(3) 尝试期(22—24 岁)：选定工作领域，开始从事某种职业。

3. 建立阶段。25—44 岁为建立稳定职业阶段。经过两个时期：

(1) 尝试期(25—30 岁)：对初就业选定的职业不满意，再选择、变换职业工作。变换次数各人不等。也可能满意初选职业而无变换。

(2) 稳定期(31—44 岁)：最终职业确定，开始致力于稳定工作。

4. 维持阶段。在 45—64 岁这一长时间内，劳动者一般达到常言所说的“功成名就”情景，已不再考虑变换职业工作，只力求维持已取得的成就和社会地位。

5. 衰退阶段。人到 65 岁以上，其健康状况和工作能力逐步衰退，即将退出工作，结束职业生涯。

在上述萨帕的生涯发展阶段中，每一阶段都有一些特定的发展任务需要完成，每一阶段需达到一定的发展水准或成就水准，而且前一阶段发展任务的达成与否关系到后一阶段的发展。在以后的研究岁月中，萨帕对发展任务的看法又向前跨了一步。他认为在人一生的生涯发展中，各个阶段同样要面对成长、探索、建立、维持和衰退的问题，因而形成“成长—探索—建立—维持—衰退”的循环。

以上划分各有特点。对于不同的人，有其不同的作用，因为人生发展是极为复杂的。不同的学历会影响不同的工作时间，不同工作的时间就会产生不同的生涯阶段 。即使是同等学历、同年毕业，每个人的发展速度也不一样。因此，生涯阶段的划分，宜粗不宜细。每个人

应根据自己的具体情况，划分自己的生涯阶段。生涯的自我探索分为四个方面，即价值观探索、兴趣探索、性格探索和能力探索。

职业生涯规划

职业生涯规划定义：个人依据职业生涯发展的主客观条件及制约因素，对已经确认的职业起点，结合职业生涯发展的阶段，提出相应的职业生涯发展目标，拟订实现目标的工作、教育、培训计划和行动方案，并赋予确定的时间期限。

职业生涯是动态的，特别是年轻人的职业生涯都是从零开始的，充满了不确定性，因而，相应的职业生涯规划也应该是动态的系统工程。一个好的职业生涯规划应该具备以下几个特性：

可行性：规划要有事实依据，而不仅是美好的幻想或不着边际的梦想，否则将会延误生涯良机。

适时性：规划是预测未来的行动，确定将来的目标，因此对各项主要活动何时实施、何时完成，都应有时间和时序上的妥善安排，以作为评估管理的依据。

适应性：职业生涯目标毕竟是未来的，具有不可预知性，牵涉到多种可变因素，因此规划应有弹性，以增加其适应性。

持续性：人生每个发展阶段要能持续连贯衔接。

根据时间的长短，把职业生涯规划分为短期规划、中期规划、长期规划和人生规划。

短期规划：为三年以内的规划，主要是确定近期目标，规划近期完成的任务。如对专业知识的学习，掌握哪些业务知识等。

中期规划：一般为三至五年，在近期目标的基础上设计中期目标。如规划到不同业务部门做经理，从大型公司部门经理到小公司做总经理等。

长期规划：其规划时间是五至十年，主要设定较长远的目标。如规划 30 岁时成为一家中型公司的部门经理，40 岁时成为一家大型公司的副总经理等。

人生规划：整个职业生涯的规划，时间长至 40 年左右，设定整个人生的发展目标。如规划成为一个有数亿资产的公司董事等。

生涯规划对每一位大学生还有着重要意义：

一、明确职业方向

职业目标是为自己设立一个职业生涯发展的方向和目标，好像罗盘指针在被磁化之前所指的方向是不确定的，但是指针被磁化具有特殊属性之后，它们就会永远指向北方——忠实于两极。因此，一个人要树立一个大的方向，无论他迈出的是哪一步，都应是朝着这个大方向而努力的。

二、避免路径依赖

我们走出大学校门的第一份工作是非常重要的。许多没有进行职业生涯规划的大学生抱着“走一步算一步”和“骑驴找马”的心态开始了职业历程，结果是懵懵懂懂地踏入某个职业领域，产生了“路径依赖”心理，时间越长越难消退。一旦选择进入某个路径就可能对这种路径产生依赖。某一路径的既定方向会在以后的发展中得到自我强化。也就是说，我们过去做出的选择决定了现在及未来可能的选择。好的路径会起到正反馈的作用，进入良性循环；不好的路径会起到负反馈的作用，进入恶性循环，可能会被锁定在某种低迷的状态下。

三、降低机会成本

抱着走一步算一步的心态，往往也会陷入“机会成本”的泥潭。选择做一件事情，必然会放弃另一件，那个被放弃的所带来的收益就是机会成本。想跳槽转行，继续留在原来那个行业可能创造的价值就变成了机会成本，机会成本越高，更新选择的难度就越大。

职业生涯的发展犹如爬树一样，一旦发现树上所结的果实并非自己所需或上面的枝干已经腐朽时，唯一的选择就是退下来，换一棵树或者朝另一个方向继续爬。在旧树干上爬得越高的人，退下来的难度也就越大，而越是等待观望，所付出的代价就越大。

进行职业定位和职业生涯规划，会让大学生对己对彼知道得更加清晰，甚至可以用望远镜看看“树”的顶端有没有自己想要的东西，从而做出正确的选择，降低个人的成本。即使爬上去再退下来，也会有充分的理由和准备，进行下一段历程①。

职业生涯规划理论

职业生涯规划的理论主要产生于美国。美国的职业生涯规划的理论与实践，经历了五个发展阶段：

第一阶段，是职业指导理论的提出和基本模式的建立，以帕森斯的“特性——因素相匹配理论”为代表，以1909年《职业选择》一书的问世为标志，强调人的特性与职业因素相匹配。第二阶段是强调就业咨询、就业指导，以威廉姆逊出版的《怎样咨询学生》为标志。第三阶段注重个人发展，1942年罗斯杰出版的《心理咨询和心理治疗》，职业指导的重点

① 顾雪英. 大学生职业指导. 人民教育出版社，2005.

发生转变，由侧重开发职业素质的技法，转变为注重职业咨询的方法。第四阶段，通过把握人格特征来选择职业从而达到人职匹配。代表人物是霍兰德，他于1959年创立了“人格——职业类型匹配理论”。第五阶段是生涯指导，上世纪50年代，金兹伯格等人提出了“职业发展是一个与人的身心发展相一致的过程”的新观念，萨柏提出“生涯发展理论”，指出“职业指导即协助个人发展并接受统一完整的自我形象，同时发展适切的职业角色形象，使个人在现实世界中接受考验，并转化为实际的职业，以满足个人需要，同时造福社会”①。由此开始了盛行至今的职业生涯规划辅导，代替传统的职业指导的概念。这里介绍几个目前使用较多的理论：

一、霍兰德职业兴趣理论

在人格和职业的关系方面，霍兰德提出了一系列假设：① 在现实的文化中，可以将人的人格分为六种类型：实际型、研究型、艺术型、社会型、企业型与传统型。每一特定类型人格的人，便会对相应职业类型中的工作或学习感兴趣；② 环境也可区分为上述六种类型；③ 人们寻求能充分施展其能力与价值观的职业环境；④ 个人的行为取决于个体的人格和所处的环境特征之间的相互作用。在上述理论假设的基础上，霍兰德提出了人格类型与职业类型模式。不同人格类型的人需要对应的生活或工作环境，例如“实际型”的人需要实际型的环境或职业，因为只有这种环境或职业才能给予其所需要的机会与奖励，这种情况即称为“和谐”。类型与环境不和谐，则该环境或职业就无法提供个人的能力与兴趣所需的机会与奖励。

霍兰德在其所著的《职业决策》一书中描述了六种人格类型的相应职业：

实际型：基本的人格倾向是，具有现实倾向的个体，喜欢有规则的具体劳动和需要基本操作技能的工作，一般具有技术与运动取向，相对具有较强的身体技巧和机械的协调能力，对于机械和物体显示出强烈的关注。缺乏社交能力，不适应社会性质的职业。具有这种类型人格的人其典型的职业包括技能性职业（如一般劳工、技工、修理工、农民等）和技术性职业（如制图员、机械装配工等）。

研究型：是指具有研究倾向的个体，具有聪明、理性、好奇、精确、批评等人格特征，对于理论思维和数理统计具有浓厚的兴趣，对于解决抽象性的问题具有极大的热情。喜欢智力的、抽象的、分析的、独立的定向任务这类研究性质的职业，但缺乏领导才能，独立倾向明显。其典型的职业包括科学研究人员、教师、工程师等。

艺术型：指具有艺术倾向的个体，基本的人格倾向是，具有想象、冲动、直觉、无秩序、情

---

① 王新文，李宝国. 大学生全程就业指导. 广西师范大学出版社，2006：8.

绪化、理想化、有创意、不重实际等人格特征。对于创造性的、想象性的、具有自我表现空间的工作显示出明显的偏好。他们和具有探究倾向的个体的共同之处在于创造倾向明显，对于结构化程度较高的职业及环境都不太喜欢，对机械性及程式化的工作缺乏兴趣，都比较喜欢独立行事。喜欢艺术性质的职业和环境，不善于事务工作。其典型的职业包括艺术方面的（如演员、导演、艺术设计师、雕刻家等）、音乐方面的（如歌唱家、作曲家、乐队指挥等）与文学方面的（如诗人、小说家、剧作家等）。

社会型：指具有社交倾向的个体，通常他们的语言能力优于数理能力，具有合作、友善、助人、负责、圆滑、善社交、善言谈、洞察力强等人格特征。喜欢社会交往、关心社会问题、有教导别人的能力。适合从事咨询、培训、辅导、劝说类的工作，其典型的职业包括教育工作者（如教师、教育行政工作人员）与社会工作者（如咨询人员、公关人员等）。

企业型：具有进取倾向的个体，喜欢制定新的工作计划，建立新的组织，并积极发挥组织的作用进行活动。他们喜欢影响、管理和领导他人，具有强烈的信心，喜欢冒险，喜欢支配别人，喜欢从事领导及管理类的职业，有独断、自信、精力充沛、善社交等人格特征，其典型的职业包括政府官员、企业领导、销售人员等。

事务型：具有传统倾向的个体喜欢高度有序、要求明晰的工作，不适应规则模糊、自由空间大的工作。他们不喜欢主动决策，习惯于被动服从，具有顺从、谨慎、保守、实际、稳重、有效率等人格特征。在工作中，他们会与别人保持一定的距离。他们工作仔细，有毅力，比较在意社会地位和社会评价，通常愿意在大型机构做一般性的工作。喜欢有系统有条理的工作任务，其典型的职业包括秘书、办公室人员、计事员、会计、行政助理、图书馆员、出纳员、打字员、税务员、统计员、交通管理员等。

然而上述的人格类型与职业关系也并非绝对的一一对应。霍兰德在研究中发现，尽管大多数人的人格类型可以主要地划分为某一类型，但人有着广泛的适应能力，人的人格类型在某种程度上是相近于另外两种人格类型，并能适应另两种类型的工作的。也就是说，某些类型之间存在着较多的相关性，同时每一类型又有种极为相斥的职业环境类型。霍兰德用一个六边形简明地描述了六种类型之间的关系，见图 1－1。从霍兰德六边形我们可以看到，六种类型之间存在着三种关系：相邻、相隔和相对关系。相邻如 RI、IA、AS、SE、EC、CR，相隔如 RA、RE、IC、IS、AE、SC，相对如 RS、IE、AC。属于相邻关系的两种类型的个体之间共同点较多（如实际型 R、研究型 I 的人就都不太偏好人际交往，这两种职业环境中也都较少机会与人接触）；属于相隔关系的两种类型个体之间共同点较相邻关系要少；而处于相对关系的人格类型共同点就基本没有。因此，一个人同时对处于相对关系的两种职业环境都很感兴趣的情况较为少见。

职业兴趣是职业选择中最重要的因素，它是一种强大的精神力量。职业兴趣测验可以

帮助个体明确自己的主性向，从而能得到最适宜的活动情境并给予最大的能力投入。根据霍兰德的理论，个体的职业兴趣可以影响其对职业的满意程度。当个体所从事的职业和他的职业兴趣类型匹配时，个体的潜在能力可以得到最彻底地发挥，工作业绩也更加显著。在职业兴趣测试的帮助下，个体可以清晰地了解自己的职业兴趣类型和在职业选择中的主观倾向，从而在纷繁的职业机会中找寻到最适合自己的职业，避免职业选择中的盲目行为。尤其是对于大学生和缺乏职业经验的人，霍兰德的职业兴趣理论可以帮助做好职业选择和职业设计，从而成功地进行职业调整。从整体上认识和发展自己的职业能力和职业兴趣也是职业成功的重要因素。根据霍兰德的职业兴趣理论，个体的职业兴趣一旦被激发出来，枯燥的工作会变得丰富多彩、饶有兴味。研究表明，如果个体的职业兴趣类型和职业环境相匹配，个体整体能力就可以在工作中得到发挥。因此，职业兴趣作为职业动力的主要源泉，在同等条件下，职业兴趣类型和职业环境的匹配不仅可以带来职业满足感，更是充分发挥潜力走向职业成功的重要基础。目前，霍兰德的职业兴趣理论已经被广泛地应用于职业指导、社会科学及商业领域，其影响和作用也日益扩大。当然霍兰德的职业兴趣理论并不完美，有些地方过于理想化，需要不断地补充和完善。同时，我们认真分析、借鉴和发展这些已有成果，会有助于我国职业兴趣测量研究的开展。

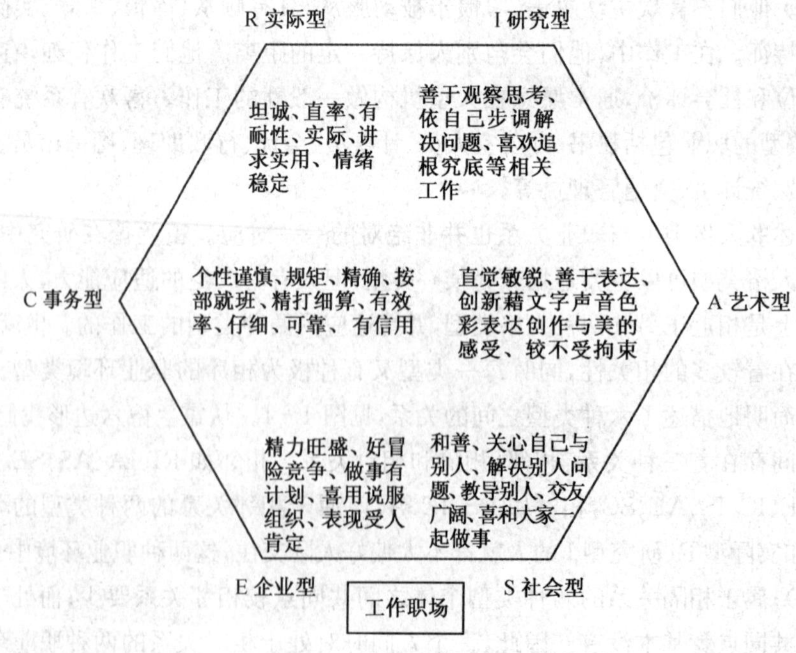

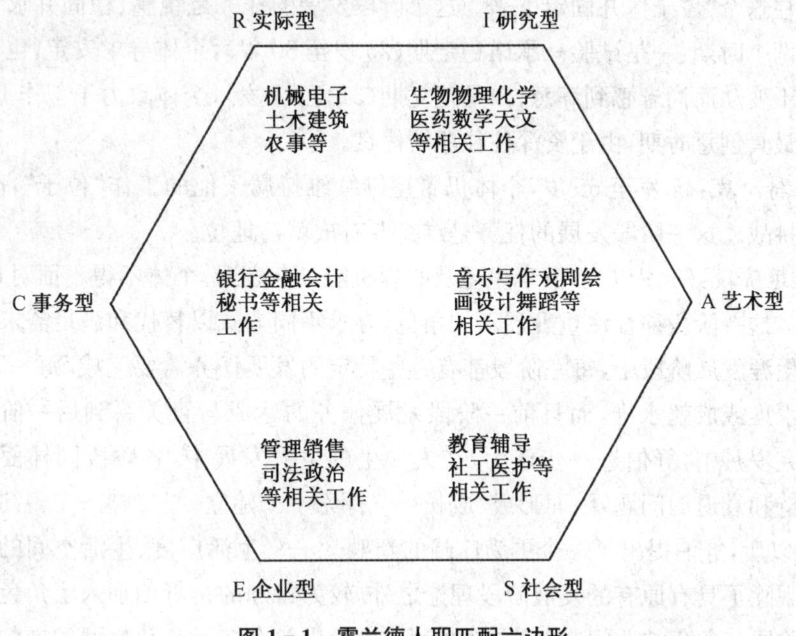

图 1-1 霍兰德人职匹配六边形

二、舒伯的生涯发展阶段理论

舒伯(1953)将生涯发展阶段划分为成长、探索、建立、维持与衰退五个阶段。

(一) 成长阶段:出生至 14 岁,该阶段孩童开始发展自我概念,开始以各种不同的方式来表达自己的需要,且经过对现实世界不断地尝试,修饰他自己的角色。这个阶段发展的任务是:发展自我形象,发展对工作世界的正确态度,并了解工作的意义。这个阶段共包括三个时期:一是幻想期(4 岁至 10 岁);二是兴趣期(11 岁至 12 岁);三是能力期(13 岁至 14 岁)。

(二) 探索阶段:15 岁至 24 岁,该阶段的青少年通过学校、社团、休闲等活动,对自我能力及角色、职业进行探索,选择职业时有较大弹性。这个阶段发展的任务是:使职业偏好逐渐具体化、特定化并实现职业偏好。这阶段共包括三个时期:一是试探期(15 岁至 17 岁),考虑需要、兴趣、能力及机会,作暂时的决定,并在幻想、讨论、课业及工作中加以尝试;二是过渡期(18 岁至 21 岁),进入就业市场或专业训练,更加重视现实,力图实现自我观念,将一般性的选择专为特定的选择;三是试验并稍作承诺期(22 岁至 24 岁),生涯初步确定并试验其成为长期职业生活的可能性,如果不适合则可能再一次经历上述各时期以确定方向。

(三) 建立阶段:25 岁至 44 岁,由于经过上一阶段的尝试,不合适者会谋求变迁或作其他探索,因此该阶段较能确定在整个事业生涯中属于自己的“位子”,并在 31 岁至 40 岁开始

考虑如何保住这个“位子”,并固定下来。这个阶段发展的任务是统整、稳固并求上进。这个阶段又包括两个时期:一是试验—承诺稳定期(25 岁至 30 岁),个体寻求安定,也可能因生活或工作上若干变动而尚未感到满意;二是建立期(31 至 44 岁),个体致力于工作上的稳固,大部分人处于最具创意时期,由于资深往往业绩优良。

(四) 维持阶段:45 岁至 65 岁,个体仍希望继续维持属于他的工作“位子”,同时会面对新的人员的挑战。这一阶段发展的任务是维持既有成就与地位。

(五) 衰退阶段:65 岁以上,由于生理及心理机能日渐衰退,个体不得不面对现实从积极参与到隐退。这一阶段往往注重发展新的角色,寻求不同方式以替代和满足需求。

在上述生涯发展阶段中,每一阶段都有一些特定的发展任务需要完成,每一阶段需达到一定的发展水准或成就水准,而且前一阶段发展任务的达成与否关系到后一阶段的发展。在以后的研究岁月中,舒伯进一步认为,在人一生的生涯发展中,各阶段同样面对成长、探索、建立、维持和衰退的问题,因而形成“成长——探索——建立——维持——衰退”的循环。

80 年代以后,舒伯提出了一个更为广阔的新观念——生活广度、生活空间的生涯观,这个生涯发展观除了具有原有的发展阶段理论之外,较为特殊的是舒伯加入了角色理论,并根据生涯发展阶段与角色彼此间交互影响的状况,描绘出一个多重角色生涯发展的综合图形,这个图形被舒伯命名为“一生生涯的彩虹图”。

1. 横贯一生的彩虹——生活广度在一生生涯的彩虹图中,横向层面代表的是横跨一生的生活广度。彩虹的外层显示人生主要的发展阶段和大致估算的年龄:成长期(约相当于儿童期)、探索期(约相当于青春期)、建立期(约相当于成人前期)、维持期(约相当于中年期)以及衰退期(约相当于老年期)。在这五个主要的人生发展阶段内,各个阶段还有小的阶段,舒伯特别强调各个时期的年龄划分有相当大的弹性,应依据个体的不同情况而定。

2. 纵贯上下的彩虹——生活空间在一生生涯的彩虹图中,纵向层面代表的是纵贯上下的生活空间,由一组职位和角色所组成。舒伯认为人在一生当中必须扮演九种主要的角色,依次是:儿童、学生、休闲者、公民、工作者、夫妻、家长、父母和退休者。各种角色之间是相互作用的,一个角色的成功,特别是早期的角色如果发展得比较好,将会为其他角色提供良好的关系基础。但是,在一个角色上投入过多的精力,而没有平衡协调各角色的关系,则会导致其他角色的失败。在每一个阶段对每一个角色的投入程度可以用颜色来表示,颜色面积越多表示该角色投入的程度越多,空白越多表示该角色投人的程度越少。一生生涯彩虹规划图设计的作用主要是对自身未来的各阶段进行调配,做出各种角色的计划和安排,使人成为自己的生涯设计师。生涯彩虹规划图使用实例,如图 1-2 所示。

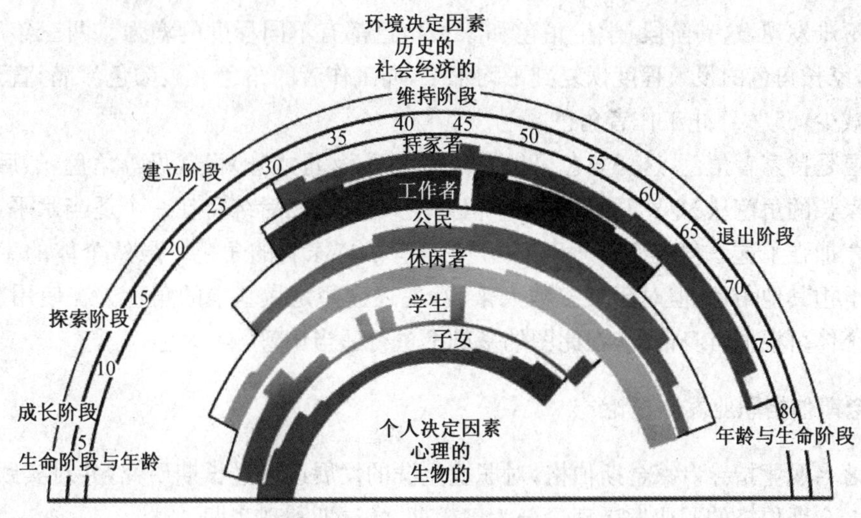

图 1-2　生涯彩虹规划图

此图为某位来访者为自己所勾画的生涯彩虹图。半圆形最中间一层，儿童的角色在 5 岁以前是涂满颜色的，之后渐渐减少，8 岁时大幅度减少，一直到 45 岁时开始迅速增加。此处的儿童角色，其实就是为人子女的角色，因而这个角色一直存在。早期个体享受被父母养育照顾的温暖，随着成长成熟，慢慢开始同父母平起平坐，而在父母年迈之际，则要开始多花费一些心力来陪伴、赡养父母。

第二层是学生角色。在这个案例中，学生角色从 4、5 岁开始，10 岁以后进一步增强，20 岁以后大幅减少，25 岁以后便戛然而止。但在 30 岁以后，学生角色又出现，特别是 40 岁出头时，学生角色竟然涂满了颜色，但 2 年后又完全消失，直到 65 岁以后。这是由于处于现代科技发展日新月异、知识爆炸的社会，青年在离开学校、工作一段时间之后，常会感到自身学习已不能满足工作需要，需要重回学校以进修的方式来充实自我。也有一部分人甚至等到中年，儿女长大之后，暂离开原有的工作，接受更高深的教育，以开创生涯的“第二春”。学生角色在 35 岁、40 岁、45 岁左右凸现，正是这种现象的反映。

第三层是休闲者角色。这一角色在前期较平衡地发展，直到 60 岁以后迅速增加，也许有人会惊讶舒伯把休闲者角色列入生涯规划的考虑之中。其实，平衡工作和休闲是一项非常重要的任务，特别是在如此快节奏、高效率的社会中，正如图中的空白也构成画面一样，休闲是我们维持身心健康的一种重要手段。

第四层是公民角色。本案例角色从 20 岁开始，35 岁以后得到加强，65～70 岁达到顶峰，之后慢慢减退。公民的角色，就是承担社会责任、关心国家事务的一种责任和义务。

第五层是工作者的角色。该当事人的工作角色从 26 岁左右开始，颜色阴影几乎填满了整个层面，可见当事人对这一角色相当认同。但在 40 多岁时，工作者的角色完全消失，对比

其他角色不难发现，这一阶段，学生角色和家长角色都有不同程度的增强。两三年后，学生角色小时，家长角色的投入程度恢复到平均水平，而工作者的角色又被颜色涂满，直至60岁以后开始减少，65岁终止工作者角色。

第六层是持家者角色，这一角色可以拆分为夫妻、父母、(外)祖父母等角色，然后分别作图。此处家长的角色从30岁开始，头几年精力投入较多，之后维持在一个适当水平，一直到退休以后才加强了这一角色。76～80岁几乎没有了持家者的角色。虽然个体的生涯过程中还可能承担其他角色，但对于大多数人来说，上述这些是最基本的角色。在使用"生涯彩虹图"时，个体可根据自身情况，在此图的基础上进行适当调整。

三、金斯伯格职业发展理论

美国著名职业指导专家金斯伯格，对职业生涯的发展进行过长期研究，并对实践产生过广泛影响。金斯伯格的职业发展理论分为幻想期、尝试期和现实期。

（一）幻想期：处于11岁之前的儿童时期。儿童对大千世界，特别是对于他们所看到或接触到的各类职业工作者，充满了新奇、好玩的感觉。此时期职业需求的特点是：单纯凭自己的兴趣爱好，不考虑自身的条件、能力水平和社会需要与机遇，完全处于幻想之中。

（二）尝试期：11—17岁，这是由少年儿童向青年过渡的时期。此时起，人的心理和生理在迅速成长发育和变化，有独立的意识，价值观念开始形成，知识和能力显著增长和增强，初步懂得社会生产和生活的经验。在职业需求上呈现出的特点是：有职业兴趣，但不仅限于此，更多地在客观层面上审视自身各方面的条件和能力；开始注意职业角色的社会地位、社会意义，以及社会对该职业的需要。

（三）现实期：17岁以后的青年年龄段。即将步入社会劳动，能够客观的把自己的职业愿望或要求，同自己的主观条件、能力，以及社会现实的职业需要紧密联系和协调起来，寻找合适于自己的职业角色。所寻求的职业不再模糊不清，而是已有具体的、现实的职业目标，表现出的最大特点是客观性、现实性、讲求实际。

金斯伯格的职业发展论，事实上是前期职业生涯发展的不同阶段，也就是说，是就业前人们职业意识或职业追求的变化发展过程。

性格探索

每个人都有不一样的性格，它因人而异。生涯规划中，我们了解了兴趣、价值观，还需要了解性格。所谓性格是指表现在人对现实的态度和相应的行为方式中的比较稳定的、具有核心意义的个性心理特征，是一种与社会相关最密切的人格特征。换句话说，性格是通过人们的言行举止，表现出对现实和世界的态度。性格集中体现了人们的处事方式，了解自己的性格才能知道自己适合做什么样的事情，充分挖掘自身的潜能，摒弃性格弱点，采取积极有效的行动。

如何了解自己的性格？目前从事生涯规划的最通行的工具是MBTI测评体系。

一、MBTI测评体系简介

MBTI测评体系的理论基础是瑞士心理学家荣格(Carl Jung)有关感知和判断的观点。二次大战以后，美国心理学家Katharine Briggs Myers(1875—1968)和她的女儿Isabel Briggs Myers在荣格的研究基础上，发展成为心理测评工具。开始的目的是帮助二战后的人们找到与他们相匹配的工作。经过长达50多年的研究和发展，MBTI已经成为当今全球最为著名和权威的性格测试。MBTI主要应用于职业发展、职业咨询、团队建议、婚姻教育等方面，是目前国际上应用较广的人才甄别工具。在世界五百强中，有80%的企业有MBTI的应用经验。

二、MBTI的基本观点

MBTI向世人揭示了性格类型的多样性和由此导致的不同个体之间行为模式、价值取向的差别：性格类型深刻影响着人们观察事物的角度、思考问题的方式、决策的动机、工作中的行事风格，乃至人际交往中的习惯爱好。它把人在能量倾向(E内向型与I外向型)、信息收集(S感觉型与N直觉型)、处理信息(T思维型与F情感型)、行动方式(J判断型与P知觉型)方面的不同偏好，分析可以分为四大类型十六种组合。

(一) MBTI的维度介绍

表1-1　性格测评之MBTI维度解释

1. 能量倾向：你更喜欢将自己的注意力集中于何处？你从何处获得活力？E-I维度	
□外倾 extroversion(E) 注意力和能量主要指向外部世界的人和事，而从与人交往和行动中得到活力。	□内倾 introversion(I) 注意力和能量集中于自己的内心世界，从对思想、回忆和情感的反思中得到活力。
● 关注外部环境	● 关注自己的内心世界
● 喜欢用谈话的方式进行沟通	● 更愿意用书面的方式沟通
● 通过谈话形成自己的意见	● 通过思考形成自己的意见
● 用实际操作或讨论的方式能学得最好	● 用思考、在头脑中“练习”的方式学得最好
● 兴趣广泛	● 兴趣专注
● 好与人交往，善于表达	● 安静而显得内向
● 先行动，后思考	● 先思考，后行动
● 在工作和人际关系中都很积极主动	● 当事情或事件对他们具有重要意义时会采取主动

续表

<table>
<tr><td colspan="2">2. 接收信息:你如何获取信息? S-N维度</td></tr>
<tr><td>□感觉 sensing (S)
用自己的五官来获取信息。喜欢收集实实在在的、确实已出现的信息。对于周围所发的事件观察入微,特别关注现实。

● 着眼于当前的实际情况
● 现实、具体
● 关注真实的、实际存在的事物
● 观察敏锐,并能记住细节
● 经过仔细周详的推理一步步得出结论
● 通过实际运用来理解抽象的思维和理论
● 相信自己的经验</td><td>□直觉 intuition (N)
通过想象、无意识等超越感觉的方式来获取信息。喜欢看整个事件的全貌,关注事实之间的关联。想要抓住事件的模式,特别善于看到新的可能性。

● 着眼于未来的可能
● 富于想象力和创造性
● 关注数据所代表的模式和意义
● 当细节与某一模式相关时才能够记得
● 靠直觉很快得出结论
● 希望在应用理论之前先能对之进行澄清
● 相信自己的灵感</td></tr>
<tr><td colspan="2">3. 处理信息:你是如何做决定的? T-F维度</td></tr>
<tr><td>□思考 thinking(T)
通过分析某一行动或选择的逻辑后果来做出决定。会将自己从情境中分离出来,对事件的正反两方面进行客观地分析。从分析和确认事件中的错误并解决问题中获得活力。目标是要找到一个能应用于有相似情境的或标准的原则。

● 好分析的
● 运用因果推理
● 以逻辑的方式解决问题
● 寻求一个合乎真理的客观标准
● 爱讲理的
● 可能显得不近人情
● 公平意味着每一个人都能得到平等的待遇</td><td>□情感 feeling (F)
喜欢考虑对自己和他人来说什么是重要的,会在头脑中将自己放在情境所牵扯到的所有人的位置上并试图理解别人的感受,然后在此基础上根据自己的价值判断做出决定。从对他人表示赞赏和支持中获得活力。目标是创造和谐的氛围,把每一个人都当作一个独特的个体来对待。

● 善于体贴他人、感同身受
● 受个人价值观的引导
● 衡量决定对他人产生的后果和影响
● 寻求和谐的气氛和积极地人际交往
● 富于同情心
● 可能会显得心肠太软
● 公平意味着每个人都要被作为独特的个体来对待</td></tr>
<tr><td colspan="2">4. 行动方式:你如何与外部世界打交道? J-P维度</td></tr>
<tr><td>□判断 judging(J)
喜欢将事情管理得井井有条,过一种有计划、井然有序的生活。喜欢做出决定,完成后继续下面的工作。生活通常会比较有规划、有秩序,喜欢把事情敲定下来。照计划和日程安排办事情对他们来说很重要。从完成任务中获得能量。
● 有计划的
● 喜欢组织管理自己的生活
● 有系统有计划
● 按部就班
● 喜欢制定短期和长期计划
● 喜欢把事情落实敲定
● 力图避免最后一分钟才做决定或完成任务</td><td>□知觉 perceiving(P)
喜欢以一种灵活、自发的方式生活,更愿意去体验和理解生活而不是去控制它。详细的计划或最后决定会使他们感到被束缚。愿意对新的信息和选择保持开放,直到最后一分钟。足智多谋,善于调节自己适应当前场合的需要,并从中获得能量。
● 自发的
● 灵活
● 随意
● 开放
● 适应,改变方向
● 不喜欢把事情确定下来,以留有改变的可能性
● 最后一分钟的压力会使他们感到活力充沛</td></tr>
</table>

从上述MBTI维度解释表来描述职业性格，分别是：

能量倾向：外向E—内向I

这个维度描述的是我们与外界相互作用的程度，及自己的能量是被引向外界还是内心。比如说，遇到烦闷的时候，是更愿意与朋友倾诉，还是更愿意通过日记或者其他方式与内心交流。自然，愿意与外界交流即为外向，反之为内向。

接受信息：感觉S—直觉N

这个维度描述的是我们接受外部信息的方式。通常情况下，更愿意接受通过五官得到的信息，还是更愿意相信推理、判断以及第六感；更崇尚现实，还是更崇尚想象。感觉(S)型更重实际，直觉(N)型反之。

处理信息：思考T—情感F

这个维度描述的是我们做决定和得出结论的方式。思考(T)型的人更能接受“法不容情”的观念，也更为公正，而情感(F)型的人则更愿意接受“情有可原”的观念，更重视和谐、宽容。

行动方式：判断J—知觉P

这个维度描述的是我们喜欢用一种固定的方式生活，还是用一种自然的方式生活。比如同样是约会，通常判断(J)型的人准时的概率非常高，而知觉(P)型的人迟到的概率就相对较高。判断型崇尚规划时间，而知觉型更愿意灵活地使用时间。

根据这4个维度，每个人经过测试都能获得一个4个字母组成MBTI的代码。MBTI测试中共有16种字母组合，对应了16种职业性格，分别适合不同的职业。

（二）MBTI性格类型与职业匹配

MBTI四个维度中的两极正好组合成16种人格类型，这说明我们理解人不能从单个的维度去理解，人的心是非常复杂的，各个维度之间都会相互影响，将四个维度相结合才是正确理解人的方法。下列表格中列出了16种性格特征以及相匹配的职业。

表1-2　16种性格类型与职业匹配表

SJ型(感觉—判断)合法主义者/维护者/忠实监护人	
ISTJ(稽查员/检查者/公务型) 1. 严肃、安静、藉由集中心志与全力投入及可被信赖获致成功。 2. 行事务实、有序、实际、逻辑、真实及可信赖。 3. 十分留意且乐于任何事(工作、居家、生活均有良好组织及有序)。 4. 负责任。 5. 照设定成效来作出决策且不畏阻挠与闲言会坚定为之。	ISFJ(保护者/照顾型) 1. 安静、和善、负责任且有良心。 2. 行事尽责投入。 3. 安定性高，常居项目工作或团体之安定力量。 4. 愿投入、吃苦并力求精确。 5. 兴趣通常不在于科技方面，对细节事务有耐心。 6. 忠诚、考虑周到、知性且会关切他人感受。 7. 致力于创构有序、和谐的工作与家庭环境。

（续表）

6. 重视传统与忠诚。 7. 传统性的思考者或经理。 ESTJ(监督者/大男人型) 1. 务实、真实、事实倾向,具企业或技术天份。 2. 不喜欢抽象理论,最喜欢学习可立即运用事理。 3. 喜好组织与管理活动且专注以最有效率方式行事以达致成效。 4. 具决断力、关注细节且很快作出决策—优秀行政者。 5. 会忽略他人感受。 6. 喜作领导者或企业主管。	ESFJ(供应者/销售员/主人型) 1. 诚挚、爱说话、合作性高、受欢迎、光明正大——天生的合作者及活跃的组织成员。 2. 重和谐且长于创造和谐。 3. 常作对他人有益事务。 4. 给予鼓励及称许会有更佳工作成效。 5. 最有兴趣于会直接及有形影响人们生活的事务。 6. 喜欢与他人共事去精确且准时地完成工作。
SP 型(感觉—知觉)现实主义者/工匠/天才艺术家	
ISTP(操作者/手艺者/冒险家) 1. 冷静旁观者—安静、预留余地、弹性及会以无偏见的好奇心与未预期原始的幽默观察与分析。 2. 有兴趣于探索原因及效果,技术事件是为何及如何运作且使用逻辑的原理组构事实、重视效能。 3. 擅长于掌握问题核心及找出解决方式。 4. 分析成事的缘由且能实时由大量资料中找出实际问题的核心。	ISFP(作曲家/创作者/艺术家) 1. 羞怯的、安宁和善地、敏感的、亲切的、且行事谦虚。 2. 喜于避开争论,不对他人强加已见或价值观。 3. 无意于领导却常是忠诚的追随者。 4. 办事不急躁,安于现状无意于以过度的急切或努力破坏现况,且非成果导向。 5. 喜欢有自有的空间及照自订的时程办事。
ESTP(发起者/创业者/创设者/挑战型) 1. 擅长现场实时解决问题—解决问题者。 2. 喜欢办事并乐于其中。 3. 倾向于技术事务及运动,交结同好友人。 4. 具适应性、容忍度、务实性;投注心力于会很快具成效的工作。 5. 不喜欢冗长概念的解释及理论。 6. 专精于可操作、处理、分解或组合的真实事务。	ESFP(表演者/示范者) 1. 外向、和善、接受性、乐于分享喜乐与他人。 2. 喜欢与他人一起行动且促成事件发生,在学习时亦然。 3. 知晓事件未来的发展并会热烈参与。 5. 最擅长于人际相处及具备完备常识,很有弹性能立即适应他人与环境。 6. 对生命、人、物质享受的热爱者。
NT 型(直觉—思考)理性主义者/分析者/思想家/科学家	
INTJ(策划者/智多星/科学家/专家型) 1. 具强大动力与本意来达成目的与创意—固执顽固者。 2. 有宏大的愿景且能快速在众多外界事件中找出有意义的模范。 3. 对所承负职务,具良好能力于策划工作并完成。 4. 具怀疑心、挑剔性、独立性、果决,对专业水准及绩效要求高。	INTP(建筑师/设计师/学者型) 1. 安静、自持、弹性及具适应力。 2. 特别喜爱追求理论与科学事理。 3. 习于以逻辑及分析来解决问题—问题解决者。 4. 最有兴趣于创意事务及特定工作,对聚会与闲聊无大兴趣。 5. 追求可发挥个人强烈兴趣的生涯。 6. 追求发展对有兴趣事务之逻辑解释。

（续表）

ENTJ（统帅/调度者/将军型）	ENTP（发明者/发明家）
1. 坦诚、具决策力的活动领导者。 2. 长于发展与实施广泛的系统以解决组织的问题。 3. 专精于具内涵与智能的谈话如对公众演讲。 4. 乐于经常吸收新知且能广开信息管道。 5. 易过度自信，会强于表达自己创见。 6. 喜于长程策划及目标设定	1. 反应快、聪明、长于多样事务。 2. 具激励伙伴、敏捷及直言不讳专长。 3. 会为了有趣对问题的两面加予争辩。 4. 对解决新及挑战性的问题富有策略，但会轻忽或厌烦经常的任务与细节。 5. 兴趣多元，易倾向于转移至新生的兴趣。 6. 对所想要的会有技巧地找出逻辑的理由。 7. 长于看清楚他人，有智慧去解决新的或有挑战的问题。
NF 型（直觉—情感）理想主义者/精神领袖	
INFJ（劝告者/咨询师/作家型） 1. 因为坚忍、创意及必须达成的意图而能成功。 2. 会在工作中投注最大的努力。 3. 默默强力的、诚挚的及用心的关切他人。 4. 因坚守原则而受敬重。 5. 提出造福大众利益的明确愿景而为人所尊敬与追随。 6. 追求创见、关系及物质财物的意义及关联。 7. 想了解什么能激励别人及对他人具洞察力。 8. 光明正大且坚信其价值观。 9. 有组织且果断地履行其愿景。	INFP（治疗师/导师/化解者/哲学家） 1. 安静观察者，具理想性，对其价值观及重要之人具忠诚心。 2. 希外在生活形态与内在价值观相吻合。 3. 具好奇心且很快能看出机会所在。常担负开发创意的触媒者。 4. 除非价值观受侵犯，行事会具弹性，适应力高且承受力强。 5. 具想了解及发展他人潜能的企图。想作太多且做事全神贯注。 6. 对所处境遇及拥有不太在意。 7. 具适应力、有弹性除非价值观受到威胁。
ENFJ（教导者/教师/教育家） 1. 热忱、易感应及负责任的——具能鼓励他人的领导风格。 2. 对别人所想或希求会表达真正的关切且切实用心去处理。 3. 能怡然且技巧性地带领团体讨论或演示文稿提案。 4. 爱交际、受欢迎及富同情心。 5. 对称许及批评很在意。 6. 喜欢带引别人且能使别人或团体发挥潜能。	ENFP（倡导者/激发者/记者型） 1. 充满热忱、活力充沛、聪明的、富想象力的，视生命充满机会但期能得自他人肯定与支持。 2. 几乎能达成所有有兴趣的事。 3. 对难题很快就有对策并能对有困难的人施予援手。 4. 依赖能改善的能力而无须预作规划准备。 5. 为达目的常能找出强制自己为之的理由。 6. 即兴执行者。

需要说明的是，没有一种测量工具能够百分百的准确测出每一个人的性格特征，世界上也没有百分百适合某种性格的职业，MBTI 只是性格测量的一种手段，性格测量也不仅仅是这一种手段。这里的性格探索只是帮助大家认识自己的性格，了解自己的行为特征，扬长避短，方便进一步规划自己今后的工作和学习。生涯规划不仅仅需要了解性格，了解价值观、兴趣、能力和外部环境同样也是重要的。

（三）MBTI 性格测量

要了解自己的性格，可以用本教材附录的性格测量表了解进行自测，也可以到北森网或壹心理网站做在线测量。

价值观探索

一、价值观

价值观是指个人对客观事物（包括人、物、事）及对自己的行为结果的意义、作用、效果和重要性的总体评价，是对什么是好的、什么是应该的总看法，是推动并指引一个人采取决定和行动的原则、标准，是个性心理结构的核心因素之一。它使人的行为带有稳定的倾向性。

价值观是一种内心尺度。它凌驾于整个人性当中，支配着人的行为、态度、观察、信念、理解等，支配着人认识世界、明白事物对自己的意义和自我了解、自我定向、自我设计等，也为人自认为正当的行为提供充足的理由。我们这里考察的职业价值观，不是看人们如何看待“职业价值”的本质，而是注重探讨人们在职业选择和职业生活中，在众多的价值取向里，优先考虑哪种价值。

二、职业价值观

（一）概念

俗话说：“人各有志”。这个“志”表现在职业选择上就是职业价值观，它是一种具有明确的目的性、自觉性和坚定性的职业选择的态度和行为，对一个人的职业目标和择业动机起着决定性作用。职业价值观也叫工作价值观，是价值观在所从事的职业上的体现，是人们对待职业的一种信念和态度，或者是在职业生涯中表现出来的一种价值取向。

职业价值观通常都是与某种职业紧密相连，并且作为个体与职业之间进行匹配的基础。譬如工作价值观通常都是与某种职业紧密相连的，并且工作价值观也可以作为在你和工作之间进行匹配的基础。比如，志愿服务对你来说是一项重要的职业价值观，那么，具有显著志愿服务这些特征的工作如社会学者、导游、福利机构工作者、咨询人员、社会工作者、社会科学教师、护士等就是你将来从事职业所要考虑的方向。如果你认为帮助别人使你的人生更有意义，你应该经营服务取向的职业；如果你喜欢冒险，你应该选择充满挑战性的工作。认真分析和了解个人的职业价值观，对正确开展职业生涯规划有重要的意义。如果一个人非常清楚自己的价值观，知道什么对自己是最重要的，知道自己想追寻什么，那么他的生涯目标也会越清晰。

（二）职业价值观的种类

根据不同的划分标准，人们对职业价值观的种类划分也不同。美国心理学家洛特克在其所著《人类价值观的本质》一书中，提出13种价值观：成就感、审美追求、挑战、健康、收入与财富、独立性、爱、家庭与人际关系、道德感、欢乐、权利、安全感、自我成长和社会交往。我国学者阚雅玲将职业价值观分为如下12类：

1. 收入与财富。工作能够明显有效地改变自己的财务状况，将薪酬作为选择工作的重要依据。工作的目的或动力主要来源于对收入和财富的追求，并以此改善生活质量，显示自己的身份和地位。

2. 兴趣特长。以自己的兴趣和特长作为选择职业最重要的因素，能够扬长避短、趋利避害、择我所爱、爱我所选，可以从工作中得到乐趣、得到成就感。在很多时候，会拒绝做自己不喜欢、不擅长的工作。

3. 权力地位。有较高的权力欲望，希望能够影响或控制他人，使他人照着自己的意思去行动；认为有较高的权力地位会受到他人尊重，从中可以得到较强的成就感和满足感。

4. 自由独立。在工作中能有弹性，不想受太多的约束，可以充分掌握自己的时间和行动，自由度高，不想与太多人发生工作关系，既不想治人也不想治于人。

5. 自我成长。工作能够给予受培训和锻炼的机会，使自己的经验与阅历能够在一定时间内得以丰富和提高。

6. 自我实现。工作能够提供平台和机会，使自己的专业和能力得以全面运用和施展，实现自身价值。

7. 人际关系。将工作单位的人际关系看得非常重要，渴望能够在一个和谐、友好甚至被关爱的环境中工作。

8. 身心健康。工作能够免于危险、过度劳累，免于焦虑、紧张和恐惧，使自己的身心健康不受影响。

9. 环境舒适。工作环境舒适宜人。

10. 工作稳定。工作相对稳定，不必担心经常出现裁员和辞退现象，免于经常奔波找工作。

11. 社会需要。能够根据组织和社会的需要响应某一号召，为集体和社会作出贡献。

12. 追求新意。希望工作的内容经常变换，使工作和生活显得丰富多彩，不单调枯燥。

三、职业价值观测试方法

职业价值观测试是指一个人对职业的认识和态度，以及他对职业目标的追求和向往。职业价值观决定了一个人的职业期望，影响着其对职业方向和职业目标的选择，决定着其就

业后的工作态度和工作绩效水平，从而也决定了其职业发展情况。职业价值观测试对于个人选择职业类型和职业发展方向，以及企业招聘、选拔和培养具有重要指导意义。

职业价值观测试一般可以通过价值观分类法、价值观拍卖法、问卷量表等方法进行测评。同学们要了解自己的价值观，可以通过本教材附录的“价值观量表”进行自测。

【案例】

不提拔你，就因为你只想把工作做好

我有个朋友，他30出头，在500强公司做技术经理。他戴无边眼镜，穿一身土黄色的夹克，下面是一条常年不洗的牛仔裤加休闲皮鞋，典型技术高手范。三年前，他帮助公司解决两个很大的技术难题。当年的年会，大中华区的总裁拍着他的肩膀说，有前途！大家频频举杯，大家和他自己都觉得，小子机会来了！但是两年过去了，身边的人蹭蹭往上升，很多水平不如他的人都已经成为高管，只有他还是纹丝不动。

对于职场，他的想法像山楂树之恋一样单纯，他觉得职场就是一个靠本事吃饭的地方，只要提高能力，没有必要主动提要求，一切都会有的！但是又过去一年，他的技术越来越好，晋升之路却越来越长。他的问题很简单，为什么我什么都不要，一心只想把事情做好，却没有晋升?

答案很简单，就是因为他“什么都不要，一心就想把事情做好。”

他违背了一条职业发展的黄金定律，我建议你认真把他抄下来，没事给自己重复重复再重复。

“在忠诚的前提下，能力越高越好，在不确定忠诚的前提下，能力越低越好。”

如果把职场人士做个分类，结合现在流行的三国杀，职场人士大致能够分为五类：“忠臣，太监，庸臣，勇将，主公。”忠臣是企业里面最受欢迎的人，即忠心耿耿，又能力卓越。左手握大权，右手握期权，企业核心部门的核心位置，一般都挤满忠臣，企业核心上升通道，也往往留给重臣。比如说周瑜，比如说诸葛亮。

太监在企业里属于向上吃香，向下招人恨，但总能屹立不倒的人。我们从小听到关于马屁精的故事难道还少吗？事实上太监也很委屈，他们的晋升与其说是因为马屁，还不如说是因为主公，他的确有很多需要太监的职位——比如说集团的总助、财务(涉及上市等不算)人力，这些位置，其实谁干都差不多，但却有太多内幕不足为外人道，这就是很好的太监职位。再比如当企业有了成型的制度和品牌，又准备开拓一个势在必得的市场，太监型的选手往往会毫无悬念的出列。其实管理者也知道太监能力不高，但是能力不高本身就是一种竞争力。谁愿意有一个野心勃勃的财务或者人力资源经理？事实上，在中国这个还没有形成契约精神的职场，太监选手相当抢手。

再来说庸臣，这种人数量庞大，成绩平平，碌碌无为，你现在从文章里面抬头一看，几乎满眼都是，跳过不表。

而主公，就是公司的头目，这也不用细说。

最有意思的是第五种人：勇将，他们战功累累，战斗值很高，没事还业余学习提升经验值，问题是他们的物质要求不多，正义感却随着能力与日俱增，更糟糕的是他们能力太高，不太受控。对于这种人，企业是又爱又恨。爱的是如果要出个大招必须请这几位爷，恨的是一没伺候好，他们就到对手那里去了。这意味着你好不容易培养出一个勇将来，大招还没有来得及出，说不定还得接个大招。（前段时间的国美电器，貌似如此）在无法出招和接招中间，很多企业会选择让勇将远离核心业务——在核心的地方，庸人都比勇将好。这更让牛人们觉得自己怀才不遇，奸人当道。勇将于是换个地方征战，一直到老到打不动了，就被职场一脚踢出来。

这样的“实在人”比比皆是。比如说在曹操看来，杨修就是那个领导放PPT他总是知道下一张的人，简直可恨极了。在宋高宗看起来，岳飞就是总在希望老领导空降回来做CEO的人，实在比金兀术还要可恨。

所以在今天的职场，勇将冲锋杀敌在业务部门，重臣守京城管集团总部，太监在内宫运作财务人力，庸人则到处混着。这样的布局看似不妥，其实是企业内部运作效益最大化的最优机制。与其说是权谋，不如说是制衡。

看出来了吗？不管你现在是勇将还是庸才，最好都先提升一下你的忠诚度，否则很容易“被岳飞”掉。

提升忠诚其实不难，有软实力也有硬实力。如果你平时可以八面玲珑、心领神会，六一不陪孩子去陪老板打一天高尔夫，那你属于软实力比较强的一类。但是如果你觉得溜须拍马非你所愿，也可以提升硬实力——比如说你可以调整你的能力发展方向，使之与上司合作更好；或者让自己有些必须依托公司才能办到的事情，让公司对你有所控制……如果这些你也懒得做，那就买个房再结个婚，然后让大家都知道你有十年时间禁不起折腾？——不是开玩笑，很多公司招聘重要岗位，非已婚人士不行，买了房子更佳。

回到开头那个故事，我告诉那个哥们，你现在就是一勇将。如果你希望晋级重臣，你得有个什么事让公司能管着你，古时把自己的家眷送到京城，给天朝养着，就是这个意思。

他出门仰天长啸恍然大悟，回家写了个Email，要求明年公司出笔钱让他出国进修业务。三个月后，预算批了下来，半年后，他升了。我想老板也长吁一口气，他终于是自己人了。

——摘自2011年3月《职场》

兴趣探索

一、兴趣概念

兴趣以需要为基础。需要有精神需要和物质需要，兴趣基于精神需要（如对科学、文化知识等）。人们若对某件事物或某项活动感到需要，他就会热心于接触、观察这件事物，积极从事这项活动，并注意探索其奥秘。兴趣又与认识和情感相联系。若对某件事物或某项活动没有认识，也就不会对它有情感，因而不会对它有兴趣。反之，认识越深刻，情感越炽烈，

兴趣也就会越浓厚。在心理学上兴趣是指个体力求认识某种事物或从事某项活动的心理倾向，它表现为个体对某种事物或从事某种活动的选择性态度和积极的情绪反应。

二、兴趣的种类

人的兴趣是多种多样的，概括起来可以分为三大类：

第一，物质兴趣和精神兴趣。物质兴趣主要指人们对舒适的物质生活（如衣、食、住、行方面）的兴趣和追求；精神兴趣主要指人们对精神生活（如学习、研究、文学艺术、知识）的兴趣和追求。就中学生来说，由于人生观和世界观尚未完全形成，无论物质兴趣和精神兴趣都需要师长进行积极的引导，以防止在物质兴趣方面的畸形发展，在精神兴趣方面的消极发展和追求。

第二，直接兴趣和间接兴趣。直接兴趣是指对活动过程的兴趣。例如，有的中学生想象力丰富，富于创造性，喜欢制作各种模型，在制作过程中，全神贯注，表现出浓厚的兴趣；间接兴趣主要指对活动过程所产生的结果的兴趣。有的中学生业余喜欢绘画，每当完成一幅画，他都会对自己取得的成果表现出极大兴趣。直接兴趣和间接兴趣是相互联系、相互促进的，如果没有直接兴趣，制作各种模型的过程就很乏味、枯燥；而没有间接兴趣的支持，也就没有目标，过程就很难持久下去，因此，只有把直接兴趣和间接兴趣有机地结合起来，才能充分发挥一个人的积极性和创造性，才能持之以恒，目标明确，取得成功。

第三，个人兴趣和社会兴趣。个人兴趣是个体以特定的事物、活动及人为对象，所产生的积极的和带有倾向性、选择性的态度和情绪。社会兴趣指社会成员对某一领域的普遍兴趣，或社会某一领域对社会成员的普遍需求。

三、兴趣对大学生职业生涯规划的意义

兴趣对一个人的个性形成和发展、对一个人的职业生涯有巨大的作用，这种作用主要表现在以下几个方面：

第一，对未来职业生涯规划的准备作用。例如，对于一名学生来说，对化学感兴趣，就可能激励他积累各种化学知识，研究各种化学现象，为将来研究和从事化学方面的工作打基础，做准备。

第二，对正在进行的生涯活动的推动作用。兴趣是一种具有浓厚情感的志趣活动，它可以使人集中精力去获得知识，并创造性地完成当前的活动。美国著名华人学者丁肇中教授就曾经深有感触地说："任何科学研究，最重要的是要看对自己所从事的工作有没有兴趣，换句话说，也就是有没有事业心，这不能有任何强迫。……比如搞物理实验，因为我有兴趣，我可以两天两夜甚至三天三夜在实验室里，守在仪器旁，我急切地希望发现我所

要探索的东西。”正是兴趣和事业心推动了丁教授所从事的科研工作，并使他获得巨大的成功。

第三，对事业的促进作用。兴趣会促使人深入钻研创造性的工作和学习。就中学生来说，对一门课程感兴趣，会促使他刻苦钻研，并且进行创造性的思维，不仅会使他的学习成绩大大提高，而且会大大地改善学习方法，提高学习效率。

由此可知，人的兴趣不仅是在学习、活动中发生和发展起来的，而且还是认识和从事活动的巨大动力。它可以使人智力得到开发，知识得以丰富，眼界得到开阔，并会使人善于适应环境，对生活充满热情。兴趣确实对人的个性形成和发展起巨大作用。

四、霍兰德职业兴趣测试

如上所述，霍兰德认为，职业选择是人格的一种表现，某一类型的职业通常会吸引具有相同人格特质的人，这种人格特质反映在职业上就是职业兴趣。通过科学的测试，人们可以预知自己的个性特征，这有助于选择适合于个人发展的职业。霍兰德职业兴趣测量表是我国目前使用最多的职业兴趣量表之一。同学们要了解自己的职业兴趣，可以用本教材附录的“职业兴趣自测问卷”进行自测。

【案例】

别被“伪兴趣”误导

都说“兴趣是最好的老师”，但对于即将或已经步入职场的年轻人来说，却有可能在兴趣中迷失自己。

很多人在做职业选择时会积极考虑自己的兴趣，觉得有兴趣才有工作的乐趣和激情，但就我做了这么久职业规划的经验来看，我个人会建议求职者尤其是应届毕业生不要一味地根据兴趣选职业。

因为对于大部分学生来说，没有接触过职场，他们的兴趣往往是“伪兴趣”。比如一个对律师行业有着无比憧憬和兴趣的人，可能并不知道，不是律师所处理的每一个案件都跟正义相关，不是所有律师都是庭审律师，也不是所有律师都有着诱人的薪水。我们作为外行人看内行，往往会憧憬出看上去很美的意向，我把这种现象叫做“职业艺术照”。

如果你要根据兴趣选职业，第一步要先确定那是不是“伪兴趣”，第二步再考虑该兴趣能否成为一个工作(job)，能否进一步发展成为职业(career)，能否更深入发展成为使命(calling)，这三者也是任何人职业发展的三个阶段。

对于求职者来说，很难在第一次就业时便找到自己的使命(calling)。一般而言，工作(job)让我们维持生存，然后我们可能会获得职业(career)认同感，只有少数人很幸运地把工作变成生命的一部分，即使命(calling)，我把这三个阶段叫做职业兴趣、职业乐趣和职业志趣。

我曾经有一个学员是土木工程专业毕业的本科生，很喜欢跟人聊天，谈人生，讲道理，让同

事们不胜其烦。工作七八年后,他发现自己更适合做企业咨询,转换职业跑道后很成功,以前被同事唾弃的“话唠”如今成了一个优点。可他说那五到七年虽然没有做感兴趣的工作,却也很值得,因为他有了几年的工作经历,可以作为如今工作中所需的谈资,更重要的是那几年的工作成就了他的婚姻家庭,让他能更轻松地转投到自己感兴趣的工作中。他就很好地实现了职业发展的三个阶段,幸运地将兴趣和工作合二为一,享受到了职业志趣。

如果没有这份幸运,把兴趣和工作截然分开也很好,这两者是完全可以兼顾和互相促进的。曾经有一个公务员,他的梦想是做个贝司手,甚至为此想放弃自己的工作,在我的建议下,他亲眼察看了贝司手的工作状况,最后决定从目前过于忙碌的岗位调到一个稍微轻松的岗位,将剩下的精力投入到贝司手的快乐梦想中,很好地做到职业和兴趣两全其美。半年以后,他有了自己的首个单曲。

——摘自:2011 年 3 月 17 日《今晚报》

能力探索

一、职业能力

在大学生职业生涯规划中,我们需要在大学阶段锻炼职业能力,以便毕业的时候能快速融入社会。职业能力是人们从事某种职业的多种能力的综合。职业能力主要包含三方面基本要素:一是为了胜任一种具体职业而必须要具备的能力,表现为任职资格;二是指在步入职场之后表现的职业素质;三是开始职业生涯之后具备的职业生涯管理能力。

例如:一位教师只具有语言表达能力是不够的,还必须具有对教学的组织和管理能力,对教材的理解和使用能力,对教学问题和教学效果的分析、判断能力等。如果说职业兴趣能决定一个人的择业方向,以及在该方面所乐于付出努力的程度,那么职业能力则能说明一个人在既定的职业方面是否能够胜任,也能说明一个人在该职业中取得成功的可能性。

由于职业能力是多种能力的综合,因此,我们可以把职业能力分为一般职业能力、专业能力和综合能力。

1. 一般职业能力

一般职业能力主要是指一般的学习能力、文字和语言运用能力、数学运用能力、空间判断能力、形体知觉能力、颜色分辨能力、手的灵巧度、手眼协调能力等。此外,任何职业岗位的工作都需要与人打交道,因此,人际交往能力、团队协作能力、对环境的适应能力,以及遇到挫折时良好的心理承受能力都是我们在职业活动中所不可缺少的。

2. 专业能力

专业能力主要是指从事某一职业的专业能力。在求职过程中,招聘方最关注的就是求职者是否具备胜任岗位工作的专业能力。例如:你去应聘教学工作岗位,对方最看重你是否具备最基本的教学能力。

3. 职业综合能力

职业综合能力主要包括四个方面:(1) 跨职业的专业能力。从以下三方面可以体现出一个人跨职业的专业能力:一是运用数学和测量方法的能力;二是计算机应用能力;三是运用外语解决技术问题和进行交流的能力。(2) 方法能力。一是信息收集和筛选能力;二是掌握制定工作计划、独立决策和实施的能力;三是具备准确的自我评价能力和接受他人评价的承受力,并能够从成败经历中有效地吸取经验教训。(3) 社会能力。社会能力主要是指一个人的团队协作能力、人际交往和善于沟通的能力。在工作中能够协同他人共同完成工作,对他人公正宽容,具有准确裁定事物的判断力和自律能力等,这是岗位胜任和在工作中开拓进取的重要条件。(4) 个人能力。随着中国经济体制改革的深入,法制的不断健全完善,人的社会责任心和诚信将越来越被重视,假冒伪劣将越来越无藏身之地,一个人的职业道德会越来越受到全社会的尊重和赞赏,爱岗敬业、工作负责、注重细节的职业人格会得到全社会的肯定和推崇。

二、职业能力与部门匹配表

每一行职业、每一个岗位都有相应的与之匹配的能力,大学生在确定好职业生涯方向后,需要根据实际有针对性地开展相关能力训练。就一个企业来说,部门与能力匹配表如下:

表 1-2　部门与专业能力素质匹配表

部门	专业能力素质						
行政部	行政事务处理能力	活动会议筹划管理能力	应用文写作能力	安全保卫管理能力	实物资产管理能力	法律法规应用能力	采购管理能力	
财务部	稽核审计与分析能力	财务管理能力	会计核算能力	资金管理能力	会计电算化操作能力		
人力资源部	人力资源战略和规划能力	人力资源配置能力	绩效管理能力	薪酬管理能力	培训管理能力	法律法规应用能力	员工关系处理能力	活动会议筹划管理能力
拓展部	市场研究能力	项目开发研究能力	市场开拓能力	营销策略制定能力	风险识别与规避能力	公关谈判能力	公共关系协调管理能力	
品管部	绩效管理能力	薪酬管理能力	人力资源配置能力	培训管理能力	活动会议筹划管理能力	员工关系处理能力		

（续表）

部门	专业能力素质						
广告设计部	平面设计能力	平面广告分析能力	采购管理能力	策划与文案制定能力			
渠道部	战略发展规划和建设能力	市场开拓能力	市场推广能力	行业政策运用能力	公关谈判能力	公共关系协调管理能力	风险识别与规避能力	市场研究能力
事业部（策划策略部）	市场研究能力	营销策略制定能力	风险管理策略设计能力	风险识别与测评能力	公关谈判能力	平面广告分析能力	策划与文案制定能力	
事业部（项目营销中心）	客户管理能力	公共关系协调管理能力	培训管理能力	行政事务处理能力	安全保卫管理能力	实物资产管理能力	自我管理与规划能力	营销策略制定能力素质

在能力建设中，大学生尤其需要重视。通过大学生职业生涯规划给自己一个明确的意向性单位和职位，通过对单位和职位的探索，要分析出将来需要具备哪些技能才能适合单位和职位。而单位和职位所适应的能力如上表所示，可以在大学期间有意识培养，以期毕业即能有适合自己的一份工作。

【案例】

周星驰教你如何做管理

他如何想当演员，拉着好友去应聘自己却落选；他如何从少年节目的主持人开始起步，成为喜剧大亨；他扮演的小角色如何让人心酸又大笑；他如何把电影拍成自己也没有意识到的“后现代主义解构大师”；他的电影如何在内地无数录像厅疯狂反复的放映再放映，影响整整一代人的网络文化……傻子也知道我在讲周星驰，这些关于他的传奇，我不想再说了。

我想说的是他最近的电影《西游降魔篇》，这部电影的好坏我也不懂评价，作为观众，冷暖自知。作为职业规划师，我真正关注的，是这是第一部周星驰在片中完全没有参演的电影——他终于完美的克制住自己的表演欲，成为一个还不错的导演——对于一个曾经这么杰出的演员，这不仅了不起，而且还非常罕见。技术人员转管理，是一个世界性的难题。

管理学家劳伦斯·彼得(Laurence J. Peter)曾经提出个让人挺沮丧的“彼得定律”，他通过分析上千个公司的实际失败案例，发现“每个职工趋向于上升到他所不能胜任的地位”的定律。另一个管理学家丹尼尔·平克(Daniel H. Pink)提出“后彼得定律”，说人们会被提升到他感到工作无趣为止。如果这两位的定律是真的，好友梁朝伟的选择就更加聪明，做一个完美的好演员，为拍好一部电影学个几年咏春，不去想什么编剧导演，才是正事。一个人天生的潜质、优势、思想等内在资源也许会最支持你到达某一个适合的位置，让你做得非常优秀。但如果你再想往上走，也许就过犹不及了。

这也是为什么在公司里，最优秀的程序员、销售、作者、教师……当因为自己的杰出工作被提拔他们成为管理者的时候，他们往往会做得焦头烂额——一方面，因为要强忍自己的表现欲望不去动手，就让他们花费了50%的心力：在他们看来，手下都太笨，做事情蜗牛速度，要教会他们，不如自己几下做完得了。另一方面他们还要因为“管理者就是要通过人拿到结果”这样的管理铁律，咬着牙不情愿地用着自己刚学的蹩脚管理技术教着“蜗牛”们工作。与此同时他们的手下更憋屈——神一样的主管衬托出来自己猪一样的身手，他们觉得混一辈子都无法超越上级的时候，他们也没有什么好干的了。公司里面还有点能力的人会离开，留下的全是小兵。团队成为一个明星一群打杂的气象。

这也就是周星驰准备做导演之后发生的故事——从《国产凌凌漆》后，他作为副导演和李力持执导了《喜剧之王》、《破坏之王》、《食神》，合作13年。期间他的重要合作伙伴一个个受不了他而离开，王晶、吴孟达等拍到《少林足球》的时候，老好人李力持也受不了，彻底分道扬镳。作为导演和明星的周星驰则重组了一个自己的“小人物班子”，胖子、秃头、眼镜男……你都说不出来的名字。连你稍微能记得的八两金，都没有能待下去。还记得吗？如果管理者始终在明星的位置，只有侏儒员工可以留下。

小人物班子显然实力不够，他发现使用过去的老影星也许是好方式——一方面功力十足，一方面名声不再，比较听话，再加上视觉效果，这就产生了《功夫》。别说周星驰，连我都觉得这部电影是为我童年拍的——让自己童年最喜欢的功夫高手互相PK，然后集体被“陈真”秒杀，最后自己从天而降，一掌拍死他，自己做老大。我想也就是从这一掌开始，周星驰意识到自己作为明星爽完了，他希望真心开始做电影了。

然后有很糟糕的尝试之作《长江7号》，然后就是今天很棒的《西游降魔传》。在片中管理者周星驰意识到自己的极限——星爷无法再像星仔那样的体力充沛没心没肺了，他放弃了演出，他也找到与自己匹配的好演员——势头正好演技不错的文章和黄渤，还有不温不火的舒淇，都是互相看得上也愿意教的人。所以这部电影里面没有周星驰的样子，却每个人都有周星驰的影子。因为周星驰的离开，每个人都努力扮演出自己风格的周星驰，周氏喜剧的风格和思想得以更长久的传承下去。这就是作为导演和管理者的周星驰的努力和魅力。

从2002年的《少林足球》，到2012年的《西游》，周星驰花了10年功夫，四处撞墙，满城臭骂，最后慢慢跨越了那个著名的彼得原理，跨越了自己的欲望和限制，跨越了作为管理者的无能和无趣，从杰出演员到一个不错的导演。这是我从我的专业角度，非常尊敬他的地方。我想让他能够走出这么远的理由，因为他实在太爱电影了，自己不能拍，也要找别人拍下去。

每个人都是世界上独一无二的杰作。你能用圆规和尺子画图，但是这样永远无法画出真正的杰作。同样，如果希望活成独一无二的自己，你没必要非要遵循某个“定律”来活。每一个称职的职业规划师都会在做完所有的分析之后，最后告诉对方“这个也许对你的能力和资源来说不太适合，但如果你真的想去做，你的激情可以创造一切”，因为他们知道，未来就是未来，就是不确定性，来自心里的激情与热爱能超越一切障碍。

——摘自：http://article.zhaopin.com

第二章

生涯环境探索

——外在探索

提醒：职业生涯规划，离不开自我探索，也离不开生涯环境探索。生涯环境可以分为宏观环境、中观环境和微观环境三方面。

宏观环境及影响因素

一、政治环境

政治环境一方面是指制度性环境，政治体制、政党制度、党和国家的路线、方针和政策；另一方面是指现实性环境，国内外政治局势、国际关系。政治体制、政党制度体现一个国家的国体、政体，体现政权的性质、服务对象和国家权力的归属，党和国家的路线方针和政策体现的是治理国家、为民众服务的具体指导思想和实施措施。政治环境对国家的经济建设和社会事业建设有着举足轻重的作用，不仅影响经济的发展，也会影响到公民的价值追求和社会的稳定，对个人的职业生涯会起到重要作用。

当前及今后相当长的一段时间内我国国内政治环境稳定，中国共产党将继续带领全国各族人民坚持中国特色社会主义道路，坚持改革开放，为实现中华民族的伟大复兴的中国梦而奋斗，这是顺应历史发展规律的时代潮流，党和国家所制定的路线、方针和政策正是从这个出发点展开的。如，为了保障就业，提高大学生的就业率，党和国家一方面出台了一系列的政策，确立了与社会主义市场经济体制相适应的高校毕业生就业制度，确立了中央和地方二级管理、以地方管理为主的制度，确立了毕业生就业框架体系和毕业生就业指导的服务制度；另一方面，全国人大制定了保障就业的相关的法律，如《劳动法》、《劳动合同法》、《教育法》、《就业促进法》等法律，各省市区还在国家的法律框架内指定了促进本地区就业的相关的法规和文件。

就国际政治局势和国家关系的角度来看，对个人的生涯规划也是十分重要的。当前，虽然在中东、北非、东北亚等地区和国家存在着不稳定的因素，但是世界各国总体局势是平稳的，世界的总体发展趋势仍是朝向和平的方向发展，发展经济、造福国民是绝大多数国家的追求目标。随着中国的经济的增长，中国的许多企业已经走出国门，走向世界，他们中的大多数既为祖国也为所在国创造了财富，虽然我国企业在走向海外的进程中面临着许多的贸易壁垒，摩擦、碰撞不断，这是我国企业走向国际舞台的必然现象，和所取得的成绩比，存在的问题是次要的。在中国和周边国家的关系中，中国的经济发展已经为周边国家发展经济带来了有利条件，它们和中国已经形成了相互促进、相互影响、相互依赖的经济关系，虽然周边仍有少数国家非法占据着中国的领土、领海，但是，我们有信心相信党和政府有能力、有实力处理好相关的边界问题，为我国人民造福。

二、社会环境

社会环境主要包括社会结构变化、人口因素、法制环境等方面。

（一）社会结构变化

随着社会的发展，传统的计划经济模式已经发展成市场经济模式，随之而来的是社会结构的变化，我国社会的人口结构、分层结构、规范结构等也发生了根本的变化，人的价值观念、需要层次都也在发生着根本的变化，甚至社会风俗等都发生了变化。这些变化都将对个人的职业生涯发展产生深刻的影响。如，计划经济时代，大学毕业生不需要考虑未来的职业问题，一切都是组织安排，个人主观上对经济收入没有任何话语权，一切都是按规定执行。但是市场经济时代，如果自己对未来的就业问题不关心，毕业就有可能失业。

（二）人口因素

人口因素主要包括人口规模、人口素质、性别和年龄结构。社会总人口的数量和劳动力数量紧密相关，影响着经济的结构、规模和经济的可持续发展能力，人口数量多意味着择业的竞争更激烈，就业机会相对少，反之亦然。就人口的素质而言，人口平均受教育的程度高，则经济发展的劳动力素质好，产品的科技含量高，对求职的人则要求也高，经济发展的后劲足。性别结构方面，男女劳动者在职业期望值、生活方式、社会活动等方面有一定的差别，部分不同的行业和职业对男女的性别往往有一些特殊的要求。年龄结构方面，人口的年龄结构呈均匀分布无疑是理想的年龄结构分布，人口的年龄结构呈金字塔形或倒金字塔型无疑都会给经济社会发展带来重大的挑战。根据全国人口普查的数据，到“十二五”末，我国的老龄人口将达到2.21亿，人口红利时代将一去不返，这样的人口结构也将增加未来劳动者的职业选择的难度。

● **链接**

人口红利是指一个国家的劳动年龄人口占总人口比重较大，抚养率比较低，为经济发展创造了有利的人口条件，整个国家的经济呈高储蓄、高投资和高增长的局面。

2013年1月，国家统计局公布的数据显示，2012年我国15—59岁劳动年龄人口在相当长时期里第一次出现了绝对下降，比上年减少345万人。全国人大常委会委员、中国社科院学部委员、人口与劳动经济研究所所长蔡昉表示，这意味着中国人口红利消失的拐点已在2012年出现，将对经济增长产生显著影响，我们应当在心理和政策上做好足够准备。“判断一国是否拥有人口红利，要看两个指标，一是劳动年龄人口，一是将劳动年龄人口作为分母、其他年龄组如年幼、年老者作为分子得到的人口抚养比。”蔡昉说，如果劳动年龄人口增长、人口抚养比下降，就会带来人口红利，反之就没有人口红利。过去相当长时间里，我国劳动年龄人口、人口抚养比一升一降，生之者众，食之者寡，我们得到了人口红利。“自2012年起，我国劳动年龄人口将逐渐减少，中国发展研究基金会发布的报告认为，从2010年至2020年劳动年龄人口将减少2 900多万人；与此同时，人口抚养比相应上升。生之者寡，食之者众，中国的人口红利将趋于消失”蔡昉坦言。

蔡昉认为，人口红利趋于消失，将使中国经济增长趋势出现与以往截然不同的变化。“潜在增长率由劳动力投入、资本投入、生产率进步决定，人口红利趋于消失对这三个方面都会产生重大影响。”

——摘自 http://baike.baidu.com/view/223885.htm

（三）社会阶层因素

社会阶层是指由于经济、政治、教育、社会、文化等多种原因而形成的，在社会的层次结构中处于不同地位的社会群体。不同的社会学学者将社会阶层分为十类、五类、四类等类型。由于社会阶层是因为经济、政治、教育、社会等因素造成的，同一社会阶层的人往往具有类似的行为特征，共同的价值观念也比其他阶层的人多，不同社会阶层的人拥有的社会资源、人脉关系、社会影响和职业社会评价不一样，社会阶层中处于中上阶层的家庭成员获得的就业机会更多、就业质量更高、更容易获得发展，社会阶层中处于中下层的家庭成员的就业机会更少、就业质量不高和发展难度大。阶层因素在生涯规划中是每一名大学生不得不考虑的因素。一个正常的社会，阶层之间是流动的，社会处于上层的人如果不努力、不思进取，则会向社会下层流动，社会下层的人通过自己的努力拼搏会向社会上层流动。但是今天，我国社会阶层有呈固化趋势，引起这个现象的原因是多方面的，如户籍制度因素、家庭背景因素、行业垄断因素等，这个现象在生涯规划的环境考察过程中必须引起重视。当然，阶层固化现象的化解有待我国社会的深化改革，从长远来看，这样的现象是不会长期存在的。

● **链接**

2010 年 11 月 3 日广州日报刊登了题为《"阶层固化"挑战中国，美好生活需要拼爸爸?》的文章，深刻揭示了目前社会广泛存在的大学生因为家庭所在阶层的不同而对大学生子女的帮助不一样的现实，文章指出：美好生活往往拼的是爸爸，"官爸爸"可以帮忙升学就业，"富爸爸"可以设计儿子人生，因为流动机制不公平合理，传统的知识改变命运的说法已经不再管用，考上大学也难有好出路，奋斗不一定就可以改变人生。文章还引用了中国劳动学会副会长兼薪酬委员会会长苏海南的话：我们应当努力营造一个有利于向上流动的社会环境和氛围，让所有人都能够怀有一个"中国梦"，即只要是中国公民，只要努力向上，不论是偏远地区农民的子女还是城市居民的子女，每个人都有平等的机会和上升的空间，都可以凭借自身的才华和拼搏，改变命运。目前，国家和地方各级政府部门虽然在制度的制定方面已经注意到尽量扩大社会阶层之间的流通渠道，但是，社会阶层的固化现象仍将在一定时期内存在。

（四）法制环境

法制环境主要包含两层含义：一方面是国家制定的以促进经济健康发展为重要内容的法律是否健全。改革开放以来，我国已经制定了《公司法》、《中外合资经营企业法》、《合同法》、《专利法》、《商标法》、《税法》、《企业破产法》等，法律制度已经比较健全。另一方面是全社会执行法律法规的社会氛围。这主要是指公民、法人、政府部门和司法机关能否依法办事，充分体现法律的公平、公正，在全社会形成相信法律、依靠法律、依法办事的社会风气。随着 2014 年党的十八届四中全会的召开，我国的法制建设将会更上一个台阶，依法治国的环境将越来越好。

三、经济环境

经济环境对个人的职业生涯规划具有重要影响，它主要包括经济体制、经济政策、经济结构和经济发展水平等内容。

（一）经济体制

经济体制主要依据社会制度来制定，指在一定区域内（通常为一个国家）制定并执行经济决策的各种机制的总和。通常指国家经济组织的形式，它规定了国家与企业、企业与企业、企业与各经济部门之间的关系，并通过一定的管理手段和方法来调控或影响社会经济流动的范围、内容和方式等。

（二）经济政策

经济政策是指国家或政党为实现一定的政治和经济任务，或为指导和调节经济活动，所规定的在经济生活上的行动准则和措施，主要包括财政政策、税收政策、货币政策和贸易政策等。经济政策是一定的经济基础和社会生产力的反映，能促进或阻碍社会经济的发展。

国家或政党制定的经济政策主要有:1. 制定经济和社会发展战略、方针,制定产业政策,以控制社会总供给和总需求的平衡,规划和调整产业布局;2. 制定财政政策、货币政策、财政与信贷综合平衡政策,调节积累与消费之间的比例关系,实现社会财力总供给和总需求的平衡,控制货币发行,制止通货膨胀;3. 制定收入分配政策,引导消费需求的方向,改善消费的结构,从而使积累基金与消费基金保持适当的比例关系,防止通货膨胀的产生。

(三) 经济结构

经济结构指国民经济的组成和构造,它主要包括产业结构(如一、二、三次产业的构成,农业、轻工业、重工业的构成等)、分配结构(如积累与消费的比例及其内部的结构等)、交换结构(如价格结构、进出口结构等)、消费结构、技术结构、劳动力结构等。

● **链接**

所谓经济结构调整,就是根据国民经济发展的需要,对国民经济中各个领域、各个部门、各个地区和各种经济成分之间的对比关系和结合状况进行调整,借以改善各物质生产部门之间的有机联系和比例关系,利用技术进步的主导作用,促使国民经济结构合理化,推动整个国家经济健康的发展。当前我国根据国民经济发展状况,充分考虑世界科技的迅猛发展和国际经济结构重组的趋势,着眼于全面提高国民经济整体素质和效益,增强综合国力和国际竞争力,对经济结构正在进行战略性调整。这是国民经济发展的迫切要求和长期任务。

(四) 经济发展水平

经济发展水平是指一个国家经济发展的规模、速度和所达到的水准。反映一个国家经济发展水平的常用指标有国民生产总值、国民收入、人均国民收入、经济发展速度、经济增长速度等。

四、文化环境

文化环境是指公民的整体受教育水平、价值观念、道德规范、宗教信仰、风俗习惯及被社会所认可的各种行为规范。文化环境对职业的发展影响巨大,如我国历史上出现的徽商文化、晋商文化等对当时许多商人的成长和发展起到了重要的影响。对大学生而言,影响职业生涯的文化环境主要包括企业文化、地域文化、民俗文化等。

企业文化也称组织文化,是一个组织由其价值观、信念、仪式、符号、处事方式等组成的且为其特有的文化形象。企业文化对外展示的是企业形象、企业精神、企业责任和企业道德,对内则起到激励员工、凝聚员工、帮助员工成长和发展的作用。切合求职者需求的企业文化能吸引求职者积极加盟,共创辉煌,不切合求职者的企业文化或不良的企业文化往往使求职者敬而远之。

地域文化是指文化在一定的地域环境中与环境相融合打上了地域的烙印的一种独特的文化。地域文化包括方言文化、饮食文化、建筑文化、信仰文化等，参照的标准不同，文化的范围也不一样，如，从全球角度，有中华文化、阿拉伯文化、欧洲文化等；从中国的角度，有吴文化、客家文化、湖湘文化等。了解地域文化，对职业规划也具有重要的作用。

民俗文化指一个国家、民族、地区中的民众所创造、共享、传承的风俗生活习惯。是在普通人民群众（相对于官方）的生产生活过程中所形成的一系列物质、精神的文化现象。它具有普遍性、传承性和变异性，对民众的生产、生活具有一定的制约与规范作用。

中观环境及影响因素

大学生求职的中观环境主要有行业环境、地区性的政策因素、区域经济发展水平、区域经济发展的产业结构和地区公民文化素质。

行业环境分析

对于在校大学生而言，行业环境分析主要是对将来拟从事的职业所属的行业环境的分析。行业环境分析主要应该包括行业目前发展状况、行业前景预测、影响行业发展的国际国内因素等。

行业目前发展状况。对行业当下的情况进行了解，是为了了解、预测行业的未来发展方向、规模、水平，为自己的职业生涯选择提供重要参考依据。对行业目前的发展状况主要要了解行业处于产业链的位置、主打产品的市场拥有量、产品的科技水平、行业中企业的数量、总体科技研发水平等。

影响行业发展的因素。影响行业发展的因素主要有政治、经济、军事、外交、国家和地方政策、市场环境等因素，也有技术进步、消费习惯改变等因素，还有因为不可抗拒的自然灾害的因素。如随着我国的制造产业的发展，国际贸易摩擦加剧，一些发达国家处心积虑限制中国产品的出口，人为设立对华贸易障碍，我国的光伏、汽车、服装、电子、通信、风电等行业都遭受到欧美国家不同程度的反倾销制裁。除了发达国家外，我国与印度、阿根廷、土耳其等新兴经济体的贸易摩擦也越来越多。了解这些行业的行情，对未来的生涯规划具有重要的参考作用。

【案例】

人力成本上升、两税并轨、人民币升值导致外企撤离中国

首都经贸大学副教授袁霓在其2012年发表的《对中国经济的探讨——从刘易斯曲线、人口红利、库兹涅茨曲线角度出发》一文中，介绍了中国“用工荒”近年的情况。

据其介绍，从2004年开始，我国沿海地区逐渐产生“用工荒”现象。特别是在金融危机背景下，2010年春节后“用工荒”再次发生，表现以劳动密集型为主的中小型制造业缺乏普通工人，以资本密集型或技术密集型为主的企业缺乏熟练工人。2011年一季度，我国农民工工资增加超过

了10%，月收入水平突破1 800元/月。

而根据波士顿咨询顾问报告，从2005年至2010年，中国工资涨幅达69%。渣打银行在2012年3月对超过200个制造商的调查显示，在2012年前三月工资已经上升了10%。

海关总署对1 856家企业的问卷调查显示，80.4%的企业反映劳动力成本上升，56.4%的企业反映汇率成本显著上升，56%的企业反映原材料成本上升。上海美国商会有91%的会员都提到了中国飞速上涨的劳动力成本。

经过多年人均工资的增长，中国的人力成本比较优势已经越来越小。在人力这个资源要素上，更具比较优势的是东南亚与非洲部分国家。

据日本贸易振兴会的统计资料显示，与中国相比，同样条件下，越南的生产成本比中国低15%至30%；相对于我国内地，去年越南工厂工人的平均月薪约为136美元，印度尼西亚约为129美元，而中国工人已经达到413美元的平均月薪，是越南和印尼的三倍以上。

据法国媒体报道，中国服装加工业工人工资已涨到每月180欧元到300欧元，与白俄罗斯大致等同，而马达加斯加仅为50欧元。越来越多的法国服装品牌，如艾格、西里欧，都开始在马达加斯加建立加工地。

中国欧盟商会主席伍德克预计到2020年，制造业成本可能翻2倍至3倍。根据全球商业咨询服务公司AlixPartners的分析，如果中国汇率及运输成本每年提高5%，工资每年提高30%，那么到2015年，在中国和在美国设厂的成本差别不大。

在中国日渐上升的成本不仅仅是人力成本。税收上，外资企业的“超国民待遇”也正在失效。2008年新《企业所得税法》及其实施条例施行后，外商投资企业和外国企业原来执行的再投资退税、特许权使用费免税和定期减免税等税收优惠政策面临取消。

新税法规定，2007年3月16日后设立的外资企业不再享有两免三减半的优惠政策。自2008年1月1日起，原享受低税率优惠政策的企业，在新税法施行后5年内逐步过渡到法定税率。这意味着，至2013年，外商投资企业将全面失去税收上的优势。

此外，人民币升值压力，导致外企在华成本全面上升，也是外企撤离中国的重要原因之一。

——摘自 http://www.21cbh.com

行业发展前景预测。行业发展前景，有国际国内形势、国家政策、科技发展水平、产业研发能力等因素，也有市场消费趋势的因素。行业前景预测必须具有前瞻性眼光，审时度势，通过把握时代发展的大趋势来把握行业的未来发展。

【案例】

养老行业是朝阳产业

根据《中国老龄事业发展报告(2013)》，2013年我国老年人口数量将突破2亿大关，达到2.02亿，老龄化水平将达到14.8%。2013年80岁以上的高龄老年人口为0.23亿人，“年均增长100万”高龄老人的态势将持续到2025年。此外，失能老年人口也将继续增加，2013年将达到3 750万人，较上一年增加150万人；慢性病老年人也会持续增多，2012年为0.97亿人，2013年突破1亿人大关。伴随着城市化进程，空巢老年人口的规模将会继续上升，2012年全国空巢老人数量为0.99亿人，2013年也突破了1亿人大关。此外，无子女老年人和失独老年人开始增多，由于实施计划生育的一代陆续开始进入老年期，加上子女风险事件的发生等因素，无子女老年人越来越多。这些因素使得传统的"家庭养老"显得难以支撑，这意味着需要发展大量的社会养老床位、社区(农村)照料床位，为老人提供必需的养护、护理等服务。但是，我国现有养老院无论是数量、规模还是服务水平，都难以满足日益增多的社会对养老的需求，社会需要创办一大批不同层次的养老院，需要一大批有爱心、有专业知识、乐于奉献的专业养老护理员队伍。为鼓励社会力量创办养老机构，国家和地方政府也程度不同的对养老机构予以财政补贴和政策倾斜。统计数据显示，养老行业已经初步显示出其强大的市场前景，未来必定会有大的发展。

地区性的政策因素

主要包括地区促进经济社会发展的多种政策，如地区的招商引资政策、税收减免政策、土地资源使用政策、最低生活保障制度、高层次人才引进政策、外地毕业生在本地的就业政策等，地方政府政策的力度越大，说明对促进经济和社会事业发展的力度越大。从生涯规划的角度而言，影响大学生未来职业发展的政策因素有许多，从近期看，主要的因素是高层次人才引进政策、毕业生就业政策为主，从中长期看地方政府的许多政策都在程度不同的起着作用。大学生在走向社会之前，了解这些地方政府的政策，可以对自己的未来职业的发展起到很好的指导作用。

● **链接**

京沪户籍难求：两地吸收外地毕业生的差异

北京、上海每年都会吸引许多的外地高校毕业生前往求职，北京是我国的政治中心、文化中心，是环渤海湾经济圈的龙头城市；上海是我国的经济中心，是长三角的龙头城市。这两个城市对待非当地生源的毕业生进入本市户籍要求很高，他们的共同点是：一般需要应届毕业研究生，外地的应届本科生除了京沪各自规定的高校外，外地的须来自于"211工程"建设的地方高校，英语必须过四级(425分)等。不同点是，京沪相比较，北京的户籍更难申请，北京对外地毕业生的专业限制要求更严，学历要求也高，北京紧缺的专业毕业生须是本科学历，而上海对少数紧缺的专业则放低到专科学历。从2002年开始，上海市为了促进人才流动，鼓励人才来上海市工作或者创业，对具有本科以上学历的、以不改变其户籍的形式到上海工作或者创业的非上海生源毕业生，实行申领《上海市居住证》(以下简称《居住证》)的制度。规定从2009年2月起，持有《上海市居住证》满7年的持证人员，可以申请办理上海市常住户口。

就目前的情况而言，没有京沪户口，除了不能购买经济适用房外，其他方面都没有太大的限制。目前北京、上海等大城市虽然就业的招聘岗位多机会多，但是仍然是僧多粥少，解决户口指标越来越难，就业的竞争越来越激烈，建议毕业生不要因为太看中大城市而浪费其他地方的更好的工作机会。

区域经济发展水平

经济发展水平是制约就业的决定性因素，从全国范围内看，GDP 上升一个百分点能带动上百万人就业，对全体就业者的工资水平也有一定的影响。我国幅员辽阔，经济发展水平各地之间的差异比较大，不同的区域经济发展水平也影响着其吸纳毕业生的数量、专业结构和学历层次。经济发达地区，以制造业为主的第二产业已经形成规模，产业链中上下游企业数量多，以服务业为主的第三产业也相对发达，因此该地区能够提供的就业机会就多，对人才的重视度高，人才的待遇好，随着国内经济结构的转型，这些地区对人才的需求更到了空前的地步。同样，经济欠发达地区，因为经济的支柱还是以农牧渔业为主的第一产业，第二产业和第三产业则比较落后，这些地区吸引人才的力度就小，人才的受重视度则相对比较低，人才外流现象严重。

区域经济发展的产业结构

区域经济发展的产业结构对个人的职业生涯规划也具有重要的影响。目前，随着我国经济增长方式的转变，我国的经济结构也已经悄悄地发生了变化，如传统的劳动密集型产业开始向中西部转移，高能耗、高污染企业在被逐步淘汰出市场，沿海的经济发达地区开始向高科技含量转变，把自主创新作为经济增长方式的重要途径，传统的单一的经济模式开始向综合性经济模式转变。这个转变将会在我国持续一段时间。作为大学生，面对国家的经济发展模式的变化，应该有针对性的统筹考虑个人未来的职业生涯。

● **链接**

江浙沪重点引进的人才

随着国家的经济结构的转型，我国经济最发达的江浙沪地区对人才的需求和前几年已经发生了较大的变化。江浙沪一度是我国重要的制造业基地，随着“中国制造”向“中国创造”的转变，传统的劳动密集型制造行业已经开始向中西部转移，东部地区尤其是江浙沪地区的人才需求开始更加注重创新的内涵。因此近年来，该地区更注重吸纳新能源、新材料、生物技术和新医药、节能环保、新一代信息技术和软件、物联网和云计算、高端装备制造、新能源汽车、智能电网、海洋工程装备、城市轨道交通、市政工程、公共服务(老年服务与管理、社区康复等)、文化产业、现代农业、现代服务业等专业的毕业生，加大了对上述专业从事研发和实施科技成果产业化的高层次人才的引进。由于该地区是我国传统的制造业重点地区之一，传统制造业的人才仍大量需求，2011 年上海明确规定 42 种高技能的人才可以申请上海户籍。

开展生涯规划，必须认识到目前我国经济发展比较好的地区主要有长三角、珠三角和环渤海经济圈，这些地方经济发达，企业众多，行业齐全，每年提供的就业机会也多，就业的薪酬也相对较高。但是，正因为如此，上述地区的竞争也十分激烈，毕业生要找一份称心的工作并不容易，许多毕业生经过多年的奋斗才能达到自己希望的就业目标。相比较之下，中西部地区虽然经济不如东部沿海地区发达，就业的岗位也不是十分多，但是毕业生放下身段找一份工作还是相对容易的，虽然收入待遇也要少一些，但是因为沿海地区人才济济，中西部地区人才相对较少，所以更容易在工作中脱颖而出，工作所带来的成就感更好。目前，东北振兴、西部大开发和中部崛起使得这些地区对人才尤其是高端人才的需求比较大。到底是选择人才高地的东部沿海还是选择人才欠缺的中西部地区是做生涯规划的过程中必须考虑的。

地区公民文化素质在前述的人口因素中已经有说明，这里不再赘述。

微观环境及影响因素

影响大学生生涯规划的微观环境主要包括家庭环境、学校环境和社区环境。

一、家庭环境

在每个人的成长历程中，家庭的作用是无可替代的，在个人的职业生涯中发挥着极其重要的作用。首先，家庭的价值观影响着孩子的价值观。家庭的成员尤其是孩子的父母对社会、对职业、对爱情、对人际关系等方面的态度和价值取向将直接的影响到孩子的态度和价值取向，家庭的社会经济地位、父母对儿女未来职业的期待、父母自身的榜样作用等都会潜移默化地对孩子职业生涯起到一定的影响。经常见到的教育世家、金融世家、军人世家、医生世家等，其实就是孩子受到了这种家庭价值观的影响而从事这样的职业的。其次是家庭的职业态度。由于家庭成员的文化素质和阅历的差异，对孩子的职业发展的态度也不同。家庭成员文化素质较高，往往会根据孩子自身的情况选择孩子喜欢并能学好的专业，选择能适合自己的职业；反之，家庭成员的素质较低的话，则容易造成让孩子盲目追求热门专业和热门职业，虽然收入比较高，但是孩子不一定干得开心。再次是家庭的需要。任何家庭都有正常的需要，这些需要对大学生的择业会造成影响。如，我国的独生子女家庭比较多，富二代的独生子女往往在就业上别无选择的从事其家族企业的经营和管理，继承其父辈的产业。也有家庭的特殊需要，如家族中有患疑难病或慢性病的，孩子选择医药职业的方向的几率就比较高。

二、学校环境

学校环境的影响主要有两方面：一是学校的办学特色。无论是基础教育还是高等教育，每一所学校都有它与众不同的特色和内涵，或有专业特色，或有课程特色，或有培养模式特

色,或有师资特色等,这些办学特色,培养人才的目标往往有明确的指向性,在这些特色的影响下,学生的择业观会受到很大的影响。二是学校的校园文化。在我国,校园文化更多的指大学的校园文化,它是在大学的特定区域中生活的所有成员共同拥有的校园价值以及这些价值在物质意识形态上具体化的文化形态,它对学生的成长具有导向功能、渗透功能和教育功能,长期生活在某一特定的校园文化环境中,会对学生的世界观、人生观、价值观产生重要的影响,能引导大学生积极开展社会实践,提升能力,增长才干。无数的事例证明,同龄群体的职业价值、职业态度、行为特点等会不可避免地影响到个人对职业的偏好和选择。三是特殊人物或事件的影响。在学校学习期间,学生职业生涯往往会受到一些影响,如一个教师的影响,一个重大事件的影响,家庭的重大变故等。如,鲁迅先生早年在日本学的是医学,但是他在日本学期期间发生的一件事改变了他的职业志向:一次他和同学们一起看一个幻灯片,幻灯片说的是一个被说成是俄国侦探的中国人即将被手持钢刀的日本士兵砍头示众,而许多站在周围观看的中国人却无动于衷。这使鲁迅先生意识到如果中国人的思想不觉悟,作为医生即使治好了他们的病,也只是做毫无意义的示众材料和看客,而国人最需要的是改变人们的精神面貌,于是他决心弃医从文。

● 链接

从家庭教育来看,家庭是社会的细胞,父母是儿童的第一任教师,父母的教育方式及家庭气氛对儿童的成长起着重要的作用。美国临床心理学家安妮·罗欧,从 1951 年开始,采用谈话、测验和了解个人生活史等方法来研究杰出的物理学家、生物学家和社会科学家的个人发展史及其人格特征,发现他们早期所受的不同养育方式的教育,影响其追求的职业类型以及在所选择的领域中可能达到的水平。罗欧把家庭抚养方式分为三种类型,即情感关注型、回避型、接受型。情感关注型的抚养方式又分为溺爱型和严格型两种。溺爱型父母对子女娇养,他们充分满足儿童的生活需要,鼓励其依赖和限制其探索行为,把子女看作或设想为"天才";严格型家长,对子女要求严格,通常按完美的计划对其严格训练,激励子女的成就感。回避型的抚养方式又分为拒绝型和疏忽型。拒绝型的父母对子女的生活需要是关心的,但对其内在的情感要求不能满足;疏忽型的父母,在一定的限度内忽视子女生活的要求。接受型的抚养方式又分为随意接受型和抚爱接受型。随意接受型的父母对子女生活需要的接受具有随意的性质;抚爱接受型的父母不干涉而且促进儿童的才能和独立性的发展。在职业选择上,在情感关注型家庭中成长的人,没有形成自我集中的人,经常意识到别人的态度和意见,这类人往往需要定向于人的工作;在回避型家庭中成长的人,可能发展到一种对别人强烈的防御意识,他们可能不愿与人打交道,往往需要定向于物的工作;在接受型家庭中成长的人,可能定向于人,也可能定向于物。罗欧的观点虽然是以杰出人才为研究对象而提出的,具有不完整性,但仍有一定的代表性。家庭的教育方式对子女性格、爱好、兴趣等的培养和熏陶,直接影响到其职业能力的发展。①

---

① 牛保明,韩平,肖金学.《影响大学生职业发展的社会文化环境分析》,《黑龙江史志》,2010(23).

三、社区环境

社区环境主要是指学生的家庭社区环境和学校社区环境，教育学研究表明，环境和家庭、学校一样都是对人的成长发展能起到重要作用的因素。社区环境中社区的文化氛围、同侪群体对大学生的职业观有重要影响。社区的文化氛围包含着社区居民的教育水平、价值观念、道德规范、宗教信仰、风俗习惯和邻里关系等，社区居民中主流的价值观、职业观将对大学生的职业观的形成具有示范和引导作用。如生活中经常看到教育系统的社区的孩子考上名牌高校的从事科教文事业的多，传统企业的社区孩子考技校做蓝领工人和技术员的多，军队大院的子女往往参军的多，等等。同侪群体对大学生的影响也是不可忽略的，大学生通常是通过和同辈人群的相互学习、借鉴、交流、比较等方式，为自己做出适合自己的职业规划。

企业内部环境分析

这里的企业是泛指从业人员的就业机构，并非中国大陆严格意义上的从事生产或销售的企业。每个人的职业生涯规划最后都要落实到企业的层面，因此个体的发展和企业息息相关，对企业内部环境进行了解分析，可以使个体及时了解企业的发展状况和前景，使自己逐步融入企业的发展，从而使自己和企业都能得到良性的发展。企业内部环境分析一般先要了解企业的类型、企业文化、企业发展前景、主要产品、员工素质和工作氛围等因素，但是主要的还是要了解企业的领导人、企业的文化与制度、企业的实力。

一、企业的领导人

毫无疑问，企业的发展和领导人是密不可分的，领导人的价值追求、经营理念、人格魅力、阅历、胆识、能力等决定着企业未来的发展，而这些内容构成了领导人的综合素质。市场变化风云莫测，企业的发展随时可能遇到这样那样的暗礁和险滩，需要企业的领导人有着丰富的经验，坚定的信念，理智地决策，随机应变。

二、企业的文化与企业制度

企业文化反映了企业的价值追求和精神面貌，包含了企业怎么对待发展、怎么对待员工、怎么管理以及企业对社会的回馈。企业文化是企业在长期的发展过程中逐步形成的，它对企业的经营效益有着重要的影响。在进行生涯规划的过程中，必须考虑企业经营的文化和自己的价值观是冲突还是相匹配。企业的制度是企业文化的重要组成部分之一，企业的

制度包括日常管理制度、晋升制度、绩效考核制度、奖惩制度、薪酬制度和培训制度等，企业的价值观必须体现在企业的制度中，并通过企业制度的执行得到体现，企业员工的发展必须依靠严格的管理制度来保障，企业制度的完善往往也是企业的管理水平的标志之一。

三、企业的实力

企业的实力不仅仅包括企业的流动资金、固定资产，还应该包括企业员工的素质、企业产品的市场认可度和占有率、企业的研发能力等。在激烈的市场竞争中，不一定是规模最大、市场占有率高的企业是有实力的企业，只有适应环境、适应市场需求的企业才能生存。考察企业的实力，除了了解它的流动资金和固定资产外，还要了解企业的管理队伍和销售队伍素质，了解企业适应市场的能力和抗御市场风险的能力。

● **链接**

大学生如何考察企业的实力

考察企业实力要从以下几方面入手：一是登陆企业网站，了解企业的性质、法人、经营理念、主业、主要产品和市场等信息；二是了解企业实体，了解其是否有固定的生产经营场所，企业的占地面积、厂房建筑面积及厂貌，了解企业的员工总数、一线工人数量、销售员工数量和管理人员数量，了解企业的开工率和产品销售情况；三是了解企业的管理结构和基本制度，查看企业生产车间、厂区的管理情况，了解近三年企业的财务报告，分析其盈利能力、偿债能力、营运能力、发展趋势等；四是了解企业的发展潜力，产品的市场前景、企业的研发能力和规避市场风险的机制；五是通过和员工、厂区附近居民的交流，了解企业员工的精神面貌、劳资关系、社会口碑和诚信情况等；六是考察企业社会贡献：如员工工资和福利、企业纳税、参与社会公益事业、参与社区建设等。在上述基础上做出自己的判断和评价，决定是否愿意加盟。

第三章

生涯决策

——职业规划的起点

提醒:这是生涯规划中最重要的环节,科学的决策会让你对自己有更多的了解。

有了对自我的了解和对工作、社会等外部环境的探索,每一位大学生都需要综合两方面的信息,对自己的未来做进一步的思考,确定好大致的发展方向,设定好一定的职业目标。

不过,正如高考填报志愿时面临众多选项难以抉择一样,选择职业方向并不容易。站在人生的岔路口,人们总是会担心因为选择了某条路而错过了另一条路上的风景,或者预见到可见道路上的荆棘而踌躇不前……

"我们的决定,决定了我们"。无论如何,我们终究要做出自己的决定。在做出决定之前,尽可能多地收集信息,在做出决定之时,运用理智、科学的方法,在做出决定之后,不断地探索调整。这样,无论何时,我们都能做到"任它狂风暴雨,我自云淡风轻"。这就是职业生涯规划中生涯决策的意义:让我们好好看路,选择好路。

生涯决策

其实,我们每天都在做决策。决策是一件不容易的事情,但它又是一件无法回避的事情。小到为几点起床几点睡觉、每餐吃什么等做决策,大到一段时间内要完成某一目标、未来要有怎样的工作和生活等做决策。通常来说,一个决定对我们越重要,我们的决策就越困难。生涯规划决策就是人生路上不可回避的重要决策。

【案例】

第一次要面对人生抉择的是中五毕业那年,左手拿着无线艺员训练班的报名表格,右手拿着应届高等程度教育课程的报名表,顿时觉得自己的前途都掌握在自己手中。要继续学业吗?还是去读艺员训练班?再念两年中学毕业后又何去何从?再念大学吗?然后学士、硕士、博士这样一路念下去?还是选修艺员训练班有一技之长,将来无论条件符合台前幕后也好,总算有门专业知识傍身。

一连串的问题此起彼落在我心中响起，魔鬼天使各据一方，展开辩论大会。反反复复的考虑，我把自己的优点和缺点逐一写在一张纸上，自己替自己理智地分析利弊；这样念书一直念下去适合我的性格吗？我喜欢艺术工作吗？我可以吃苦头吗？我喜欢什么样的人生？平稳安定？还是多姿多彩，充满挑战？

直到那一天才明白，人才是自己生命最大的主宰，向左还是向右走都是自己决定的路。我的心作了我的指南针，只有它才最明白我要的方向，也是它教我最后选择了左手的那张报名表格。

我把这个决定告诉父亲，他听后皱了皱眉头，问："你肯定了？"我用力点头。父亲沉默了一会，最终也点下头。在那一刻，我有种如释重负的感觉，

——摘自：刘德华. 我是这样长大的

所谓决策就是为了达到一定目标，利用已知信息进行方案或方法确定的过程。生涯决策就是个人在多项选择之间权衡利弊，以达成最大价值的历程。

通常，生涯决策由三个部分组成：一是明确目标；二是确定可选方案；三是挑选最终方案。生涯决策贯穿职业生涯发展的始终，无论是选择职业生涯的方向和起点，还是职业生涯路径的选择与确定，甚至是职业生涯发展过程中遇到的每一个工作情境。对于在校的大学生来说，生涯决策的核心在于根据自身特点和社会需要作出合理的职业方向抉择。

生涯决策风格类型

决策风格对决策效果具有重大的影响，其主要表现是：不同决策风格的人对决策制定的方式与步骤有不同的偏好。不同决策风格的人对行动的迫切性有不同的反应，不同决策风格的人对待风险的态度与处理办法互有差异。这里介绍两位学者的决策风格分类。

一、丁克里奇（Dinklage，1966）的决策风格类型（表3-1）。

表3-1 决策风格类型

类型	说明	行为特征	好处
计划型（planning style）	作决定时会倾听自己内在的声音，也会考虑外在环境的要求，以作出适当且明智的选择	一切操之在我，我是命运的主宰，是自己的主人	主动积极地解决问题
痛苦型（agonizing style）	选择的项目太多，无法作出取舍，经常处于挣扎的状态，下不了决心	我绝不能轻易决定，万一选错了，就惨了	收集充分完整的资料

（续表）

类型	说明	行为特征	好处
拖延型（delaying style）	知道问题所在，但经常迟迟不作决定，或者到最后一刻才作决定。如大四学生为了避免选择工作的压力，打算先考研再说	急什么？过两天再说吧	延长作决定的时间
瘫痪型（paralysis style）	可能在理性上接受了应当作决定的观念，但无法开始决策过程，事实上无法真正为决策和决策后果承担责任，选择麻痹自己来逃避作决定	我知道该怎么做，可是我办不到	可以暂时不作决定
冲动型（impulsive style）	选择第一个到来的方案而不考虑其他，当其他的可选方案一出现，就要改变	先决定，再考虑	不必花时间搜集资料
直觉型（intuitive style）	基于"感觉是对的"来做决定，但不能说明原因	嗯，感觉还不错，就这么决定了	比较简单省事
宿命型（fatalistic style）	知道作决定的需要，但自己不愿做决定，把决定的权力交给命运或机会，认为作什么选择都是一样的	船到桥头自然直。时也、运也、命也	不必自己负责任，减少焦虑
顺从型（compliant style）	倾向于顺从别人的计划安排而不是独立地作出决定，如听众父母的安排选择自己不感兴趣的专业	如果你说 ok，我就 ok	维持表面和谐

从以上的决策风格类型可以看出，每种类型都有一定的优点。但有些是真正的优点，如计划型，有些则不是，看似维持了表面的和谐，在从众中寻求了"安全感"，但并非真正的安全，只是将问题无限期延后了。

将这八种决策风格类型进一步分类，可以划分到两个维度四个象限中，如图 3－1 所示。

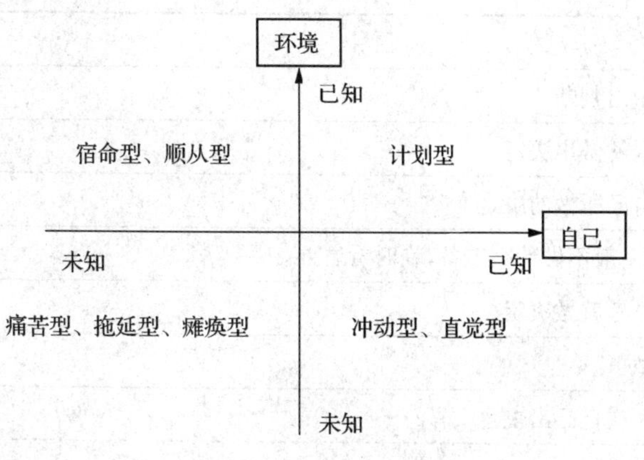

图 3－1　决策风格类型

二、哈伦(Harren,1979)的决策风格类型

哈伦把大部分人的职业决定方式归纳为三种类型:

(1) 理智型(rational style)。这种类型崇尚逻辑分析,往往在系统收集足够的自我和环境信息基础上,权衡各个选项的利弊得失,深思熟虑、按部就班地做出最佳的决定。能够意识到行为的相应后果,愿意承担决策的责任。

(2) 直觉型(intuitive style)。这种类型是以自己在特定的情景中的感受或者情绪反应,直接做出决定。这种风格的人作决定全凭感觉,比较冲动,很少能系统地收集相关信息,他们能为自己作出的抉择负责,但缺乏对将来的预期,不够积极,逻辑性不强。

(3) 依赖型(dependent style)。这种类型的人不能主动承担决策的责任,常常等待或者依赖他人为自己收集信息且作决定,比较被动和顺从,做选择时十分注重他人的意见和期望。他们以社会赞许、社会评价和社会规范作为做决定的标准,口头禅多是:"爸妈叫我去……"、"他们认为我可以,可是……"、"我的男朋友/女朋友希望……"

这三种决策风格类型各有利弊。依赖型最省时、省力,且父母长辈的意见有时确实是宝贵的经验之谈,但不见得是最有效、最适合的策略;直觉型的决定是自发性的,在时间紧迫的情况下非常有用,缺点是容易受到主观意见的影响;理智型的决定包含探索个人与环境的需求,优点是针对不同选项分析利弊得失得出的结果较为合理,但要考虑时间因素,需要在前期资料的收集上花费很多工夫,有错失良机的可能。当然,如果我们能有充分的时间和精力,那么选择理智型的方式进行决策是最好的。

三、决策风格测试

决策风格测试表

题号	题目	符合	不符合
1	我时常草率地做出判断		
2	我常凭第一感觉就做出决定		
3	我经常会改变自己所做的决定		
4	做决定之前,我一般不做什么准备,临时看着办		
5	我常不经慎重思考就做决定		
6	我喜欢凭直觉做事		
7	我做事时不太喜欢自己出主意		

（续表）

题号	题目	符合	不符合
8	做事时，我喜欢有人在旁边，好随时商量		
9	发现别人的看法与我不同，我常常会不知该怎么办		
10	我很容易受别人意见的影响		
11	我常常在父母、家人、老师、同事或朋友的催促下才做出决定		
12	我喜欢让父母、家人、师长、同事或朋友为我做决定		
13	遇到难做决定的事情，我通常会把它先放一放		
14	遇到需要做决定的时候，我就紧张不安		
15	我做事老爱东想西想，下不了决心		
16	我觉得做决定是一件痛苦的事		
17	为了避免做决定的痛苦，我现在不想做决定		
18	我处理事情时常会犹豫不决		
19	做决定时，我会多方面收集所必需的一些个人及环境的资料		
20	我会将收集到的资料加以比较分析，列出可选择的方案		
21	做决定时，我会认真权衡各项可选择方案的利弊得失、判断出此时最好的选择		
22	做决定时，我会参考其他人的意见，再斟酌自己的情况，来做出最适合自己的决定		
23	做决定时，我会经过深思熟虑之后，明确决定一项最佳的方案		
24	当已经决定了所选择的方案，我会展开必要的行动准备，并全力以赴去执行		

计分：直觉型：1—6题；依赖型：7—12题；拖延型：13—18题；理智型：19—24题，将每道答“符合”的题目在该决策风格类型上加1分，总分最高的类型就是你的决策风格类型。

生涯决策的原则

生涯决策，必须坚持以下四个因素：

符合自身兴趣原则。职业生涯决策首先必须考虑到决策者自身的职业兴趣。只有从事自己喜爱的工作，才会使自己对职业充满激情和动力，在工作中发挥自己的才华、能力和素质，把工作当成创造性劳动，竭尽全力做好工作，工作也会更容易干出成绩。有研究表明，一个对所从事的职业感兴趣的人能够发挥其才能的80%～90%，且能保持时间高效率、不疲劳的状态，而对所从事职业不感兴趣的人，则只能发挥其才能的20%～30%，

且老会感到精疲力竭。

符合自身能力原则。职业生涯决策应结合自身素质情况，侧重自身能力来选择职业，以利于今后在工作岗位上出色完成本职工作。每个劳动者无论从事什么职业，都必须具备一定的能力素质，人与职业的适应与不适应，重要的因素之一就是人的某方面特长是否达到了职业对人的要求。不同的职业，对人的要求也是不同的，如果缺少个人应有的能力素质，即使职业岗位给人提供的条件再好，也无济于事。

符合社会需要原则。是指大学生在生涯决策时，应该把社会需要作为决策的前提，以社会对人才的要求为准则。当个人决策目标与社会需求发生矛盾时，要及时调整个人的决策目标，使个人生涯决策服从社会需求，还需要用长远的、发展的眼光看待自己的选择，善于预测职业随社会的需要而变化的未来走向，使自己的生涯决策具有一定的前瞻性。

符合自身发展原则。除了上述原则外，大学生进行职业生涯决策还应着眼于符合自身的职业生涯发展。自己的生涯发展既是立足社会、取得安身立命之所需，也是服务社会、回馈社会的人身舞台。考虑自身的生涯发展必须考虑到你所选择职业未来发展的因素，也必须考虑到自身个人成长发展的因素，当然更要考虑相关的具体利益，如社会声誉、收入、福利等。

【案例】

比尔·盖茨的生涯决策

1972年夏天，比尔·盖茨为了和好友保罗·艾伦一起经营其注册的公司，开始考虑从哈佛大学退学，他的这一想法遭到了父母的极力反对。为此，他决定将退学的事暂时放一放。他和艾伦一边上学，一边经营公司，不久，电脑市场露出了微型化的苗头。盖茨感觉，电脑的发展到了关键地步，很快就引来一场惊人的技术革命，电脑将走入千家万户。这时，艾伦又不断鼓动盖茨退学，以全心投入电脑市场的开发。但盖茨觉得时机尚未成熟，决定继续留在学校。

1975年元旦，艾伦和盖茨在《大众电子》杂志上，看到第一台上市的微电脑——“牛郎星8800”，这时，盖茨意识到，个人计算机革命发生了，它将改变整个世界。这一信息对他太重要了。在他们兴奋之余，他们立即决定编写在这种新机器上运行的计算机语言。他们没日没夜地干了8周，终于把一种简单的编程语言——BASIC的最初版本拼凑在了一起。此时，比尔·盖茨不顾父母的反对，义无反顾地从哈佛退学。两个月后，他们合作创建了他们的第三家公司，取名为“微软公司”。

据说比尔·盖茨的父母当初为了劝阻孩子从哈佛大学退学，曾找到了当地一位名绅来做比尔·盖茨的思想工作。他与比尔·盖茨谈了没多久，就全力支持他退学，因为他深深地为比尔·盖茨的全盘筹划而打动，并坚信他会取得成功的。

比尔·盖茨利用信息做出了明智的决策。可以说，没有他当时的决策，就没有现在的微软帝国。而盖茨每走一步，都是以合理规划和准确信息把握为依据的。这在他后来的职业生涯中，一再表现出来。可贵的是，从20世纪80年代起，盖茨每年都要进行两次为期一周的"闭关修炼"。这一周他所要做的就是远离尘嚣，凝神思考科技业的未来，然后做出决策，把所思所想传遍整个微软帝国。他不断认识自我，规划自我，这是值得我们所有人去努力的方向。

所以说，盖茨能成为软件霸主，聪明并不是第一位的，他对自身的了解和规划、对信息的准确把握以及他不断做出的正确决策才是他走向巅峰的真正原因。

2007年6月9号，比尔·盖茨回到哈佛校园，接受母校授予他的名誉博士学位。拿到证书后，比尔·盖茨面对坐在台下的父亲高兴地说："爸爸，我早就告诉你，我迟早会拿到哈佛的毕业证书的。今天我说话算数了吧?"他的话引起了台下听众的热烈掌声。

掌握决策方法

在面临生涯决策时，所有选择都没有绝对的对与错。任何一个正确的决策都是基于对各种因素的综合平衡，是平衡的产物。以下介绍几种常见的生涯决策方法，他们分别应用于不同的生涯决策情境：

一、决策平衡单

当面临多个可能的选择犹豫不决的时候，"决策平衡单"的方法可以帮助我们详尽地考虑多方面的因素，将重大决策的思考方向集中到四个主题：个人物质方面的得失，他人物质方面的得失，个人精神方面的得失和他人精神方面的得失。其步骤如下：

(一) 将各种职业选择在决策平衡单顶部水平排列；

(二) 在平衡单左侧，垂直列出在个人物质方面的得失，他人物质方面的得失，个人精神方面的得失和他人精神方面的得失四个方面的考虑因素，如：

1. 个人物质方面的得失

收入、升迁的机会、工作环境的安全、休闲时间、对健康的影响、就业机会、足够的社会资源等。

2. 个人精神方面的得失

兴趣的满足、能力的满足、价值观的满足、生活方式的改变、成就感、自我实现的程度、挑战性等。

3. 他人(父母、师长、配偶等)物质方面的得失

家庭经济、家庭地位、与家人相处的时间等。

4. 他人(父母、师长、配偶等)精神方面的得失

成就感、自豪感、依赖等。

(三) 对每种因素按 1—5 的等级分配权重。5 为最高权重，表明对决策者的价值最大，最看重，表示“非常重要”，3 代表“一般”，1 代表“最不重要”。

(四) 对各种职业选择满足考虑因素的程度，进行打分。“+”与“−”分别代表得与失，对每一个考虑因素，均可以数值(如 1—10)的大小代表得失的程度。

(五) 将得分与权重对应相乘算出每种职业选择的总分，进行排序。

【案例】

以＊＊大学的小张为例，她经过自我探索和职业探索，将中学教师、行政秘书和人力资源专员三种职业作为考虑对象，但难以抉择，于是她使用决策平衡单来辅助进行生涯决策(见表 3-2)。

表 3-2　小张的生涯决策平衡单

考虑因素 \ 选择项目		权重	选择一（中学教师）		选择二（行政秘书）		选择三（人力资源专员）	
		−5—+5	得(+)	失(−)	得(+)	失(−)	得(+)	失(−)
个人物质方面	1. 优厚的经济报酬	3	5		4		7	
	2. 较高的社会地位	3	6		3		6	
	3. 足够的社会资源	4		−1	3		5	
个人精神方面	4. 符合自己的兴趣	5	8		4		8	
	5. 符合自己的能力	4	6		5		6	
	6. 符合自己的价值观	5	7		3		8	
	7. 符合理想的生活形态	3	7		4		7	
	8. 未来有发展空间	5	3			−2	8	
他人物质方面	9. 带给家人声望	2	6			−1	4	
他人精神方面	10. 有利择偶满足父母要求	2	5			−2		−1
合计			190	−4	100	−16	232	−2
总分			186		84		230	

她先列出了10个考虑因素，其中1—3为个人物质方面的得失，4—8为个人精神方面的得失，9为他人物质方面的得失，10为他人精神方面的得失。同时，根据10个因素对自己重要性的不同，分别给予了一定的权重，如"符合自己的价值观"很重要，所以权重为5。在打分过程中，她认为，从符合自身兴趣程度来看，"中学教师"为8，"行政秘书"为4，而"人力资源专员"为8，符合自身能力分别为6、5、6，……依此类推，最后得出了合计总分，最高的职业方案是"人力资源专员"。

在生涯决策平衡单中，权重和得分都是因人而异的，可以根据自己的实际情况进行调整、比较。使用决策平衡单，其目的不仅在于得出最后的排序结果，填写的过程也很重要。因为列举各项考虑因素、给各项因素分配权重以及打分的过程本身，就是在帮助决策者理清自己的思维。这样一个仔细思索和反复推敲的过程，比单纯得出一个结果更重要，更能够帮助个人作出适合于自己的决策。

二、SWOT分析法

SWOT分析法也是生涯决策者探索生涯目标的一种方法，对自己个人的优势（strength）、劣势（weakness）、机会（opportunity）和威胁（threats）进行分析，对各种机会进行评估，SWOT是这几个单词的英文缩写。SWOT分析中的优势和劣势主要是针对职业生涯决策者内在而言的，机会和威胁主要是针对生涯决策者的外在而言的，从每一个生涯决策者的内在外在因素分析，探寻目标。

（一）分析自己的优势

与其他竞争对手相比，自己出色或与众不同的地方。主要应该包括以下内容：

1. 专业背景。这里的专业背景主要是指职业生涯决策者的专业背景、接受培训的经历。在学校期间，专业课程主要学习了什么？专业以外学习了什么？自学了什么？你具备什么样的专业理论素养和实践能力？或许专业并不是生涯决策者最理想的就业方向，即使这样，专业仍能对生涯决策者选择职业起到一定的帮助作用。

2. 工作能力和实践经历。在大学读书期间你担任过什么样的班级或学生组织的职务？组织过什么样的活动？参加过什么社会实践活动和专业实习活动？是否做过志愿者？获得过什么样的奖励等。这方面的优势能反映生涯决策者运用能力的素质。

3. 与众不同的素质。如，你具有什么样的经历？你具有什么样的独特的能力和奖励？你的人际关系等。每一位竞争对手都有一定的能力，但是作为生涯决策者要找到自己具备而其他人往往不具备的能力则更有说服力。

（二）分析自己的劣势

每个人都有自己欠缺的地方，找到自己的劣势也是为自己的生涯决策提供良好的参考坐标。一般而言，自己的劣势主要从两方面寻找：一方面是从自己的性格方面去分析，如性格内向不善于和人打交道，独立性强，和人默契配合有些困难等；另一方面是从自己的经历去分析，对于大学生来说，很多人都存在没有工作经历，经验欠缺，对可能面临的困难估计不足等问题。

（三）分析面临的机会

主要包括以下三方面：

1. 对国际国内宏观环境的分析。一是当前的国内的政治经济形势是否稳定，是否有利于经济的发展；二是你感兴趣的行业在国际国内处于什么前景？

2. 对自己所感兴趣的地区企业的环境分析。企业在本地区的发展趋势如何？市场行情怎么样？

3. 对自己的人脉关系进行分析。哪些人会对你职业发展有所帮助？能持续多久？如何和他们保持联系？

（四）分析面临的威胁

面临的威胁也有许多因素，如企业的重组，领导层的换血，新同事或竞争对手的实力增强，行业遭遇发展危机等。

在此基础上列出今后三至五年的发展计划和目标。列出具体的计划和目标，你如何实现这样的目标，在这个过程中需要解决什么问题，如何解决这些问题。如果需要外界的帮助，你如何获得等。如，你的个人 SWOT 分析可能显示，你为了实现你的职业目标，你需要进修相关的课程，你的职业发展计划中就应该说明要具体的学什么课程，怎样学？达到什么样的水平等。你对自己的劣势如何克服？如性格的问题。也可以请家长和对你了解深刻的人帮助你，请学校的专业指导老师指导你。

SWOT 分析法在生涯决策初期的作用非常明显，可以比较顺利的帮助学生明确自己的职业选择方向，但是当大学生已经有几个可供选择的方案的时候，就需要和其他的决策方法共同使用，以准确评估。

【案例】

个人 SWOT 分析

<table>
<tr><th colspan="2">个人概况</th></tr>
<tr><td colspan="2">柯蒙，女，中共党员，1992 年 5 月 18 日出生，江苏南通人，2010 年 9 月考入南京××大学社会工作专业，将在 2014 年 7 月毕业。</td></tr>
<tr><th colspan="2">环境分析</th></tr>
<tr><th>内部环境分析・优势</th><th>外部环境分析・劣势</th></tr>
<tr><td>1. 进入大学以来，对社会工作专业由不了解到喜欢到投入的认真学习，已经基本学习完社会工作本科的专业主干课程。
2. 曾任学院学生会实践部副部长、社会工作协会会长，欣赏社会工作的“助人自助”的理念，乐于利用课余时间帮助附近社区的弱势群体，完成各项社会工作专业实习时间累计 300 课时。
3. 辅修了心理学的相关课程，获得心理学专业专科文凭。有一定的书面表达能力，逻辑思维性和条理性较好，英语六级 584 分。
4. 富有爱心、责任心，能积极调动并利用环境资源推进工作的开展，获得过“优秀学生干部称号”。
5. 对学校社会工作、青少年社会工作特别感兴趣，期望能从事这样的工作。</td><td>1. 社会工作专业是新兴专业，它的理论和实务的案例主要是来自于欧美国家，少部分来源于港台，用来指导大陆实务还有一个本土化的过程，这是所有大陆社会工作专业毕业生都面临的问题。
2. 对社会工作的理论具体在实务中的运用还不熟练，尤其是对于一些极端的个案，如离异家庭、吸毒者的社工介入觉得能力不够。
3. 做事有时不够果断，做决定时有时经常畏首畏尾。
4. 工作经验欠缺，对于独立完成一些个案的辅导有时还需要帮助。</td></tr>
<tr><th colspan="2">外部环境分析</th></tr>
<tr><th>外部环境分析・机会</th><th>外部环境分析・威胁</th></tr>
<tr><td>1. 我国社会工作发展已经开始起步，和谐社会的建设、中国梦的实现离不开社会工作者。社会已经逐步开始认可社会工作者。
2. 长三角经济发达，社会建设事业也走在全国的前列，上海、南京、苏州等地的社区已经开始大量招收社会工作专业毕业生。
3. 我所在学校是 211 高校，社会工作专业是江苏省开办最早、实力最强的专业，学院的一批老师和民政部门、社工机构有着良好的合作关系，已经有一批学哥学姐在上海、深圳、广州、南京、北京等地工作，具有良好的社会声誉。
4. 我在社区有 300 多学时的实践经历，具有初步的社工实务技能，和学校所在的南京市栖霞区民政部门及附近社区的工作人员熟悉。
5. 我所在的是 XX 大学有利于我学习师范专业的课程，为教师资格证的考取提供了便利，只有考取教师资格证才能有机会取得公办学校的报名资格。</td><td>1. 社会工作发展虽然已经起步，但是全社会的知名度仍然不大，不少人不知道社会工作是到底做什么的。
2. 许多地方社区招聘社工不仅限于社工专业，而是社会工作、公共事业管理、心理学、思想政治教育等专业都一起招，统一考试录用。
3. 我国大陆地区的学校虽然已经重视学生成长问题，但是在人员配备上还没有给予足够的重视。
4. 社会工作在港台的收入尚可，但是在美国并不高，在我国，目前情况来看并不乐观，收入偏低，从事这个行业的生活压力大。</td></tr>
</table>

（续表）

未来5年职业目标
1. 准备阶段：大四的学生 在这个阶段的主要目标是学习社会工作的前沿新知识，锻炼开发工作所需的技能，积累案例资料，学习求职的知识和技巧。 2. 入职阶段：应聘者 在这个阶段的主要目标是进入职业市场，得到工作，成为单位的新雇员，从事学校社会工作、青少年社会工作和残疾人社会工作。 3. 新手阶段：助理社会工作师 在这个阶段的主要目标是了解单位、熟悉工作内容和对象，接受组织文化，学会与同事相处，迎接工作的挑战性、提升工作能力，尝试工作创新。 4. 发展阶段：社会工作师 个人工作能力全面提高，能熟练处理本机构自己负责的所有个案工作或小组工作，基本能处理自己负责的所有个案工作或小组工作，朝向社会工作督导的职业目标努力。
未来5年行动计划
1. 准备阶段：学生 加强适应职业要求的专业素质，继续学习心理学、教育学、社会学、公共关系学、行政管理学的相关课程，拓展自己的知识面，到一些知名机构见习、实习。 2. 进入阶段：应聘者 积极参加各种招聘活动和各机构的宣讲会，制作好个人简历，为各种招聘活动作充分的准备。努力找到一份既能满足个人爱好待遇也比较好的工作。 3. 新手阶段：助理社会工作师 要学会自己独立开展工作，接纳同事、案主和督导，学会面对失败，学会处理工作中的冲突和矛盾，多向同事请教，多听取督导的指导。 4. 发展阶段：社会工作师 继续提升能力，开始拓展自己负责的业务范围，协助督导指导新进人员的指导和培训，开展理论研究和实务的创新，争取出一些研究成果，早日成为社会工作督导员。

生涯决策理念

尽管我们学习了生涯决策的相关方法，但决策对每个人来说，仍然是个复杂的事情。随着我们日渐成熟，一个突如其来的事件，都有可能造成生涯决策的调整。我们必须知晓更多的决策理念，以不变应万变，学会在变化中决策。

一、建立积极的思维方式

我们的思维和习惯从童年时期就开始逐渐形成，成人以后形成相对稳定的信念机制，这个信念机制会影响我们的决策和行为，从而影响我们是否能成功。信念机制分为两类，即积极的或消极的信念机制。持有积极信念机制的就是积极思维者，反之则是消极思维者。积极思维者使用积极乐观的语言，语调活泼、热情、友善，积极的姿态(微笑、身体语言富有表现力)，他们更关注于把自己的能力展现于外部世界。

表 3－6　消极思维者和积极思维者的对比

消极思维者	积极思维者
总喜欢为没有完成工作找借口 遇到挫折的时候只会抱怨 容易放弃 凡事总往坏处想 贬低自己和别人的价值 不敢尝试，容易退缩 情绪不稳定，容易生气、后悔、抱怨	视困难为挑战 生活充实、满足 保持开放型思维，容易接受新的观点和建议 当出现消极思维时，能迅速排除 重视自己和他人的价值 积极行动，勇于尝试 情绪稳定，积极乐观

任何事情都有积极或者消极的一面，积极思维者更关注积极的一面，而消极思维者看到的则是消极的一面。

培养积极型思维方式，要学会发现自己的优势。比如，通过编写成就故事，也就是写出从小时候到现在有成就感或是感觉不错的事情，衡量标准一是你喜欢这一经历，二是你为结果感到自豪，包括全职或兼职工作，课堂或课余活动，个人爱好，人际关系，作为孩子、朋友、领导者等各种角色，等等。通过这些事件的回忆，我们就可以发现自己的优势，对自己形成正性的评价。

培养积极型思维方式，还要改变我们消极的思维，特别是调整可能存在的非理性观念，将“应该”或“必须”调整为“我希望”，同时，通过各种渠道，进一步加深对自身和外部环境的认识，使我们对职业生涯发展更加切合实际。

二、及时评估决策质量

对我们做出的生涯决策，要及时给予质量评估，看看是否有必要重新进行决策。Lock提出了七点来评估生涯决策的质量，如果答案都是“是”，说明决策的质量比较高，反之，我们的决策质量可能存在问题。

(一) 你是否使用了一系列的方法(6 种以上)来找出多种可能的职业选择(15 个以上)?

(二) 你是否已经仔细探索和研究了缩减后的职业选择(10 个或更多)，包括它们所体现的价值观以及它们所要求的技能?

(三) 你是否对每种职业前景的正面和负面后果都进行了仔细的考虑和衡量?

(四) 你是否广泛收集了新的信息来帮助自己评价和衡量各种职业选择?

(五) 你是否实事求是地将有关职业选择的新信息或专家意见考虑在内，哪怕这些信息

或意见并不支持你所倾向的职业?

(六) 在做出最后决定之前,你是否重新审视了职业前景的正面和负面后果,包括那些你认为自己恐怕不能接受的职业?

(七) 你是否已做出详细的计划来实施自己的首要职业选择(比如,获得必要的教育,求职)?是否还有另外的计划,在你的第一位选择牵涉的风险太大时能否用一个新的职业目标来代替它?

三、接纳不确定性

曾有学者提出"积极不确定"的生涯决策理论。在现实生活中,很多大学生在谈到职业生涯规划或生涯决策时都会感觉到很有压力,但生涯决策并不是一蹴而就的,也不是一成不变的。从某种意义上来说,决策是一个顺其自然的过程。

如果当下还没有立即决策的需要,那么就应当保持积极的不确定。"积极的不确定"意味着它是一种计划好的开放态度,是一种值得持有的理性态度。我们保持"弹性"与开放,利用不可预料的未来事件促进自己的发展,帮助我们更好地适应不断变化的未来状况,学会使用全脑思考,将自己与事易时移的客体牢牢联系在一起,随之一起发展。未决定也是一种决定,那就是:在更好的时机、在更充足的信息之下,再来做决定。

四、重视偶然事件

克朗伯兹(Krumblotz,1976)提出偶然事件理论,指出微小差异和机会性因素对个人的生涯发展具有极其重要的作用。也就是说,意外的、偶然的事件有可能引起个人职业生涯发展之路的巨大变化。

其实,偶然事件并非完全基于"意外"和"偶然"。仔细分析起来,偶然性事件大多是基于一定的"计划"和"必然性"的。因此,我们应该以最理想的方式有意图地去抓住生活里冒出的事件,把未计划好的事件视作尝试新行为,发展新兴趣,挑战旧有观念及继续终生学习的机会,并采取行动以增大未来有益的偶然事件发生的可能性。这些增大有益偶然性事件发生可能性的活动包括:培养新的爱好、实习、见一些不熟悉的人、参加志愿工作、尝试兼职,等等。

第二部分　就业指导

第四章　大学学业规划

——实现职业目标的基石

介绍了职业生涯规划，就必须为大家介绍学业规划，不然生涯规划就无法实施。

【案例】

根据萨珀的职业生涯发展理论，大学生处于职业生涯的探索阶段，且正好跨越了该阶段的过渡期(18—22岁)和试验承诺期(22—24岁)。在这两个时期，大学生的个体能力迅速提高，职业兴趣趋于稳定，逐步形成了对未来职业生涯的预期；而完成了职业学习和职业准备，大学生毕业后则会走上初次就业岗位，正式开始职业生涯。故此，在实验承诺期内，许多大学生往往需要就自己的未来职业生涯做出关键性的决策。所以，大学期间是职业生涯规划的黄金阶段，对大学生个人的未来职业走向和职业发展具有十分深远的影响。

——摘自 www.baidu.com

由以上材料可以看出，学业规划是实现个人职业目标的基石，对于人的一生都具有重大的意义。当我们了解了自己的职业目标，规划了自己的职业生涯后，我们在大学阶段首当其冲的就是要制定适合自己，与职业目标一致的学业规划。

什么是学业规划

大学生的学业是指大学生在高等教育阶段所进行的以学为主的一切活动，是广义的学习阶段，它不仅包括科学文化知识的学习，还包括思想、政治、道德、业务、组织管理能力、科研及创新能力等的学习。[①] 规划在新华词典中有两个含义：一是名词性的含义，指比较全面

① 冯子才.大学生就业与学业自议.西南科技大学学报(哲学社会科学版)，2003(12).

的长远的发展计划;二是动词性的含义,做规划。

大学生学业规划,是指大学生对与其事业(职业)目标相关的学业所进行的安排和筹划。具体来讲,是指大学生通过对自身特点(性格特点、能力特点)和社会未来需要的深入分析和正确认识,确定自己的事业(职业)目标,进而确定学业发展方向,然后结合自己的实际情况(经济条件、家庭情况等等)制定学业发展计划。[①] 换言之,学业规划就是大学生通过解决学什么、怎么学、用什么学、什么时间学等问题,以确保自身顺利完成学业,为成功实现就业或开辟事业打好基础。

因此,学业规划对每一个大学生而言意义重大。它让大学生们知道了为什么要规划、要学习,只有有了规划并附诸实施,才能在未来的职业竞争环境中寻得适合自己的岗位。

学业规划制定的原则

学业规划,必须依据以下原则展开:

首先是符合社会发展潮流原则。学业规划的制定要以未来社会有发展潜力或前景为依据,保证所学习的内容和掌握的知识将来在社会上有用武之地,如,当代大学生的学业生涯规划应当符合有中国特色的社会主义的国情,顺应市场经济、知识经济环境下建设和谐社会对人才的要求等。

其次是根据自己的实际情况进行规划的制定。要根据自己的爱好、性格、特长、能力等制定规划,尤其是要将自己的爱好、特长等和学习相结合,这样就可以最大限度地发挥自身的潜力,使自己能够具备一定的竞争力。

最后是要计算成本。在大学读书实际也是一种个人的经济投资行为。以最小的经济成本实现自身人才价值的最大化应是学生追求的目标。也就是说,制定学业规划,要力求科学合理,少走弯路,所有的课程学习、考试应当力求一次通过,以实现自身的经济、精力和时间等因素相互组合的最优化。

学业规划的三大要素

前面从广义上提到了大学生的学业组成,不仅包括科学文化知识的学习,还包括思想、政治、道德、组织管理能力、科研能力、创新能力等的学习。从这里我们可以看出大学生形成的结构系统,应该有三个方面的内容:知识、能力、素质。因此相对应的在学业规划中,我们

---

① 张恒亮.学业规划.电子科技大学出版社,2003.

也对应的将之提炼为三要素：一是知识结构，二是能力结构，三是素质结构。

知识结构是指我们经过专门学习培训后所拥有的科学文化知识体系。现代社会的职业岗位需要的是知识结构合理、能根据社会和职业的要求，将自己所学到的各类知识科学地组合起来的适应社会要求的人才。学业规划的首要目标就是建立合理的知识结构。

能力是调用知识，运用智力，借助技能，能够顺利完成某一活动的个性心理特征。能力结构则是各种能力的有机组合，可以发挥更大的合力。大学生完成学业所需要的能力有很多种，有的已经在我们过往的学习生活中习得，有的则需要重新学习和培养。这些能力，不仅在大学阶段能帮助我们顺利完成学业，而且还有助于我们更有信心地驰骋于现代社会职场。

素质是指人的体质、品质和素养，是以人的先天禀赋为基质，在后天环境和教育影响下形成并发展起来的内在的、相对稳定的身心组织结构及其质量水平。大学生在注重建立合理的知识结构、全面提高自身能力的同时，也要对自身生理素质、心理素质、社会素质的培养引起足够的重视，几方面都不可偏废。

建立合理的知识结构

知识结构是指一个人经过专门学习培训后所拥有知识体系的构成情况与结合方式，是由诸多要素组合而成的有序列、有层次的整体信息系统。

一般而言，合理的知识结构有三种模式：

金字塔形知识结构。这种结构的底层是基础知识结构，包括自然科学、社会科学和一些应用型学科，中间层次的知识结构是专业知识，包括专业基础知识、专业知识和专业前沿知识。金字塔的顶端是专业主攻的方向或者目标。这种模型强调基础理论的深厚扎实和知识的广博精深，它有利于从业人员能迅速掌握学科前沿动态，有利于从事纯理论和应用科学的研究工作，建国后我国高校培养的人才大多数具有这样的知识结构。

蜘蛛网型知识结构。这种知识结构是以所学的专业知识为中心，与其他专业相近的、有较大相互作用的知识作为网状连接的点，形成适应性强、能够在较大的空间发挥作用的形如蜘蛛网的结构。具有这种结构的求职者在就业过程中能因自身的知识结构的弹性与应变能力而在市场占据主动，随着中国经济的发展，这种人才越来越受欢迎。

● **资料**

学会计专业的若拥有英语六级证书，从事外企的财务管理会更轻松；学工科的不仅要具有相关的专业知识，还需要有一定的管理知识；做中学语文老师既要有中文专业知识，也要有历史、政治专业的知识等，我国高校近年来加大了培养复合型人才的力度。

帷幕型知识结构。这种结构是指一个具体的单位对其员工在知识结构上的一个总体要求，而作为该单位的个体成员将依其在组织中所处的层次，在知识结构上存在一些差异。这种知识结构要从业人员不但要注意职业类型在整体上对员工的知识结构的要求，同时还要了解职业岗位在其所在单位的位置与层次。

● **资料**

在一个公司内部，所用人除了掌握基础的知识外，还需要掌握不同的岗位和层次所应该掌握的知识。基础的知识或技能譬如：团队合作能力、沟通影响能力、执行能力、开拓创新能力、学习能力、组织协调能力。而在公司内部不同岗位的能力要求是不一样的。譬如，在公司行政部就还要求掌握：会议筹划能力、应用文写作能力、物资管理能力、法规应用能力、行政事务能力；在公司销售部就需要掌握以下能力：公共关系协调能力、客户管理能力、营销策划制定能力、公司形象宣传能力等。

合理的知识结构没有统一的模式，建立过程却有着普遍的、共同的特征：① 整体性原则，即构成知识结构的各个部分之间是互相依赖、互相联系、互相作用的，掌握了广博的知识并能融会贯通，就能在纷繁复杂的知识中发现其内在的联系，爆发出新的火花，产生出大于各部分知识简单叠加之和的效应。② 有序性原则，合理的知识结构，必然是从低到高、从核心到外围。反之，则容易使结构杂乱无章，看似样样通，但是没有一门精通，难以在以后的职业生涯中形成自己的优势。③ 比例性原则，即各种知识在顾全大局时，数量和质量之间合理配比。比例的原则应根据培养目标来定，成才方向不同，知识结构的组成就不一样。④ 动态性原则，即所追求的知识结构决不应当处于僵化状态，而须是能够不断进行自我调节的动态结构。这是为适应科技发展知识更新、研究探索新的课题和领域、职业和工作变动等因素的需要，不然跟不上飞速发展的时代步伐。

● **资料**

据统计，18世纪知识陈旧期为80—90年，19世纪到20世纪为30年，近50年来为15年，今天为5—10年。最近10多年发展起来的工业技术到今天已经过时的有30%，其中电子领域的技术达50%，大规模集成电路的平均寿命只有5年，工业发达国家在1950—1965年的5年间，由于自动化技术的发展，使原有的工业体系失去了8 000多个旧的技术工作，诞生了6 000多个新的技术工种。著名科学家爱因斯坦上大学的时候，经常让同学帮他记数学笔记，草率应付数学的学习，没料到，他攻克广义相对论时发现自己所缺的正是数学这个武器，于是，他下苦工夫学习7年数学，调整了自己的知识结构，才取得了辉煌的成就。

——资料来源《择业、就业——大学生求职指南》南京大学出版社 1998

基于职业对求职者的知识结构的要求——既有精深的专门知识，又有广博的知识面，具有事业发展实际需要的最合理、最优化的知识体系，我们来建立相应的知识结构体系。

1. 精深的专门知识，对专门知识要有一定的深度，一定的质的要求，对基础的概念体系、理论体系、研究方法、学科历史和现状、前沿最新动态等都应了解和把握。大学生将来从事的将是专业性比较强的工作，专业知识是知识结构的核心部分，也是科技人才的特色所在。

2. 广博的知识面，对与专业相关、相近的知识要了解和熟悉，善于将专业和专业外的领域相联系。随着知识经济时代的快速到来，大学生在职业生涯中不可能固守一个职业到退休，职业岗位的变动情况将不可避免，要适应社会和市场的不断变化，就必须有广博的知识面。

● **资料**

国内高校的大学生进校就分(院)系、分专业，导致学生只能学到本专业的一些知识，毕业后只能单打一，适应能力差、缺乏发展的后劲，许多教育专家对此提出了批评意见。现在许多高校开始改革，一些高校的招生开始设置大类招生，就是针对市场对人才知识结构的要求而成立的。让学生在进校后根据自身的情况或者对专业的重新认识后，选择在大类内部不同的专业，这样培养出来的学生知识面宽、适应性强、发展后劲强。

3. 具备一定的其他知识和技能。现代社会对各类职业的从业人员都要求知识程度高、内容新、实用性强。程度高是要求知识面广、知识量大、层次高；内容新是从业人员的知识结构中拥有本门学科的最新知识、信息和技术；实用性强是指从业者的知识在实际工作中具有很大的实际应用价值。市场经济的高度发展，知识的更新加速，使任何人都不能再像计划经济时代那样只会一点技术，和少数有限的人打交道，而必须面对整个社会，不断与市场打交道，并根据市场的要求来调整自己的行为。

● **资料**

目前许多单位要求大学生具备外语和计算机的运用能力就是一个明显的事例，有人把专业知识比成心脏，思想比成大脑，目前许多单位要求大学生具备外语和计算机的运用能力就是一个明显的事例，有人把专业知识比成心脏，思想比成大脑，英语和计算机比成放飞的“翅膀”。在信息时代，计算机的作用越来越大，已渗透到各个部门各个领域，大大扩充了人的智能，提高了人的工作效率。国际互联网络的开通，信息高速公路的建设，使偌大的世界成为“地球村”。英语不仅是计算机的基本语言，也是世界性交流语言。随着我国改革开放和经济的快速发展，与国外企业间的交流活动也日益增多，英语和计算机已成为不可或缺的重要工具。近几年随着国内经济的发展，汉语在世界各地的广泛使用，已经有越来越多的单位不仅要求英语过硬，也开始要求普通话要达到一定的标准。

与国家有关部门陆续在全国范围内开展专业技术、资格考试制度相适应，许多高校大学生在校期间就开始陆续参加相关专业技术的资格考试，既作为择业的专业资格凭证，又为今

后从事专业工作、评聘技术职务奠定了基础，为将来的职场增加成功的筹码。

全面提高自身的能力

每个人的能力都是多维的、多层次的。一般来说，各个不同的学科和专业对其毕业生有着不同的能力要求，即要具有从事本专业活动的某些专门能力。但是，无论什么专业的毕业生要想顺利就业并尽快有所成就，都必须具备一些共同的基本能力。从当前社会的需要和毕业生的实际状况出发，现代大学生的能力结构至少包含以下八个要素：

一、自学能力

这是学习者通过自己有目标、有计划的学习，来取得知识和技能的一种能力。人的一生都在自学当中，从自发懵懂的自学，到教师主导的自学，再到自觉独立的自学，处在人生不同阶段，自学水平也不断提高。在大学这个学校教育的最后阶段，大学生一定要大力提高、优化自学能力。随着社会的进步，知识更新的速度在呈加速度方式发展。如前所述，今天的社会人们的职业生涯将不可能固定在一个岗位上，不同的岗位对人的知识结构能力要求是不一样的，只有不断地学习，才能适应社会的要求。因此，是否具备自学能力，意味着能不能适应社会的发展，能否在激烈的社会竞争中得到生存。

二、主动适应的能力

适应能力是指人随着外界环境和时代变迁而改变自己的行为方式、生活方式、交往范围、思维习惯、思想认识等的能力。当代大学生群体的主体是独生子女，生活在社会稳定、经济快速发展的改革开放的年代，没有经受过社会的洗礼，是从学校到学校长大的一代。这样的成长环境使得大家头脑中理想化的成分比较多，对现实的社会缺乏足够的认识。现实生活常常不尽如人意，刚刚步入社会的大学毕业生面对消极现象常常产生不安、不满的情绪。而常以改造社会为己任的大学毕业生却忽视了适应社会的前提，所以，适应社会的意识不是很强，能力也不是很高。人类文明总是在继承与创新的矛盾运动中发展的。适应社会，正是为了担当社会赋予我们的职责与使命。适者生存，生存正是为了发展。适应社会并非让大学生消极等待或向困难屈服，也不是要大学生没有原则地去苟同任何消极的东西，甚至同流合污，而是用积极的态度去迎接困难的挑战，用智慧去解决困难。一个人适应社会的能力是其素质、能力的综合反映。一个素质比较高、各方面能力比较强、身心健康的大学毕业生走上社会后，很快就能适应环境，适应工作，即使是在比较困难的条件下或比较差的环境中，也能通过自己的努力取得好的成绩，或变不利的环境为有利的环境。所以大学毕业生只有注意培养自己适应社会的能力，走向社会后才能尽可能地缩短自己的适应期，顺利工作。

三、人际交往的能力

人际交往是一门学问，它存在于社会的任何角落，它是人们实践经验的结晶，在课本上是学不到的。社会上的人际关系远不如学校里的师生关系那么简单。许多大学生刚走上工作岗位时，由于缺乏经验，不谙世事，面对复杂的人际关系往往无所适从。大学生走上社会以后，能否正确有效的处理好各种各样的关系，不仅影响个人的环境适应状况，而且影响着他能否拥有健康的心理、愉快的生活、良好的事业等诸多方面。良好的人际关系既可以使自己尽快适应岗位的要求，也能扩大自己的交际面，获得比他人更多的机会。

四、决策能力

决策能力是对未来行为目标的判断和选择的能力。良好的决策能力可以实现对目标及其实现手段的最佳选择，它能使人少走弯路、少犯错误，以较小的代价取得进步与成功。人的一生往往会碰到各种需要当机立断的事情，因此，训练和培养大学生的决策能力是十分重要的。培养和训练决策能力要从日常小事做起，遇事要勤思考，忌懒惰，不要事事都让别人拿主意，要养成多谋善断的习惯，这样日积月累，在遇到重大事情时，才不至于无所适从。对即将毕业的大学生而言，面对人生重要的转折点，何去何从，别人的意见和忠告毕竟是参考和辅助，最终要靠自己去拿定主意，这是对大学生决策能力的一次重要检验。

五、表达能力

表达能力是借助各种形式，如语言、文字、图标、数理符号等交流信息，表达思想感情的本领。日常工作中的交流思想、讨论问题、互通信息、表达观点、展示才华等，都离不开表达能力。培养表达能力，对于大学生来说，不仅在求职时能发挥重要的作用，为自己争取成功的机会，比如求职自荐信的撰写，个人材料的准备，回答招聘人员的问题，接受用人单位的面试等；而且在走上工作岗位以后更显得重要，如和同事的交流、向上的汇报和客户的谈判等。培养表达能力，关键在于提高表达的准确性、鲜明性和生动性，以利于准确的传递信息。

六、实际操作能力

它是指学习活动、专业训练和生产实践中各种智力的、技巧的具体运作能力，这是把创造性思维变成实际的物质成果的能力，是专业工作者必须具备的一种能力。在现实生活中，尤其是生产、科研、教学的第一线，个人实际操作能力的强弱将直接影响到其作用的发挥。如，作为一名教师，只有丰富的知识是不够的，还要有把自己的知识传授给学生的能力，许多

学校在挑选教师时，最看重的也是教师的试讲效果。因此，大学生在学校学习阶段，要注意克服过于注重理论学习、轻视实践操作的倾向，多动手，多实践。一般而言，社会科学类大学生应具备资料整理、社会调查、应用文写作的能力，自然科学的学生应具备实验能力，艺术类大学生应具备表演能力等。

七、组织管理能力

这是一种综合能力，包括计划、决策、指挥、协调、平衡等多种能力。这是一种社会活动能力。虽然不是每一个大学毕业生都会从事管理工作，但是在实际工作中每个从业者都会不同程度地需要组织管理能力。随着毕业生就业制度的改革和社会经济发展对人才需求的多元化倾向，具有一定的组织管理能力的大学毕业生越来越受到用人单位的欢迎，许多单位挑选大学生时在注重学生的学业成绩的同时，对学生是否担任过学生干部、承担过社会工作很感兴趣。因为这些大学生将来无论从事何种工作，或多或少都离不开一定的组织管理。要把工作开展起来，把计划付诸实施，把他人的积极性调动起来，把大家的智慧发挥出来，没有一定的组织管理能力是不行的。具备组织管理能力不仅是顺利就业的需要，也是时代的客观要求。有了好的管理人才，不同知识、不同智力的人才就能各尽所能，发挥整体效应。

● 资料

海森堡曾因为提出了著名的不确定关系，在量子力学建立过程中做出很大贡献，但是他却不是一个好的组织管理者，任马克思·玻恩研究所的所长几十年，既没有出多少成果也没有培养出大批杰出人才。与之相反，原子有核结构模型的提出者卢瑟福不仅是一位杰出的科学家，而且也是一位伟大的管理者。在科学史上，他作为导师培养的第一流科学人才最多，仅诺贝尔奖获得者就有13人之多，他们是：索第、奥托、玻尔、亥威西、查德威克、阿斯顿、阿波莱顿、布莱克、鲍威尔和卡皮查等人。此外，他还培养了一大批优秀的在各自的研究领域里取得优异成绩的科学家，可谓是一名“培养人才的巨匠”。

八、创新能力

创新能力是各种智力因素和能力品质有机结合后所形成的一种合力。它是利用已经掌握的信息，创造新颖独特的具有社会价值的新理论、新思维、新产品的能力。随着社会的发展，具有创新能力的人才越来越受到欢迎。2006年1月9日，胡锦涛同志在全国科技大会上宣布中国在未来15年要建成创新型国家，为了实现这个目标，国家将创造良好环境，培养造就富有创新精神的人才队伍。这个信息表明，未来的我国，将需要大量的富有创新能力的各类人才。所以，大学生在学校期间，要不断加强个人开拓创新能力的锻炼，增强开拓创新意识，为在今后的工作中有所发明、有所创造奠定良好的基础。

严格地说，知识的积累和能力的培养是紧密相连的，知识的积累过程，也是培养能力的过程，但这个过程却是基础性的，与真正获得某种能力还有一些差距。大学生必须注意在理解、掌握和运用知识过程中培养科学的思维方式、观察问题的方法等，自觉锻炼并提高能力。

切实培养较高的素质

大学生是整个社会群体中较为优秀的一部分，历来社会对大学生的基本素质都有一定的要求，如强烈的责任心、吃苦耐劳的精神、坚忍不拔的毅力、乐观向上的生活态度，等等。随着时代的发展，经历了中外文化、教育观念的交融之后，当代大学生应该具备哪些素质呢？

一、过硬的思想政治素质

今天的社会是价值多元的社会，用人单位对人才的标准也各不一样，尽管许多单位在招聘人才时并未言明对思想政治素质的要求，但并非没有这方面的要求，这样的要求往往是以潜在的要求出现的，不然，学生共产党员在应聘时就不会有那么大的优势。思想政治素质的高低，一方面反映出大学生的人生抱负、价值观念，另一方面也反映出大学生的生活态度。思想政治素质高的学生，有远大的理想，心系国家和民族利益，认真学习，勤奋钻研，努力成才，报效祖国。面对生活和工作中的困难，始终不动摇自己的追求，以开放的心态、健康的心理去化解人生道路上的种种磨难，在实践中不断地完善自己、战胜自己、超越自己，抓住机遇，使自己在竞争中始终处于不败之地。这样的大学生，到任何单位都会受到欢迎。反之，胸无大志，鼠目寸光，生活态度消极，遇到困难就畏缩不前，害怕竞争，得过且过，做一天和尚撞一天钟，丧失个人事业和单位发展的机遇，这样的人是不会受到用人单位的欢迎的。

二、良好的道德素质

道德素质是人的所有素质中最重要的部分，良好的道德素质是人的宝贵财富，它能给人带来精神的享受，使人的心灵得到满足，有利于创造和谐的环境，为事业的发展提供动力，促进自己早日成才。如果不具备良好的道德素质，就没有正确的人生方向，缺乏积极向上的精神力量，即使拥有知识才能，也不会得到很好的发挥，甚至危害社会和他人。中国科学院杨叔子院士曾说："如果学生不能用自己所掌握的科学技术来为自己的国家和民族服务，不能用自己所掌握的科学技术引导社会潮流前进，而是相反，那么，其作用比不掌握现代科学技术还更坏，有德无才，是庸才，有才无德，是害才。"著名历史学家司马光曾经说过，历代把国家搞乱的都是有才无德的人。这样的人是最可怕的人。试想，哪个用人单位的领导愿意将

一个道德素质低下的人作为自己的同事呢？道德素质包含的内容比较广，不仅包含通常所说的职业道德、社会公德、家庭美德，还包含诚实守信、团结合作、吃苦耐劳、顾全大局、无私奉献、勤奋踏实、敬业创新等精神。

【案例】

我们不怕大学生没经验

——科龙电器股份有限公司人力资源总监　彭玉冰

我们用人标准就是勤奋、敬业、忠诚、自信、合作和学习，它是进入科龙最基本的要求。当然，满足这样的要求的员工还必须要有专业的素质，这是我们科龙所需要的人才标准。

我认为大学生如果想进入科龙，首先必须要勤奋，不是为了钱来科龙，而是为了事业来科龙，另外他要热爱科龙公司，认为科龙公司是可以信赖、托付终身的企业，要对公司无限的忠诚。

我举一个例子，我们招 MBA 一般有 9 个月的市场考察(实习时期)，有一个 MBA 我们把他分在北京做市场研究，有一天我们给他打电话，而且是紧急情况，正好那一天他回到湖南老家，电话转到他家，他妈妈接的电话，说他刚回湖南家里，过半个小时打过来，结果过了半个小时之后打过来，他说在北京。我们说你妈妈刚才说你刚到湖南，他看谎言揭穿了，就说对不起。遇到这样的情况我们都会开除，对撒谎的人绝不手软。品质是我们企业最看重的。9 个月的实习期董事长要亲自与你谈话三次，这在许多企业中不多见的。

对大学毕业生，我们最害怕的是眼高手低、斤斤计较、谈条件。每年大学生实习期之后我们总要开座谈会，总是有大学生说待遇太低了。我们对这种还没有工作能力就跟公司讲条件、谈待遇，不比贡献的态度，是很不欢迎的。所以我经常跟刚刚毕业的大学生说，工作两年都不能说你是一个合格的劳动者。大学生进入公司的前两三年是学习阶段，在学习阶段跟公司讲待遇是很荒唐的，公司是给你学习机会的。

我们希望学生勤奋、敬业，踏踏实实工作，不谈条件的工作，客观上是为公司增加价值，主观是上为自己增加价值。

——摘自浙江在线嘉兴频道 jx. zjol. com. cn

三、健康的身心素质

拥有健康的身体和心理是一个人成长、成才的基础素质。随着社会发展速度的提升，工作效率的提高，竞争的激烈，不可避免地会给人们的身体和心理带来紧张与压力。为了保证正常的学习、工作、生活的进行，大学生必须具备良好的身心素质。身心素质好，才能始终以乐观的心态、旺盛的精力去工作，发挥自己的最大潜能，取得事业的成功。但是，今天的大学毕业生大多数是独生子女，优裕的成长环境、缺乏足够的体育锻炼和实践的磨练使得许多大学生的身体处于亚健康状态，心理承受力差，表现为体弱多病、意志薄弱，容易被生活的困难击垮。因此，大学生在学习阶段，应注意锻炼身体，积极参加社会实践活动，学习并掌握一定的心理学知识，使自己的身心素质保持在健康状态。

大学各阶段的特点及具体规划

对于大学本科阶段的学习而言，在职业生涯总目标下要确立学业规划的目标，并且确立大学各个阶段的学业规划。可以将四年八学期的时间划分为五个阶段，每个阶段都涉及到课程学习的安排、能力锻炼的安排、素质提高的安排、时间的统筹使用等。

第一阶段(第一学期)：大学生活适应期。从中学到大学是人的教育历程的一个质的跨越，从学习方法到生活方式，从心理健康到人际交往，对大学生而言都是全新的课题，所以，进入大学后的适应期很重要。在这个学期里，大学生要实现三个转变：一是心理的转变，大学生要适应大学的生活方式，学会独立地与人相处，独立地解决自己的各种问题，减少依赖心理，改变头脑中中学老师描绘的理想中的大学模式；二是学习习惯的转变，大学的学习方式不同于中学，要根据大学的学习要求和老师的指导，尽快找到适合大学教学特点的学习方式，变被动学习为主动学习。在具体的方法上，可以向老师请教，也可以向高年级的同学请教，找到适合自己学习的方法。三是目标的转变，在中学阶段绝大多数学生的学习目标是考大学，进入大学后，许多同学失去了学习的目标，如何确立既符合社会要求又能让自己的价值得到充分发挥的目标是大一学生需要认真思考的。

在第一阶段，大学生应该了解自己的兴趣、特长、性格、学识、技能、智商、情商等内容，了解自身所学专业及其发展前景，通过测量、咨询、分析等手段，使自己了解自己的职业意向和潜能，明确职业发展的目标，确立大学四年的学业目标和每阶段每学期的分目标，制定大学四年的发展计划和每阶段每学期的发展计划，构建自己最佳知识结构和能力结构的模型。

第二阶段(第二至第三学期)：初步积累期。度过适应期后，在这个阶段的大学生应当开始实施本阶段的分目标。一、检查第一阶段的学习情况，总结经验，查找不足，力求不让上阶段的任务拖到本阶段完成，本阶段的任务也不能拖到下阶段完成。认真学习专业基础知识，稳扎稳打，学好英语和计算机等应用知识，并争取通过相关的等级考试。二、积极锻炼能力，参与高年级学生组织的社会实践活动，有针对性的参加学生社团、学生会等组织，积极为同学服务，在服务中培养自己的人际交往能力、决策能力、创新能力和新知识的学习能力等，培养自己吃苦耐劳的创业意识、顾全大局的奉献精神和优良的个人道德修养。三、在思想上积极向党组织靠拢，认真学习党的基础知识和政治理论，确立科学的人生观、价值观、世界观，并把入党当作长期的追求目标。

第三阶段(第四至第五学期)：深度积累期。总结检查前两阶段的计划实施情况，完成第二阶段没完成的任务。根据就业市场的变化和自身的实践，及时调整职业目标、学业规划中

不完善的地方，加深对职业的思考。继续抓好专业基础知识和专业方向知识的学习，深化对英语、计算机的学习，参加辅修专业的学习，参加各种考试以获取相关证书。提高能力锻炼的档次，尝试组织同年级或低年级学生开展社会实践活动，利用暑假和课余时间开始从事与自己未来职业或本专业相关的工作，在各种实践、工作中提高自己的组织能力、语言表达能力、决策能力和心理承受能力，培养自己的职业伦理意识。

第四阶段(第六至第七学期)：拼搏期。到第六学期，绝大多数大学生对自己毕业后的发展指向更明确：就业、读研、出国。对于就业的学生而言，要反思过去三阶段的任务完成情况，弥补不足，继续对职业目标进行微调。尽可能多地选择学习和未来职业相关的课程，利用课余和假期时间到自己未来职业相关的单位实习，尽快提高自己的工作能力，扩大自己的交际圈。在本阶段后期，大学生应该根据就业指导的要求，学习制作个人推荐材料，了解就业政策和行情，掌握相关的面试技巧，积极参加各种招聘会，增强自信心，明白就业的路不会一帆风顺。对于准备考研的学生来说，本阶段之初就应该明白到底是考本专业还是其他专业，考本校还是考外校，应当逐一进行分析，比较利弊，参加那些办学信誉好、入学率高的培训班，向已在读的研究生讨教考研的经验，同时要提醒自己作好考研不成功的心理准备。对于准备出国留学的同学，应该明白如到什么样的国家和什么样的学校去学习等一类问题。

第五阶段(第八学期)：毕业分化期。经过前面三年半的努力，到这个阶段，学生已经初步分化成就业群体、读研群体和出国留学群体这三大群体。这个时期，大学生除了继续落实自己的就业单位，还应当按时完成学校规定的学习任务，检查是否有少修或没修的课程，继续参加相关的专业实习或与就业关系密切的实习，学习角色转换的知识，知晓就业后角色转换的过程中将会出现的一些问题的解决办法，开展一些健康有益的活动，文明离校，顺利走上自己的工作岗位。

学业规划实施的关键

学业规划已经制定，就应该认真实施，否则将是一句空话。实施学业规划，要坚持三个原则：

一、动态性原则

学业规划制定好后，应该按规划实施，但是，规划的东西和现实世界相比总是滞后一些，特别是由于知识的更新换代速度加快，今天所学的内容可能过一两年就用不上了，所以学业规划应该根据社会对人才的要求、根据自己职业生涯规划的微调及时进行相应的调整，而不能墨守成规，讲教条。科学的学业规划应该在大的学习目标不变动的情况下，及时的对一些即将淘汰的知识和不合时宜的做法予以否定。

二、效率原则

学业规划一经实施，每个阶段、每个学期都有各自的任务和目标，必须在规划的时间段内完成，一旦完不成，势必影响后阶段任务的完成和目标的实现，从而影响总任务的完成和总目标的实现。所以，在规划的时间内，必须讲究效率，任何考试、课程都要争取一次通过，尽量避免重修、再考现象的发生，对于根据实际情况进行调整的课程，也要想方设法按计划完成。

三、持之以恒的原则

学业规划贯穿大学四年，各个时期有各自的任务，知识的积累、能力的提高、素质的发展等都必须在四年中完成，应当说，这四年是比较紧张的，也是比较充实的。大学松散型的管理、宽松的校园环境、丰富多彩的校园文化生活等可能会使部分同学不知不觉中放松对自己的要求，从而使学业规划难以完成。只有四年如一日，把自己的任务时刻放在心上，脚踏实地，毫不懈怠，持之以恒，才能达到学业规划的目标。

【案例一】

姓名：薛靓

性别：女

性格特点：对自己认识不太清晰，但通过朋友与专家的建议明白自己的性格特点：性格温柔，缺少创造能力与挑战性，重复性工作能力强，协调能力较强，做事细致，记忆力强。

专业：幼儿教育，大专

职业方向：幼儿园老师

学业规划：

总目标：完成大学学业，取得本专业的毕业证书。要求自己的专业成绩在班级名列前茅，尤其是音乐、美术、舞蹈，争取获得三好生和专业奖学金。

分目标：大学是职业生涯的起点，知识已经成为学习的一个很小的组成部分。人际交往能力、口头表达能力、协调组织能力、人格的完善、体魄的锻炼等都要上升到重要的位置。1. 大一学期。了解幼儿的认知和言语发展的特点和规律、幼儿的情绪、个性与社会性发展的关系以及幼儿的活动心理。能依据幼儿特点，利用所学相关知识，初步具备幼儿园基层岗位幼儿老师的工作能力。培养学生具有诚实守信、善于沟通和合作的品质。2. 大二学期。了解学前教育学的内容和发展历史；掌握学前教育学主要流派的理论知识；能运用科学的学前教育学观指导幼儿发展。掌握幼儿园教育活动的专业技能。在音乐、舞蹈、美术等专业技能中，至少弹奏十首乐曲；画十副简单的动物模型；跳十支简单的舞曲。大三学期。扩充人文知识，实习并实践掌握的学

习知识，至少在一家幼儿培训机构担任老师。

【案例二】

姓名：彭文

性别：男

性格特点：外向，擅沟通，喜欢挑战新事物，学习能力强，不喜欢重复性工作，固执，敏感，对新事物不适应。

专业：电子工程技术，本科四年制学生

职业方向：销售工作，行业为电子制造

职业最终目标：销售总监或销售副总

学业规划：

总目标：完成大学学业，取得本专业的毕业证书、学位证书，不求专业成绩最好，只要理解掌握就行。

分目标：1. 能成为中共党员或预备党员，思想上积极上进，具备较强的思想政治素质和纪律性、社会责任感；2. 所有课程无补考，争取拿到奖学金，争取获得“优秀毕业生”；3. 英语争取通过 CET－4，争取通过国家计算机等级考试；4. 能阅读完 20 本以上的课外优秀文学、哲学等书籍，撰写多篇读书心得；5. 在文体方面争取发展出一项以上的特长；6. 争取通过一项以上的专业考证。

几类职业对人才整体素质的要求

一、公务员

公务员是各级党委政府施政的主体。公务员队伍的能力强弱，事关党和政府的形象，关系到国家的稳定和发展。在知识结构上，公务员要具备良好的政治理论水平，具有管理学、法学、经济学、社会学的知识。在能力上，应该具备政治鉴别力和抵御腐朽思想侵蚀的能力、组织管理能力、调查研究能力、决策能力、创新能力、学习能力、沟通协调能力等。还需要奉献精神、服务意识，需要公平公正、实事求是、开拓创新的品质。

二、教师

教师的主要任务是教书育人，不仅要给学生传授知识，更要培养学生的品质和能力。这类职业包括高等学校、中小学、幼儿园和各类培训机构的教师。教师应该具备高尚的师德，“身正为范”；在知识结构上，应该具备精湛的教学艺术、良好的文化素养、终身学习的观念。应该具备专业、哲学、教育学、心理学、教学论、教育管理学等学科知识，还应该了解本专业的最新研究成果及其发展趋势，了解与本专业相近的新兴边缘学科或交叉学科的情况。能力上，应该具备较强的记忆能力、理解能力、组织管理能力、协调能力、表达能力、决策能力、学习能力。

三、科研工作者

科研类职业主要是指基础理论研究、信息情报研究、学科应用技术等的研究、调查、分析和实验等。科研工作是一种创造性的劳动，科研人员应该具备以创造力为核心的知识结构，应该具备扎实的专业基础知识，掌握严谨的科学研究方法和大量的本学科的研究前沿信息。在能力上，掌握本学科的各种实验方法和调查方法并能运用于实际工作中，有较强的逻辑思维能力、判断能力、抽象概括能力、表达能力、外语和计算机的运用能力等。还需要具备较强的事业心、责任感和刻苦专研的精神，敢于坚持真理，怀疑权威。

四、管理类

管理类主要是指国民经济管理、企业管理、金融管理、财政管理、外贸管理、物业管理、行政管理、旅游管理等社会工作。这类职业要求从业人员具备以下知识：管理学、相关专业（经济学、社会工作学等）、公共关系学的知识；在能力方面，能掌握党和国家的方针政策，并能灵活运用，具备良好的决策能力、组织管理能力、协调能力、交往能力、谈判能力、创新能力、语言表达能力和文字操作能力；另外还需要具备高度的责任感、健康的身心素质等。

五、工程类

这类职业占我国大学生就业的职业比例最大，范围包括个别行业中从事工程技术应用工作的职位。该职业要求从业人员要具备良好的专业知识，了解相近的知识，良好的中文和外语水平。在能力上，要具备专业的操作能力、解决极其复杂技术的能力、判断决策能力、团结协作能力；在素质上要有吃苦耐劳、科学严谨的精神。

六、服务类

该类职业主要是指第三产业中从事服务工作的所有职位以及中介组织中的职位。在知识结构上，要求从业人员要具备良好的专业知识、心理学、管理学和公共关系学的知识。在能力上要具备业务的操作能力、交往能力、口头表达能力，熟练掌握共关礼仪。还要具备良好的职业道德。

七、文艺类

从事文学艺术的工作人员，是指从事文学创作、艺术表演、文艺理论研究等方面的专门人才。这类人才要具备各种专业的知识，了解广博的社会知识、文艺理论和历史知识。要具有良好的道德品质，具有科学的世界观、价值观，以优秀的作品鼓舞人民、教育人民、引导人民。

八、财务类

社会对财务人员的素质要求越来越高。在知识结构上，要求财务人员掌握专业知识、财务规章制度、相关法律和政策，了解一定的经济学、营销学等知识。要求具备诚实守信、遵守纪律、坚持原则、作风细致的品质，要求具备一定的公关和社会交往能力，便于与银行、顾客、客户和员工进行广泛的联系。

各个不同的职业对人的知识结构、能力结构和素质结构要求是不一样的，同学们如果明确了自己的职业倾向，应该及早进行相关的准备工作。只有在大学阶段勤奋学习、不断提高自己的人，才能在就业市场上游刃有余，反之亦然。

学习了生涯规划和学业规划，需要同学们充分利用大学的时间，加强专业理论知识的学习和专业实践能力的提高，全面提升自身综合素质，为未来的就业做准备。在这个过程中，同学们会对自身的潜力和社会的变化会不断地有新发现，这也要求同学们需要不断地根据实际情况对自己的生涯规划和学业规划及时作出调整，因为生涯规划不是固定不变的，它是动态的。经过两到三年的学习，距离毕业的日子逐渐近了，同学们还需要学习就业的知识，了解就业政策，把握就业行情，为更好地融入社会走进职场做好准备。本教材的第五章到第十三章，就是就业指导的重要内容。

第五章 认识就业

——就业有多难

这是没有人能绕得开的话题：职业。

作为大学生，如果在大一、大二，你可能还没有考虑过这个问题，或许简单考虑过而没有明确的答案；如果你是大三、大四的学生，或许已经为未来的职业而烦恼了。

本书的职能，是帮你了解职业，学会选择职业，顺利就业。

职业漫谈

职业是怎么产生的？

职业是人类社会发展的产物。纵观人类社会发展史，在原始的部落或氏族中，生产力极度低下，人们在生产过程中只有自然分工的不同，如男子从事狩猎、捕鱼，女子在家饲养牲畜，老人照应孩子等，这是一种低级的、原始的、简单的、不固定的劳动分工，没有明显的职业区别，不是真正意义上的职业。真正的职业是在旧石器晚期，由于生产工具的改进，生产力水平的提高，开始出现社会分工。恩格斯在《家庭、私有制和国家的起源》中认为，第一次社会分工是农业和畜牧业的分离，形成了专门从事农业、畜牧业的人员，第二次是手工业和农业的分离，出现了专门从事手工业的人员，第三次是从事交换的商人和商业的出现。三次社会分工，使不同的人从事不同的生产活动，从而产生了真正意义上的生产活动，也才产生了真正的职业，才有不同的职业的区分，职业才开始具有普遍性和专业性的特点。

职业的产生、消失和存在，主要是受生产力发展和科技进步的影响，还受到民族文化背景、社会制度、法律政策、风俗习惯、宗教等因素的影响。生产力的提高使职业的区分越来越细化、专业化和社会化，职业涉及面更加宽泛，并且科技发展越快，职业的变化速度也越来越快，尤其在科技发达的今天更是如此，许多传统意义上的职业正逐步消失，比如，传统的修钢笔、补锅、卖凉开水、货郎、郎中等；许多新的职业在不断产生，如社会工作者、养老护理员、房地产经营中介员、室内装饰工程管理员、茶艺师、服装制版师、汽车美容装潢工、电子商务师、网页设计制作员、多媒体制作员、数码影像技术员等。了解职业的历史，有助于我们大学生形成正确的职业观念，用科学的思想指导我们去适应社会对自己的要求。

那么，到底什么是职业？不同的学者对此有不同的认识。

美国社会学家塞尔兹认为：职业范畴主要是技术性、经济性和社会性。职业是一个人为了不断地取得收入而连续从事的具有市场价值的特殊活动，这种活动决定着从事它的人的社会地位。

日本职业专家保谷六郎是这样说的，职业是有劳动能力的人，为了生活所得而发挥个人的能力，向社会贡献而连续从事的活动。①

我国有学者认为：职业是参与社会分工，利用专门的知识和技能，为社会创造物质财富和精神财富，获取合理报酬，作为物质生活来源，并满足精神需求的工作。

汉语词典则是这么说的：职业是个人所从事的作为主要生活来源的工作。

《辞海》是这么定义职业的：所谓职是指职务、职位，业是指事业、行业和业务。将“职”和“业”联起来，意思是按一定的要求从事具体的工作。

上述学者尽管对职业的概念提出了不同的看法，但是它们都有共同的特点：一是有一定的收入，也就是从业人员通过劳动取得报酬；二是工作具有相对的稳定性，即工作在一定时期内具有连续性；三是具有技能性，即劳动者必须具备一定的技术和能力来完成任务；四是具有社会性，即劳动者从事的工作具有社会价值。

据此，我认为职业应该是指人们从事的相对稳定的、有收入的专门的社会劳动。

了解职业的概念，有助于了解职业的功能，只有了解了功能，我们才能认识职业对我们的意义。

职业的功能

职业具有其自身的不可或缺的功能。

---

① 鄢敬新. 职业生涯规划宝典. 青岛出版社，2005 年.

一、职业是实现人生价值的基石和途径

所谓人生价值，是指人生的生活实践对于社会、他人或自身需要的满足。人生价值包括人生的社会价值和自我价值两个方面。一方面，人作为主体，人对他人和社会有一定的需要，人需要依靠他人和社会的活动及其成果来满足自身的需要，这就是我们通常所说的向社会的索取，或社会对个人的需求的满足。这种满足使个人得以存在和发展，这就是所谓人生的自我价值。另一方面，作为客体，人具有不同于其他客体的特殊属性，人可以通过自己的实践活动，创造出物质财富和精神财富，满足他人和社会的需要，对他人和社会的发展起到积极的作用，这就是人生的社会价值，也就是通常所说的个人对社会的责任和贡献。人在价值关系中是主客体的统一，人生的价值也是人生社会价值和自我价值的统一。

作为职业，它首先具有人生价值的自我价值。对于个人而言，职业是人们获得利益、维持生存、不断发展的基石。每个人要生存，必然会有物质和精神方面的需求，以满足日常生活的需要。一般意义而言，人们只有拥有职业，才可能拥有稳定的生活来源。人们通过劳动获得一定的经济报酬，去购买生活和生产的必需品。职业的岗位不同，人们的收入也不一样，获得利益是人们的普遍诉求。俗话说"养家糊口"，实际就是职业自我价值的生动体现。

作为职业，它还具有人生价值的另一方面的价值即社会价值。当人们从社会获得生存所需要的价值时，客观上也决定了他必须为社会作贡献。职业使人们进入一种特定的社会角色，这个角色是人们发挥个人才干和能力、为社会做贡献的途径，无论从个人的主观精神境界还是从社会的要求来说，劳动、创造和贡献是人的社会价值的主要标志。人们越是满足了别人和社会的需要，做出的贡献就越大，其社会价值就越大，反之则越小。而这些劳动、创造和贡献主要通过职业来完成。一个人为社会贡献了多少、承担了多少社会义务、创造了多少财富等反映了职业的另一方面的社会价值。

作为大学生，我们要明白，职业是人生实现价值的舞台，实现人生价值，必须寻找一个适合自己的舞台。

二、职业是社会赖以生存的基础

社会是由具体的单个的人组成的，个人的生存和发展离不开社会，职业是个人生存的前提，也是社会赖以存在的基础。

首先，社会只有通过职业的劳动，才能得到自身发展所需的大量物质财富和精神财富，奠定社会发展的物质和精神基础。职业的类型越多、变化发展越快，为社会发展提供的物质和精神财富就越多，就会更有利于推动社会的发展。其次，职业是社会发展的主要动力。职业是生产力概念中的重要内容，会随着生产力的发展而不断的向前发展，这种发展会导致一

系列的连锁反应,从而引起生产关系的变动来推动社会的发展。在职业的发展过程中,职业分工、职业结构是社会经济结构、阶层的重要反映,在现实社会中,职业还是人们身份的重要象征因素之一。从个人的角度来看,人们都在为得到一份好的职业在进行投资,如,企业鼓励员工深造、家长让子女上学就是一种投资;从政府的角度来看,兴办各类学校也是投资。第三、不同职业的和谐相处是建设和谐社会的重要条件。职业是构成社会经济制度及其运行的重要组成部分。职业的类型多样化、层次错综复杂化、动态发展化等和谐相处,有利于社会的结构多样化、阶层化之间的和谐相处。第四,职业是社会稳定的重要手段。拥有一份职业、安居乐业是社会稳定的前提。有学者认为,失业率高于10%就会造成社会的动荡。因此,提供就业岗位、鼓励创业是政府和各类非政府组织为降低失业率、提供就业服务的手段,也是维持社会正常运转、实现社会控制的重要手段。

到这里,大家都应该明白了,职业对个人是重要的,对社会也是重要的。

就业与职业的关系

本书名称是《大学生全程就业指导》,既然是就业指导,我们就要交代清楚职业和就业的关系,不然,书名就得改成职业指导了。

职业和就业的定义是不一样的。职业的定义我们在上面已经介绍了,根据《汉语词典》的解释,就业是指得到工作机会,参加工作。从字面看,职业是静态的,就业是动态的。

那么职业和就业有什么联系呢?

职业是就业的前提和基础,没有职业就没有业可就,也就没有工作好寻找,就业就成为一句空话;职业也离不开就业,职业岗位的设立,是为了有合适的人员从事相关的任务,如果没有相关的人员来从事相应的工作,职业也就失去了意义和可能。这两者是相互依存、缺一不可的。

对于在校大学生而言,职业经历是空白,我们是处于一个从学生转变为职业人的过程,如何让这个过程更顺利一点,这是本书要介绍的内容,它需要我们大学几年中都要做有心人,准备将来的就业,故取名《大学生全程就业指导》。

接下来介绍一些有关大学生就业认识中普遍存在的问题。

大学生就业的软肋

大学生就业难已经是不争的事实了。仔细研究一下,到底是什么造成了大学生就业难的问题?结论无非是两方面的,客观上的因素如经济形势、就业政策等对大学生就业都有着重要影响;主观上呢?不知大家有没有考虑过。记得国内一著名企业人力资源部负责人曾说过这样的话:“我不认为大学生就业难,我公司就需要大学生,但是能达到我公司要求的大学生太少了,我们愿意给本科毕业生第一年开六万元的工资,但是我们还招不满,许多的求职者的自身条件太低了。”这话或许绝对了一些,但是扪心自问,抛开缺乏职业经历、求职技巧不足等因素,我们大学生自身难道就没有问题吗?我觉得,大学生就业难,我们大学生自身存在着以下的软肋:

一、缺乏职业目标

许多大学生缺乏自己的职业目标,一直到了大四,临近毕业,还不知道自己会干什么,能干什么,什么职业是适合自己的,以至于到人才市场找工作时一头雾水,看看这个职业好像自己能做,瞧瞧那个职业感觉自己也行。整个大学阶段,缺乏对职业目标的认识,缺乏对自己的职业倾向的了解,缺乏有针对性的准备。既没有相关职业知识的积累,也没有相应能力的锻炼,到毕业时匆忙去找工作,和有准备的同学相比较,差距不言自明,也就难怪工作不好找了。

二、缺乏职业能力

● **小资料**

中国科学院研究报告显示:2010 年 6 月毕业的 630 万大学生中,有至少 300 万没有找到工作,陷入就业尴尬的状态。这批人员加入到 2011 年的 600 多万毕业生之中共同“抢饭碗”,竞争激烈程度可想而知。人瑞教育总经理张峰先生指出:随着社会的进步与发展,企业在用人上更注重实际能力的运用,培养学生适应市场需求的职业能力显得尤为重要。职业能力培养以职业生涯规划为切入点,进而进行正确的自我认知,能够正确认识自身的特性和潜在优势,对自己的价值进行全面的定位,从而避免在择业当中出现的高不成、低不就,眼高手低,最后只好盲目就业等现象。

——摘自:http://www.shengyidi.com/news/d-595848/

在金融危机的形势下,许多招聘单位对大学生的工作经历、能力越发看重了,往往是不招没有工作经验的应届生。我们知道,应届生的确是没有什么工作经验,虽然高校给每位大学生在毕业前都安排了必要的实习,而且实习环节也作为相应的专业课程计入了大学生的在校成绩,然而,许多学校的实习却往往沦为形式。结果到了招聘现场,才知道职业经验是多么的重要,无数大学生已经并将继续验证这一已经存在的事实。

上述案例中大学生回炉上技校的现象并不是个别的,我国目前的高等教育重理论、轻实践,这成为很多大学生就业时的软肋,学计算机的不会安装电脑,甚至连主板、内存条都分不

清，学生物的不会解剖青蛙，学师范的不敢上讲台，等等。虽然不少大学生满腹经纶，但是一到操作层面就不知所措，这样的毕业生是不能称之为人才的。

三、缺乏科学的职业态度

具体表现在大学生身上是就业的思想保守，观念陈旧，眼高手低，高要求的工作不能做，简单的工作不愿做，不愿意从基层做起、从小事做起，认为自己是“人才”，结果机会就这样从自己的手里流失。

● **小资料**

由于之前没有真正进入过职场，很多大学毕业生或者应届毕业的研究生在心态方面往往存在着问题。“大事干不了，小事不愿干”，某世界500强在华企业CHO(首席人力资源官)这样评价上年招收的一位应届研究生。而事实上，这种情况在大学毕业生身上并不少见。很多人认为自己读了很多年书或者出身名校，对初入职场的事务性工作不屑一顾，甚至认为自己应该在工作中发挥独当一面的作用。对此，中人网CEO何国玉明确指出：“这是一个误区！是一种过于理想化的心态。大学生初入职场，虽然有着高涨的工作热情，但工作经验、实践能力、职场技能都欠缺很多，指望在开始时就承担重要工作是不切实际的。”

——摘自：http://www.hbrc.com/

上述案例中，考核的就是大学生的职业态度。作为大学生，当然能够承担某项工作，这是任何人都不能否认的。作为一家知名企业，它需要员工具有良好的职业态度，它不可能也不必要在人才市场上招聘具有大学学历的清洁工。对于没有职业经验的学生，企业在面试中做判断时，首先要考量的就是态度，其他深层次的东西无法作为其选择人才的依据！如果大学生连“普通劳动者”这样的身份都无法接受，那也就不要指望找工作了。

上述三个方面并没有全部概括大学生就业的不足，但是有上述问题的大学生为数不少，当然有些还有一些其他方面的问题，这里就不一一道来了。

既然知道了我们自身的不足，还要再看看我们对就业的不正确的认识。

就业的部分认识误区

以下部分认识误区，是大学生就业过程中常有的：

一是认为文凭越高越好就业。许多大学生认为，工作不好找是自己的学历太低，只有提高学历才会好找工作。因此，许多大学生就抱定了硕士或博士毕业后再找工作的想法，把所有的精力和希望放在考研上，期待自己今后能找到更理想的职业。其实，学历并不代表知识和能力，许多的跨国公司如家乐福、麦当劳、沃尔玛等在招聘人才时对中专生、大专生也欢迎，比尔盖茨可是一个大学没有毕业的人。

二是认为工作稳定才算就业。受到长期的计划经济观念的影响，许多大学生总希望能找到一个比较稳定、风险小、收入高、位置好的职业，试图一辈子能过着衣食无忧的生活。这是一个美好的愿望，但是这在市场经济时代是很难实现的，市场越发达，这样的可能就越小。随着科学技术的迅猛发展，职业市场的新热点不断产生，新的职业不断产生，热门的职业不断变换，在市场的大潮中，人作为一种资源也必将随着经济大潮的变化而流动，既要收入待遇好、又要"保险"的职业几乎是没有的。市场的经验告诉我们，好的职业总是和风险成正比的，适合自己个人特点、自己比较满意的职业，往往是需要花费一定的时间和精力在市场这样的大海中去淘的。因此，我们应当确立这样的观念：职业的稳定是相对的，动态是绝对的，绝对不能指望依靠一种职业从大学毕业干到退休，那样的想法是愚蠢的。发达国家每一个人的一生中有4—5次的职业转换的现象在我国部分地区已经成为现实。

三是专业对口才是就业。经过大学的学习，大学生已经具有一定的专业理论基础和专业技能，如果能找到专业对口的工作岗位，对其事业发展无疑是有利的。但是，不是所有的大学生都能专业对口的，随着就业市场的竞争，专业不对口的工作也需要大学生来做。大学生年纪轻、观念新、综合素质高、适应能力强，即使从事了专业不对口的工作，经过刻苦学习和努力，同样能够成为内行，做出优异成绩。事实上，有许多职业也不是和大学的什么专业对口的，相关的职业能力需要在学中干、干中学。

具体的认识误区有许多，我们在本教材第十三章给大家做详细介绍。

作为新时期的大学生，就业要与时俱进，不要抱着陈旧的观念，主动接受就业指导，全程就业指导有其自身的价值。

全程就业指导的价值

全程就业指导是指就业指导工作贯穿大学本专科的整个阶段，它的价值可分为宏观和微观。

一、全程就业指导的宏观价值。

（一）高校毕业生就业关系到建设和谐社会和小康目标的实现

落实科学发展观，建设和谐社会，实现小康目标是中国共产党在新世纪制定的任务和目标，实现这个目标，离不开高素质的劳动者，离不开人才的培养。江泽民同志早在第三次全国教育工作会议上就指出："当今的国际经济和科技竞争，越来越围绕人才和知识的竞争展

开。发展的优势蕴藏于知识和科技之中,社会财富日益向拥有知识和科技优势的国家和地区聚集,谁在知识和科技创新上占优势,谁就在发展上占据主导地位。”大学生是知识的学习者、拥有者、使用者和创造者,他们是未来社会发展的生力军,经济建设的领头羊,让他们顺利就业,人尽其才,发挥其优势,对于推动社会生产力的发展、推进和谐社会的建立、加速小康目标的实现意义重大,反之则会起阻碍作用。要让人才发挥最大的效应,克服因为我国高等教育体制的某些弊端带来的人才培养的专业结构设置不合理、分布不均匀、知识面窄等不足因素,避免人才流动的无序性,使大学毕业生能找准位置,发挥自身的特长,必须为毕业生就业创造良好的就业环境,提供全方位的服务,进行科学有效的指导,让他们得到充分就业。

（二）高校毕业生就业关系到社会稳定

我国从 1998 年以来,扩大了高等学校的招生规模,高校的在校生人数呈几何级增长。每年有几百万大学生需要就业,给国家、社会带来的就业压力是空前的。大学生具有一定的知识层次,活动能力强,社会影响大,就业工作做好了,他们会成为社会发展的动力,反之,会使他们缺乏安全感、归属感,心理失衡,容易给社会稳定留下隐患。此外,从家庭的角度来说,现在读大学,家庭要承担并不轻松的费用,子女上大学,实际上是家庭的一种教育投资,父母对此也寄予了无限的希望。如果花费了数万元读大学,结果仍不能就业,会导致家庭成员心理失衡,挫伤他们对教育的热情,产生对社会的仇恨心理,在一定范围内产生消极影响,也容易导致产生社会不稳定的隐患。因此,开展全程就业指导,具有维护社会稳定的作用。

（三）有利于高等教育事业的发展

为国家的经济建设和社会发展服务是高等学校的一项重要任务,高等教育是否适应这一要求,通常可以通过社会对毕业生的评价得到反应。如果把毕业生比成产品,高等学校就是工厂,“产品”质量如何,是否适销对路是事关学校生存的大事。毕业生的质量好,得到社会的承认和接受,会促进学校的事业发展,反之,则会使学校的声誉受损,给事业发展带来不利因素。在市场经济高度发达的国家的高等学校,都把毕业生的就业率作为衡量学校办学质量和水平的重要标志之一,我国现在也有越来越多的高校和教育行政部门把学生就业率作为考核学校办学的重要因素之一。这些年,我国的高等教育事业得到了长足的发展,办学的空间扩大了,办学水平提高了,许多影响办学的不合理的因素已经或正在得到清理。但是,如果毕业生就业问题不能得到有效的解决,将会影响学校的招生、教学、管理和专业建设等一系列工作,势必对学校的发展产生巨大的不良影响,高等教育经过多年的改革发展所取得的成果也会毁于一旦。加强对大学生的全程就业指导,有利于学校更贴近市场,明确培养目标,改革教育机制,提高办学效益,培养出更多符合社会和市场需要的合格人才。

二、全程就业指导的微观价值

(一) 有利于规划自己的职业生涯

以往经常看到这样的情景:一些即将毕业的大学生说,要是能让我再读一遍大学多好啊!为什么不止一个学生这么说?因为他们直到上大四了,面临找工作了,才发现自己还有那么多的欠缺:不知道自己能从事什么职业,不知道什么样的工作适合自己,不知道自己有什么特长……不知道的事情太多了,等到自己发现问题的时候已经迟了,都临近毕业了,没有时间再好好补一补这些欠缺,只能带着遗憾离开校园,步入社会。这一切的发生是因为缺乏科学的职业生涯规划,这项工作在欧美国家在中学或大一就解决了,但是,我国的高校目前只有少数学校有这样的课程和指导,职业生涯规划的价值还远远没有被人们发现。

(二) 有利于规划大学学业

全程就业指导对大学的学业可提出指导意见。学业决定着职业的可能和潜力。大学的学习怎么安排才能有利于实现自己的生涯规划?如何构建自己的知识结构?如何合理安排所学的必修课和选修课?如何构建自己的能力结构?怎样培养自己的能力,提高综合素质等,都是学业规划需要解决的问题,这个问题只有在学业规划中得到解决,才能在大学的学习生活中不留遗憾。

(三) 有利于大学生的成才就业

全程就业指导不仅给大学生提供职业规划和学业指导,它还可根据教育教学改革的需求、市场对人才的要求等因素对大学生的职业生涯规划和学业规划进行动态的调整,可以指导大学生掌握求职技巧、职业角色转换知识、劳动法规知识、创业知识等,为大学生顺利走出校园、走向职业岗位提供全程的指导。

因此,全程就业指导可以帮助每一个大学生顺利成才、就业。

突破重围

首先,改变观念,拓宽就业指导的概念。就业指导不仅是指导学生掌握一些基本的就业知识,更是要指导学生树立正确的世界观、人生观和价值观,指导学生根据自身实际进行生涯规划、学业规划,明确发展的目标和方向。

其次,树立就业指导工作贯穿大学四年全程的概念,在大学的不同时期、不同阶段,应该指导学生学习什么课程,提高哪些能力等,在四年或三年中按照从低到高的顺序,不断指导学生提高自己。

再次,运用形式多样的方法开展指导工作。既要通过课堂教学让学生掌握有关的理论,

更要通过课外实践锻炼提高学生。学习国外的先进做法,加强对学生的个案辅导。

好了,说了这么多就业的话,作为大学生,如果你以前没有考虑过未来的职业问题,那你现在该考虑了。如果你考虑过职业的问题,那么你对自己的职业生涯有过规划吗,对自己的学业生涯有过规划吗?

本书下面几章内容将一一告诉你,你该怎么做。

第六章

良好职业素养

——步入职场的基本要求

提醒：提高职业素养，是当代大学生应对就业和工作的必修课。树立职业意识，实现从“要”到“给”是由学生转变为职业人的核心；职业道德，是大学生职业素养的根基，也是大学生职业发展的根本；职业能力，是大学生的“核心竞争力”，是参与职场竞争的关键因素；职业礼仪，是大学生职业素养的重要构成，直接影响到大学生求职的成败。

近几年，大学毕业生的就业已经成为比较重要的社会问题，也是一个难题。对于多数毕业生来说，别说找到一份不错的工作，能找到一份工作就已经不容易；而从企业的角度来看，虽然投递简历者不乏名牌院校学生，考到的职业资格证书、获奖证书，等等更是令人眼花缭乱，但是大学生到了工作岗位却常常出现各种状况，表现不尽如人意，使很多企业都在叹息“招不到合适的人选”。大学毕业生的“供”和企业的“需”之间出现了脱节。

很多事实表明，这种现象的存在与学生的职业素养难以满足企业的要求有关。那么我们大学生究竟应该以什么样的职业素养来应对用人单位、工作岗位甚至自己的实际需要呢？我们大学生又该如何培养提高自己的职业素养呢？本章就将着力探讨大学生职业素养及其养成。

提高职业素养，做好职业准备

一个实习生的违约案例

在公司执行的欧洲某著名集团公司近百名高管赴华的领导力参学项目中，需要招募十几名实习生以协助工作。小 w 毕业于南方一所著名的大学，目前在上海某知名高等学府攻读财务方面的硕士学位。她以出色的成绩、实习履历以及英语技能在近千封简历中脱颖而出，在接下来的一系列面试中过关斩将成为该项目实习生之一，并与公司郑重签署了相关协议，接受了针对该项目的包括国际商务礼仪在内的多次培训。

为了确保项目的顺利执行,公司在招募实习生的广告、面试通知、面试、培训和协议中都反复强调了一条对实习生的基本条件和要求——为期一周的项目进行期间须确保时间,除疾病等不可抗因素外一律不接受请假。然而小 w 却在上班的前一天就向项目负责人提出请假两个上午,理由是要去参加两个公司的笔试。在这个时间以这个理由请假,暴露出了小 w 对企业、对自己的承诺都严重缺乏责任意识,请假也不符合协议约定,不能被批准。但小 w 还是选择去参加笔试,放弃了该项目的实习。当日,公司人力资源部和小 w 做了第一次面谈,对她作为一个面临就业压力的应届毕业生做出这样的选择表示了理解,但也同时希望她尊重自己的承诺和法律的严肃性,承担起相应的违约责任。

然而,小 w 在这之后没有如约主动联系公司,将近一个月后,人力资源部再次联系她时,小 w 竟然拒绝面谈,并以诸如"用圆珠笔签的协议没有法律效力"等荒唐的理由企图否认自己有违约的事实。在被一一批驳后,才承认她认为公司不可能大费周章地通过法律途径追究她的违约责任。这个过程再次暴露了小 w 在法律意识、沟通意识上的严重缺乏和协调能力的不足。应该说,小 w 幸运地遇到了一位公司领导——公司既没有因为繁忙的工作而对此事不了了之,也没有简单粗暴地向小 w 的学校和相关用人单位反映她的错误。公司选择了锲而不舍地沟通和耐心说服教育。经过多次电话沟通和最后的面谈,最终,小 w 认识到自己在从一个学生向企业员工的角色转变过程中,在法律意识、责任意识、沟通意识上的严重不足,也从公司员工身上学到了职业人应有的基本素养。她心悦诚服地交纳了象征性的违约金,作为自己踏入社会后第一堂课的学费。

——摘自:http://www.jobcn.com/hr/detail.xhtml? id=104681

分析:这个案例反映了提升新员工职业化素养的必要性和紧迫性。

我们每个企业里都有不少像小 W 这样的新员工,尤其在 90 后的毕业生中,小 W 的比例逐年上升。他们拥有高学历和多样的技能,比如外语、IT 等,却习惯以自我为中心,缺乏职业人应有的对企业的责任意识以及与他人有效沟通和协调的意识和能力,而这些恰恰是一个职业人士应该具备的职业化素养。正因为缺乏这些职业素养,这些小 W 们一旦到了工作岗位上,就会暴露出这样那样的问题,时不时地"掉一下链子"。

如果不能尽早通过培训等途径有效提升小 W 们的职业素养,尤其是责任意识,他们只能在职场的摸爬滚打、磕磕碰碰中逐步完成自我提升。这种自我提升所需的时间对企业本身就是一种昂贵的成本。

因此,越来越多的企业已经把职业素养作为对人进行评价的重要指标。但是,作为大学生,作为公司新员工,你对职业素养又有多少认识呢?

一、职业素养概述

(一) 职业素养的基本概念

职业素养鼻祖 San Francisco 在其著作《职业素养》中这样定义:职业素养是人类在社会

活动中需要遵守的行为规范，是职业内在的要求，是一个人在职业过程中表现出来的综合品质。职业素养具体量化表现为职商(英文 career quotient，简称 CQ)，体现一个社会人在职场中成功的素养及智慧。

（二）职业素养的基本内容

职业素养涵盖的内容非常广泛，个体行为的总和构成了自身的职业素养。从表现形式上分为内化素养和外化素养。内化素养是职业素养中最根基的部分，包含个人的世界观、价值观、人生观；外化素养指通过学习、培训比较容易获得，在实践运用中日渐成熟的技能。

职业素养教育是一种养成教育。San Francisco 认为，职业素养的修炼需要经历以下七道关：印象关——初入职场形象管理；心态关——学生向社会人转变；道德关——职场安身立命之本；沟通关——打造职场“人气王”；专业关——“菜鸟”变“大虾”；诚信关——取得职场长期居住证；忠诚关——走进高层核心圈。通过七道关的培养，能够帮助个人具备良好的职业素养，快速融入职场，实现人生价值。

具体来说，职业素养概括地说包含以下四个方面：职业道德、职业思想(意识)、职业行为习惯和职业技能。前三项是职业素养中最根基的部分。而职业技能是支撑职业人生的表象内容。在衡量一个人的时候，企业通常将二者的比例以 6.5—3.5 进行划分。前三项属世界观、价值观、人生观范畴的产物。从出生到退休或至死亡逐步形成，逐渐完善。而后一项，是通过学习、培训比较容易获得。例如，计算机、英语、建筑等属职业技能范畴的技能，可以通过三年左右的时间令我们掌握入门技术，在实践运用中日渐成熟而成专家。可企业更认同的道理是，如果一个人基本的职业素养不够，比如说忠诚度不够，那么技能越高的人，其隐含的危险越大。

那当然做好自己最本质的工作，也就是具备了最好的职业素养。所以，用大树理论来描述两者的关系比较直接。每个人都是一棵树，原本都可以成为大树，而根系就是一个人的职业素养。枝、干、叶、型就是其显现出来的职业素养的表象。要想枝繁叶茂，首先必须根系发达。

（三）提升职业素养的意义

简而言之，职业素养是职业人在从事职业中尽自己最大的能力把工作做好的素质和能力，它不是以这件事做了会对个人带来什么利益和造成什么影响为衡量标准的，而是以这件事与工作目标的关系为衡量标准的。更多时候，良好的职业素养应该是衡量一个职业人成熟度的重要指标。

职业素养具有十分重要的意义。从个人的角度来看，适者生存，个人缺乏良好的职业素养，就很难取得突出的工作业绩，更谈不上建功立业；从企业管理唯有集中具备较高职业素养的人员才能实现求得生存与发展的目的，他们可以帮助企业节省成本，提高效率，从而提

高企业在市场的竞争力；从国家的角度看，国民职业素养的高低直接影响着国家经济的发展，是社会稳定的前提。正因如此，“职业素养教育”才显得尤为重要。

二、认识大学生职业素养

(一) 大学生职业素养构成

作为准职业人的大学生，他们的在校期间实际上就是其职业生涯的准备阶段，是从“纯学生”到“社会人”、“职业者”的角色转换阶段。因此，大学生职业素养必然由职业道德、职业技能、职业行为、职业作风和职业意识等多个方面内容构成。

“素质冰山”理论认为，个体的素质就像水中漂浮的一座冰山，水上部分的知识、技能仅仅代表表层的特征，不能区分绩效优劣：水下部分的动机、特质、态度、责任心才是决定人的行为的关键因素，鉴别绩效优秀者和一般者。可以将大学生的职业素养看成一座冰山：冰山浮在水面以上的只有1/8，它代表大学生的形象、资质、知识、职业行为和职业技能等方面，是人们看得见的、显性的职业素养，这些可以通过各种学历证书、职业证书来证明，或者通过专业考试来验证。而冰山隐藏在水面以下的部分占整体的7/8，它代表大学生的职业意识、职业道德、职业作风和职业态度等方面，是人们看不见的、隐性的职业素养。显性职业素养和隐性职业素养共同构成了大学生应具备的全部职业素养。由此可见，大部分的职业素养是人们看不见的，但正是这7/8的隐性职业素养决定、支撑着外在的显性职业素养，显性职业素养是隐性职业素养的外在表现。因此，大学生职业素养的培养应该着眼于整座“冰山”，并以培养显性职业素养为基础，重点培养隐性职业素养。

(二) 职业素养在未来工作中的地位

真正决定个人成败的不在于能力、学识，甚至也不是理想，而是职商(在职场中成功的素养及智慧)。职商才是成就一个人事业的关键。在我们的职场中，充斥着有能力却总不成功的人，整天忙碌却无法为企业、单位创造效益的人，有很好的学历却无法将知识卖个好价钱的人……他们是痛苦而努力的，可单位和领导偏偏对他们十分不满。假如他们能够把提升职商当做职场中的第一件事情来抓，他们便拥有了职场成功的钥匙。缺少这些关键的素养，一个人的一生将庸庸碌碌，与成功无缘。而拥有这些素养，会少走很多弯路，以最快的速度通向成功。来自哈佛大学的研究表明，成功约85%取决于积极的职业态度，15%才是本人的职业技能。从这个角度看，职业素养在未来工作中具有举足轻重的作用。

大学生在校期间主要是职业的准备期，主要目的在于为未来的就业和事业发展做好准备。职业生涯规划的有无及好坏直接影响大学期间的学习生活质量的高低，更直接影响求职就业甚至未来职业生涯的成败。合理规划自己的大学生活，做好职业生涯规划，不断提升自身职业素养，将为顺利走上满意的工作岗位做好准备。为此，大学生必须从职业意识、职业道德、职业能力、职业礼仪规范等多个方面提升自身的职业素养。

树立职业意识，实现从“要”到“给”

【案例】

一个刚大学毕业的学生，由于经验不足，能力欠缺，在工作中出现了失误，受到上级的严厉批评，他很不开心，没心思工作。

有人问他：“你为什么不开心？”

他说：“经理骂我了。”

又问：“你是不是工作没做好？”

答：“即便工作没做好，他也不应该对我这样态度恶劣，我长这么大，我爸、我妈都没对我大声喊过！”

问：“那你希望怎么样？”

答：“我希望我下次再犯错时，他的态度能好点儿！”

分析：这位大学生说的话意味着：

1. 我出错是难免的；
2. 我以后还会出错；
3. 我再出错时，要改的是经理，不是我，他应该提高管理艺术。

试问如果这位大学生有这样的想法，下次再做同样的工作、重复同样的错误，上级对他的态度会好一些，还是会更严厉一些呢？

职场人士正确的说法应该是：“我今天工作出错了，上级严厉地批评我，我很不开心。但是我下次一定把事情做好，让他说不着。”

从学生到职业人这是一种社会角色的重要转变。希尔说：“一个人所取得的成就，一个人所交的朋友，一个人对子孙后代所做的贡献，所有这些人生的内容都是由这个人的意识和心态所决定的。”

一个人从三岁上幼儿园，到六、七岁上小学，直到二十一、二十二岁大学毕业、参加工作。将近 20 年的学生身份形成了“要”的心态，向父母要，向老师要，向学校要，向社会要。一切都是“要”，想“要”一切。

当把这种“要”的心态带到求职之时，就会要工作、要职位、要环境、要轻松的事、要各种福利待遇，要不到宁可就先不工作，继续“啃老”，或者选择逃避，如去考研，继续保持“要”的心态，加强“要”的资本。

进入社会以后,必须迅速培养"给"的心态。做了20多年社会财富和家庭财富的消费者、享用者,要尽快成为社会财富的创造者和供给者。为此,我们必须做到:

一、处理好几种关系

(一) 个人与家庭的关系

90年代后出生的人,大多数是独生子女,即便不是独生子女,也很少有人经历过苦难生活的磨炼。社会为他们创造了优越的条件,家庭几乎倾尽所能,供其上学。几十年来,成为家庭宠爱和照顾的中心;而进入社会后,则要变成为家庭其他成员尽一份责任的人,开始回报父母、赡养老人,如果结婚生育,还要担负做妻子/丈夫、父亲/母亲的责任。这是一种从家庭宠儿到家庭各种事务、经济压力和多种责任的承担者的转变。

在家里,大多情况下家人会照顾你的情绪;而在职场上,别人很可能不在意你的情绪,但要求你必须拿出良好的工作结果。

当领到每一笔工资时,要想到孝敬父母。也许有人会说:"我爸妈不缺钱。"或许你的父母真不缺钱,但父母很在意你对养育之恩的回报之心。如果对养育自己的父母都不感恩,又怎能培养对企业、对国家的忠诚心呢?

(二) 个人与组织的关系

在学校里你理所当然是被培养的对象,因为在学校里你是消费者和学习者,你的学习成绩体现着老师的业绩和学校的荣耀。而进入社会后,在组织里你必须成为创造价值的贡献者,你只有在为组织做出贡献后,组织觉得你是值得培养的人,才会把你当作培养对象。你在组织里拿到的报酬也必须是你创造价值的一部分,而且只能是一小部分。一个组织的生存、发展和壮大,靠得是组织成员创造价值、积累价值。

当你是学生时,所有的学习都是按照教学大纲安排的,而教学大纲又是学校和老师拟定的,你不需要操心教学计划,只需要按时上课、完成作业、考好成绩,每年还可以享受两次长长的假期。而在组织中,不是所有的工作都已经安排得按部就班,需要你去主动工作、创新工作。

在学校里,考不好成绩不会给班级和学校造成经济损失,还会有补考的机会。而在组织中,如果做不好工作,有可能会造成重大损失,甚至没有挽回的机会。

在学校里,由于自己的考试成绩优秀就可能获得奖学金。而在组织中,就必须为他人或为组织创造价值这样才能获得报酬,而且必须是创造超额价值,才能获得奖金。

在学校里,如果你和同学不能相处融洽,你仍然可以当一个不合群的"小鸭",保持自己的个性,孤芳自赏。而在组织中,如果你不能和同事搞好关系,有一天被组织认为不能进行团队合作时,就必然成为出局的人。

在学校里，老师往往是你尊敬和崇拜的对象；而在组织中，你的上级也许不是你尊敬和崇拜的对象，但你必须服从他的领导和管理。

在学校里，如果你迟到、旷课只是耽误你自己的学习，老师的态度往往是宽容的；而在组织中，如果你迟到、旷工，耽误的是整个团队的业绩，这种现象是不能被容忍的。

（三）个人与社会的关系

大学生是社会的骄子，是全社会培养的对象，享受着各种免费或优惠的待遇。如果你有困难就有可能成为助学帮困的对象。但走出校门进入社会后，你是和谐社会的建设者，必须成为社会财富的创造者。

学生时代因为父母的付出，你可以从家里"要"到；因为老师的付出，你可以从学校里"要"到；因为社会的付出、国家的付出，你可在社会中"要"到。

但如果你是职业人，你必须先"给"，否则你什么也"要"不到。

职业人与学生的心态有重大不同，将"要"的心态变成"给"的心态，是成为职业人的关键。

因此，从学生转变为职业人的核心是从"要"到"给"。

二、如何实现由"要"到"给"

要实现由"要"到"给"，就必须树立职业意识。

职业意识是指人们对职业岗位的认同、评价、情感和态度等心理成分的总和，先于职业道德规范存在于人们头脑之中的一种职业心理活动。又称职业精神。职业意识的核心是爱岗敬业精神。它可以细化为规范意识、团队意识、责任意识、质量意识、诚信意识、服务意识和创新意识。

（一）养成规范意识

规范意识，是指从业者按照所在单位成文的规章制度和企业文化所认同的不成文的习惯性规定，自觉地履行岗位职责、规范自身行为的意识。市场经济的发展，使现代生产社会化的程度越来越高，分工越来越复杂，也使参加社会化生产的人越来越多。在如此庞大的生产规模下，如果没有严格的纪律约束，就很难对生产进行协调，任何违反纪律的行为都将影响全局。遵纪守法是各用人单位对应聘者职业道德的首要要求。所以，规范意识是求职必备职业素质，也是一种重要的职业意识。

（二）形成团队意识

团队意识是具有集体意识和协调合作能力的一种综合表现，是为了一个统一的目标，大家自觉地认同必须负担的责任和愿意为此而共同奉献。其中的个体在被尊重的氛围中，上下齐心，团结合作，为了团队的利益而追求卓越。团队意识包括两个方面的含义：一是集体

意识。自己与同事共同构成的是一个为了公司或者单位利益而共同努力的集体，有共同的目标，根本利益是一致的。二是合作能力。将集体意识深入发展、应用到实际工作中就表现为合作能力。企业有了团队精神就是拥有了核心竞争力，团队精神是单位和个人成功的保证。

（三）树立责任意识

责任意识，是指自觉地履行岗位职责，按照岗位要求认真落实各项任务。责任意识是一个人成就事业的基本保证，也是其造福社会的一项基本前提。一个人要在社会工作中立足，干一番事业，就必须具有责任意识。良好的责任心是每个人必须具备的品质。没有坚定的责任心，人就会在逆境中跌倒，在各种引诱前不能自持。只有员工都具备良好的责任意识，才能有效提高企业整体的工作效率。

【案例】

2014年5月，国务院总理李克强在内蒙古自治区赤峰市考察时，专程来到赤峰功业职业技术学院，在实训车间与师生们交流。一位同学把自己参加数控技能大赛上的获奖零件作品送给总理，李克强仔细端详，连连称赞“接近完美”，并当场表示，要把这件“作品”摆在自己的办公室。在5月23日的讲话中，李克强重叙此事时说，收到学生的获奖“作品”自己感到十分高兴，但更让他高兴的，是这位学生对他说的一句话：“对不起，我这个零件还有一点瑕疵，比赛时我有点紧张。”李克强说：“相比他的这件‘作品’，我更欣赏他这种追求完美的职业精神。”

负责任还是一种承诺。敢于给出这种承诺，才是真正走向成熟的表现，才能为自己的思想、工作习惯、目标和生活负责，才能给人一种可以信任的感觉。很多时候，对于初涉职场的人来说，选择第一份工作可能不是由自己的意志决定的，但怎样看待第一份工作，走好人生奋斗的第一个起点，却是要靠个人努力。即便你不喜欢你的这份工作，但是你已经选择了它，就要学会负起责任。当你尽最大的努力做好这份工作的时候，你可能会有意外的收获、意外的惊喜，或许你就会发现这份工作并不比你原来想要的工作差，你会发现自己的责任心在帮助自己开创新的命运，一条走向成功的路。

（四）培养质量意识

质量意识，就是指工作中自觉保证工作质量的职业意识。质量这个词包含着数量和程度两层含义。所以保证工作质量就是指按时、优质地完成工作。只有优质的工作才能生产出优质的产品，也才能使个人和公司更有竞争力。

（五）强化诚信意识

诚信意识，诚信作为基本的职业要求，意思是诚实守信。这是从业人员应具备的基本素质，也是最重要的品德之一。当今社会，培养诚信意识已经成为全民共同关注和讨论的话题。而无论从事哪个行业的工作都会把诚实守信作为是一个人最起码的条件之一。如果缺少这种意识，一个人很难做好工作并从这份工作中得到成就感和自尊感。如果一个人人品不正，为了自己的利益，不惜损害公司和同事的利益，其职业道路必然会越走越窄。因此，要想在职业生涯中赢得成功，就要做到正直和诚信，增加对他人、企业和社会的责任感。

(六) 增强服务意识

服务意识，是敬业精神的延伸，就是指愿意把自己所从事的工作以及给他人带去方便和快乐当作自己应该做的事情。企业在生存过程中，必然要经过淘汰、重整的剧痛，只有这样才可能真正壮大起来。市场不相信人情，也不相信眼泪。随着市场经济的发展，商品渠道越来越完善，商品的差异越来越少，服务的重要性就日渐突显出来。“21世纪是服务的世纪”。经济学家认为，我们生活在“服务经济”时代，每个人都在享受他人的服务，并且为他人服务。优秀的企业家总是十分注意这一点，在要求自己的员工时尤其强调这种服务精神。因此，作为企业中的个体，服务意识也必然作为员工的基本素质要求之一被重视。

服务意识可以从两个方面得到培养：一是热爱自己的工作及工作环境。企业总是乐意聘用那些精力充沛、积极、热情的人。因为这些人都有一个共同点，那就是乐于热心地为他人服务，具有积极乐观的工作态度。二是服务沟通的技巧。如尊重备至、温良谦恭、彬彬有礼、真诚务实等。

(七) 培育创新意识

创新意识是以深厚的文化底蕴、高度综合化的知识、个性化的思想和崇高的精神境界为基础的。心理学领域的最新研究表明，创新意识是一种认识、人格、社会层面的综合体，涉及人的心理、生理、智力、思想、人格等诸多方面。创新意识能巩固和丰富人的综合素质。最近的一项问卷调查显示，多数企业经营者把创新视为企业家精神的核心，并且，学历越高的人越重视创新。

如何培养自己的创新意识呢？一是要把创新视为自己的职责。二是不断学习新的技术技能，使自己的专业知识能够得到不断地更新。三是时刻保持信息畅通。无论做什么工作，都应该关注有关这一工作的最新的信息。需求是发明之母，需求也是创新的最原始动力和最大动力。

提升职业道德，奠定职业发展之基

职业道德是大学生职业发展的根本，也是大学生职业素养的根基。在大学生职业发展的不同阶段，职业道德发挥着不同的重要规范作用。现代社会与职业市场的迅速变化对我们大学生提出了更高的职业道德要求。加强职业道德基本知识和规范的学习与修养，可以帮助我们进一步树立正确的职业观，培养优良的职业素养，坦荡地驰骋于职业疆场。

所谓职业道德，是指同人们的职业活动紧密联系的并具有自身职业特征的道德准则和道德规范的综合，是行业范围内的特殊道德要求。每个从业人员，不论是从事哪种职业，在职业活动中都要遵守道德。如教师要遵守教书育人、为人师表的职业道德；医生要遵守救死扶伤的职业道德，等等。职业道德不仅是从业人员在职业活动中的行为标准和要求，而且是本行业对社会所承担的道德责任和义务。

一、职业道德的基本要求

爱岗敬业。即从业人员热爱自己的工作岗位，敬重自己所从事的职业，勤奋努力，尽职尽责的道德操守。这是社会主义职业道德的最基本要求，从业者不断完成自身社会化的重要条件，是个人实现自我、完善自我不可或缺的舞台。

诚实守信。它既是做人准则，也是对从业者的道德需要，合法经营，承受承诺，讲求信誉。

办事公道。就是要求从业人员在职业活动中做到公平、公正，不谋私利，不徇私情，不以权损公，不以私害民，不假公济私。

服务群众。就是在职业活动中一切从群众的利益出发，为群众着想，为群众办事，为群众提供高质量的服务。

奉献社会。就是要求从业人员在自己的岗位上树立奉献社会的职业精神，并通过兢兢业业的工作，自觉为社会和他人作贡献。

现在，很多大学生认为职业道德与我们还远。他们认为，职业道德需要从具体工作中培养，现在谈还为时尚早。这种说法过于乐观。职业道德首先取决于一个人的素养，其次是文化内涵。只有在校期间通过对自己修养与内涵的改变与维持，走入社会才更容易被接受，才能更随意地在未来的工作岗位保持良好的职业道德。

二、大学生如何加强职业道德修养

从小事做起，从现在做起，循序渐进。从点滴小事做起，通过长期积累，才能逐步培养，形成优秀的道德品质。

学习职业道德理论与参加社会实践活动相结合。正确审视自己的不足，并在社会实践中锻炼自己，陶冶自己，完善自己，最终完成职业道德品质的提高。

树立自信，自觉、自主地进行自我修养。在学习、生活和实践中，以为社会多作贡献为荣，以自己的劳动成果能为社会和他人带来幸福为乐，谦逊礼让、严于律己、宽以待人。

向新时期涌现的职业模范人物和身边的榜样学习。要向身边的老师、同学、工厂的师傅学习，学习他们的长处，克服自己的缺点，把职业道德境界提高到一个新的高度。

此外，还要经常自觉地进行内省、慎独。

增强职业能力，适应岗位要求

职业能力是人们从事某种职业的多种能力的综合。职业能力是一种综合能力，在不同岗位上有不同的具体表现。具有较强的职业能力是大学生立足社会，自我发展的基础条件，也是大学生在求职竞争中的优势所在。

【案例】

招聘会上，高职毕业生小李没有像一般应聘者那样忙着递交简历，而是向招聘人员咨询："请问，你们单位需要做什么工作的人？"招聘人员回答："我们需要产品设计的实物绘图人员，就是将研发人员设计的草图或设计思想，用三维图形表现出来，以便有关领导决策。"小李想了想，又看了看招聘人员使用的电脑问道："您的电脑中有没有绘图软件？"招聘人员点了点头。"能不能让我试试？"得到了肯定答复后小李开始在计算机上操作。他的头脑中呈现了在实习工厂做过的一个产品三维图。所以很快就在计算机显示屏上出现了一个加湿气的三维图。招聘人员微笑着开始询问小李的姓名、毕业的学校、所学专业、在哪些地方实习过等。小李递上了简历。招聘人员表示，欢迎小李到他的企业工作，并介绍了企业的业务前景、交通环境、人员结构、工资待遇等情况。小李为自己受到赏识而表示高兴，愿意在适当的时间到单位看看，如果双方满意，可以签订协议。于是彼此留下联系的方法和联系时间后，有礼貌地道别。

分析：当今的大学生要想在竞争激烈中脱颖而出、受到用人单位的欢迎，不仅需要具有一定的理论和科学知识素养，而且还需要具有把设计、规划、决策等转化为物质形态的产品的职业能力。

一、职业能力的构成

第一章已经对职业能力进行了详细阐述，职业能力包括一般职业能力、专业能力和职业综合能力，这里不再详细介绍。

二、职业能力的培养

(一) 参与活动，勇于实践

学习能力是在学习活动中形成的，计算机操作能力是在计算机运用中形成的，器乐演奏能力是在演奏乐器活动中形成的。既然能力是在实践活动中形成并发展的，语言沟通能力是在与他人沟通中形成并发展的，操作现代化设备的能力是在使用现代化设备过程中形成

并发展的，组织管理能力是在组织并领导群体活动中形成并发展的。因此能力的培养必须争取更多的实践机会。现代具有自主学习意识的大学生，不仅充分利用校内社会活动的机会，还利用课余或节假日走出校门，当义工、无偿帮工或勤工俭学。

（二）学好基础知识与技能

知识、技能、经验是能力形成的基础，培养能力首先要学好基础知识与专业知识、技能。例如与外宾交流的语言沟通能力，其基础是掌握外语的单词、词组短语、习惯用语、语法等知识。在此基础才能运用这些材料进行合理的组合，在实践中用作沟通交流的工具。所以，"学以致用"的前提是要学，学知识、学技能、学他人的经验。

（三）有心、用脑，概括总结

所谓"有心"是指有意识地总结实践经验，"用脑"是指在实践活动中善于控制自己的言行动作，用心察觉自己的感受，对照客观效果，分辨出收到良好效果的感受，以便在以后的实践活动中重复这类言行动作，进一步体验所获得的良好感受，并加以巩固。如果在实践活动中千百次地像驴拉磨那样机械重复，不能发现其中的规律，不能避免多次出现的失误，这种实践活动对能力的培养是无益的。

（四）学习他人

学习他人包括两方面：

观察他人，获得间接经验。在自己没有机会进行实践时，可以观察他人的行为，听取他人的经验介绍，对照实际效果，获得间接经验。例如，观察他人如何当学生会干部，如何表达自己的观点，如何布置工作，如何说服他人，如何组织活动，再想象自己如果做这项工作，将怎样做。这种途径可以解决自己尚未获得实践机会时的能力培养。

听取他人意见。人们常说"当事者迷，旁观者清"。通过实践活动，我们固然可以自己进行总结，如果请求他人对自己的实践活动进行评价，可以预防"片面性"，有效地检验自己的经验，提高实践效率。

了解职业礼仪规范，树立良好职业形象

一位老板登报为公司招聘一名勤杂工，大约有30人前来应聘。这位老板从中挑了一个男孩。他的合伙人问他："你为什么单单挑中了这个男孩呢？他既没有带介绍信，也没有人推荐他。"

"实际上，他带来了不少介绍信。"这位老板说："他进门前，先在门口蹭掉了脚下带的土，进门后随手关上了门，这说明他做事仔细小心。当他看到了那个跛脚的老人时，立刻起身让座，说明他心地善良，关心别人。进了办公室，他先将帽子脱去，我让他坐下时，他道谢后才人座，我问

他的几个问题，他都回答得干脆果断，说明他是个懂礼貌、有教养的人。还有，我故意放了今天的报纸在地板上，其他的应聘者不是从报纸上迈过去，就是看到了也没有反应。只有他俯身捡起报纸把它放到桌子上。而且，他虽然不是衣着光鲜，但是十分整洁，不仅头发梳得整整齐齐，连指甲都是修剪得干干净净的。这样的一个年轻人，你难道会认为他没有带来合适的介绍信吗？我相信，勤杂工对他只是一个开始，将来一定会大有前途。"

分析：良好的职业形象是从着装、装扮、言谈、举止等多个方面体现出来的，而这些细节都是职业形象的重要组成部分。社会对于职业人的要求是打扮得体，说话斯文，举手投足适度，外在和内在的统一，也就是我们说的"表里如一"。

求职面试时的面试考官、用人单位以及走向社会后的同事、竞争对手、客户每天都扮演着你的观众，能否塑造出良好的职业形象，不仅关系到你能否获得心仪的职业岗位，也关系到你所在单位的整体形象。因此，可以说个人的职业礼仪素养是职业素养的重要构成，它对于提升大学生的就业竞争力起着至关重要的决定作用，直接影响到大学生求职的成败。

一、求职礼仪形象——赢得竞争的重要砝码

第一次求职经历，对于每个人而言都是非常难忘的。面对激烈的竞争，能把你和别人区分开的是你的表现，即得体的言行举止和适度的修饰装扮，求职礼仪形象是赢得竞争的重要砝码。塑造求职礼仪形象主要包括以下要素：

（一）仪容要适度

求职应聘大多数岗位时，化妆修饰不可过度，妆容以简洁、淡雅、大方、自然为恰到好处。切忌浓妆艳抹或是另类前卫。

（二）仪表要得体

仪表，是生动的介绍信。求职者和招聘人员见面的前二十秒钟，就已经用一种古老而全球通用的语言交谈过了。它的词汇是我们的服装和饰物。求职者的衣着服饰要符合社会的规范，符合大众的审美观。不要奇装异服，而应该整洁、大方、朴素。求职时的着装，多数时候要穿得正式保守些，但也要根据所应聘的单位和职位变化。总之，你的穿着一定要适合你应聘的职位而不是你现在的身份。

（三）仪态要适当

当陌生的双方首次接触时，首先要根据其外表对对方进行判断，而外表中最先被注意到的就是表情。表情往往会在无意中流露出当时的真实情感。其中，微笑是最为动人的。如果想有愉快、有效地交流，就必须学会微笑，这是"黄金"命题需要牢记。微笑，具有永恒的魅力；微笑，可以愉悦情趣，使求职者从容应对招聘人员所提出的问题，并能影响对方的情绪，让自己在对方的心中留下良好的印象。

（四）语言恰当

语言是双方信息沟通的桥梁，是双方思想感情交流的渠道。语言在人际交往中占据着最基本、最重要的位置。语言作为一种表达方式，能随着时间、场合、对象的不同，而表达出各种各样的信息和丰富多彩的思想感情。说话礼貌的关键在于尊重对方和自我谦让。要做到礼貌说话必须做到：使用敬语、谦语、雅语，与人保持适当的距离，恰当的称呼他人与选择恰当的话题。

二、职业礼仪形象——职场成功的助推器

职业礼仪形象，是指人们在特定的职业活动中遵循职业岗位的行为规范所展现出的形象。而礼仪集中反映了一个人的个性气质、道德品质、审美修养与文化品位。每个人所具备的职业素质需要通过职业形象展现出来，遵循基本的职业礼仪规范也是塑造良好职业形象的重要条件。

（一）职场形象设计

设计形象。在生活中我们可以依据个人的喜好随意地装扮自己，但在职业场合，由于职位和工作性质的区别，需要我们仔细地为自己设计，展示的形象应该符合自己所在的岗位要求，应该经过仔细考虑。

职业服装。正确的职业服装的标准是需要根据公司的性质、公司历史与传统，等等来确定的，它的关键在于要和所从事的工作和所在的单位相协调。例如：一个护士的正确着装便是白色衣帽的统一工作服装；酒店前台服务员有岗位所规定的服装；而一名非银行外的会计人员在办公室内工作没有特别的要求，只要正规得体即可。工厂工人、技术人员、管理人员上班时间应按照所在岗位的要求着装，需要做到整洁、大方、得体。

（二）职场礼仪

职场礼仪的基本点非常简单。首先，要弄清职场礼仪与社交礼仪的差别。职场礼仪没有性别之分。比如，为女士开门这样的“绅士风度”在工作场合是不必要的，这样做甚至有可能冒犯了对方。请记住：工作场所，男女平等。其次，将体谅和尊重别人当作自己的指导原则。尽管这是显而易见的，但在工作场所却常常被忽视了。再次，对于握手、交换名片、介绍等基本礼仪规范必须了然于心、自觉化为行动，并且要注意与环境配套，不可“鹤立于群”。

1. 办公室礼仪

在现代社会中，办公室已经成为许多职业都适用的一种最基本的工作环境。人们在办公室内外，还要跟他的同事和上下级产生各种人际交往。所以，办公室礼仪也就构成了现代职业礼仪的基础。

(1) 人际礼仪

礼仪从“问候”开始，“一声问候”表达出对别人的尊重：早晨见到熟人要说“早上好”；向别人请教了问题后要说“谢谢您的指点”；离开某地时，对还在的人要招呼一声“我先走了”。

事实上，这些简单的小事就是礼仪。在人际礼仪中，根据人与人之间的关系，又可以分为同事间、上下级间和客户之间的来往和礼仪。

同事关系。同事相处，只要你按规则处世，就会觉得更轻松更有乐趣，他们对你的事业和生活会有更多的益处，你完全可以怀着快乐的心情融入他们中间，成为其中的一员。这要求你做到以下几点：一是透明竞争，不可玩弄阴招；二是交友有度，不要过问隐私；三是不要把个人喜恶带入办公室；四是寻找相近的乐趣，增加亲密度；五是不要拒绝做他们的工作伙伴；六是经济往来，AA 制是最佳选择。

上下级关系。领导沟通的目的主要有以下几个方面：汇报工作、反应或讨论问题、寻求支持、明确工作内容或目标。为了更好地实现这些目的，还是需要一些技巧的。而要在实现目的的同时给上司留下好印象，就更需要明了其中的礼仪。

实际上，领导也是普通人，作为下属，不要将上司看作特殊群体，本着探讨问题和解决问题的目的，只要得体即可，不应过于谦卑但更不能倨傲。与上司讨论问题时，首先应该认同对方合理的观点，然后再发表自己的看法。对于从上司那里得来的消极消息或是关于上司的消极消息不要随便向外传播，尤其不要向下扩散。

与客户关系。客户相处，是最能体现工作能力的一面。因为这往往决定着你的工作成绩，此时你代表了你的单位，一般需要注意以下几点：一是待客态度必须热诚而有效率；二是打电话时不应背对来客；三是无论对方身份如何，都应以礼相待；四是称呼时一律以姓称呼，以显示对来者的尊重。

(2) 环境礼仪

当人们走进办公区时，如果环境良好，情绪就会是积极的、稳定的，那么就能很快进入工作角色，工作效率和质量都很高；反之亦然。因此在办公区内，工作人员应善于营造良好的工作环境，协调与控制自己的情绪，使工作场所生机盎然，充满活力。

首先，办公室桌面环境方面要有序。办公室的桌椅及其他办公设施，都需要保持干净、整洁、井井有条；桌面上只摆放目前正在进行的工作资料；在休息前应做好下一项工作的准备；因为用餐或去洗手间暂时离开座位时，应将文件覆盖起来；下班后的桌面上只摆放计算机，而文件或资料应该收放在抽屉或文件柜中。

其次，办公室心理环境要健康。保持积极向上、稳定的情绪，掌握协调、控制消极情绪的技巧与方式，共同营造和谐融洽的办公室软环境。硬件环境的改善仅仅是提高工作效率的一个方面，而更为重要的往往是软件条件，即办公室工作人员的综合素质，尤其是心理素质。

这个观点正在被越来越多的白领们所接受。

再次,电子通讯礼仪要遵从。电子通讯礼仪,即在使用办公室内的现代化电子通讯设备时必须遵从的礼仪。

移动通讯工具。要将移动通信工具放置在合适的位置上,既要合乎礼仪的要求,又要保证方便。不论是接听,还是拨打电话,讲话的声音都要适度,不能大声嚷嚷。使用移动通讯工具要遵守公共秩序。若去电时对方不能接收电话或是收不到讯息时,电话会自动转至语音信箱内,留言时应以简短扼要为原则。

现在很多公司都租用写字楼作为办公室,几十人在同一工作平台区工作,有些人的手机铃声怪异,当大家埋头工作时突然传出翠花上酸菜!或者丢掉手机去裸奔等搞笑声音,这对于其他人来说是一个不小的干扰。此外,一些职员把手机铃声设置得又怪异又吵闹,当周围的人陷入沉思或者专心工作时,猛然铃声大作吓人无数。彼此之间应该相互体谅避免干扰。

传真。传真信件时,必须像写信一样有礼貌。最好使用白色或浅色传真纸。发送传真之前,最好向对方通报一下,以免发错。

电子信函。送信前必须用杀毒程序扫描文件。来历不明的信件必须谨慎处理。电子信函要认真撰写。发送群发信件,应用保密附件方式传送。注意电子信函的编码。

2. 工厂规范礼仪

(1) 上岗礼仪

如果说应聘是推销自我的话,上岗就是展示自我能力的开始。所以在走上新的工作岗位时,需要注意以下几方面:

全面了解工厂的各项规章制度、要求,特别是对于一些工作的安全事项需要仔细阅读;了解管理各项业务工作的负责人姓名及职责;在自己有困难的时候,能够直接找到负责人解决问题。

(2) 问候礼仪

每天到工厂要精神抖擞地向他人有礼貌地打招呼问好,让一句亲切的问候揭开新的一天。

(3) 汇报工作礼仪

员工在向上级汇报工作的时候要求:遵守时间,不可失约;轻轻敲门,经允许后才能进门;汇报内容要实事求是,汇报口音要吐字清晰,声音洪亮;汇报结束后,应等待上级的指示方可告辞。

(4) 下班礼仪

结束一天工作后,下班应该做到"善始善终"。将制服放入个人用箱内,清洁个人卫生,整理自己的衣物等。离开的时候,应对还在工作的同事说声"再见"。

(5) 宿舍礼仪

一般大的工厂企业都人集体宿舍，跟同事住在一起更应该注意自己的行为。应该注意的方面就更细节化，其中包括：保管好个人物品，尊重别人隐私，遵守宿舍管理规定等。

3. 公共区域礼仪

第一，上下楼梯礼仪。走扶梯靠右边。上楼时，应该走在女士的前面；而下楼时，可适用"女士优先"的礼仪原则。如果是乘电梯上下楼，则先进电梯的人要靠边站，面向电梯口，尽量避免和人面对面地站着。与客人一起时要为客人按按钮，并让客人先进电梯，男士、晚辈或下属应在电梯开关处为同行女士、长辈和上司按按钮。要注意出入顺序。与不相识者同乘电梯，进入时要讲先来后到，出来时则应由外而里依次而出，不可争先恐后。

第二，公共区域内礼仪。工作期间不在公共区域停留；行走时快捷、右行、姿态挺拔、目视前方；遇到客人和员工时，先向客人示礼，示礼时注目、微笑；上下楼梯时，不抢上抢下、打闹嬉笑；员工工作期间暂时离开应该到规定的员工动态公告板上表明去向和任务。

对于如今的大学生来说，大学生涯是短暂的，就业的竞争是激烈的，用人单位的要求是严格的，只有合理规划好自己短暂的大学生涯，不断提升自身的职业素养，不断缩小自己与用人单位招聘标准的差距，才能在当前激烈的就业竞争中找到一份理想的工作，从而实现自己的职业理想和人生价值。

【案例】

不要只做我告诉你的事 请做需要做的事[①]

亲爱的员工：

我们之所以聘用你，是因为你能满足我们一些紧迫的需求。如果没有你也能顺利满足要求，我们就不必费这个劲了。但是，我们深信需要有一个拥有你那样的技能和经验的人，并且认为你正是帮助我们实现目标的最佳人选。于是，我们给了你这个职位，而你欣然接受了。谢谢！

在你任职期间，你会被要求做许多事情：一般性的职责，特别的任务，团队和个人项目。你会有很多机会超越他人，显示你的优秀，并向我们证明当初聘用你的决定是多么明智。

然而，有一项最重要的职责，或许你的上司永远都会对你秘而不宣，但你自己要始终牢牢地记在心里。那就是企业对你的终极期望——

永远做非常需要做的事，而不必等待别人要求你去做。

是的，我们是聘你来工作的，但更重要的，是聘你来为了公司的最大利益，而随时随地思考、运用你的判断力并采取行动的。

如果此后再也没有人向你提及这个原则，千万别误会，以为这是因为它不再重要了或者我

---

① 此信为美国著名的员工激励专家鲍伯·尼尔森在《不要只做我告诉你的事 请做需要做的事》一书中虚拟的一封信。

们改变了看法。我们有可能是在处理繁忙的日常业务、在应对没有止境的操作变化、在种种争分夺秒的活动中抽不出身来。我们日复一日的工作实践,或许会让你觉得这个原则已不再适用了。但是,不要被这表象所蒙蔽。

一刻都不要忘记企业对你的终极期望。在你和我们的雇佣关系存续期间,让它始终伴随你左右,成为你积极主动工作的一盏指路明灯,时时刻刻鞭策着你思考和行动。

只要你是我们的员工,你就拥有我们的许可:**为我们共同的最佳利益而积极主动地行动。**

在任何时候,如果你感觉到我们没有做对事情——没有做对我们大家都有益的事情——请明白地说出来。你拥有我们的许可,在必要的时候直言不讳陈述己见,提出你的建议,或是质疑某项行动或决定。

这并不意味着我们必定会认同你的看法,或是必然改变我们现有的做法;但是,我们将始终乐于倾听,在你看来什么将有助于更好地达成我们所追求的成效和目标,并在这一过程中创造一种自助助人的成功经验。

如果你想寻求对既有工作程序的改变,你必须先努力了解既有的工作流程是如何运作的(及其原因)。先努力尝试着在既有的体系下开展工作,但如果你觉得这些体系需要改变,那就毫不犹豫地告诉我们。

对于这封信所表达的主题,欢迎你随时和我以及公司中的其他成员展开讨论,或许我们都将因此更好地实现企业的终极期望。

你的真诚的经理　敬上

又及:像其他许多很好的建议一样,终极期望也是简单不过的常识。但是,不要把听起来简单,等同于做起来简单。请将这一原则铭记在心,并有效地贯彻到你的工作情境中。一旦你明白了终极期望,你就必须在每日的工作中加以实践。再也没有比接受这个挑战,对你获得工作、事业以及人生的成功更至关重要的了。

第七章

把握就业政策

——顺利就业的前提

提醒：本章的内容有些复杂，不过对你却真的很重要。虽然就业的政策每年都有新内容，但是一些基本的政策是不会有大变化的。及早了解，有助于你未来的就业。

随着我国高等教育改革的不断深入以及高等教育由精英化向大众化的转变，高校毕业生的就业形势发生了极大的变化。面对新的形势，国家确立了“市场导向，政府宏观调控；学校推荐，毕业生与用人单位双向选择”的就业制度。毕业生就业按照“公开、公正、择优、自愿”的原则落实就业。毕业生要赢得竞争就要了解规则。了解和把握当前的高校毕业生就业政策，可以明了就业环境、明晰就业定位、明确就业途径，进而早规划、早准备、早行动，以积极主动的姿态适应社会的需要，为顺利就业打下坚实的基础。

当前高校毕业生就业政策的目标定位

高校毕业生就业政策是国家就业政策的一个重要的组成部分，是规范相关部门行为、为大学生创造就业机会、扩大就业渠道的一系列制度、规则及法规的总称。不同时期的高校毕业生就业政策具有不同的政策内容，体现当时的社会经济发展水平和国家对职业市场的导向性规定。

当前我国高校毕业生就业政策的目标定位是：

一、促进大学生就业市场的建立

促进政府、学校、社会举办多种方式、多种层次的人才招聘会，并切实提高人才招聘会的质量。促进政府部门不断加大各种信息提供的力度，尤其是注意发挥现代网络的功能，完善现有的网站，并通过网站给学校、毕业生、用人单位及社会各界提供信息服务，让毕业生和用人单位在供求信息中通过人机对话的方式迅速找出符合自己要求的单位或毕业生。同时，

继续办好各种刊物、出版相应书籍、发放各种宣传材料等。大力扶持建立各种社会中介组织,使社会中介组织成为大学生人才市场有效的润滑剂,如建立各种服务代理、评估机构、公证组织等。进一步改革阻碍就业市场形成的旧的就业政策,取消人才合理流动的种种障碍,注重有关热点政策的改革,特别是户籍制度等。

二、规范大学生就业市场

规范各种录用考试,如公务员、事业单位招录考试、用人单位的录取考试等,进一步强化程序,制定相应的规定,使大学生在公平的环境中参加竞争,促进就业市场更加平稳地发展。完善相关制度和条例,保障毕业生和用人单位的权益,使就业工作有据可依、有章可循、落到实处。

三、为大学生就业提供公共服务

通过政府、学校和社会相关部门的合作,逐步建立正规的就业指导、就业服务体系,如完善职业生涯辅导、开设就业辅导课程、通过各种方式进行就业技能培训、加大就业心理辅导的力度等。

四、人才宏观调控

根据国家发展的人才战略,如“西部大开发”和加强基层工作等宏观形势的需要,完善和制定新的优惠政策,从而调整大学生的期望值,以达到人才的合理配置。积极鼓励大学生创业,建立创业扶持体系,为创业者提供相应的政策优惠,为大学生自主创业开辟道路。提供创造性人才合理流动的优惠政策。

五、促进社会公平

维护就业中弱势群体的利益,如女大学生就业难、低学历大学生受歧视等问题,加强相关研究并制定相关保护政策,将失业大学生尽快纳入社保体系。

国家促进高校毕业生就业的主要政策

一、鼓励和引导毕业生到城乡基层就业

基层是吸纳毕业生就业的最大空间,是最需要人才的地方,也是毕业生锻炼成长、施展才华的广阔舞台。积极引导和鼓励高校毕业生到基层和中西部地区就业,既有利于促进高

校毕业生充分就业，也有利于培养具有坚定理想信念和奉献精神、对人民群众有深厚感情的后备人才，进一步优化基层人才队伍结构，是大学生就业的主要方向。

● **资料**

一般来讲，"基层"既包括广大农村，也包括城市街道社区；既涵盖县级以下党政机关、企事业单位，也包括社会团体、非公有制组织和中小企业；既包含自主创业、自谋职业，也包括艰苦行业和艰苦岗位。

对到西部县以下基层单位和艰苦边远地区就业的高校毕业生，实行来去自由的政策，户口可留在原籍或根据本人意愿迁往就业地区；人事档案原则上统一转至服务单位所在地的县级政府人事部门，由政府主管部门所属的人才交流机构提供免费人事代理服务；党团组织关系转至服务单位，对服务期间积极要求入党的，由乡镇一级党组织按规定程序办理。

为鼓励高校毕业生参加社会主义新农村建设、城市社区建设和应征入伍，国家实行四项具体鼓励政策：

第一，基层社会管理和公共服务岗位就业补贴政策。其中涉及两项补贴政策：一是对到农村基层和城市社区从事社会管理和公共服务工作的高校毕业生，符合公益性岗位就业条件并在公益性岗位就业的，按照国家的规定，给予社会保险补贴和公益性岗位补贴。二是对到农村基层和城市社区其他社会管理和公共服务岗位就业的，给予薪酬或生活补贴，按规定参加有关社会保险。

国家加大公益性岗位的开发力度，在城乡基层社会管理和公共服务领域开发公益性岗位，安排就业困难的高校毕业生。对在农村基层和城市社区其他社会管理和公共服务岗位就业的高校毕业生，不限计划和项目，给予薪酬或生活补贴。

所谓基层社会管理和公共服务岗位包括村官、支教、支农、支医、乡村扶贫以及城市社区的法律援助、就业援助、社会保障协理、文化科技服务、养老服务、残疾人居家服务、廉租房配套服务等岗位。其中，公益性岗位，是指全部由政府出资开发，以满足社区及居民公共利益为目的的管理和服务岗位，优先安排困难人员或重要群体，并从就业专项资金中给予社会保险补贴和岗位补贴；其他基层社会管理、公共服务岗位，是指在街道社区、乡镇等基层开发或设立的相应的社会管理和公共服务岗位，部分由政府出资，或由相关组织和单位出资，所安排使用的人员按规定享受相关补贴。

第二，学费和助学贷款代偿政策。自 2009 年起，对中央部门所属全日制普通高等学校应届毕业生，自愿到中西部地区和艰苦边远地区县以下基层单位工作、服务期达到 3 年以上(含 3 年)的学生，实施学费和助学贷款代偿。

学费代偿资格经全国学生资助管理中心审定后，财政部及时将代偿资金拨付给全国学

生资助管理中心。全国学生资助管理中心在收到财政部拨付的代偿资金15个工作日内,将代偿资金拨付给高校。高校于15个工作日内将代偿资金代为偿还给高校毕业生本人。

国家按照每个高校毕业生每学年代偿学费的金额最高不超过6000元的标准,对获得学费代偿资格的高校毕业生采取分年度学费代偿的办法,每年代偿学费总额的1/3,3年代偿完毕。

高校毕业生在校学习期间获得国家助学贷款的,代偿的学费优先用于偿还国家助学贷款本金及其全部偿还之前产生的利息。

● **资料**

中西部地区和艰苦边远地区基层单位所涉及的地域范围主要包括:

1. 西部地区:西藏、内蒙古、广西、重庆、四川、贵州、云南、陕西、甘肃、青海、宁夏、新疆等12个省(自治区、直辖市);

2. 中部地区:河北、山西、吉林、黑龙江、安徽、江西、河南、湖北、湖南、海南等10个省;

3. 艰苦边远地区:由国务院确定的经济水平、条件较差的一些州、县和少数民族地区。

4. 基层单位:

(1) 中西部地区和艰苦边远地区县以下机关、企事业单位,包括乡(镇)政府机关、农村中小学、国有农(牧、林)场、农业技术推广站、畜牧兽医站、乡镇卫生院、计划生育服务站、乡镇文化站、乡镇劳动就业服务站等;

(2) 工作现场地处以上地区县以下的气象、地震、地质、水电施工、煤炭、石油、航海、核工业等中央单位艰苦行业生产第一线。

从2008年起,国家征兵的重点转向各级各类院校的应届毕业生,这是适应新时期国防和军队现代化建设需要,进一步优化兵员结构,提高部队战斗力,实现科技强军、人才强军的重要战略举措。高校毕业生参军入伍,除享有优先报名应征、优先体检政审、优先审批定兵、优待安置外,还享受下列优惠政策:

1. 提前预征。对应届高校毕业生实行5、6月份提前进校预征的办法。

2. 优先选拔使用。同等条件下,高校毕业生士兵在选取士官、考军校、安排到技术岗位等方面优先考虑。

3. 考学升学优惠。具有高等教育学历的士兵退役后,参加政法院校为基层公检法定向岗位招生时,优先录取;退役后三年内报考硕士研究生初试总分加10分;具有高职(高专)学历的,退役后免试入读成人本科,或经过一定考核入读普通本科;具有本科学历并荣立二等功及以上的,退役后免试推荐入读硕士研究生。

4. 实行学费补偿。从2009年起,国家对应征服义务兵役的高等学校毕业生入伍时,对其在正常学习期间所交的学费实行一次性学费补偿。中央部门高校应征入伍毕业生补偿学费资金,由中央财政拨付全国学生资助管理中心,并由其拨付中央部门所属高校;地方高校应征入伍毕业生补偿学费资金，由中央财政下达各省（区、市）财政部门。各省（区、市）财政部门收到中央财政拨付资金 15 日内，会同同级教育行政部门拨付地方所属高校。各中央部门高校和地方高校在收到补偿学费资金的 15 个工作日内，向毕业生补偿学费。

在校期间获得国家助学贷款的，学费补偿款必须首先用于偿还助学贷款本金及其全部偿还之前产生的利息。

第三，选聘招录优惠政策。参加“选聘高校毕业生到村任职”、“三支一扶”、“大学生志愿服务西部计划”、“农村义务教育阶段学校教师特设岗位计划”等项目的毕业生，服务期满且考核合格的毕业生，享受以下优惠政策：

公务员招录优惠：地（市）级以上党政机关录用公务员，坚持“凡进必考”，并明确录用具有 2 年以上基层工作经历的人员比例；县及乡镇机关拿出一定职位，专门招考到村任职等基层就业项目的大学生。

事业单位招聘优惠：各基层就业项目相对应的自然减员空岗，全部聘用服务期满的高校毕业生，鼓励高校毕业生在项目结束后留在当地就业。从 2009 年起，到乡镇事业单位服务的高校毕业生服务满 1 年后，在现岗位空缺情况下，经考核合格，即可与所在单位签订不少于 3 年的聘用合同。同时，各省（区、市）县及县以上相关的事业单位公开招聘工作人员，应拿出不低于 40％的比例，聘用各基层就业项目服务期满考核合格的毕业生。

考学升学优惠：服务期满后三年内报考硕士研究生初试总分加 10 分；同等条件下优先录取；高职（高专）学生可免试入读成人本科。

其他：各基层就业项目服务年限计算工龄。服务期满到企业就业的，按照规定转接社会保险关系。

第四，面向基层就业的专门项目范围不断扩大、政策不断衔接。主要内容包括四个方面：一是 2009 年中央有关部门和地方基层就业专门项目鼓励更多的大学生参加。二是制定各项目待遇政策衔接的办法。三是对参加项目的毕业生给予生活补贴，参加有关社会保险。四是与项目相对应的自然减员空岗全部聘用那些项目结束后留在当地就业的高校毕业生。

近年来，中央各有关部门主要组织实施了 4 个引导高校毕业生到基层就业的专门项目，包括：团中央、教育部等四部门从 2003 年起组织实施的“大学生志愿服务西部计划”；中组部、原人事部、教育部等八部门从 2006 年开始组织实施的“三支一扶”（支教、支农、支医和扶贫）计划；教育部等四部门从 2006 年开始组织实施的“农村义务教育阶段学校教师特设岗位计划”；中组部、教育部等四部门从 2008 年起组织实施的“选聘高校毕业生到村任职工作”。2009 年教育部进一步扩大“农村义务教育阶段学校教师特设岗位计划”的实施规模和服务地范围，同时积极推动各地实施地方项目，建立了高校毕业生补充农村教师岗位的长效机制，各地中小学教师自然减员空岗全部聘用特岗计划服务期满的毕业生。

二、鼓励毕业生到中小企业、非公有制企业就业

第一,清理影响就业的制度性障碍和限制。主要是在档案管理、人事代理、社会保险办理和接续、职称评定以及权益保障等方面做好服务工作,以形成高校毕业生到企业就业的有利环境。

目前我国对档案的管理主要有单位管理和社会管理两类:有档案管理权限的企事业单位可直接接收、管理档案;无档案管理权限的企事业单位,主要指公有制和非公有制(含个体、私营、外资)的中小企业,可以由各地的人才交流中心、政府批准的人才服务机构代为提供档案管理、人事代理、社会保险办理和接续等方面的服务。档案不允许个人保存。

人事代理是指由政府批准的人事档案管理机构(各类人才服务机构),按照国家有关人事、劳动等政策法规要求,接受单位或个人委托,为多种所有制经济尤其是非公有制经济单位及各类人才办理:① 人事档案管理;② 因私出国政审;③ 在规定的范围内申报或组织评审专业技术职务任职资格;④ 转正定级和工龄核定;⑤ 大中专毕业生接收手续;⑥ 其他需经授权的人事代理事项。

● 链接 ☞

对毕业生而言,办理人事代理首先解决了落户的问题;其次保证了毕业生不论在何种类型单位(包括私营、三资、或民营企业)工作,其本人的合法权益、应有的社会、政治待遇和人事服务都得到保障,例如保留干部身份、转正定级、工龄连续、国家规定的档案工资调升、职称评定、出国政策、党团管理、代办社会保险、住房公积金、各种证件年审等。对于离校时已落实工作单位的高校毕业生,其人事代理由毕业生的接收单位统一负责委托管理;对于离校时未就业、自主创业和灵活就业的高校毕业生,可以个人委托政府批准的人事代理机构办理委托管理。

社会保险是指国家通过立法强制实行的,对劳动者因年老、工伤、疾病、生育、残废、失业、死亡等原因丧失劳动能力或暂时失去工作时,给予劳动者本人或供养直系亲属物质帮助的一种社会保障制度。社会保险包括:养老保险、失业保险、医疗保险、工伤保险和生育保险。

● 链接 ☞

高校毕业生一定要关心自己社会保险关系的建立、转移和接续。大学生毕业后就业,有用人单位的,其所在用人单位应按规定为其办理参保缴费手续,建立社会保险关系。灵活就业的,本人应到当地社会保险经办机构办理参保缴费手续。用人单位和个人应按规定按时足额缴纳社会保险费。与单位解除劳动合同关系后,要按当地政府的规定,到社会保险经办机构办理社会保险关系的中断或转出等事宜。毕业生在与新单位重新确立劳动合同关系后,社会保险经办机构应为毕业生办理社会保险关系的转移和接续手续。

第二，取消落户限制。对企业招用非本地户籍的普通高校专科以上毕业生，各地城市取消落户限制（直辖市按有关规定执行），普通高校毕业生都适用这一政策。

第三，落实就业扶持政策。企业招用符合条件的高校毕业生，可享受相应的就业扶持政策。所谓符合条件的高校毕业生主要指就业困难人员，扶持政策包括对企业的社会保险补贴，以及定额税收减免政策；劳动密集型小企业招用登记失业的高校毕业生达到规定比例，可享受高至200万元的小额担保贷款。

三、鼓励骨干企业和科研项目单位积极吸纳和稳定高校毕业生就业

为提高骨干企业人力资源质量和科研项目质量，鼓励骨干企业吸纳有技术专长的优秀高校毕业生，以加强人才的培养使用和储备。

第一，鼓励企业更多吸纳高校毕业生。国有大中型企业特别是创新型企业要更多地吸纳有技术专长的毕业生。高新技术开发区、经济技术开发区和高科技企业要集中吸纳高校毕业生。

第二，鼓励困难企业更多保留高校毕业生。支持困难企业更多地保留大学生技术骨干，按规定给予社会保险补贴、岗位补贴或职业培训补贴。

第三，鼓励科研项目聘用高校毕业生。承担国家和地方重大科研项目的单位要积极聘用优秀毕业生参与研究。一是给予毕业生劳务性费用和有关社会保险费补助，由项目经费列支。二是参与项目期间，毕业生户口、档案可存放在项目单位所在地人才交流机构。三是聘用期满，可续聘或到其他岗位就业，聘用期间工龄、社会保险缴费年限连续计算。

● **链接**

国家和地方重大科研项目包括由高校、科研机构和企业所承担的重大科技专项、973计划、863计划、科技支撑计划项目以及国家自然科学基金会的重大重点项目等，这些项目可以聘用高校毕业生作为研究助理或辅助人员参与研究工作。除此之外的其他项目，承担研究的单位也可聘用高校毕业生。

四、鼓励和支持高校毕业生自主创业

（一）普及创业教育

高校普及创业教育，实现创业教育科学化、制度化、规范化。要将创业教育融入人才培养体系，贯穿人才培养全过程，面向全体学生广泛、系统的开展；积极开发开设创新、创业类课程，并纳入学分管理。

（二）加强创业培训

鼓励支持有条件的高校、教育培训机构、创业服务企业、行业协会、群团组织等开发适合大学生的创业培训项目，经过评审认定后，纳入创业培训计划，提高创业培训的针对性和有效性。进一步完善和落实创业培训补贴政策，健全并加强培训补贴资金管理，对符合条件的参训大学生按规定给予培训补贴。

（三）提供工商登记和银行开户便利

落实注册资本认缴登记制，依照有关法律法规规定拓宽企业出资方式，放宽住所（经营场所）登记条件，推行电子营业执照和全程电子化登记管理。完善工商登记“绿色通道”，简化登记手续，优化业务流程，为创业大学生办理营业执照提供便利。减免行政事业性收费政策，对符合条件的创业大学生，按规定减免登记类和证照类等有关行政事业性收费。人民银行各分支机构要积极会同有关部门指导银行业金融机构进一步改进金融服务，为创业大学生办理企业开户手续提供便利和优惠。

（四）提供多渠道资金支持

在符合规定前提下，加大对创业大学生的支持力度，简化反担保手续，强化担保基金的独立担保功能，适当延长担保基金的担保责任期限，落实银行贷款和财政贴息，重点支持吸纳大学生较多的初创企业。充分发挥中小企业发展专项资金的作用，更多支持大学生创业实体。鼓励企业、行业协会、群团组织、天使投资人等以多种方式向创业大学生提供资金支持，设立重点支持创业大学生的天使投资和创业投资基金。支持创业早期企业的投资，符合规定条件的，按规定给予所得税优惠或其他政策鼓励。

（五）提供创业经营场所支持

对创业情景较好，通过专家评审的大学生创业项目，各省市均制定了针对大学生创业的经营场所租金补贴办法，对符合条件的创业大学生按规定给予经营场所租金补贴。

（六）加强创业公共服务

各级人社部门要会同协调有关方面针对创业大学生普遍遇到的问题开展创业公共服务，建立健全创业公共服务政府采购机制并加强绩效管理，构建覆盖院校、园区、社会的创业公共服务体系。要对各方面相关优惠政策进行归集梳理，以年轻人喜闻乐见的形式加强宣传解读并提供咨询，帮助符合条件的创业大学生获得相应的税费减免、资金补贴等政策扶持。要建立健全青年创业辅导制度，从拥有丰富行业经验和行业资源的企业家、职业经理人、天使投资人当中选拔一批青年创业导师，为创业大学生提供创业辅导。要采取多种方式搭建青年创业者交流平台，经常举办交流活动，为创业大学生及时了解政策和行业信息、学习积累行业经验、寻找合作伙伴和创业投资人创造条件。要积极引导大学生参加创业竞赛活动，有条件的地区可定期举办青年创业大赛，使之成为凝聚青年创业者、展示创业方案和创业项目的舞台，同时为创业投资机构、天使投资人等选择投资对象提供机会。要拓宽人事和劳动保障事务代理服务范围，将创业大学生作为重要服务对象，提供档案保管、人事代理、职称评定、社保代理等服务。要加强服务创新，积极探索将促进就业创业政策措施向网络创业就业领域延伸拓展的有效方式，为在电子商务网络平台上注册“网店”的创业大学生提供政策支持和服务。要充分发挥留学人员回国服务工作体系的作用，对留学回国创业人员开展针对性服务，帮助他们了解国内信息、熟悉创业环境、交流创业经验、获得政策扶持。

自主创业是大学生就业的重要增长点，主要包括四个方面的具体工作要求：

第一，鼓励高校积极开展创业教育和实践活动。据有关调查，我国的应届毕业生中自主创业成功的比例仅为1%，这个数据和发达国家相比差距较大。创业难度很大，潜力也很大，国家鼓励大学生自主创业。

第二，税费减免和小额贷款。一是对毕业生从事个体经营符合条件的，三年内免收管理类、登记类和证照类行政事业性收费。二是按规定落实残疾人就业、下岗失业人员再就业以及中小企业、高新技术企业发展等现行税收政策和创业经营场所安排。三是登记失业高校毕业生自主创业，自筹资金不足的，可向当地指定银行申请不超过10万元的小额担保贷款；从事微利项目的，可获得50%的贴息支持。自愿到西部地区及县以下的基层创业的高校毕业生，自筹资金不足时，也可向当地经办银行申请小额担保贷款。

● 链接

小额担保贷款是指通过政府出资设立担保基金，委托担保机构提供贷款担保，由经办商业银行发放，以解决符合一定条件的待就业人员从事个体经营自筹资金不足的一项贷款业务。小额担保贷款主要用做自谋职业、自主创业或合伙经营和组织起来创业的开办经费和流动资金。国家规定个人申请小额担保贷款额度最高不超过5万元，各地区对申请小额担保贷款额度有不同规定，许多地区额度高于5万元。合伙经营贷款额度更大。

《关于改进和完善小额担保贷款政策的通知》(银发[2006]5号)，确定了微利项目的范围主要包括：家庭手工业、修理修配、图书借阅、旅店服务、餐饮服务、洗染缝补、复印打字、理发、小饭桌、小卖部、搬家、钟点服务、家庭清洁卫生服务、初级卫生保健服务、婴幼儿看护和教育服务、残疾儿童教育训练和寄托服务、养老服务、病人看护、幼儿和学生接送服务等。对于从事微利项目的，贷款利息由财政承担50%(中央财政和地方财政各承担25%)。

第三，创业服务。对有创业意愿的高校毕业生参加创业培训的，给予职业培训补贴；强化高校毕业生的创业指导服务，提供"一条龙"创业服务。建设完善一批大学生创业园和创业孵化基地，给予相关政策扶持。

● **链接**

有创业意愿的高校毕业生,可免费获得公共就业服务部门提供的创业指导服务,包括项目开发、方案设计、风险评估、开业指导、融资服务、跟踪扶持等内容。还可以参加创业培训和实践,接受普遍的创业教育,以系统学习创办企业的知识、完善创业计划、提高企业盈利能力、降低风险、促进创业成功。目前,许多高校已经开设了创业培训方面的课程和创业实践活动,在校大学生可以选择参加;另外,各地人力资源社会保障部门也开办了创业培训班,离校未就业的高校毕业生可向当地人力资源社会保障部门申请,参加有补贴的培训。如"GYB"(产生你的企业想法)、"SYB"(创办你的企业)、"IYB"(改善你的企业)。

第四,鼓励支持高校毕业生灵活就业。高校毕业生可以自由职业、短期就业、个体经营等方式灵活就业,符合就业困难人员条件的可享受社保补贴。

五、强化高校毕业生就业服务和就业指导,突出高校毕业生就业工作的公共服务功能

国内外情况都表明,高校在为毕业生提供就业指导和就业服务方面发挥了非常重要的作用,因此,强化高等学校的就业服务和就业指导对于促进毕业生就业意义十分重大。

第一,加强高校就业指导服务机构建设。教育部要求各高校都要建立就业指导机构,就业指导专职人员要达到1∶500的师生比,就业经费要占到学费的1%,全面实现就业指导机构、人员、经费"三到位";并按照全程化、全员化、专业化、信息化的"四化"要求,全面提升就业指导服务水平。

第二,强化对大学生的就业指导,开设就业指导课。教育部要求各高校将就业指导课程明确列入教学计划,分年级设立相应学分,课程安排不少于38个学时。根据学校要求或安排,毕业生在学好专业知识技能的同时,可以通过选修或必修就业指导课程、参与学校组织的就业实习、技巧辅导、模拟招聘等活动,学习和了解职业资料和信息,充分借助社会实践平台,全面提升就业能力。

第三,为应届高校毕业生提供免费信息服务。收集适合的职业岗位需求信息,通过多种渠道和途径供高校毕业生选择,促成用人单位与高校毕业生洽谈面试。

第四,在就业指导中加强就业政策宣传。帮助毕业生尽快了解促进毕业生就业各项政策措施的具体内容,在高校毕业生中集中宣传毕业生基层就业、创业和应征入伍的先进典型,积极引导鼓励毕业生到基层建功立业,投身国防建设。

● 链接

一般年度高校毕业生就业月历（以 2014 年为例）

2014年高校毕业生就业月历

国庆已过，再次回到校园，2014届高校学生将开始他们大学生生活的最后一年，也即将开始规划毕业后的人生道路。读研、留学还是求职、入伍，在人生的岔路口，希望你没有错过每一处入口的机会，朝着新的梦想阔步前行。为此，应届毕业生求职网（www.yjbys.com）特别为2014届毕业生汇总整理一份“就业月历”，帮助大家掌握每个月的重要事件。

八月 2013

- 考研 关注公共课考试大纲
- 求职 暑期实习，制作并完善简历
- 留学 完成各项外语语言考试
- 村官 关注相关省市报名及考试信息
- 入伍 2013年应征入伍新兵体检、政审

九月 2013

- 考研 关注招生简章和专业计划，应届生预报名考试
- 求职 校园招聘高峰期到来，关注企业信息
- 留学 寄出联系信，索取申请表
- 公务员 关注相关省市公务员报考信息
- 村官 关注相关省市报名及考试信息
- 入伍 2013年应征入伍新兵体检、政审

十月 2013

- 考研 网上统一报名
- 求职 校园招聘高峰期，关注企业校园宣讲会、招聘会及网申信息
- 留学 准备自荐和推荐材料
- 公务员 国家公务员考试开始报名，关注招考公告及职位表

十一月 2013

- 考研 进行现场确认
- 求职 校园招聘高峰期，关注企业校园宣讲会、招聘会及网申信息
- 留学 根据意向学校，填写申请表格
- 公务员 国家公务员考试

十二月 2013

- 求职 校园招聘高峰期，关注企业校园宣讲会及网申信息
- 留学 寄出申请材料
- 公务员 查询国家公务员考试成绩

一月 2014

- 考研 研究生招生考试
- 求职 总结经验，为节后求职做准备
- 公务员 关注国考笔试成绩和面试通知

二月 2014

- 考研 初试成绩陆续公布，及时关注查询进行复试准备
- 公务员 国家机关和省市录用考试开始，关注报考单位相关信息

三月 2014

- 考研 分数线出炉，关注复试名单
- 求职 大学生求职高峰期，关注企业招聘信息
- 公务员 关注各省市公务员招考报名及考试时间
- 三支一扶 各省多在3-6月开始报名，关注相关省市招募及报考公告（聘用流程：报名-资格审查-考试考查-体检-公示-聘用-培训上岗）

四月 2014

- 考研 分数线出炉，关注复试名单及时间
- 求职 关注企业招聘信息，积极投递简历参与面试
- 村官 各省市根据本省安排在4-9月进行村官报名及考试工作，关注相关省市招录公告
- 入伍 登录“大学生应征入伍网上报名平台”进行报名
- 三支一扶 根据招考公告安排，参与考试等环节，请关注相关考试信息
- 志愿西部 4月-5月为网上报名时间（按照公开招募、资源报名、组织选拔、集中派遣的方式）
- 公务员 地方省市公务员联考省考开始

五月 2014

- 求职 抓紧时间投发简历参与面试
- 村官 关注相关省市招录公告安排
- 三支一扶 关注相关省市报名及考试信息
- 志愿西部 根据公告要求参与笔试、面试
- 特岗教师 各省市报名、资格初审开始
- 入伍 登陆大学生应征入伍网上报名平台进行报名

六月 2014

- 考研 接收录取通知书
- 求职 完成学校就业手续办理，领取报到证
- 留学 办理护照，申请签证
- 公务员 部分省市省考成绩可查询，关注相关信息公告
- 村官 关注相关省市招考公告安排
- 入伍 登陆大学生应征入伍网上报名平台进行报名
- 三支一扶 关注相关省市报名及考试信息
- 志愿西部 统一体检、公示、录取
- 特岗教师 部分省市笔试、资格复审

七月 2014

- 留学 进行身体健康免疫检查，办理各公证文件
- 村官 关注相关省市招考公告安排
- 入伍 网报通过的学生参加当地县级兵役机关会同高校组织的政审和体检，合格的确定为预征对象
- 三支一扶 关注相关省市报名及考试信息
- 志愿西部 集中派遣培训
- 特岗教师 部分省市进入面试、体检及公示阶段

六、提升高校毕业生就业能力

国家要求高校要采取措施,达到增加工作经历、提高就业能力、储备人才的多重目的。

第一,大力组织实习实践,确保高校毕业生在离校前都能参加实习实践活动。实习实践对大学生提高就业能力、增加与用人单位的相互了解具有积极作用。高校要发展一批社会责任感强、管理规范的用人单位作为实习基地,为大学生提供实习机会。

第二,完善离校未就业高校毕业生的见习制度。有计划地组织当地未就业高校毕业生参加就业见习,帮助未就业高校毕业生通过参加见习,提高综合素质和就业能力,丰富工作经验,增强就业竞争力。见习期限一般为六个月,最长不超过一年。见习单位提供的见习岗位,应具备一定的技术含量和业务内容。在见习期间被见习单位正式录(聘)用的,在该单位的见习期可以作为工龄计算。政府人事部门所属人才中介服务机构要为见习高校毕业生免费提供人事代理等服务。各级公共就业服务机构要加强对参加见习高校毕业生的失业登记管理和就业服务工作。

第三,加强高等职业院校学生的技能培训。实施毕业证书和职业资格证书"双证书"制度。根据高校毕业生需要,提供多种形式的职业技能鉴定服务。对符合就业困难条件的高校毕业生,给予鉴定补贴。

七、强化对困难毕业生的就业援助

主要是四个方面:

一是求职补贴和招考免费政策。对困难家庭高校毕业生,高校可根据情况给予适当的求职补贴,公务员考录、事业单位招聘时免收报名费和体检费。

二是免费就业服务政策。对离校后未就业回到原籍的毕业生,积极提供免费就业服务。

三是登记失业毕业生的就业扶持政策。对登记失业的高校毕业生,纳入当地失业人员扶持政策体系,抓好政策落实。

四是就业援助制度。对就业困难和零就业家庭的高校毕业生,实施帮扶措施,按规定落实社会保险补贴、公益性岗位补贴等政策。

八、完善高校未就业毕业生的就业措施

第一,获得就业指导和服务。回到原户籍所在地报到的未就业高校毕业生,能够享受当地政府部门所属的公共就业服务机构、人才交流服务机构和高校毕业生就业指导服务机构提供的就业指导和服务。就业指导与服务内容包括:就业政策法规咨询、职业岗位供求信息、市场工资指导价位信息、职业培训信息、职业指导和职业介绍、办理求职登记、失业登记等。

未就业高校毕业生登记失业后,在就业服务方面,可免费享受职业介绍、职业指导、就业

政策法规咨询；参加职业培训的，可以按规定申请职业培训补贴；通过职业技能鉴定的还可以按规定申请职业鉴定补贴。

在创业扶持方面，可以获得小额担保贷款和贴息支持、免收有关行政事业性收费、培训补贴和免费的创业服务，符合条件的还可以享受社会保险补贴政策和公益性岗位补贴政策。

● **链接** ☞

面对求职困难，毕业生应该做到：

(1) 主动了解国家促进就业的相关政策，努力争取各方支持；

(2) 主动联系学校就业指导老师和专业教师，并保持经常沟通；

(3) 通过网络等各种渠道，广泛搜集社会需求信息；

(4) 积极参加校园招聘会和各类人才洽谈会；

(5) 充分利用亲友、校友、学校社团等资源，积极获取就业信息；

(6) 了解社会发展动态，合理调整求职预期。

第二，参加就业见习。离校后未就业回到原籍的高校毕业生可与原籍所在地人力资源社会保障部门联系，主动参加就业见习。人力资源社会保障部门通过媒体以及公共就业服务机构、人才服务机构以及电视、网络、报纸等多种渠道，发布就业见习信息，公布见习单位名单、岗位数量、期限、人员要求等有关内容，或者组织开展见习单位和高校毕业生的双向选择活动，帮助离校未就业高校毕业生和见习单位对接。离校未就业高校毕业生参加就业见习可以获得基本生活补助，免费办理人事代理，办理人身意外伤害保险；见习期满未被录用可继续享受就业指导与服务。

第三，享受社会保险补贴。为鼓励就业困难人员灵活就业，减轻其以个人身份缴纳社会保险费用的压力，或为降低企业的用人成本，鼓励其吸纳就业困难人员就业，对上述个人或单位在缴纳社会保险费用后实行先缴后补，给予一定费用补贴。属于就业困难人员的高校毕业生，在灵活就业后申报就业并以个人身份缴纳社会保险费的，可以享受一定数额的社会保险补贴，补贴数额原则上不超过其实际缴费的2/3。

● **链接** ☞

就业困难人员实现灵活就业后，要向街道（社区）申报就业。灵活就业人员应按规定按时足额缴纳社会保险费。每季度终了后，按规定向当地人力资源社会保障部门申请对上季度已缴纳的社会保险费给予补贴。

社会保险补贴资金申请材料应附：由本人签字、人力资源社会保障部门盖章确认的、注明具体从事灵活就业的单位、岗位、地址等内容的相关证明材料，本人居民身份证复印件、登记证复印件、社会保险征缴机构出具的上季度社会保险费缴费单据等凭证材料，经人力资源社会保障部门审核、财政部门复核后，按规定将资金支付给申请者本人。

第四,享受职业培训补贴和职业技能鉴定补贴。离校后未就业回原籍的高校毕业生可到当地人力资源社会保障或相关部门咨询了解职业培训开展情况,选择适宜的培训项目参加。培训工作主要由各类职业培训机构承担(职业培训由就业训练中心、技工学校、职业中等专业学校、职业技术学院、企业职工培训中心实施)。

职业培训补贴政策是指,对登记失业人员参加职业培训的,据其参加培训情况给予一定费用的补贴。登记失业的高校毕业生按此规定,可凭借职业培训补贴申请材料,向职业培训所在地人力资源社会保障部门申请补贴。

● 链接

职业培训补贴资金申请材料应附:本人居民身份证、登记证等复印件、职业培训合格证书(职业技能资格证书)或劳动合同复印件等培训或就业证明等材料、职业培训机构开具的行政事业性收费票据(或税务发票)等。

对登记失业人员参加职业培训后,取得职业培训合格证书(职业技能资格证书),6 个月内没有实现就业的,按最高不超过职业培训补贴标准的 60%给予补贴;对 6 个月内实现就业的,按职业培训补贴标准的 100%给予补贴。职业培训补贴具体办法和标准由省级财政、人力资源社会保障部门确定。

职业技能鉴定补贴政策是指,对就业困难人员、务工劳动者通过初次技能鉴定(限国家规定实行就业准入制度的指定工种)、取得职业资格证书的,给予一定费用补贴。属于就业困难人员的高校毕业生参加职业技能鉴定可按此规定向职业技能鉴定所在地人力资源社会保障部门申请一次性补贴。

● 链接

职业技能鉴定补贴资金申请材料应附:本人居民身份证复印件、登记证复印件、职业资格证书复印件、职业技能鉴定机构开具的行政事业性收费票据(或税务发票)等凭证材料,经人力资源社会保障部门审核、财政部门复核后,按规定将资金支付给申请者本人。职业技能鉴定补贴的具体标准由省级财政、人力资源社会保障部门确定。

第五,免费档案和户籍保留。对毕业离校时未落实工作单位的高校毕业生,本人要求户口和人事档案保留在学校的,按规定保留两年。在此期间,档案管理机构对保管其档案免收服务费用;本人要求将户口转回入学前户籍所在地的,公安机关应当按照户籍管理规定为其办理落户手续,人事、教育部门所属人才交流服务机构负责办理相关手续,人事部门所属人才交流服务机构免费提供人事代理服务。本人落实工作单位后,公安机关按有关规定将户口迁至工作单位所在地。超过两年仍未落实工作单位的高校毕业生,学校和档案管理机构将其在校户口及档案迁入入学前户籍所在地。

九、消除高校毕业生跨省就业的障碍

为了促进高校毕业生就业，鼓励人才合理流动，国家有关部门出台了多项毕业生跨省就业的政策：

第一、落实企业用人自主权的规定，鼓励用人单位根据实际需要多招聘高校毕业生。

第二、取消对接收高校毕业生收取的城市增容费、出省(自治区、直辖市)费、出系统费和其他不合法、不合理的收费政策。

第三、直辖市以外的各地城市取消落户限制。对用人单位聘用的非本地户籍普通高校专科以上毕业生，省会城市、副省级城市、地级市等取消进人指标、户口指标等落户限制，简化有关手续。公安部门对应届毕业生凭用人单位与毕业生签订的《就业协议书》和高校毕业生所持的《普通高校毕业证书》、《全国普通高等学校毕业生就业报到证》办理其落户手续；对非应届毕业生凭用人单位录(聘)用手续、劳动合同和《普通高等学校毕业生证书》办理其落户手续。

江苏省的相关就业政策

江苏省是教育大省，省委省政府历来重视大学生就业工作，采取了一系列措施认真执行国家就业相关的政策，如鼓励学生到基层就业，对到基层就业的大学生予以补助，对大学生自主创业实施扶持，鼓励中小企业和非公有制企业吸纳高校毕业生，援助困难高校毕业生就业，鼓励高校毕业生入伍服义务兵役等。江苏省还根据本省实际，出台了一系列促进就业的措施。

一、拓宽高校毕业生就业渠道

● 小资料

近年来，我省高校毕业生就业形势非常严峻，2013 年我省高校毕业生就业人数突破历史最高点53.2万，2014 年又达 54.1 万，加上外省江苏籍毕业生、外省生源到江苏就业及往年积存尚未就业的毕业生，预计实际需要就业的高校毕业生数每年还要额外增加 10 多万。就业难仍将是我们要面临的问题。

从就业单位看，各类企业仍然是高校毕业生就业的主要渠道。目前，据 2013 年江苏省教育厅公布数据显示，截至 2013 年 11 月，当年 53.2 万毕业生中，各类企业共吸纳毕业生 33.5 万人，占总就业人数的 72.2%，其中到中小企业就业的为 30.2 万人，占到企业就业总数的 90.15%；到事业单位就业的为 4.3 万人，占总就业人数的 9.27%；到机关的为 0.5 万人，仅占 1.08%。

(一) 充分发挥政府促进就业的职能

政府投资的各类重点建设工程和项目，所需人员优先录用高校毕业生。国有企事业单

位补充新增专业技术人员和管理人员主要招聘录用高校毕业生。新增就业岗位优先录用符合相应资格条件的高校毕业生。积极推动高校毕业生应征入伍。

（二）大力开发基层社会管理和公共服务岗位

基层社会管理和公共服务岗位主要包括支持新农村建设的村官、支教、支农、支医、乡村扶贫，城市社区的法律援助、就业援助、社会保障协理、文化科技服务、养老服务等岗位，以及生产服务、生活服务、救助服务等领域。有空编的基层教育、卫生等单位主动招录高校毕业生。

（三）积极鼓励中小企业和非公有制企业吸纳高校毕业生

进一步落实企业的用人自主权，对招用普通高校专科及以上学历毕业生，取消用人审批和落户限制。对符合相关条件的中小企业或非公有制单位，按规定落实社会保险补贴、小额担保贷款等相关扶持政策。

（四）实施“高校毕业生百校联动就业活动计划”

统筹安排全省高校毕业生就业招聘活动，吸引更广区域、更大规模、更多层次的招聘需求资源。此外，适当增加工程硕士及重点学科、重点领域研究生的招生数量，鼓励高校毕业生继续深造。

二、推出促进高校毕业生就业的三项措施

（一）取消非本地户籍毕业生落户限制

普通高校专科及以上学历毕业生到非户籍所在地企业就业，各地取消用人审批和落户限制，一律凭《毕业生就业报到证》和《户口迁移证》办理档案接转和落户手续。年度接收高校毕业生 3 人以上的各类企业，可在所在地设立集体户口。

● 链接

以往大专院校的毕业生要在江苏落户，有一定的工作年限限制。以省内部分城市为例，以往本科学历以上的毕业生可先落户后就业，但大专院校毕业生被录用且累计工作满两年，依法缴纳社保，才允许落户。但今后普通高校专科及以上学历毕业生在江苏找工作，一律取消用人审批和落户限制，凭《毕业生就业报到证》和《户口迁移证》办理档案接转和落户手续。

（二）取消人事关系和档案保存费用

各级人事部门积极开展人事代理服务，免收保存人事关系及档案等费用。

毕业时已落实用人单位的毕业生，如果用人单位有独立的户口、档案等关系的接收权限，毕业生离校时其户口、档案等关系直接由学校转往用人单位。如果用人单位无独立的户口、档案等关系的接收权限，毕业生离校时其户口、档案等关系由学校转往用人单位的上级主管部门。如果用人单位属于三资企业、民营企业、私有企业等非公有制单位，用人单位已

在当地毕业生就业服务机构办理户口、档案等关系的代理手续的，毕业生离校时其户口、档案等关系转到该地毕业生就业服务机构；用人单位暂未办理代理手续的，毕业生可以根据有关规定申请将户口、档案转到省级毕业生就业服务机构进行户籍档案托管，待用人单位办理了单位代理手续后，再将户口、档案转入该单位。

毕业时尚未落实用人单位的毕业生，可根据本人意愿，将其户口、档案继续保留在原就读学校两年；或根据省毕业生就业主管部门签发的《就业报到证》及学校发放的《户口迁移证》，将其户口、档案迁回原家庭所在地；也可以根据有关规定申请将户口、档案转到省级毕业生就业服务机构进行"户档托管"。

（三）落实就业扶持政策

企业招用符合条件的高校毕业生，可享受相应的就业扶持政策。

所谓符合条件的高校毕业生主要指就业困难人员。对当年吸纳符合条件的高校毕业生，并与其签订 1 年以上劳动合同的劳动密集型小企业，经办金融机构可根据实际吸纳人数，按每人不超过 10 万元的标准，发放最高不超过 200 万元、期限不超过 2 年的小额担保贷款，市县同级财政给予相应贷款贴息和相关补助补偿。

三、强化高校毕业生就业服务和指导的五项活动

（一）大力开展多种方式的招聘活动。人事、劳动保障、教育等部门与高校加强协作，采取网络招聘、专场招聘、供求洽谈会和用人单位进校园等多种方式，大力开展面向高校毕业生的就业服务系列活动，为应届毕业生提供更多、更快、更好的免费就业信息和各类就业服务。

（二）深入实施信息采集工程。继续深入实施"组织千名志愿者、走访万家用人单位、采集十万岗位信息"的信息采集工程，建立丰富完善的高校毕业生需求信息库。

（三）加大省高校毕业生就业网络联盟建设力度。利用网络定期组织开展网上招聘活动，完善信息共享、政策发布、网上招聘、远程面试、指导咨询五位一体的功能，使网络成为高校毕业生就业的重要渠道。

● 链接

随着江苏省网络就业联盟的运行，当毕业生统一在网络平台上发送简历，同时用人单位也在网络平台上发布职位信息后，系统会自动完成毕业生的求职与用人单位的招聘信息比对、模糊筛选过程，极大地提高了人职匹配度，实现了用人单位与毕业生供求信息的提前对接。由于岗位与求职数有一定比例，一个岗位对应两个求职人数，导致一部分毕业生被筛选出去，所以并不是所有的毕业生都能进场。未能进场的毕业生也不用着急，可以继续在网上投简历给用人单位。同时毕业生的需求信息也会被跟踪，在今后的招聘会上，如果有符合专业的对口岗位，将会通过网上留言或邮件等其他形式通知毕业生。

（四）组织“走进百所高校、办好千场讲座、服务百万学生”的公益巡讲活动。组建“就业指导专家团”，将就业和创业指导课作为必修课纳入教学计划，强化对大学生的就业创业指导。

（五）开展职业指导师培训和认证活动。组织开展职业指导师培训和认证；从2009年起，高校毕业生就业指导列入大中专院校职称专业设置范围，重视解决就业指导教师职称评定问题，加强就业指导队伍建设。

四、提升高校毕业生就业能力的五大实习实践活动

（一）拓展毕业生实习见习基地

充分发挥省高校毕业生就业见习基地的示范作用，见习期间由见习单位和地方政府提供基本生活补助。拓展一批社会责任感强、管理规范的用人单位作为高校毕业生实习见习基地，在将部分生产经营稳定且具有发展潜力的企业纳入见习计划的同时，也将见习计划拓展到事业单位；探索将见习基地延伸到可以提供社区公共管理服务见习岗位的街道（乡镇）、居委会（村委会）等基层社会公共服务部门。鼓励见习单位优先录用见习高校毕业生。

●**链接**

江苏省2008年出台了《高校毕业生就业见习基地管理办法》，规定毕业后两年内未就业的江苏籍全日制普通高校毕业生，可以申请进入省级见习基地“充电”，提升工作技能和就业竞争力；计划内见习人员每人每月由财政发放500元生活补贴，见习基地应优先聘（录）用本基地见习合格人员。已回原籍（生源所在地）的高校毕业生原则上在所在地省级见习基地就业见习；经各级工会认定的特困职工家庭毕业生，或民政部门认定的城市、农村最低生活保障家庭毕业生，以及有其他特殊困难的毕业生，优先安排就业见习；根据高校毕业生所学专业，原则上优先安排到对口岗位就业见习；省级见习基地与报名参加就业见习的高校毕业生，通过供需见面交流活动等形式进行双向选择，择优招收；已参加省、市、县人事部门组织的就业见习活动并取得相关合格证明的高校毕业生，不再安排进入省级见习基地就业见习。

（二）大力组织以促进就业为目的的实习实践

确保毕业生在离校前都能参加实习实践活动。推动高等职业院校普遍实行“订单式”培养，确保学生至少有半年时间的顶岗实习，加强学生的职业技能培训。

（三）实施毕业证书和职业资格证书“双证书”制度

目前，高校基本实现相关专业学生在取得毕业证书的同时获得相应的职业资格证书。

（四）组织毕业生参加职业技能培训

对已进行城镇登记失业的高校毕业生，按现行有关政策规定给予职业培训补贴。对毕业离校至9月1日前尚未就业且有就业愿望的高校毕业生，劳动保障部门根据高校毕业生需要，提供专场或其他形式的职业技能鉴定服务，教育部门及高校予以积极配合。

五、大力推动高校毕业生到城乡基层就业

除了执行国家的大学生志愿服务西部计划、三支一扶(支教、支医、支农、扶贫)计划外，江苏省还根据省情实施了推动高校毕业生到基层就业的政策。

(一) 大学生志愿服务苏北计划

该项目由江苏省团委牵头，省委组织部、省教育厅、财政厅、人事厅共同组织实施。相关优惠政策有：

(1) 服务期间省财政给予志愿者800元/月的生活补贴和400元/年的交通补贴，并办理人身意外伤害和住院医疗等保险。

(2) 服务期间户口和档案保留在毕业所在高校，免收服务费。服务期满后学校再发放就业报到证，享受应届毕业生待遇。

(3) 服务期间可以兼职担任乡镇团委副书记、青年中心主任或村民委员会主任助理等职务。

(4) 服务期满且考核合格的志愿者连续计算工龄。

(5) 服务期满一年且考核合格的志愿者可以应届高校毕业生的身份报考国家公务员；从2007年起，每年在苏北地区划出一定比例的公务员指标，面向志愿者单独招考。在服务期满后三年内报考硕士研究生可享受初试总分加10分的政策；在同等条件下招生单位优先录取。

(6) 本科三年级在读的优秀学生干部参加苏北计划志愿服务期满且考核合格者，毕业时享受“苏北计划”志愿者的各项优惠政策。

(二) 一村一社区一名大学生工程

该项目由省委组织部牵头，省委宣传部、省编制办、省委农工办、省教育厅、省财政厅、省人事厅、省劳动保障厅、团省委共同组织实施。相关优惠政策有：

(1) 享受专项全额拨款事业编制和工资福利待遇，直接转正定级，薪级工资高定一级。

(2) 由省财政按每人每年1.8万元标准，对高校毕业生任职所在县(市、区)财政给予资金补助。

(3) 省财政按照每人2 000元标准安排一次性安置经费。

(4) 任职满3年、考核合格的，其在校期间的国家助学贷款本息由国家代为偿还。

(5) 从2010年开始，每年拿出一定数量的公务员职位，专门定向招录经选聘到村任职满3年、考核合格的高校毕业生。县(市、区)、乡镇各类事业单位有空缺职位需补充人员的，优先聘用经选聘到村任职满3年、考核合格的高校毕业生。

(6) 任职满3年、考核合格的，在3年内报考省内高校硕士研究生初试总分加10分或选择一门单科加5分，同等条件下优先录取。

（三）选派优秀大学毕业生到农村学校任教

该项目由省教育厅牵头，省财政厅共同组织实施。相关优惠政策有：

(1) 享受事业单位工作人员工资和福利待遇。

(2) 由省财政按每人每年4 600元标准下达专项补助经费至个人。

（四）公开招募医学类相关专业人员到苏北、苏中经济薄弱地区乡镇卫生院工作

该项目由省卫生厅牵头，省财政厅、省人事厅、省编制办、省教育厅共同组织实施。相关优惠政策有：

(1) 享受事业单位工作人员工资和福利待遇。

(2) 由省财政按每人每年2.5万元标准下达专项补助经费至个人。

(3) 自2008年起，县(市、区)卫生事业单位公开招聘工作人员，每年须拿出不少于当年招聘人数30%的计划，定向招录在乡镇卫生院(农村社区卫生服务中心)工作满5年、年度考核合格以上、表现比较优秀的毕业生。

(4) 报考硕士研究生的，初试总分加10分，同等条件下优先录取；招募到苏北、苏中经济薄弱地区乡镇卫生院(农村社区卫生服务中心)工作的本科毕业生同时被高校录取为研究生的，保留学籍，到乡镇卫生院(农村社区卫生服务中心)工作满3年以后，可以回校继续就读。

(5) 可提前一年报考中级卫生专业技术资格。

● 链接

南京市接收毕业生办理就业手续程序

凡国家计划内招收的普教类毕业生在南京就业，通过以下程序办理就业手续：

(1) 毕业生进入“南京毕业生就业网”www.njbys.com，点击“毕业生入口”，进入“录入个人资料”模块，登录个人资料，将本人的身份证号码及网上填写的“申报密码”提供给接收单位。

(2) 单位进入www.njbys.com点击“单位入口”，进入“签约申报”模块，输入拟录用毕业生的身份证号码及其申报密码，完成网上协议鉴证手续。(注：如单位没有办理人事代理的，可持《营业执照副本》复印件和单位公章到5号窗口免费开户，并到10、11号窗口申请上网密码)。

(3) 南京市毕业生就业指导中心对网上签约申报进行审核。

(4) 用人单位或毕业生持《毕业生双向选择就业推荐表》原件到毕业生就业指导中心领取《南京市毕业生接收函》(A类)。

(5) 毕业生凭《就业协议》、《接收函》回学校办理《报到证》和《户口迁移证》。

(6) 毕业生到单位报到，签订《劳动合同》。

(7) 单位凭《单位委托人事代理书》、《毕业生报到证》、《户口迁移证》到市毕业生就业指导中心及人才中心办理存档、落户手续。

(8) 工作满一年，及时到人才中心领取《高等、中等院校毕业生见习期考核登记表》办理转正定级手续。

京、津、沪、粤接收外地生源的就业政策

一、非北京生源到北京就业的具体政策

北京是我国文化、政治中心，许多毕业生把留京工作作为第一选择。北京市人事局规定：要严格控制"双外生"，非北京生源且非北京院校的毕业生除艰苦行业、远郊区县外原则上不能引进；京外生源本科毕业生留京要坚持学以致用、择优推荐，按照"先通过进京指标审批、后签订《毕业生就业协议》"的原则签署三方协议。北京户口是落实到毕业生就业单位的，只有单位和毕业生达成就业意向，并且单位有户口指标，承诺解决北京户口后，才能开始进入北京户口的审批程序。

(一) 非北京生源进京就业的基本条件

1. 一般应为普通高校硕士以上学历应届毕业研究生；

2. 能正常参加当年就业派遣；

3. 成绩全部合格，无补考记录，能按时取得相应学位；

4. 本科毕业生限定于教育部直属院校、其他部委所属院校、中央与地方共建院校及列入"211 工程"的地方院校的应届毕业生；

5. 毕业生所学专业应与接收单位主营业务一致，本科毕业生所学专业应属于北京市的紧缺专业；

6. 毕业生需通过国家英语四级考试，参加改革后四级考试的，成绩需在 425 分以上。第一外语为其他语种的毕业生，体育类、艺术类毕业生，其外语水平应达到毕业要求，并由学校就业指导中心出具证明；

7. 政府机关单位行政编制内引进毕业生，应取得北京市公务员笔试合格证书，具备公务员任职资格；

8. 限于统招统分的普通高等学校毕业生(独立学院毕业生除外)，培养方式为定向或委培的毕业生不在引进范围。

研究生、双学士和获得省部级荣誉称号的本科毕业生不做专业限制。

(二) 非北京生源进京就业指标的获取途径

各主管部门引进非北京生源毕业生，须在人事部门下达的本科生和研究生控制数内进行。京外生源取得进京指标按照单位隶属关系来划分有两条途径：一类是单位通过人事部审批的进京指标，中央、国务院各部委、各直属机构及所属的在京单位接收毕业生时，通过人事部获得进京指标，并给已经接收的毕业生每人一份"国务院各部委、各直属机构及其所属

在京单位毕业生接收函”;一类是北京市属单位如高新技术企业、中学和北京市属高校等通过北京市人事局审批进京指标,北京市人事局对每个毕业生进行审核批准,并出具北京市人事局接收函。凡是通过了进京审批的毕业生,中央部委和北京市人事局的“接收函”便是进京审批的有效凭证,也是学校派遣时的重要依据之一。

(三) 非北京生源进京就业的办理程序

京外生源毕业生要进京就业,必须首先与用人单位达成意向,签署《非北京生源高校毕业生引进协议书》,然后由用人单位网上申报,通过审批后再提交非京毕业生的纸质审批材料。非北京生源毕业生留京就业申请的申报截止时间一般不超过4月底。北京市人事局对京外生源进京的审批时间以当年的就业实施办法为准,一般为当年的6月下旬。比如2007届毕业生京外生源进京审批的截止日期即为2007年6月25日。超过进京审批时间以后,即使有单位接收毕业生,也无法再办理派遣手续,毕业生只能到京外的单位落实工作。

用人单位向北京市人事局申报接收非北京生源毕业生所需的材料如下:

1. 研究生所需材料

(1) 非北京生源毕业生进京审批表(一式两份),须用人单位及主管部门盖章;

(2) 毕业生就业推荐表,须学校就业指导中心盖章(定向和委培毕业生除外);

(3) 毕业生已修全部课程成绩单,须研究生培养处盖章。

2. 本科生所需材料

(1) 非北京生源毕业生进京审批表(一式两份),须用人单位及主管部门盖章;

(2) 毕业生就业推荐表,须学校就业指导中心盖章(定向生除外);

(3) 毕业生已修全部课程成绩单,须教务处盖章;

(4) 国家英语水平考试四级以上(含)证书(或成绩单)复印件。

此外,凡进入北京市国家公务员队伍的毕业生,还须附北京市应届毕业生国家公务员录用考试公共科目笔试合格证书复印件。

二、非天津生源到天津就业的具体政策

(一) 非天津生源进津基本条件

凡取得本科以上学历并获得学士以上学位的应届优秀毕业生,在津有接收单位的,均可进津就业。

(二) 用人单位接收非天津生源的手续

1. 凡接收外地生源毕业生的单位均应办理资质认定手续。经资质认定合格者可接收外地生源。

2. 各用人单位须于当年一月十五日前将非津生源毕业生需求计划(含本市院校外地生源)报天津市大中专毕业生就业指导中心,未报需求计划的单位不得接收非津生源毕业生。

3. 接收外地院校非津生源毕业生的用人单位,上报需求后,可于当年三月份到天津市大中专毕业生就业指导中心领取外地院校非津生源毕业生进津申请表,交毕业生本人如实填写。毕业生所在院校及用人单位在确定表内所填内容属实、符合引进条件后,签字盖章报天津市大中专毕业生就业指导中心备案。毕业生凭审批后的进津申请表、报到证、单位户口迁移证办理就业手续。

(三) 非天津生源进津就业的办理程序

1. 非津生源毕业生进津必须符合"非津生源毕业生留津、进津条件";用人单位须按规定办理"接收非津生源审批手续"。

2. 就业、落户:凭天津市教委、市大中专毕业生就业指导中心已经审批备案并加盖公章的"进津申请表"、报到证、学位证、户口迁移证,到"中心"办理就业手续和落户编号手续;到市公安局户口办公室办理落户手续,后将户口落回当地派出所;持报到证交用人单位办理报到手续。

3. 档案:用人单位有档案保管权限的,可要求学校直接将档案寄到单位;用人单位没有档案保管权限的,可要求学校直接将档案寄到天津市大中专毕业生就业指导中心。在确认档案已到达中心后,可办理人事代理和档案委托管理手续。

三、非上海生源到上海就业的具体政策

非上海生源高校应届生在上海找到就业单位之后,在申请上海户口时需参加当年上海户口评分制审批。高于当年划定的允许落户"分数线"方可落户上海,低于该"分数线"则需办理居住证。评分政策大约在当年的5月公布在上海市高校就业指导中心网站上,每年的落户政策明细略有不同,每年分数线也不同。

● **链接**

2014年非上海生源高校毕业生进沪就业评分办法

一、毕业生要素分

(一) 基本要素

1. 最高学历

博士	27分
硕士	24分
本科	21分

2. 毕业学校

教育部重点建设高校、在沪“211 工程”高校、中科院在沪各研究所等研究生培养单位 15分

其他“211 工程”高校、中央直属研究生培养单位、上海各高校及研究生培养单位 12分

其他高校及研究生培养单位 8分

3. 学习成绩

按照毕业生在校期间学习成绩专业(班级)综合排名对其等级进行评定

一级(成绩综合排名前25%) 8分

二级(成绩综合排名26%—50%) 6分

三级(成绩综合排名51%—75%) 4分

四级(成绩综合排名76%—100%) 2分

4. 外语水平

通过CET-6级、六级成绩达到425分(含425分)或专业英语八级 8分

通过CET-4级、四级成绩达到425分(含425分)或专业英语四级 7分

外语类、艺术类、体育类专业外语课程合格 7分

5. 计算机水平

毕业研究生 7分

理科类计算机高级水平或免予此项要求的专业(数学类、电子信息科学类、电气信息类、管理科学与工程类) 7分

文科类专业计算机中级(省级二级)水平 7分

理科类专业计算机中级(省级二级)水平 6分

文科类专业计算机初级(省级一级)水平 6分

艺术、体育类专业相关课程合格 6分

(二) 导向要素

1. 荣誉称号(校级及以上级“三好学生”、“优秀学生”、“优秀学生干部”、“优秀毕业生”)

经认定的国家级 10分

省(自治区、直辖市)级 5分

学校级(每次1分,不超过2分) 2分

2. 学术、文体竞赛获奖

(在全国大学生电子设计竞赛、全国大学生数学建模竞赛、全国大学生英语竞赛、全国大学生“挑战杯”赛、全国大学生“飞思卡尔杯”智能汽车竞赛等全国性比赛(含地方赛区)获奖)

(1) 上述全国性比赛奖项:

一等奖 10分

二等奖 8分

三等奖 6分

(2) 上述全国性比赛地方赛区奖项：

一等奖　5分

二等奖　3分

三等奖　1分

(1. 以上奖励表彰仅限在高校最高学历就读期间所获奖励表彰；2. 同类奖励取最高分；3. 荣誉类和竞赛类奖励可以累计加分，最高不超过15分。)

3. 科研创新

拥有发明专利证书(在授权证书正本上须为发明人并提供经学校(或研究生培养单位)就业工作部门在本校网站上公示无异议、由指导教师签名的证明材料)　5分

4. 国家就业项目服务期满

上海高校毕业生参加西部计划服务期满(毕业生按照其毕业当年的评分办法予以评分，并在此基础上给予加分)　5分

上海高校毕业生参加"到村任职"、"三支一扶"计划服务期满按相关政策执行

二、用人单位要素分

(一) 基本要素

用人单位招聘高校毕业生行为诚信规范，并与毕业生直接签订录用协议　5分

(二) 导向要素

1. 引进重点领域人才

用人单位录用上海市重点发展领域所需学科(专业)(见附件3)毕业生　3分

用人单位录用上海市重点发展领域所需学科中的教育部、上海市、上海市教委重点学科毕业研究生　3分

2. 承担重大项目

用人单位承担国家和上海经济社会发展重大项目且录用的毕业生专业与行业相匹配　3分

用人单位为远郊地区教育、卫生、农业等社会公益事业单位　3分

(上述用人单位由各有关行业主管部门进行推荐，并报上海市高校毕业生就业工作联席会议办公室确认后予以公布)

3. 自主创业(创业企业注册资金须到账(不含受让股份)且经营状况良好)

(1) 创办市大学生科技创业基金资助的科技企业

获得科技创业基金资助企业的法定代表人　5分

(2) 创办其他企业

担任法定代表人　5分

三、标准分

标准分为非上海生源进沪就业申请上海市户籍的基本资格分。进沪就业的非上海生源高校毕业生，其各项要素累积分值不低于标准分的，可办理上海市户籍；低于标准分的，可按照相关规定申

请办理《上海市居住证》并获得相应的积分。

标准分由市教委、市人力资源社会保障局、市发展改革委联合发布，2014 年为 72 分。

说明：《非上海生源普通高校应届毕业生进沪就业评分办法》由上海市高校毕业生就业工作联席会议办公室制定，《评分办法》每年根据上海经济社会发展对非上海生源高校毕业生的需求及市政府相关政策进行必要的调整。

（一）非上海生源进沪就业，申请办理上海市户籍的基本条件：

1. 品行端正，身心健康，在校期间无违法违纪记录和行为；

2. 学习成绩优良，具备规定的外语和计算机应用能力；

3. 一般为应届毕业研究生，上海普通高校、国务院各部（委、办、局）所属普通高校、列入“211 工程”的地方普通高校应届本科毕业生；

4. 已与符合规定的用人单位签订就业协议（一般应为直接录用协议）。符合规定的用人单位一般指在本市行政区域内注册登记的党政机关、事业单位、社会团体、民办非企业单位（法人）以及符合本市产业发展方向、注册资金达到人民币 100 万元（含）以上且在毕业生离校前一年 3 月 1 日前注册登记的各类企业（应届普通高校毕业生自主创办的企业不受此限制）。

5. 申请办理上海市户籍的进沪就业非上海生源应届普通高校毕业生，在学习成绩、外语与计算机应用能力方面须达到以下要求：取得相应的学历证书和学位证书；获得大学外语四级证书或四级成绩达到 425 分（含 425 分）以上证书；获得省级及以上教育行政部门颁发的计算机应用能力水平考试合格证书（文科专业学生为“一级”，理工科专业学生为“二级”）。所学专业为体育学类和艺术学类毕业生，其外语和计算机应用能力可不作上述要求。

（二）用人单位接受非上海生源应向上海市高校毕业生就业指导中心递交的申请材料：

1. 填写完整的《非上海生源应届普通高校毕业生进沪就业办理户籍申请表》（含《学习成绩评定表》，毕业研究生须在评定表中由研究生培养部门明确毕业生就读的二级学科代码和名称）。

2. 由学校（或培养单位）的毕业生就业工作部门盖章的毕业生推荐表。

3. 填写完整的就业协议书（如含有毕业生未能办妥落户手续将解除就业协议内容的，不予受理）。

4. 由学校（或培养单位）教务部门盖章的成绩单（一般按学期分列）。

5. 由学校（或培养单位）教务部门或就业工作部门盖章的外语和计算机等级证书复印件。

6. 由学校(或培养单位)就业工作部门盖章的毕业生在其最高学历学习阶段期间所获各类奖项证书的复印件,包括以下两个方面:校级(含校级)以上“优秀学生”、“三好学生”、“优秀毕业生”、“优秀学生干部”等,受理截止日前尚未领到有关证书的,须提供发证机构出具的相关证明,并应在6月30日前交验证书原件;国际性和全国性竞赛(含地方赛区)获奖证书。

7. 用人单位的企业营业执照复印件(验原件)。非法人企业须另提供以下材料(已连续3年获准受理落户申请的,只需提交下述第4项材料):上级法人的营业执照复印件,且注册资金一般不低于1 000万元人民币;上级法人的自主招聘授权书;上年度在职员工缴纳社保证明;上年度在沪缴纳营业税税单原件。

8. 其他材料:

毕业生父母双方或一方为本市“支边”、“支内”职工的,须提供:由父母当年迁出地公安派出所出具的户籍证明;父母双方或一方“支边”、“支内”工作经历证明;毕业生入学前户籍所在地公安派出所出具的亲属关系证明。

毕业生父母双方户口已迁入上海市的,须提供:父母双方户籍所在地公安派出所出具的户籍证明;公安派出所出具的亲属关系证明。

在本市创办企业的非上海生源应届普通高校毕业生,应与其创办的企业签订就业协议,并须提交公司注册验资证明、学校或培养单位出具的自主创业证明(获得上海市大学生科技创业基金资助的高校毕业生,只需提交由基金管理机构出具的相关证明)。

毕业生在本人最高学历学习期间获得或申请专利的,须提交专利证书复印件或专利申请受理证明(验原件)。

(三) 受理结果与公布

1月初起受理进沪就业非上海生源应届普通高校毕业生落户申请,受理截止时间为5月底。4月上旬可在上海高校毕业生就业信息网(www. firstjob. com. cn)查询首批春季毕业研究生申请审核结果,其余审核结果可在受理截止期后20个工作日内开始查询。

非上海生源毕业生获准办理本市户籍后,一般应在当年9月30日前办理相关落户手续。

从2002年开始,上海市为了促进人才流动,鼓励人才来上海市工作或者创业,对具有本科以上学历的、以不改变其户籍的形式到上海工作或者创业的非上海生源毕业生,实行申领《上海市居住证》(以下简称《居住证》)的制度。

从2009年2月起,上海市人民政府规定持有《上海市居住证》满7年的持证人员,可以申请办理上海市常住户口。

（四）非上海生源人才类《上海市居住证》申领条件和申领程序

申领条件：

1. 个人条件。必须是上海市行政区域内注册登记的用人单位录用的非上海生源应届普通高校本科及以上学历毕业生。符合上海市重点发展领域和紧缺专业的应届普通高校毕业生，学历条件可适当放宽为大学专科毕业。

2. 用人单位条件。一般为在上海市行政区域内注册登记的党政机关、事业单位；符合上海市产业发展方向、注册资金达到人民币 100 万元（含）以上的各类企业（应届普通高校毕业生自主创办的企业不受此限制）；注册资本（或开办资金）在 100 万元（含）以上的社会团体、民办非企业单位。

申领程序：

（1）领取《高等学校毕业生进沪就业通知单》。外地高校非上海生源应届普通高校毕业生依据申领条件到上海市高校毕业生就业指导中心办理领取《通知单》。《通知单》的第一联用于毕业生去用人单位报到（报到期限根据教育部有关规定），第二联用于申领人才类《居住证》。领取《通知单》受理截止时间为当年年底。

（2）申领人才类《上海市居住证》。用人单位网上注册（www.21cnhr.gov.cn），并持单位法人证书或企业法人营业执照、组织机构代码证原件至注册所在地受理点进行单位审核。已经注册并通过审核的用人单位可以直接登录。

非法人企业须另提交：上级法人的营业执照复印件，且注册资金一般不低于 1 000 万元人民币；上级法人的自主招聘授权书；上年度在沪缴纳营业税税单原件；上年度在职员工缴纳社保证明。

由应届普通高校毕业生在本市首创的企业须提交：公司注册验资证明；学校或培养单位出具的自主创业证明。

用人单位网上登录后，为员工网上注册、填写个人信息、审核并提交。

用人单位或个人至单位注册所在地或者个人居住所在地受理点递交书面申请材料。书面申请材料包括以下几项：《通知单》，《国内人才〈上海市居住证〉申领表》（可网上下载，需加盖聘用单位公章），有效身份证明复印件（验原件），落户外省市的户籍证明，在沪居住地证明复印件（已在沪购置产权房的需提供产权证，租房居住的需提供租房合同及房地产部门出具的房屋租赁合同登记备案证明，居住单位集体宿舍的需出具单位证明，借住沪籍亲友住房的需提供户主的房产证或户口本、同意入住证明及户主所在地居（村）委会出具的寄住证明，验原件），聘用（劳动）合同复印件（验原件）。在本市创办企业的非上海生源应届普通高校毕业生，应与其创办的企业签订就业协议。

3. 市人力资源和社会保障局按规定审批人才类《上海市居住证》，并由受理点将审核认定结果通知申领人。

4. 通过审核认定的申领人到指定地点采集图像等信息，须按规定缴纳人才类《居住证》工本费，领取《办理〈上海市居住证〉通知书》。

5. 申领人按照《办理〈上海市居住证〉通知书》的要求，领取人才类《居住证》。

四、非广东生源到广东就业的具体政策

（一）非广东生源毕业生到广东就业的程序

广东省各市及所辖县以下基层单位或省直、中央驻粤单位需要接收非广东生源毕业生的，都要由地级以上市毕业生就业主管部门或省直、中央驻粤单位人事部门填写《广东省接收省外高校毕业生报表》（以下简称《报表》）报广东省教育厅高等学校毕业生就业指导中心盖章备案后通知外省有关高校，有关学校凭该省《报表》将毕业生列入就业方案，介绍到接收单位主管部门报到，其档案也同时发往接收单位主管部门。

（二）非广东生源毕业生到广东就业的手续

1. 凡在广东省落实单位的本科以上优秀毕业生，并经广东省高等学校毕业生就业指导中心盖章备案的，予以办理进粤手续；

2. 凡未经广东省高校毕业生就业指导中心盖章备案与用人单位签订就业协议书的非广东生源毕业生，应由相关高校通知用人单位补办《报表》手续，并报广东省就业指导中心盖章备案；

3. 凡是在粤落实单位的本科以上优秀毕业生，只要符合国家和广东省的有关政策，各市政府和有关部门要“不限生源、不限专业、不限时间”予以办理进粤手续，为他们解决户籍、人事档案、社会保险等问题。

（三）非深圳生源到深圳就业的条件和手续

非深圳籍毕业生与深圳市用人单位签署就业协议书后，用人单位持就业协议书到深圳市人事局审批，审批通过后由人事局出具《深圳市人事局接收院校毕业生函》。毕业生将此函和毕业生就业协议书交到校就业指导中心作为学校派遣的依据。

深圳接收市外生源的范围和条件：主要是国家教育部直属、其他部委所属和部分省属院校本科以上并取得大学英语四级以上（含四级）合格证书或大学英语四级考试总分在420分（含420分）以上的财经类、理工类及深圳市社会经济发展急需的其他专业毕业生。各用人单位必须在人事局审核同意后方可与毕业生签订就业协议，未经审核同意不得擅自向有关院校发出毕业生接收函件。

深圳市用人单位在向深圳市人事局申请进人指标获得批准后，直接将盖有深圳市人事局印章的《深圳市人事局接收院校毕业生函》寄送学校。此函由学校留存，作为编制就业方

案的依据。如毕业生收到后应上交就业指导中心。接收函右上角有一个编号，请毕业生记住，可能在办理报到手续时更快捷。

当前高校毕业生特别渠道就业的相关政策

一、江苏省录用公务员考试

（一）招考范围：

全省各级党委、人大、行政、政协、审判、检察、民主党派和工商联机关；省以下垂直管理部门所属机构；参照公务员法管理的人民团体和群众团体机关以及事业单位。

（二）报考对象：

社会在职人员中具有硕士以上学位的研究生不受户籍限制、当年普通高校本科以上学历应届毕业生不受生源地限制，全省各职位均可报考。面向选派到基层服务的高校毕业生招考的职位，招考对象为经我省项目办选拔派遣的“西部计划”、“苏北计划”志愿者、“三支一扶计划”大学生（含外省选派的江苏生源“西部计划”志愿者），服务满 1 年且考核合格的人员；经我省组织人事部门选派到农村基层的大学生服务满 1 年考核合格的人员。在宁省级机关及省直参照公务员法管理单位的职位，本省生源和户籍的本科以上学历人员均可报考。

本省生源的师范类毕业生可以报考。外省籍生源的师范类毕业生，需学校提供同意报考的证明方可报考。

招考职位明确要求有基层工作经历的，报考人员必须具备相应的基层和生产一线工作经历。

（三）报考条件：

具有中华人民共和国国籍；拥护中华人民共和国宪法；以报名日期计算，18 周岁以上、35 周岁以下（含 35 周岁，招考优秀村干部的职位可放宽至 40 周岁）；具有大专以上学历（招考优秀村干部的职位可放宽至中专、高中学历）；具备公务员主管部门规定的拟任职位所要求的其他资格条件。

（四）报考流程：

考试报名全省均采用网络方式进行。报名、照片上传、资格审查和缴费确认，通过网络同步进行。报考人员可选择在全省各省辖市考区参加笔试。

报考程序为查询招考职位、考生注册、资格审查、报名确认、打印准考证、参加公共科目笔试、查询成绩、面试、体检和考察。

（五）考核方式：

考试包括笔试(公共科目、专业科目)和面试。笔试不指定复习用书,各科考试范围可到江苏人事网站查阅江苏省录用公务员考试大纲及考生须知。

笔试阅卷结束后,由省委组织部、省人事厅研究确定考试合格分数线,各招考单位在笔试合格人员中,从高分到低分按计划录用人数3倍的比例确定参加面试的人选。形不成竞争的面试职位,面试成绩达到60分为合格。面试成绩由主考官当场通知考生。面试结束后,按公共科目笔试成绩占50%、面试成绩占50%的比例,用百分制计算报考人员总成绩。

根据考生的总成绩,按职位拟录人员计划数1∶1的比例从高分到低分确定参加体检、考察人选。各招考单位从考试成绩、体检、考察都合格的人员中确定拟录用人员。拟录用人员公示7天后,办理有关录用审批手续。录用人员实行一年试用期,试用期满考核合格,予以任职定级。考核不合格者,取消录用资格。

（六）报考注意事项：

在读非应届高校毕业生不能报考;应届毕业生在校期间的社会实践经历,不能视为工作经历;报考人员只能报考一个职位;开考比例原则上为3∶1,部分招录研究生的职位开考比例可为2∶1;资格审查未通过或报考达不到开考比例职位的考生,可重新登录补报其他职位。

二、江苏省选调高校优秀毕业生到基层工作

（一）选调对象：

选调对象为省内普通高等院校和部分省外重点高等院校应届优秀大学本科生及以上毕业生(不含委培生和定向生)。

（二）选调生条件：

坚持党的路线、方针、政策,认真学习实践科学发展观,具有坚定正确的政治方向和全心全意为人民服务的思想。应为中共党员或中共预备党员;有较强的事业心和责任感,作风务实,组织纪律观念强;学习成绩优良,担任过班级以上主要学生干部,有较强的表达能力和组织协调能力;志愿到基层和艰苦地区工作,有发展潜力;身体健康;大学本科毕业生年龄一般不超过24周岁,硕士研究生年龄一般不超过27周岁,博士研究生年龄一般不超过30周岁。

符合上列基本条件,获得硕士、博士学位的研究生同等条件下优先录用。注重选拔经济社会发展和领导班子建设需要的新型工业化、文化产业、城市规划、环境保护、资本运营、现代服务业、现代农业和政法工作、社会工作、现代科技管理等方面的紧缺专业人才。

（三）选调方式：

选调工作按照公开、平等、竞争、择优的原则,经过个人报名、高校推荐、参加公务员招录考试和组织面试考察等程序,采取量化考评的办法进行。高校推荐工作要在当年12月底前

完成。

（四）选调程序：

公布条件、公开报名、确定推荐人选、公务员招录考试、面试和考察、确定录用人选、体检、办理录用手续、档案转递。

（五）选调生的分配原则：

选调生分配到乡镇、街道工作，分配去向根据地方对人才的结构需求由省委组织部在全省范围内统一调配。选调生分配到地方后，试用期一年，试用期满考核合格的，按有关规定进行公务员登记和任职定级。

● 链接

选调生与各单位招录的国家公务员都是国家公务员。不同点主要有：一是报名条件不同。选调生的报名条件除符合国家公务员的报名条件外，还要求是学生干部、有志于从事党政工作、服从组织安排的本科以上优秀毕业生；二是培养目标不同。选调生的培养方向主要是党政领导干部后备人选和县级以上党政机关高素质的工作人员人选。三是选拔程序不同。选调生的选拔包括资格审查、笔试、面试、体检、考察考核等程序。四是培养管理的措施不同。选调生到基层工作后，组织部门将通过举办培训班、抽调到上级党政机关跟班学习，鼓励参加公开选拔、竞争上岗等得力措施进行重点跟踪培养，帮助选调生脱颖而出。

三、江苏省一村一社区一名大学生工程

● 链接

中央决定从 2008 年起，实施的选聘高校毕业生到农村担任村委会主任助理、村党支部书记助理或团支部书记、副书记等职务。

大学生"村官"不是公务员，大学生"村官"是村级组织特设岗位人员，系非公务员身份。大学生"村官"要进入公务员队伍，还必须经过公务员考试。当前社会上有些人以为当上大学生"村官"就进入了公务员队伍，这是一种误解。但是对于表现优秀、聘期考核合格的大学生"村官"，可以享受公务员报考的优惠政策。享受 5 至 12 分的加分照顾。

（一）实施时间：

2007 年始。

（二）招聘数量：

从 2009 年起，我省开始实施"一村一社区一名大学生"工程，每年计划选聘千余名大学生到村和社区工作。

（三）招聘对象：

30 岁以下应届全日制普通高校本科及以上学历毕业生。原则上为中共党员（含预备党员），非中共党员的优秀团干部、优秀学生干部也可选聘，但中共党员的比例要达到 80% 以上。

参加江苏省组织的“高校毕业生‘三支一扶’计划”、“大学生志愿服务西部计划”、“江苏大学生志愿服务苏北计划”等活动的本科及以上学历高校毕业生，服务期满、考核合格的，本人自愿且具备选聘条件的，经组织推荐也可作为选聘对象。

（四）招聘方式：

坚持德才兼备的原则，实行公开、平等、竞争、择优录取。每年集中开展一次，原则上由省区市一级组织、人力资源和社会保障部门、团委统一组织实施或省、市两级组织、人力资源和社会保障部门、团委共同组织实施。

笔试科目为《综合知识》，命题根据大学生报考人员特点，结合农村基层建设的实际情况，侧重考察履行“村官”工作必备的能力和素质。主要测试应试者的理论知识水平、政策法规水平、办事程序意识、综合分析和理解能力，透析问题和解决问题的能力、组织协调能力和文字表达能力等。

（五）招聘程序：

个人报名、组织推荐、资格审查、面试、考察、体检、公示、决定聘用、培训上岗。

（六）服务要求：

选聘的高校毕业生是中共正式党员的，一般安排担任村党组织副书记或书记助理职务；是中共预备党员或非中共党员的，一般安排担任村委会主任助理职务；是共青团员的，可安排兼任村团组织书记、副书记职务。

选聘到村任职高校毕业生的工作管理和考核由乡镇党委、政府负责；人事档案由各县（市、区）人事部门人才流动服务机构管理；党团组织关系转至所在村。选聘到村任职的高校毕业生聘用期间必须在村里工作，乡镇以上机关及其他单位均不得借调使用。合同期满，经组织考核合格、本人自愿的，可续签聘用合同。

（七）服务期限：

3 年。

四、江苏省优秀大学毕业生到农村学校任教工程

（一）实施时间：

2006 年起实施“优秀大学毕业生到苏北农村学校任教工程”。

2008 年起扩大到全省 34 个经济薄弱县的县城以下的农村中小学。

（二）选派数量：

每年计划3 000人。

（三）选派对象：

江苏籍师范类全日制普通高校本科及以上应届毕业生和非师范类取得教师资格证书的全日制普通高校本科及以上应届毕业生，具有学士及以上学位。

（四）选派条件：

思想政治素质好，热爱教育工作；具有学士及以上学位；志愿到农村乡镇学校任教，服从组织安排；品学兼优的贫困生和来自我省财政转移支付县（市）的毕业生优先选派。

（五）服务期限：

一般不少于3年。

五、江苏省大学生志愿服务苏北计划

苏北计划宣传口号：因为这个选择，江苏的明天更加美好；因为这个选择，我们的青春更加壮丽。

（一）实施时间：

2005年始。

（二）招聘数量：

500—700名。计划用5年时间向苏北地区输送2 500名左右大学生志愿者。

（三）招聘对象：

全日制普通高校应届大学毕业生。要具有志愿精神；学分总绩点（或学业成绩）排名在本院系同年级学生总数前70%之内；通过省项目办或市项目办组织的体检；获得毕业证书；本科及本科以上学历、学生党员优先；进入省、校、院（系）三级“青年马克思主义者培养工程”对象的优秀学生干部和有志愿服务经历者优先；入学前户籍所在地在苏北地区者优先；已录取为研究生的应届高校毕业生和在读研究生优先。

（四）招聘方式：

通过公开招募、自愿报名、组织推荐、面试选拔、体检培训和集中派遣的方式从普通高校应届大学毕业生中招募。

（五）招聘程序：

报名审核、选拔、面试、统一体检、公示、录取志愿者、督导检查、审定确认。

（六）服务内容：

到徐州、连云港、淮安、盐城、宿迁五市所辖县（市、区）的乡镇（街道）、社区从事为期1年的教育、卫生、农技、扶贫、青年中心建设和管理、农村党员干部现代远程教育及苏北工业化进程快速发展需要的工业、经济、法律、外贸等方面的志愿服务。

（七）服务期限：

1年。

六、江苏省医学类相关专业人员到苏北、苏中经济薄弱地区乡镇卫生院工作计划

（一）实施时间：

2008年始。

（二）招聘数量：

苏北、苏中经济薄弱地区乡镇卫生院（农村社区卫生服务中心）按每个卫生院3—5人配备，共4000人左右。

（三）招聘对象：

国家计划内统招的医学类相关专业普通高校全日制本科及以上应、往届毕业生（定向培养、委托培养生除外）。

（四）服务期限：

一般不少于3年。

七、大学生志愿服务西部计划

● **链接**

西部计划主题口号：到西部去、到基层去、到祖国最需要的地方去。它包括支教、支医、支农、远程教育、基层青年工作、基层检察院、基层法律援助、基层法院、开发性金融、西部平安行动、灾后重建11个专项行动。基层检察院、基层法律援助、基层法院要求法律相关专业，开发性金融要求经济类专业，支医专项行动需要医学类专业，支农需要农业、林业相关专业，支教专项行动优先考虑师范类学生。其他专项行动没有特定的要求。

（一）实施时间：

2003年开始。

（二）招聘数量：

每年各省250人左右。

（三）招聘对象：

面向教育部《全国普通高校名单》中所列高校的应届毕业生和在读研究生招募。要求具有志愿精神；学分总绩点（或学业成绩）排名在本院系同年级学生总数前70％之内；通过本校毕业体检和西部计划体检；获得毕业证书。本科及本科以上学历优先；优秀学生干部和有志

愿服务经历者优先;西部急需的农、林、水、医、师、金融、法学类专业者优先;入学前户籍所在地在西部地区者优先;已录取为研究生的应届高校毕业生和在读研究生优先。

(四) 招聘方式:

按照公开招募、自愿报名、组织选拔、集中派遣的方式,每年招募一定数量的普通高等学校应届毕业生,到西部贫困县的乡镇一级从事志愿服务工作。

西部计划实行按需招募,对口支援服务。在服务地的确定上,东、中部省份招募的志愿者主要集中到对口支援的西部省份服务,西部省份招募的志愿者原则上将在本省服务。2009年开始,报名参加基层青年工作志愿服务专项行动的志愿者,可以申请回原籍服务。

(五) 招聘程序:

西部计划的报名工作一般从4月开始,至5月结束。可以登录西部计划官方网站(xibu. youth. cn)和中国志愿者网(www. zgzyz. org. cn)及所在省(区、市)西部计划项目办官方网站查询有关通知,并在西部计划网站信息系统中进行网上报名。填写完报名信息后,从网站上下载打印《报名登记表》,由院系团委负责人签字并由院(系)党组织盖章后,交至校团委,由学校及时对报名学生的情况进行审核。

(六) 服务期限:

从2009年开始,西部计划服务期由1—2年调整为1—3年。西部计划志愿者首次签约期为1年或3年。签约1年的志愿者在服务期满后可以于下一年度3月提出延期服务申请,经服务县项目办同意并报服务省项目办,全国项目办根据下一年度服务岗位计划和各专项行动岗位要求,确定延期志愿者名单。

● **链接** ☞

服务期满、考核合格后的表彰:服务期为1年,服务期满、考核合格的,授予中国青年志愿服务铜奖奖章;服务期为2—3年,服务期满、考核合格的,授予中国青年志愿服务银奖奖章;表现优秀的授予中国青年志愿服务金奖奖章。表现特别优秀的推荐参加中国青年五四奖章、中国十大杰出青年、中国十大杰出青年志愿者、国际青少年消除贫困奖等评选。

八、农村义务教育阶段学校教师特设岗位计划

● **链接** ☞

“特岗计划”是农村义务教育阶段学校教师特设岗位计划的简称。通过公开招募高校毕业生到西部“两基”攻坚县县以下农村义务教育阶段学校任教,引导和鼓励高校毕业生从事农村教育工作,逐步解决农村师资总量不足和结构不合理等问题,提高农村教师队伍的整体素质。

特岗计划实施范围：山西、内蒙古、安徽、江西、河南、湖北、湖南、广西、海南、重庆、四川、贵州、云南、陕西、甘肃、宁夏、新疆、青海省、河北、吉林、黑龙江以及新疆生产建设兵团。“特岗教师”的岗位设置相对集中，一般1个县(市)安排100个左右，1所学校安排3—5人。原则上安排在县以下农村初中，适当兼顾乡镇中心学校。人口较少的边境县、少数民族自治县和少数民族县可安排在农村生源占60%左右的县城学校。

(一) 实施时间：

从2006年起。

(二) 招聘数量：

2012、2013、2014每年招聘6万人。

(三) 招聘对象：

以高等师范院校和其他全日制普通高校应届本科毕业生为主，可招少量应届师范类专业专科毕业生。取得教师资格，具有一定教育教学实践经验，年龄在30岁以下的全日制普通高校往届本科毕业生。参加过“大学生志愿服务西部计划”、有从教经历的志愿者和参加过半年以上实习支教的师范院校毕业生同等条件下优先。报名者应同时符合教师资格条件要求和招聘岗位要求。

(四) 招聘方式：

由省级教育、人力资源社会保障、财政、编办等相关部门共同负责，遵循“公开、公平、自愿、择优”和“三定”(定县、定校、定岗)原则，实行公开招聘，合同管理。合同中应详细明确规定用人单位和应聘人员双方的权利和义务。

(五) 招聘程序：

公布需求、自愿报名、资格审查、考试考核、集中培训、资格认定、签订合同、上岗任教。

(六) 服务期限：

3年。

九、三支一扶(支教、支医、支农、扶贫)计划

(一) 实施时间：

从2006年开始。

(二) 招聘数量：

每年约招募2万名高校毕业生。

(三) 招聘对象：

全日制普通高校应届毕业生。要求政治素质好，热爱社会主义祖国，拥护党的基本路线

和方针政策;学习成绩合格,具有相应的专业知识;具有敬业奉献精神,遵纪守法,作风正派;身体健康。

(四)招聘方式:

招募工作坚持"公开、平等、竞争、择优"的原则,并有一定比例的名额招募家庭经济困难的学生。

(五)招募程序:

汇总需求计划、组织招募、确定人选、培训上岗。每年5月底前,各地根据下达的招募计划和实际情况,采取考核或考试的方式进行招募;每年6月底前将名单上报全国"三支一扶"工作协调管理办公室备案。

(六)服务内容:

主要安排到乡镇从事支教、支农、支医和扶贫工作。对服务期满、考核合格的"三支一扶"大学生,颁发《高校毕业生"三支一扶"服务证书》。

(七)服务期限:

2—3年。

十、入伍参军

● **链接**

大学生入伍的四种方式:

一是在校期间参加年度征兵。即:通过学校所在地区年度冬季征兵参军入伍。服役种类为义务兵,到部队后军衔为列兵。服役期间,由学校保留学籍,服役期满后回原学校继续就读。

二是在校期间参加军队直招士官。即:每年夏季军队在部分技术专业直接招收大专在校生或毕业生。到部队后为军衔为一期士官,退伍后按照正常复退军人,由地方政府负责安置,安置的种类为就业安置和货币安置双轨制。军队直招士官仅限于大专在校生或毕业生,不含本科生。

三是大学应届本科毕业生直接招收军官。军队每年要在部分专业的本科毕业生中征招部分毕业生参军入伍,经过短期培训后授中尉军衔,多数为专业技术类军官。

四是大学毕业生参加年度征兵。通过本人户籍地兵役部门应征入伍,为义务兵,服役期满后按有关规定进行安置。

(一)征集时间:

每年冬季开始。从2009年起,对普通高等学校应届高校毕业生实行预征制度,5至6月份,高校所在地兵役机关会同有关部门进入高校,开展预征工作。

(二)征集对象:

参加全国普通高校(包括研究生培养单位)统一考试录取的应届毕业生和毕业研究生。

（三）征集要求：

拥护党的基本路线，忠于祖国，热爱军队，志愿献身国防事业，符合公民服现役的政治条件。学习成绩平均在良好以上。本科毕业生年龄不超过25周岁；硕士毕业研究生一般不超过30周岁；博士毕业研究生一般不超过35周岁。身体健康，符合军队院校招收学员体格检查标准。

● **链接**

大学生参军的身体条件：身高要求男性162 cm以上，女性160 cm以上；体重要求男性不超过标准体重的＋20％、－10％，女性不超过标准体重的±15％。大学专科以上文化程度的青年入伍，右眼裸眼视力放宽至4.6，左眼裸眼视力放宽至4.5。乙型肝炎表面抗原呈阴性。

（四）征集程序：

高校毕业生在5—6月参加预征，身体初检和政治初审合格，填写《应届毕业生预征对象登记表》，将户口迁回入学前户籍所在地，档案可转到入学前户籍所在地人才交流中心存放。11至12月份，确定为预征对象的高校毕业生，冬季征兵开始前持《应届高校毕业生预征对象登记表》到入学前户籍所在地县（市、区）征兵办公室报名应征。通过体格检查、政治审查并符合其他征集条件的，由县（市、区）人民政府征兵办公室优先批准入伍。

（五）培养使用：

根据大学生的专业特长，尽量安排到相应的工作岗位。对表现优秀的大学生士兵，在学习技术、选取士官、报考军校、直接提升军官等方面优先安排。

● **链接**

士官与义务兵的区别

我军现役士兵按兵役性质分为义务兵役制士兵和志愿兵役制士兵。义务兵役制士兵称为义务兵，志愿兵役制士兵称为士官。士官属于士兵军衔序列，但不同于义务兵役制士兵，是士兵中的骨干。义务兵实行供给制，发给津贴，士官实行工资制和定期增资制度。

第八章

求职前准备

——成功就业不可缺少的步骤

提醒：一旦进入求职季，本章内容首先要了解。上述几章内容建议同学们在非毕业年级时阅读，一旦进入毕业年级，本章内容首先要了解。

“工欲善其事，必先利其器。”作为一名准毕业生，在求职前必须认真、诚信地准备求职材料，准确地了解、把握政府、高校等就业管理部门的工作流程以及毕业生个人就业的一般程序，了解人事代理的有关政策规定，这样才能实现“事半功倍”。

认真准备求职材料

求职材料是毕业生走向人才市场、赢得用人单位信任的重要工具，也是用人单位初步了解毕业生基本情况的重要途径。

通过书面求职材料，用人单位可了解到毕业生的身份、能力、综合素质等基本情况，可借此判断、评价毕业生的学习成绩和工作潜力，从而确定能否给毕业生提供面试的机会。可以说内容全面、突出重点的求职材料，通常是求职者进入职场的通行证和敲门砖。其质量高低直接关系到就业目标能否顺利实现。

因此，面对竞争激烈的就业市场，毕业生必须精心准备求职材料，多侧面、多角度准确全面地反映自己的专业水平、组织能力、领导能力和综合素质，并把自身的特色亮出来。

求职材料包括就业推荐表、求职信、个人简历和其他相关材料（可称之为附件）组成的完整材料。

一、就业推荐表

就业推荐表全称“××高校毕业生就业推荐表”。它是学校就业主管部门发给毕业生、用以反映学生整体情况、证明学生可以到人才市场进行双向选择的身份证明性材料。它具有以下两个特点：

一是唯一性。每位学生只有一份就业推荐表，如丢失需书面申请重新补办。如果毕业生和意向单位签约，则需向对方提供推荐表的原件，表明毕业生不能再用推荐表和第二家单位签约。

二是权威性。推荐表上有学校相关部门的公章，所反映的内容是客观公正的，代表学校正式将毕业生推向人才市场和用人单位。

推荐表对每个毕业生而言很重要，故一般情况下，毕业生在投递自荐材料时只用推荐表的复印件，原件只有在签约时才使用。

二、求职信

求职信，又称自荐信，是求职者向用人单位介绍自己的正式的书面材料。属对特定的用人单位写的特定的自荐材料，主要表述求职者的主观愿望和特长，以求吸引招聘者的注意力，从而取得面试机会。

有人做过调查，招聘单位或部门阅读每位求职者的求职信的时间一般只有20至30秒钟。只有那些表述得体、确有特色和亮点求职信，才能吸引招聘人员的关注，而那些俗套、毫无特色可言的信件，往往在被快速“扫描”几秒钟后即被退回或扔进废纸篓。因此，在成百上千的求职信中，如何使你的求职信与众不同且能脱颖而出，从而让用人单位给你一个难得的面试机会，求职信的质量可谓至关重要。

（一）求职信的写作要点

求职信与一般书信的格式类似，有相对固定的书写格式，一般包括标题、称呼、问候语、正文、结尾、落款六个部分。

1. 标题

一般只由文种“求职信”或“自荐信”组成，要求写在第一行，大字、居中。若是亲笔写作的求职信可不加标题。

2. 称呼

单独成行，以示尊重；位于标题下方第一行，左边顶格书写，后面加全角冒号“：”。

求职信不同于一般的私人书信，收信人通常未见过面，所以称呼要恰当、具体。一般写收信者单位名称或个人名称；单位名称后面可加“负责同志”，个人姓名后可加“先生”、“女士”，也可直接称呼其职务。如果对用人单位的性质及负责人比较清楚，可直接写出负责人的职称、职位。如可以是“××单位××负责同志”的字样，也可以是“尊敬的××总经理”的字样，但相对而言后者更好一些。倘若对对方了解的比较多，知道对方是某跨国公司人事部门的经理，同时，他可能具有博士学位或教授头衔，此时，若称呼他为“X教授”或“X某博士”效果可能会更好，当所有的人称呼他经理的时候，你称呼他为教授或博士，说明你对他了解，

可不是什么人都能称为教授或博士的。如对用人单位的性质及负责人不清楚,则可写成"尊敬的领导",但不可写成"有关负责人"。

3. 问候语

如果称呼是单位或部门,问候语不用写;如果称呼是单位负责人或联系人,则要写上问候语"您好"。

称呼下一行书写,开头空两格,单独成行,问候语后面要加感叹号。

对于问候语,部分学生因称呼对方为"各位领导"而使用"您们好",这可谓败笔。因为这犯了汉语中的简单错误,汉语中没有"您们"这个词,这样不仅让人觉不出你的问候,反而使他们认为你才疏学浅,连起码的常识都不懂,会贻笑大方。

4. 正文

简单来说,正文实际上就是"我有什么+我能做什么/我要做什么",是整个求职信的核心部分。正文可概括为"三个简要介绍,一个诚恳表达"。包括:

(1) 简要介绍写信缘由。直截了当介绍获悉招聘信息的缘由,明确所求职位,如"从《南京日报》上获悉贵单位招聘××人员,我有意向应聘这一职位"。如果你的目标单位没有公开招聘人才,而你也不知道他们是否需要招聘新人,你可以写一封求职信前去投石问路,开头可写"久闻贵公司实力不凡,在××界声誉卓著,产品畅销全国。据悉贵公司欲开拓海外市场,故冒昧写信自荐,期待加盟贵公司"。

(2) 简要介绍个人基本情况。包括写信者的身份、姓名、毕业院校、学历、专业、政治面貌等,以便给用人单位一个初步印象。

(3) 简要介绍个人所具备的条件。根据求职目标简要而充分地展示自己适合所求岗位的各种能力,这部分是求职者推荐自己的关键环节,是求职信的重点、难点。围绕求职目标,可以从以下几个方面入手介绍自己:一是专业知识和专业技能。着重介绍自己的知识结构、特长学科以及运用知识解决实际工作中各种问题的能力,可引入实习实践单位的评价;二是综合素养。介绍责任心、道德品质、工作态度、团队合作精神、协调组织能力、社团以及社会实践等非智力性因素,最好用具体的工作实绩或事例证明自己;三是成果陈述。介绍主要成绩及所取得的成果、获奖证书和奖励等,以令人信服的成绩来证明自己能胜任所求目标的能力。

(4) 诚恳表达期望到用人单位工作的心愿。说明自己对本工作的喜爱和求职的迫切心情,期盼能够得到参加面试的机会,甚至可以简明扼要的谈谈入选后的想法、打算和计划。语气要自然恳切,不卑不亢。

正文部分可写内容比较多,所以一定要简明扼要,重在突出你就是最适合这个职位的人选,写明你对招聘单位的理解程度、你应聘这个岗位和能胜任本岗位的各种能力。

5. 结尾

求职信的结尾一般表明自己的心意，希望获得用人单位面试机会。所以在应聘材料的制作过程中，经常有一些学生为了吸引眼球，以至于写出诸如“给我一个机会，给您一个惊喜”的语句。其实，这种写法非常俗气，也是在说大话，作为应届毕业生，到底有多大的能耐能给对方一个惊喜呢？所以，这样的写法不值得效仿。结束语可提出希望和请求，包括求职者的愿望、要求和祝福语。一般要再次强调自己的求职愿望，可使用“静候佳音”、“盼复”、“渴望在贵单位得到一个施展自己才华的机会”等作结。当然，最后一定不要忘了写上致对方的祝福话语，或者以“此致敬礼”、“致礼”替代。用语要诚恳、热情，富有感染力。

6. 落款

落款包括署名和日期。在形式上，信可以打印，但署名一定要用手写，而不能打印，以示郑重和敬意。署名应写在结尾祝词的下一行的右后方，要注意字迹清晰。日期应写在名字下方，一般用阿拉伯数字，并且要把年月日写全。

7. 写作要求

求职信从形式到内容都应给人以美感。在文字表达方面应注重语言流畅，层次分明。一封用词优美、表达流畅的信，既能体现出求职者的文字运用能力和语言表达能力，又能给招聘者以美的享受。当然，在表述中还应当注意分寸，既不要夸大其词，也不要闪烁其词；既要措辞恳切，真诚流露出自己对用人单位情况有所了解，又要能恰如其分勾画出自己的突出亮点。这种勾画应当富有个性，不落俗套。一般来说，求职信应言简意赅，篇幅不宜过长，只要能写清楚个人的特点就可以了，版面设计以一张 A4 纸大小为佳。

还需要注意的是，给不同单位的求职信应该是不同的，千万不要用一种求职信去应对所有的单位。如果那样，会显得你缺乏诚意，给人草草应付的感觉。值得一提的是，由于文化上的差异，一般来说，对外资企业可以较充分地展示自己的能力，强调自己的特长，而对国企、国家机关、事业单位等则应如实介绍自己的理论基础、特长、爱好。

现在许多单位都希望应聘者有比较扎实的英文基础，特别是外企和涉外业务比较多的单位。一份漂亮的英文求职信会帮助你给用人单位留下良好的印象。从结构、要点等方面来看，中英文求职信没有太大不同，只是在适用范围、表达方式、行文风格上有一定的区别。具体说来，英文求职信要注意以下几个方面：

(1) 语言表达要简洁明了，避免使用太多的专业术语和过分复杂的句子。一方面，用人单位不会在一份求职信上花费太多的时间；另外，求职信的语言表述也能体现出你珍惜他人的时间。

(2) 在求职信的第一个段落中，应该明确地告诉对方你是在何家媒体看到应聘广告，以

及所要应聘职位的名称。这样,有助于对方了解招聘信息的有效传播途径。

(3) 语言客观实际。英文求职信中应避免使用带有主观判断性和评论性的话语,不要过分渲染自我,尤其不要说出与事实不符的自我能力或特点来。为了避免过多的主观性描述,可以在自己的求职信中用客观的数字和引述别人的话语来描述自己的实际情况。

(4) 重视开头、结尾。在求职信的结尾,通常要提及关于希望得到面试的事情。因此,对结尾一样要重视。在表达自己这样的意愿时,切忌软弱、羞怯的表达方式。

【案例】

求职信

尊敬的领导:

您好!

我是××大学2014届××××专业的一名学生。经过大学四年的学习,面临毕业时刻,我很是仰慕贵公司的发展前景和用人之道,同时也非常希望能以自己所学知识为贵公司效力。对照贵公司招聘条件,我认为我基本符合贵公司的要求。现将自荐材料奉上,敬请贵公司领导在百忙中给予关注。

2010年,我以良好成绩被××大学××××专业录取。在校期间,我除了刻苦学好专业课程外,还学会了汽车驾驶,获得C照,自学了计算机、法律等知识,也掌握了一定的经济、贸易知识,能做到英语、日语的翻译和对外谈判等工作。在任院学生会文体部副部长期间,参与、策划并组织了一系列大型校园文化活动,锻炼形成了一定的组织协调能力;此外,我还代表学院参加过学校乒乓球比赛,取得了良好成绩。

我的座右铭是:事在人为。我认为不论做什么事,只要你想做,并认真去做,就一定能做到,并且努力做好。我先后顺利考取重点高中、重点大学,而且又学习了一个热门专业。从某种意义上说,也可以算是一种证明。

真诚希望贵公司可以给我一次继续证明自己的机会,我将以自己的实际行动回报贵公司的厚爱。

最后,我衷心祝愿贵公司事业发展蒸蒸日上!

此致

敬礼!

自荐人:××××
2014年5月4日

点评:这篇求职信文字表达比较准确,行文也比较流畅,显然先前已经对自己应聘的单位有了一定了解,并且认真浏览了公司的招聘条件,对应聘成功充满信心,可以视为一份成功自荐信的范例。

**【案例】**

求职信

尊敬的各位领导、老师：

您们好！

本人是××师范大学数学与计算机科学学院数学专业毕业生，经慎重考虑欲加盟贵学校。

××师范大学是我国××××人才的重点培养基地，具有悠久的历史和优良的传统，并且素以治学严谨、育人有方而著称；××××师范大学数学与计算机科学学院数学专业则是全国××××学科基地之一。在这样的学习环境下，无论是在知识能力，还是在个人素质修养方面，我都受益匪浅。

在大学四年里，时刻按照"宽专业、厚基础、强能力、高素质"标准去锻炼及发展自我，在不断地学习和实践中提高了自己的综合素质，已把自己塑造成为一个专业功底扎实、知识结构完善、适应能力强、富于协作精神的时代青年。

我相信未来社会需要的是高素质的复合型人才，成功的学习者在充分地认识到书的价值的同时，也应认识到书的无价值。因而我在学习之外，积极参加了各种各样的课余活动，如"计算机协会"、"数学建模"等。所有这些活动都有利于我提高自身的计算机操作能力和团体协作能力。2007年下半学期在××省××市第二中学教育实习一个多月，在教学和班主任工作两个方面得到较好的锻炼，掌握了教学各个环节的基本要求和方法，了解了班主任工作的主要内容及其意义，具备了独立从事教学工作和班主任工作的能力。在实习期间表现出色，受到当地教师、领导的认可，被学校评为"优秀实习生"。在班主任管理方面及和学生沟通方面获益匪浅，管理好一个班不仅仅靠能力，更重要的是用心，有激情，只有拥有朝气蓬勃的活力才能更好的把工作做好。

我坚信命运之神只垂青于有准备的人，目睹过去深感母校的培养恩深，注目将来惟有以热血、真诚、眼泪和汗水回报社会的赠与，让生命之烛高举奋斗之光！

我将贵校作为首选目标，是因为贵校拥有优美的教学环境和积极进取的拼搏精神。我相信在贵校领导的帮助指导下，我一定会学得更多，做得更好。

相信您的眼光，相信我的选择。

诚候佳音！此致

敬礼

自荐人：×××

点评：这是一篇师范生的求职信，文中在开始就说明了自己的学校，专业，并说明了自己在学习中的优势。信中有三次明显的硬伤：其一，使用"您们"，汉语中没有"您们"这个词，犯了汉语中的常识性错误；其二，落款处未署日期；其三，信中第二段关于大学的介绍与应聘职位的关系不大，完全可以不讲。

此外，文中用词过于自信，如"具备了独立从事教学工作和班主任工作的能力"、"相信您

的眼光,相信我的选择”等等。对此,求职者在行文中一定要注意,以免给人不知天高地厚、狂妄自大的感觉。

【案例】

Application Letter

502 Box
Soochow University
Suzhou,215002
May 22nd,2014

Dear Mr. Cavendish:

I saw your advertisement in the local paper this evening,and I wonder if you would consider me for a job as a waiter this summer.

I am seventeen years old and at present I am studying English and economics. When I leave school, I hope to take a course in hotel management. During the school holidays last summer, I worked as a waiter at the Central Hotel. The headwaiter there, Mr. Macintosh, will be pleased to send you a recommendation for me.

I would prefer to work in your hotel in Filey because it is near my home. However, if there isn't any job there for me, perhaps you could consider me for the Scarborough Hotel.

I would be pleased if you will send me information about the pay and conditions of the job to be offered. I will be free to begin work in the fourth week of July when the school holidays start.

Yours sincerely,

Peter Tuck

点评:这是一封典型的英文求职信。第一段开门见山,表明写信的目的是求职。同时,也注明了消息来源和应聘职位。第二段开始介绍求职者的情况(注意:所写的情况最好能体现出你十分适合所应聘的职位)。信中第三段特别陈述了一个不情之请并说明原因。最后一段表明自己希望得到回复,并说明自己可以开始工作的具体时间。总的来说,这封信符合求职信的结构要求,语言简洁,语气礼貌大方,是一封比较成功的求职信。

三、个人简历

个人简历,也称为履历表,是概括介绍个人出生年月、学习情况、成长经历、背景、优点、成就等有关内容的个人书面材料,是对自己学习(工作)生活经历的再加工。

简历的重要价值在于使用人单位能在第一时间了解求职者的基本状况,使求职者达到推销自己的目的。也许一份好的简历不一定能获得一份好的工作,但是一份糟糕的简历,一定会将你淘汰出局。

（一）个人简历的书写与格式

1. 标题。一般为“简历”、“个人简历”或“求职简历”。

2. 个人基本信息。包括姓名、性别、籍贯、民族、政治面貌、出生时间、毕业学校、学习专业、婚姻状况、求职意向、联系方式等。同其他基本信息要突出的内容一样，“联系方式”一栏要清楚无误，应清楚地注明能迅速联系到你的途径：电话号码、手机号、E-mail、通讯地址可一应俱全。

3. 思想道德状况。主要是你的政治思想素质和道德素质，如你是否中共党员或者是入党积极分子，你是否有道德方面的奖励等。

4. 个人学习、工作、生活经历。按照时间顺序进行描述，一般可从中学入学开始直到大学毕业；其间可一并介绍自己社会工作情况和社会实践情况。当然，在时间顺序方面也有要求：如果应聘单位是国内单位，一般是按照从过去到现在的顺序填写，如果是国外单位尤其是欧美单位，应当按照从现在往过去的顺序写。

5. 专业主干课程学习情况。一般通过列表形式进行说明，需要注意的是一定要是专业主干课程，其中可以说明英语、计算机学习情况。

6. 能力锻炼情况。主要介绍你具备什么样的能力，如组织协调能力、语言表达能力、文字操作能力、社会调查能力等。

7. 获奖情况。你在大学期间主要的获得了哪些奖项。

8. 发表的作品等。如专业论文、其他文章等。

9. 兴趣、爱好。如有特殊兴趣爱好，且与你所求职务有很大联系，在篇幅允许的情况下，最好写出来，有助于用人单位对你进一步的了解。

10. 求职说明。对与自己求职工作有关的要求可作特别说明，以引起用人单位的兴趣。

（二）简历的书写要求

1. 用词精练。尽量使用简洁精炼的书面语言，一句话表达一个层次的内容，不作文学化色彩浓厚的修饰或夸大。

2. 言辞诚恳，语气适当。简历的写作既不要用第三人称，也不要用第一人称，最好省略主语或主语隐含在句子之中，这样可以避免自夸之嫌，使句子显得活泼、轻快；简历的写作应排除修饰语及带有个人看法的字眼和强调语句，而尽量用具体明确的动词性短语、名词性短语和形容词短语；不要在简历中表现出你的自负，如出现“请任命我为贵公司的地区营销经理……”之类的语句；不要在简历中过多考虑自己的前途，如“我的人生目标是进入有前景的公司，担任一份有挑战性的职务……”。

3. 避免使用模糊语言。在写简历时要用事实说话，避免使用抽象空洞的措辞，如“有显著提高”、“有很大进步”是很模糊的说法。

4. 规范使用称谓。在设计自述时,应使用第三人称写,应尽量避免使用"我如何如何"的语句。

5. 合理设计版面。最好控制在一张A4纸内,干净整洁,不要出现任何拼写、语法、标点或者打印错误。

从制作的格式来分,个人简历常用的有栏目型和表格型两种格式。

【案例】 栏目型简历

个人简历

基本情况:

姓　名:×××	出生年月:5/28/1992	照片
性　别:女	政治面貌:中共党员	
籍　贯:江苏南京	学　　历:大学本科	
民　族:汉	所学专业:汉语言文学	

毕业院校:南京××大学

通讯地址:江苏省南京市鼓楼区××路××号南京××大学××信箱,210000

联系电话:139×××××××××,025-×××××××××

E-mail:××@163.com

应聘职位:

文秘、编辑、初高中教师

教育情况:

2010年9月—2014年7月　南京××大学

2007年9月—2010年7月　南京市第一中学

技能水平:

英语六级,能熟练进行听、说、读、写;

计算机二级,精通办公自动化,能独立操作并及时完成日常办公文档的编辑工作。

知识结构:

较好地掌握了汉语言文学和中学语文教学法知识,了解文学、语言、写作等基本知识。

专业课程:古代文学、现当代文学、现代汉语、古代汉语、外国文学、文学理论、基础写作等、中学语文教学法、心理学、教育学。

担任职务:

2010年10月—2011年6月　担任××社团干事

2011 年 9 月—2012 年 6 月　担任班长

实习经历：

2013 年 9 月—2013 年 11 月 在南京师范大学附属中学实习

获奖情况：

200×年×月　于南京××大学获一等奖学金

200×年×月　于南京××大学获单项奖学金

特长爱好：

独立思考能力较强，爱好阅读，爱好轻音乐。

自我评价：

做事踏实，善于与他人相处，具有良好的沟通能力和团队合作精神。

【案例】 表格型简历

个人简历

<table>
<tr><td>姓　　名</td><td colspan="2">×××</td><td>性　　别</td><td>女</td><td rowspan="5" colspan="2">照片</td></tr>
<tr><td>籍　　贯</td><td colspan="2">江苏南京</td><td>民　　族</td><td>汉</td></tr>
<tr><td>出生年月</td><td colspan="2">5/28/1992</td><td>政治面貌</td><td>中共党员</td></tr>
<tr><td>学　　历</td><td colspan="2">本科</td><td>所学专业</td><td>汉语言文学</td></tr>
<tr><td>毕业院校</td><td colspan="2">南京××大学</td><td></td><td></td></tr>
<tr><td rowspan="2">联系方式</td><td>通讯地址</td><td colspan="5">江苏省南京市鼓楼区××路××号南京××大学××信箱，210000</td></tr>
<tr><td>联系电话</td><td colspan="2">139×××××××××，
025-××××××××</td><td>E-mail</td><td colspan="2">××@163.com</td></tr>
<tr><td>应聘职位</td><td colspan="6">文秘、编辑、初高中教师</td></tr>
<tr><td rowspan="2">教育情况</td><td colspan="3">200×年 9 月—200×年 7 月</td><td colspan="3">南京××大学</td></tr>
<tr><td colspan="3">200×年 9 月—200×年 7 月</td><td colspan="3">江苏省南京市第一中学</td></tr>
<tr><td rowspan="2">技能水平</td><td colspan="6">英语六级，能熟练进行听、说、读、写；</td></tr>
<tr><td colspan="6">计算机二级，精通办公自动化，能独立操作并及时完成日常办公文档的编辑工作。</td></tr>
<tr><td rowspan="3">知识结构</td><td colspan="6">较好地掌握了汉语言文学和中学语文教学法知识，了解文学、语言、写作等基本知识。</td></tr>
<tr><td colspan="6">专业课程：古代文学、现当代文学、现代汉语、古代汉语、外国文学、文学理论、基础写作等。</td></tr>
<tr><td colspan="6">专业方向课程：中学语文教学法、心理学、教育学。</td></tr>
<tr><td>担任职务</td><td colspan="6">2010 年 10 月—2011 年 6 月　担任××社团干事
2011 年 9 月—2012 年 6 月　担任班长</td></tr>
</table>

（续表）

实习经历	2013 年 9 月—2013 年 11 月 在南京师范大学附属中学实习
获奖情况	2011 年 10 月　于南京××大学获一等奖学金 2012 年 10 月　于南京××大学获朱敬文奖学金 2013 年 10 月　于南京××大学获校长奖学金
特长爱好	独立思考能力较强，爱好阅读，爱好轻音乐
自我评价	做事踏实，善于与他人相处，具有良好的沟通能力和团队合作精神。

英文简历的制作

当前，大学毕业生到外企求职的情况日益增多。对于此类应聘活动，单纯的中文求职材料已经不能满足招聘单位的需求，还需要出具外文求职材料。这里必须注意的是，中外文化习惯往往存在差异、语言表达方式也不完全一样。即便翻译，也必须有点原汁原味的外国味道，不能误译成中国式的“外文”，那是要闹笑话、出洋相的。

英文个人简历的起草，概括地说，应当把握的主要关键点是：

1. 简历文本的具体叙述往往更多的是使用无主句；
2. 发生时间的表达一般为倒序形式，即由近到远；
3. 单项标题必须大写，同时用词必须精练；
4. 特别注重张扬个性，明确自身就业意向；
5. 打印纸张一般设定为 A4 样式。

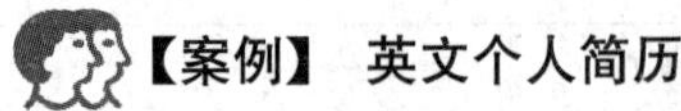

Resume

Li Ming

August 18，1983

No. 122，Ninghai Road，Nanjing，Jiangsu Province

Postal Code：210097

Mobile：13＊＊＊＊＊＊＊＊88

E-mail：Oldwolf@njnu. edu. cn

Objective

To obtain a challenging position as a software engineer with an emphasis on software design and development

Education

2010. 9－2014. 6 Dept. of Computer science，Nanjing Normal University

2004. 9－2010. 6 Nanjing No. 1 Middle School

1998. 9－2004. 6 Nanjing LangYa Road Primary School

Main Academic Courses

Mathematics 90		
Advanced Mathematics 87	Probability and Statistics 78	Linear Algebra 93
Numerical Algorithm 80	Operational Algorithm 86	Functional Analysis 97
Java 88	Linear and Nonlinear Programming 77	
Electronics and Computer 75	C＋＋ 95	Data structures 83
Circuit Principal 72	Digital Electronics 91	Artificial Intelligence 90
Computer Local AREA Network 92	Internet 88	CAI 96

Extracurricular Activities

Won the third place at the university solo singing contest in August of 2013

Won championship in 100-meter race at the university sports meet in October of 2012

Rewards

Jingwen Zhu scholarship from September of 2012 to June of 2013

Elected a “three goods” student from September of 2002 to June of 2013

Won the title of excellent leader of the university student from September of 2011 to June of 2012

Scientific Research Achievements

Ming Li. *Dynamic Adaptive Data Replication Strategies in Grid Environment*

[C]. International Conference on Advanced Design and Manufacture (ADM 2013). February, 2013.

Ming Li. *Enhanced FMAM Based on Empirical Kernel Map*. IEEE Trans. Neural Networks，2012，Y(3)：542－578

个人简历具体的制作方法有很多。比如Microsoft(微软)公司的Word软件中提供了中文简历模板和向导，毕业生可以以这些模版为蓝本，适当进行加工和修改，使之更适合自己的风格和喜好。在具体制作过程中，各类就业网站提供的模板及各种制作软件也有一定的使用价值。

个人简历是对毕业生人生的高度浓缩和提炼，是针对特定的职位制作的特定材料。简历没有千篇一律的规律，因此求职者应根据求职目标、招聘单位的特点和要求及本人情况，

有的放矢,重在突出自己过人之处。在列举个人经历、获奖情况和证书时,一定要把与应聘职位相关的情况放在醒目的位置,其他不太相关的情况则可以一笔带过。需要特别指出的是,毕业生在准备这些材料的时候,绝对不能拔高自己,不能违背实事求是的原则,个人材料必须忠实的反映你的大学学习成果。此外,个人简历还应当简洁明了,布局力求合理,篇幅不宜过长,重在表达个人适合应聘岗位的优势条件。

附件

附件是附在求职信和个人简历之后,用于证明前两项材料中所述情况真实性和可靠性的印证性材料,反映了求职者的诚信和严谨,所以每位求职者都必须认真对待。

一般来说,附件主要包括求职信和个人简历中提及的各类活动、资质、获奖情况等内容的证明材料,主要包括毕业证书、学位证书、英语等级证书、计算机等级证书、职业资格证书、各种奖励证书、参加各种培训、各种社会实践活动的相关证书与证明材料、个人作品、成绩单、相关推荐信等。

各种证书的编排要注意规格尺寸,讲求整齐美观,更要讲究技巧。一般来说,大学生在校学习期间多少会有些成果。相关获奖证书的复印件应当作为求职材料的重要附件。问题是,有些毕业生获奖比较多,也比较杂,那就需要进行适当的梳理,或按年份,或按档次,做到巧妙的展示,杂而不乱。比如:同一类型的获奖,重点突出一个,复印件大小以一张 A4 纸样式为标准,其余获奖适当排列,或缩小叠印在下一张 A4 纸上,或并列缩印在另一张 A4 纸上,千万别鼓鼓囊囊一大堆,杂乱无章。个人作品的展示也应如此。大学时代,是大学生风华正茂的黄金时期。不少大学生在校期间在相关刊物上发表了自己的文章,不管是散文、诗歌、新闻通讯稿,还是学术研究成果还是正式出版的音像资料(比如DV),或者是科技作品、发明专利,都可以作为求职材料,以此来说明应聘者在某一方面的突出能力。

求职材料是毕业生叩开职业之门的重要资料。毕业生需要精心进行准备,不仅要准备纸质文本,而且要准备电子文本,以防前往外地人才市场求职时推荐材料的缺失。更重要的是,不少用人单位不仅需要毕业生提供纸质文本,而且也需要毕业生提供电子文本。当然,网上求职,主要的必须提供电子文本。

电子文本制作后,可以存入自身便于携带的移动硬盘(光盘、磁盘、软盘),也可以存入个人电子信箱、QQ 留言,确保个人在一定条件下可以随时调用。不会因为推荐材料的缺失,影响自己求职活动的顺利开展。

诚信准备求职材料

诚信是道德的基础和根本，是人立身处世的重要品质，也是人类社会赖以生存和发展的基石。大学生是构建新时期社会信用人群的主要组成部分，就业是大学生毕业后人生的第一步，在就业过程中向社会特别是用人单位传递真实的信息是进入劳动力市场的重要通行证，也是提高自身竞争力的关键因素。

然而在激烈竞争的人才市场上，许多毕业生由于担心经历太简单影响竞争力，于是急功近利，致使求职材料大量“注水”现象屡见不鲜。最常见为故意夸张、大肆渲染，甚至无中生有，如把短期实习说成是长期实习，不论成绩好坏与否，一律写成“在校期间学习成绩优异”；又如不管是否有学生干部经历，都给自己带上学生干部的头衔，而且往往是职务越高越好，奖励的等级也是越高越好……于是靠着电脑和复印机的帮助，各种假证书、假学历充斥于求职材料中。

诚信缺失不仅严重影响了大学毕业生的良好形象，葬送自己的职业前途，而且也很大程度上制约着毕业生的充分就业。给材料“注水”，对于学生而言其实是一种非常冒险的行为，且作用不大。因为，一个毕业生是否担任过学生干部、做得如何、是否是真正获得过什么大奖，内行的招聘人员往往几分钟就能鉴别出来。即便“注水”简历使其侥幸过了求职的第一关，接下来还会面临面试、笔试等考验。更进一步说，在决定录用之前，用人单位也很有可能向学校核对信息。当发现该应聘学生简历“注水”后，最可能的后果就是该生被直接淘汰，那就得不偿失了。再则，即使最后被用人单位录用了，个人也会有沉重的精神负担，尤其是缺少真才实学，工作起来力不从心，自然难以取得骄人成绩。即便是优秀的人，不讲诚信也不会被人看重的。

简历注水，拔高自己

在南京某晚报社实习的赵某本来干得不错，在实习期间非常勤奋，发表了多篇稿件，得到报社许多人的认可。赵某自己也感觉良好，认为在该晚报社找到一个适合自己的岗位是十拿九稳之事。然而，他在自己的简历中耍了小聪明，结果事与愿违。赵某在实习期间共发稿20余篇，其中有3篇刊发在头版头条，但他却写成了“发稿50余篇，版面头条近10篇”。令赵某意外的是，他的简历送到晚报社人事部门后，偏偏又被转回他原来的实习部门进行考察。结果，本来挺欣赏他的部门领导一看简历就皱起眉头：印象当中赵某没发这么多稿。仔细一查，印证了领导的猜疑，赵某反而给晚报社留下了“不够诚实”的印象。部门领导虽然爱才，但考虑到新闻从业者的品德要求，最终放弃了赵某。

【案例】

造假简历，骗人害己

2014年5月，王某凭借其南京某大学工商管理专业毕业生的身份，到上海某催化剂公司应聘行政助理职务，经笔试面试等考核程序，王某被招聘为该公司职工。同月，王某被公司通知到生产技术部操作岗位锻炼。公司对王某在公司的表现基本满意。到了这个阶段，王某认为自己已经达到了成为该公司员工的目的。

王某所提供的《个人简历·受教育情况》内注明2010年至2014年在"江苏某大学"读工商管理专业，获本科毕业证、学位证、英语六级。但是，公司根据该简历在国家教育部指定的网上查询，却没有找到王某所称的"江苏某大学"。公司马上和王某联系，王某辩称其简历写错了，应该是另一所院校。根据查询，王某重新提供的毕业院校是存在的，但是公司去该校查询王某情况时，却发现该校并没有王某所称的工商管理专业，也没有王某所提供的毕业证书编号，核对该校毕业生数据库，结果是查无此人。由此，王某以假学历进行应聘已经水落石出。尽管王某声称可以胜任现在的工作岗位，但是公司还是毫不犹豫地解除了和王某之间的劳动关系。

其实，不仅制作求职材料需要诚信，我们就业中的每一个环节和我们做人一样，都需自始至终得诚信。如有些毕业生，面对签约，往往不是出于对自己选择岗位的兴趣，而是担心找不到更好的工作而抱着临时的心态和招聘单位签协议，即签了再说，这纯粹是一种"保底"的举动，一旦在市场上找到更好的工作，毕业生可以实现个人利益的最大化时，则马上准备解除协议。

政府就业管理部门的工作流程

大学毕业生就业，是一项政策性很强的工作，必须遵循国家有关的政策法规，按照一定的程序和规则来办理。作为大学毕业生，要顺利地办妥毕业生就业过程中的各项手续，就必须对国家相关的政策规定有所了解，照章办事。这样，既可以避免不必要的麻烦，又可以在出现问题时依法维护自己的正当权利。

大学毕业生的就业管理机构，大致由三部分组成：全国主管大学毕业生就业的部门是教育部；各省、自治区、直辖市和中央各部委的有关部门分管本地区、本部门的大学毕业生就业工作；各高等学校和各用人单位负责本校毕业生就业的具体事宜和接收安置毕业生事宜。

其工作流程大致分五步：

一、教育部对年度国民经济发展和国家重点建设工程情况开展调查研究，制定相应的政策，从而确定年度的就业工作意见。各省、自治区、直辖市、中央各部委按照文件精神制定出本地区、本部门所属高校毕业生就业工作的具体意见。这项工作，一般在毕业前的半年内基本进行完毕。

二、教育部在每年的10月份左右向各地区、各部门提供下一年度的毕业生资源情况，包括毕业生所在的学校、所学专业以及毕业生的来源地区等。教育部还负责向社会及时通报毕业生资源情况和需求情况，并适时组织毕业生供需信息交流工作。

三、各地区、各部门和各高校的就业管理机构在每年的11月下旬至下一年的五月份，采取多种形式召开由学校和用人单位参加的“供需见面、双向选择”大会和开办毕业生就业市场，为毕业生求职择业创造条件，提供服务。毕业生在学校的指导下可直接参加这类活动。

四、各高等学校在完成全部教学计划以后，按照国家统一要求，一般从7月1日开始根据就业方案为毕业生发放报到证，并办理离校手续。

五、毕业生报到工作结束后，各级就业管理机构对当年毕业生就业情况认真地进行总结。教育部汇总全国毕业生就业建议方案并连同毕业生就业情况报告上报国务院。

高校就业管理部门的工作流程

毕业生的就业工作是具有连续性的，送走上一届，紧接着就着手下一届的工作。高校就业管理部门的一般工作流程大致如下：

一、生源统计

每新学年开学初(8—9月)，由各学院按专业、生源地、毕业生人数统计毕业生生源情况，再由校就业指导部门汇总。主要是给需求单位提供生源信息。

二、毕业生资格审查

毕业生资格审查的目的是确认和核实每一位毕业生的入学资格，通过审查后才能取得毕业资格。毕业生资格审查的主要内容是毕业生生源、姓名、专业、学制、培养方式等，所审查的内容以招生录取资料内容为准。如有不一致之处，须出具相关手续。如改名手续，需出具市区级公安部门的改名手续；生源地变迁，需出具户籍变动手续(由现住址所在地的派出所出具户口迁移证明信)，有学籍变动者(降级、休学、转系、转专业等)，须出具学籍变动手续(由学生处、教务处共同签字盖章的手续)。

三、发放就业协议书。

协议书一式三份，由学校就业办公室统一给毕业生。

四、收集就业需求信息，组织供需见面会。

向用人单位介绍毕业生情况，了解各地区就业政策，收集需求信息。向用人单位发邀请函，收集需求信息，邀请用人单位参加学校毕业生就业供需见面会。

五、组织校园招聘会，毕业生和用人单位“供需见面、双向选择”。

六、收集已签好的就业协议书，制作就业方案并报上级教育行政部门。

七、派遣、离校。包括发放报到证、户籍关系、档案的转寄。

八、办理改派手续。根据规定，学生可在毕业后一年内办理改派手续。

毕业生个人就业的一般程序

一、广泛搜集人才市场需求信息，并对所了解的需求信息进行筛选。

二、进一步了解用人单位情况，确定职业方向（此时做过个人职业生涯规划的学生就对自己的职业方向比较明朗了）。

三、认真填写《毕业生双向选择就业推荐表》并充分准备好自己的自荐材料。自荐材料一般包括学校学院简介、专业介绍、个人简历、自荐信、获奖情况、参加社会工作或社会实践情况、荣誉证书复印件等。

四、向用人单位投递自荐材料，争取参加用人单位组织的面试。

五、与用人单位签订《毕业生就业协议书》。如系异地就业、人户分离就业（务工），则可签订《劳动合同》或由用人单位出具《录（聘）用证明》。

六、手续完备的《毕业生就业协议书》应在第一时间寄送至学校就业指导办公室签署意见。

一般而言《毕业生就业协议书》一式数份，以江苏省为例：第一联给用人单位留存，第二联毕业生个人留存，第三联学校留存，作毕业派遣，开具《就业报到证》之用，第四联地方主管部门留存。未签订《毕业生就业协议书》的毕业生应与用人单位签订的《劳动合同》，并将合同的复印件或《录（聘）用证明》寄送学校大学生就业指导办公室留存，制作毕业生就业档案，并作派遣依据。江苏省规定，《劳动合同》复印件、《录（聘）用毕业生证明》寄送时间最晚不得迟于毕业当年 12 月 20 日。

七、由学校大学生就业指导办公室凭《毕业生就业协议书》或《劳动合同》复印件、用人单位《录（聘）用毕业生证明》到省教育厅办理《就业报到证》；

八、《就业报到证》一式两份，一份由毕业生领取，办理《户口迁移证》及报到用，一份放入毕业生个人档案后结转档案；

九、持《就业报到证》并在其所列时间到用人单位或人才交流中心报到，办理档案结转手续。

十、凭《户口迁移证》、《就业报到证》办理落户手续。

● 小资料

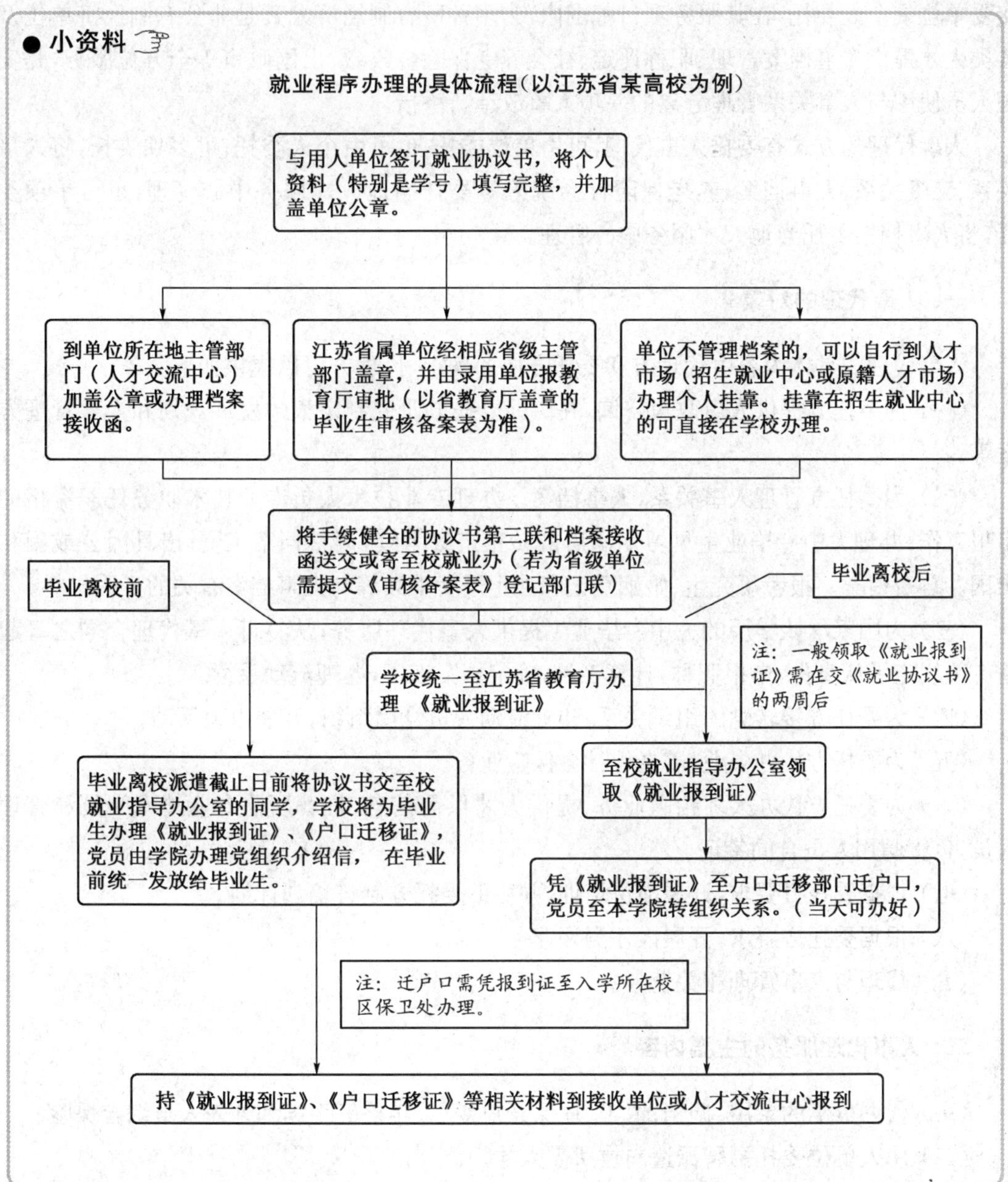

人事代理介绍

人事代理是指由政府人事部门所属的人才服务中心，按照国家有关人事政策法规要求，

接受单位或个人委托，在其服务项目范围内，为多种所有制经济尤其是非公有制经济单位及各类人才提供人事档案管理、职称评定、社会养老保险金收缴、出国政审等全方位服务，是实现人员使用与人事关系管理分离的一项人事改革新举措。

人事代理的方式有委托人事代理，可由单位委托，也可由个人委托；可多项委托，将人事关系、工资关系、人事档案、养老保险社会统筹等委托当地人才服务中心管理，也可单项委托，将人事档案委托当地人才服务中心管理。

一、人事代理的对象

人事代理的具体内容由代理方和委托方协商确定，代理方可以提供如下服务：

（一）为委托方提供人事政策咨询，并协助委托方研究制定人才发展规划和人事管理方案等。

（二）为委托方管理人事关系、人事档案。办理专业技术人员专业技术职务任职资格的申报工作；办理大中专毕业生见习期满后的转正定级手续，调整档案工资；出具因公或因私出国。自费留学。报考研究生、婚姻登记和独生子女手续等与人事档案有关的证明材料。

（三）为国家承认学历的大中专毕业生提供人事代理服务，从签订人事代理合同之日起按有关规定承认身份，申报职称，计算工龄，确定档案工资，办理流动手续。

（四）为委托方接转党团组织关系，建立流动人员党团组织，开展组织活动。

（五）为委托方代办失业、养老等社会保险业务。

（六）为委托方代办人才招聘业务，提供人才供需信息，推荐所需专业技术人员和管理人员，负责聘用人员合同签证。

（七）根据委托方要求，开展岗位培训，并协助委托方制订培训计划。

（八）根据委托方要求，开展人才测评业务。

（九）代理与人事管理相关业务。

二、人事代理服务的主要内容

（一）代办员工的录用、调档、退工、社保开户变更、年检等手续和外来人员综合保险。

（二）用人单位委托招聘派遣岗位所需人才。

（三）代办人才引进、居住证、就业证手续。

（四）办理户口挂靠及档案委托管理相关人事手续。

（五）提供各类商业保险、福利及培训方案，规章制度设计、薪酬设计等。

（六）提供人事政策、法规咨询、调解劳动争议等。

（七）调查员工满意度、调查薪资、拟定岗位描述。

（八）人力资源规划。

三、人事代理的程序

（一）委托方向代理方提出申请，并提供有关材料。

个人办理委托人事代理，根据各自情况的不同，须向当地人才流动机构分别提交下列有关证件：

1. 应聘到外地工作的，须提交委托人事代理申请。聘用合同复印件、身份证复印件、聘用单位证明信（证明其单位性质、主管部门、业务范围）等。

2. 自费出国留学的人员，须提交委托人事代理申请、原单位同意由人才流动机构保存人事关系的函件、出国的有关材料等。

3. 辞职、解聘人员尚未落实单位的，须提交委托人事代理申请及辞职、解聘证明，身份证复印件等证件。

（二）代理方对委托方申报的材料进行审核。

（三）委托方与代理方签订人事代理合同。

（四）代理方向有关方面索取人事档案及行政、工资。组织关系等材料，并办理有关手续。

（五）人事代理当事人的权利和义务，由双方以协议的形式予以明确，共同遵守。

第九章

成功就业的前提

——科学使用就业信息

提醒：准备好推荐材料是为了顺利推荐自己，落实就业。一旦推荐材料准备好了，下面你就要去寻找就业信息，不然，你不知道哪家单位招聘人。

现代社会是一个信息社会，像企业发展离不开商品信息一样，毕业生择业也离不开就业信息。从当前大学生择业、就业的实际情况来看，大部分学生懂得信息的重要性，能够及时抓住信息，把握就业机会，顺利走上称心如意的工作岗位。但也有不少同学，或闭目塞听，缺乏信息，一味地拿着自荐材料到处乱碰，自然运气不佳；或信息不够全面、准确，没有找到足以充分发挥自己聪明才智的工作岗位就草率决定，签约后又后悔；或有了信息却又不知如何充分利用，错失良机。

谋职过程是由一系列的环节构成的，最为核心的是通过书面材料、通过面试展示自己，向用人单位有效传递自己适岗的信息。但在此之前，首先需要做的基础工作是收集就业信息。从某种意义上来说，就业信息是明灯，它照亮了前进的方向；就业信息是挑战，它促使你不断完善自己；就业信息是桥梁，它建立了你与用人单位的联系。

因此，在当前"双向选择、自主择业"的就业模式下，每一位大学毕业生在清晰认识自身条件的同时，必须充分认识就业信息的内涵，掌握收集就业信息的渠道，学会对就业信息进行分析、筛选、整理和运用，进而做出正确的选择，为成功就业奠定基础。

理解"就业信息"的内涵

大学生求职择业，不仅取决于整个社会政治、经济状况，取决于毕业生个人的专业、学历、综合素质，还取决于毕业生是否拥有信息。因而对于初涉职场的大学生来说，首先要弄清什么是就业信息。

所谓"就业信息"，有宏观和微观之分。宏观的就业信息包括就业政策、社会对人才的需求、未来行业的发展趋势、社会就业、人口资源、高校管理部门为实现毕业生充分就业而制定和实施的各种规章制度、政策，微观的就业信息是指那些由招聘单位或人才市场、中介公司等机构发布的旨在招聘人员从事某项工作的信息。就业信息涉及的范围非常广，包括一切与毕业生就业有关的就业政策、用人单位的需求信息、供需见面活动安排等内容。

当然，要想使自己的择业决策具有科学性，毕业生必须要有就业信息量上的保证。譬如国家的就业方针、各地方及行业的就业政策、自己所属院校的就业细则，有关的就业机构、具体职责等。更为重要的还有用人单位的需求信息。如果这些信息的占有量不足，毕业生取舍决策的科学性、准确性就要大打折扣。

一般而言，某一较完整的职业需求信息，主要包括以下几方面的内容。

一、招聘单位的基本情况

求职者首先要了解招聘单位的基本情况，从招聘单位的名称中，往往就能够了解多种信息。比如，“中国移动通信集团江苏有限公司”，下设南京、徐州、无锡、常州、苏州、南通、连云港、淮安、盐城、扬州、镇江、泰州、宿迁等13个分公司，每个分公司又下设若干经营部。从中能基本反映出这个公司所属的行业、管理系统、业务范围、内容、所在地区、企业性质等。此外，还可以从其他渠道了解其有关情况，如广告宣传、所发放资料、报刊媒体、熟人朋友等。

用人单位的基本信息主要有：

(一) 单位的准确名称、性质及隶属关系。用人单位一般分事业单位和企业单位两类，企业单位有国有企业、集体企业、私营(民营)企业、三资企业、外资企业等几种类型。市属单位要搞清楚上级主管部门(指人事管理权限)，中央单位应搞清楚主管部、委、总公司等情况(人事档案管理关系)。如中国航空工业总公司第六一五所隶属于中国航空工业总公司。

(二) 单位的地点、总部及分支机构的业务范围与地理分布；

(三) 单位的联系方式，如人事部门联系人、电话、通信地址、E-mail等；

(四) 单位的组织结构、规模(员工数量) 与行政结构；

(五) 单位的经营业务范围、类别及服务内容；

(六) 单位需要的专业背景、具体工作岗位及对所需人才的具体要求；

(七) 单位的财务状况、绩效考核体系、培训体系及薪酬体系(工资、福利、住房、奖金)以及为员工的培训和发展等。

二、需求岗位的工作情况

职业岗位的工作内容，一般包括：“做什么、为什么做、怎么做”。例如一家商场招聘，有售货、收款、仓库保管、会计、出纳、保洁、采购、运输以及各级管理工作等多种岗位，还需要照明、电梯、空调、保安等人员，每个岗位在商场中都有特定的地位作用。同样是当电工，在电

力安装部门是一线人员，在商场、医院就是二线人员。工作环境包括工作时间(如有无夜班等)、户内还是户外、流动还是固定以及工作场所的温度、湿度、噪音等。

三、招聘单位的工资待遇

用人单位的工资待遇，包括：工资、奖金、津贴、福利以及医疗、退休、保险等。少数用人单位在发布的招聘广告中，说明了所招聘职位的工资待遇，但大多数的招聘是没有明示工资水平的。这可以通过询问与自己熟识的人或该单位有关的人员而获得，并与当地人才市场的工资价位相比较。

四、招聘条件

招聘条件即招聘单位对求职者的具体要求，一般包括：学历、专业、年龄、性别、职业资格、技术等级、身高、相貌等方面。有些用人单位和岗位还对心理素质、能否经常出差等方面有特殊要求。

五、招聘数量和报名办法

求职者还应当掌握招聘数量和报名方法方面的详细情况，这包括：用人单位招聘哪些岗位的从业者，每种岗位招聘人员的数量，报名的时间、地点、方式，应准备哪些证件和材料(如个人简历、学历证书、职业资格证书、身份证、户口本和其他证明等)。

信息获取的主要途径

就业信息非常重要，而知道怎样去搜集信息则更为重要。林林总总的就业信息往往都是通过各种媒介传递的，因此毕业生必须利用各种渠道获取信息，学会使用“多管齐下”的方法来搜集和掌握信息。

古语有云：“授人以鱼不如授人以渔”。那么，如何获取、分析、利用就业信息，达到主动发现机遇、大胆把握机遇的目的呢?

从目前来看，随着大学生就业市场的培育和发展，毕业生们的信息搜寻渠道也越来越宽广，呈现出多样性的特点。大学毕业生必须进一步拓展就业信息搜寻渠道，尝试通过各种途径收集就业信息。目前主要的信息获取途径有：政府、学校就业职能部门网站，政府、学校举办的供需见面会，人才市场招聘会，企业招聘网站，人才市场网站，实习单位，就业报刊、杂志，亲朋好友、老师等社会关系资源等等。对于这些途径，可以归纳为：信息网络、人才市场招聘会、社会关系资源以及其他四大渠道。

一、信息网络途径

目前，不少地方人才交流机构为人才配置牵线搭桥实现了网络化、电子化，而且这一现代化的信息传递手段也已为各高校和用人单位普遍采用。各高校目前普遍采用校园网为本校的毕业生发布需求信息，用人单位也注意通过各种网络发布有关的招聘人才的信息，甚至不少主管部门也通过网络发布有关的招聘的通知和文件。因此，随着我国就业工作信息化进程的加快，网上搜寻就业信息已成为如今大学毕业生最常用的求职手段之一。通过这一途径，毕业生不仅可以自由地从互联网上取得各种就业信息，而且还能利用互联网介绍自己的个人情况。可以说，网络传递信息所具有的“多、快、好、省”的特点，是其他求职方式所不能比拟的。

从目前来看，信息网络途径主要包括：各级政府主办的就业网站、各高校毕业生就业指导中心网站、用人单位网站、专业的人才公司网站这四大类。

（一）政府主办的就业网站

主要包括：教育部主办的中国高校毕业生就业服务信息网（http://www. ncss. org. cn/），各部委主办的就业信息网站，各省人事、教育行政部门主办的毕业生就业工作网（如江苏省高校毕业生就业网络联盟 http://www. 91job. gov. cn/），各市区县开通的人事、人才网（如南京人才市场 http://www. njrsrc. com/）等等。此类就业网站提供的信息往往涉及面广、范围大，能从总体上进行规划全国性或区域性的信息交流和人才配置，具有较高的权威性。

（二）学校就业工作职能部门网站

学校就业工作职能部门是各高校负责就业工作的行政机构，一般的名称通常为“就业指导中心”或“毕业生就业办公室”，负有指导学生就业、搜集就业信息、提供就业服务的职责。一般而言，这些职能部门都建有就业信息网，并由专门的工作人员负责从媒体、网络等途径收集就业信息。

学校在长期的办学过程中，和社会各界、方方面面建立了深厚的联系，老单位、新单位需要人才，通常会主动和学校就业指导中心联系，以求获得高质量的毕业生；就业指导中心和社会各方面的人才市场、人才交流中心、就业中介机构等单位有正常的工作联系，这也是该机构的就业信息来源。此外，在毕业生就业过程中，该部门还会通过有针对性并及时地向各个用人单位发布毕业生资源信息函、电话联系及参加各种信息交流活动等方式征集利用大量的需求信息，并及时通过网络传递给学生，同时辅之以“供需见面”、“双向选择”、“毕业生就业洽谈会”、“用人单位招聘会”等人才交流形式配合，使信息得到落实。因此，该部门的就业信息的量大，信息的可信度也比较高，涉及的专业面和地理区域都比较广，应该高度重视

并充分利用。

（三）用人单位网站

有一定规模的用人单位一般有自己的网站，他们的需求信息首先会在自己的网站发布，然后再通过区域人才市场或高校就业指导部门发布。与通过人才市场发布的信息相比较，通过单位网站发布的信息更具体、更全面，更有利于毕业生收集和参考。更有一些用人单位网站还可以实现网上视频招聘活动，大大降低了招聘单位和应聘者的成本。

（四）专业的人才公司网站

目前从事人力资源的猎头公司越来越多。这些企业在充分利用各种平面媒体的同时，加大了对各种网络媒体的投入力度，纷纷建立了专业的人才网站，比较著名的人才网站有：中华英才网（www.chinahr.com）、前程无忧网（www.51job.com）、智联招聘网（www.zhaopin.com）、中聘网（www.pincn.com）、网易职业频道（jobs.163.com）、搜狐就业频道（career.sohu.com）等。这些网站信息量大，涉及面广，质量难免良莠不齐，与前三类网站相比，毕业生要更加仔细搜寻并加以甄别。

针对网络媒体对现今求职手段的重要影响，有人对上网求职情况作过调查，在参加调查的 1 925 人中间，有 1 053 人选择了网上求职的答案，占总投票数的 55%。五成以上的网络人群的选择表明，网上人才交流已经成为职业发展的新时尚。据“无忧工作网站”统计，在上网求职者中，有本科学历以上的占 69%，硕士以上的占 15%，网上招聘站提供的职业信息以电脑、通信行业居多，40%来自信息产业。近两年每年就有 1 000 万以上人次因为找工作而遨游在网络空间。另外不少人才市场或网络机构也注意通过这一途径完善自己的服务功能。不管怎么说，大学毕业生应充分注意这一信息传播途径，这也是毕业生获取求职信息的非常重要的一个途径。

网上求职须知

当然，在享受互联网求职的快捷和方便的同时，也有一些需要注意的事项：

（一）保持平和的心态

不要将全部希望都寄托在网上求职，网上求职只是求职的一个渠道，要知道，网上求职的信息虽然多，但反馈也慢，甚至可能你投了几十份简历也没有人搭理你。这就需要保持一种平和的心态，坦然地面对挫折和困难，不必自卑胆怯和过分焦虑，要积极调整心态迎接挑战。

（二）注意防范网上求职的一些骗局

网上求职时一定要登录正规网站，以免被骗。一般正规的人才网站在刊登人才需求信息时，都会仔细验证招聘单位的真实性，要求对方提供单位营业执照、办理人员的身份证件以及加盖公章的单位证明等，严防虚假信息的发生。而一些小的招聘网站由于种种限制，则很难做到如此周密的检查。求职者在无法确定所要应聘单位的真实性与可靠性时，可以登录当地的"Google"里输入"骗子公司名"，看一下搜索结果，或者到一些求职论坛发帖请求援助，可能会得到一个满意的结果。

（三）在网络上发送求职简历时最好不要用附件形式发送

为了防止病毒的攻击，很多公司的邮箱设有自动过滤功能，如果你用附件形式发送简历，很可能根本就到不了对方的邮箱里就被过滤掉了。

（四）不要太盲目地发布简历

由于网上求职的简便，很多人采取广种薄收的策略，大批量地发送简历。而招聘单位看到这些盲目的邮件时通常都是直接删除。因此，一定要看准了再发，主题一栏中最好不要空白，注明所要应聘的职位是通常的做法。

（五）注意保密

网上求职要注意对一些私人信息进行相应的保护，比如不要在网站上透露家庭地址，求职者只需要留下个人的电话、E-mail 及自己的大概位置就可以了，以防被一些骗子所利用。

二、招聘会途径

主要有政府、高校举办的供需见面会以及人才市场的各类招聘会。鉴于供需见面会和各类招聘会一般都由各地教育行政部门、人事行政部门或者其委托的具体机构、高校或者各高校群筹划举办的，它的涉及面比较广、范围大，并且主办单位具有一定的知名度，所以这样的招聘会对大学生而言具有巨大的吸引力，用人单位通常也愿意借助这种方式进行人才的集中挑选。供需见面会和各类招聘会提供的大量就业信息，也使毕业生可以在更大的范围内进行信息筛选。

近年来，随着人才市场的发展，各类供需见面会和招聘会种类越来越多，举办的频率也越来越高，给大学毕业生增加了许多就业信息。虽因组织形式不同，效果也不尽相同，但总体上看，还是有相当多的毕业生通过这种途径落实了就业单位，因而始终是毕业生获取就业信息的重要渠道。当然，林林总总的招聘会上所提供信息的可信度比学校就业指导中心的可信度要差一些，它往往存在鱼龙混杂的情况，因此，毕业生必须进行必要的信息鉴别。

三、社会关系资源

比尔·盖茨曾经说过："一个人永远不要靠自己一个人花 100％的力量，而要靠 100 个人花每人 1％的力量。"利用社会关系资源寻找工作是很重要、很有效的一条求职途径，有相当

高的成功率。根据有关研究和统计，大约63%到75%的工作是通过各种社会关系途径获得的。

各类社会关系，也可称为"门路"，是指获取信息的途径、渠道，是毕业生获取就业信息的一种天然资源。千万不能将这种"门路"简单等同于"走后门"而不屑一顾。事实上，作为社会的人，任何毕业生在成长过程中已经结成一定的社会关系，其中，相当多的社会关系也在关注毕业生的就业问题，这是毕业生实现自身就业的天然资源。因此，如果说市场竞争机制和企业进人的监督机制能够使"惟才录用"成为大家的共识，那么"门路"就应是大学生求职择业过程中所应加以重视和利用的有效途径之一。事实上，每年也有不少毕业生是通过"门路"落实就业单位的，他们实现求职夙愿后，充分发挥了自己的实力，确实也取得了很大的成功。

【案例】

在日本就有不少企业就是采用所谓"人才混合战略"，也称"三分之一主义"来录用员工的。在最后所录人员中，三分之一是名牌大学学生，三分之一是那些与学历无关、与在校成绩无关，而具有鲜明个性和创造性的大学生，三分之一是各种"门路"介绍来的大学生。在许多发达国家，社会知名人士、大学教师在学生求职时会以其良好的个人声誉推荐部分学生到一些企业去工作。

对求职的学生而言，社会关系资源主要以"三缘"为基础。作为社会人，在走入社会之前与社会的联系不外这样三种"缘分"，即"血缘"、"地缘"、"学缘"。完全没有"门路"的人是不存在的。埋怨没有"门路"的人并不是真的就一点门路都没有，而是他没有动脑筋去寻找"门路"。以"血缘"而论，每个人都有父母及亲朋好友等亲人，而且父母及亲人也都有自己的父母和熟人，以此延展下去，就会变成一个"门路"网络。以"地缘"而论，家乡的同学、朋友、师长和校友，而他们也各自都有许多亲友、同学等。通过这些"门路"，你所获取的信息量就会激增。在这里需要提示的是，在"门路"中，要特别注意利用师长和校友这一关系，尤其是本专业的老师，他们比一般人更了解本专业学生适合就业的方向和领域，很多教师与校外单位进行科研协作或兼职教学，对一些单位十分了解，提供的信息专业对口性强。校友与母校之间的特定的"血缘关系"，决定了校友提供信息的特点：一是校友对母校了解全面深刻，提供的信息切合学生的需要；二是单位认为校友提供的信息比较可信，增加了对学生的诚信认可；三是校友大多在对口单位工作，他们熟悉招聘单位情况，提供的信息往往准确、详实，操作性较强，提高应聘的成功率。毕业生可通过本院系或学校相关部门查询校友信息。

在具体的求职过程中，上述"门路"求职的方法虽不一定为我们所照搬，但应该给我们以积极启迪。只要学生的素质是过硬的，只要不以违法的方式寻求所谓"门路"，我们就应该鼓励学生广开"门路"。

四、其他途径

主要指有关的就业指导和报纸杂志等刊物的招聘广告以及一些职业介绍服务机构和中介机构。有关就业指导的报刊、图书，教育部高校学生司和全国高校毕业生就业指导中心主办的《毕业生就业指导》报，是专门为毕业生就业服务的专业性报纸，定期为毕业生提供就业信息。一些就业指导的图书中也经常附上有关用人单位的情况介绍和需要毕业生的专业人数等，这些也都是获取信息的渠道。当然这些信息的时效性和前三种渠道获得的信息时效性相比是要打一些折扣的。

职业介绍服务机构和中介机构是当前劳动力市场的重要载体。这些机构拥有大量的职业需求信息，它们一般会按照用人单位或行业等位标准将信息分门别类，一方面运用电视、网络、广播等设备，以及广告、报纸、手册或卡片等书面材料向求职者提供信息，例如岗位空缺信息、职业培训信息、职业供求分析预测信息、劳动就业政策法规、其他劳动力市场信息；另一方面他们又将求职者的个人信息向用人单位提供人才、劳动力供给信息，做好储备与推荐工作。

获取就业信息的办法

如今的大学生已不再是“皇帝的女儿不愁嫁”，对于初涉职场的大学生来说，除了拓宽就业信息获取渠道，还应结合实际情况，积极培养获取就业信息的能力，尽可能多地掌握就业信息。

一、全方位搜集法

采用这种方法获取信息时，暂不考虑行业、地域和个人的志趣，通过多种渠道汇集大量信息，然后再按照一定的标准进行筛选。这种获取信息的办法充分保证了信息的全面性和多样性，适合毕业生在就业早期选用。通过对大量信息接触和辨析，可以帮助毕业生进一步认清就业形势，缩小择业范围。

总的来说，这种方法获取的就业信息广泛，选择的余地大，但较浪费时间和精力。

二、定方向搜集法

根据自己选定的职业方向和求职的行业范围来搜集相关的信息。毕业生在收集信息时主要突显自己的兴趣、爱好和特长等主观意向。如毕业生希望自己将来从事行政管理、教师或销售行业，那么在获取就业信息时就要重点关注公务员和事业单位招考、中学招考、销售

代表招聘等方面的需求信息。

这种方法以个人的专业方向、能力倾向和兴趣特长为依据，便于找到更适合自己特点、更能发挥作用的职业和单位。需要注意的是，当你选定的职业方向和求职范围过于狭窄时，有可能大大缩小你的选择余地，特别是你所选定的职业范围是竞争激烈的“热门”工作时，很可能给你下一步的择业带来较大困难。

三、“地域优先”获取法

毕业生获取的信息以自己所倾向的就业地域为主要参考因素。如，毕业生选择经济发达地区，可以以“长三角”、“珠三角”或地方城市命名搜索相关企业、行业和职业；如选择生源地就业，可以以家庭所在地的“××县(区)教育局”、“××县(区)人才网”搜索相关职业。

这种根据个人对某个或某几个地区的偏好来搜集信息，而对职业方向和行业范围较少关注和选择的方法，是一种典型的重地区、轻专业方向的信息收集法，按这种方法收集信息和选择职业，也可能由于所面向地区的狭小和“地区过热”(即有较多择业者涌向该地区)而造成择业困难。

综合分析来看，上述三种方法各有利弊，第一种方法获取信息较广泛，但由于涉及面太广，筛选和鉴别的过程会浪费大量的时间和精力。后两种方法针对性较强，利用有限的精力和时间可以获取到对自己最有用的信息，但是存在着信息面窄的缺点，难免丧失一些机遇。毕业生应根据自己的情况加以选用，并将几个方面有机结合起来，互为补充，综合运用来搜集信息。

提高信息搜寻能力

就业是一个双向选择的过程。对于毕业生来说，信息的搜集、处理能力至关重要。因此，毕业生还应学会未雨绸缪，努力实现信息搜寻能力的提高。这就要求毕业生：

首先，要增强信息搜寻的主体意识。

在就业模式的转变过程中，学校不再对毕业生的就业去向进行分配，毕业生必须自己主动地去获取信息，寻找就业机会，采取什么策略寻找工作，每天花多长时间找工作等等，都由毕业生自己决定，学校只是提供相关的服务。可以说，就业过程本身就是对毕业生的能力的挑战。而当前我国的高校毕业生中独生子女日益增多，社会普遍反映他们存在着娇气、缺乏吃苦耐劳精神，心理抗挫能力差，依赖性强。有的毕业生自己不主动出击搜寻就业信息，白白延误就业的时机，错过就业的机会；有的毕业生过度依赖于父母和亲朋好友，缺乏择业的主动性，依赖性过强，部分人即使在别人的帮助下一时能找到职业，也难以适应今后竞争。

所以毕业生应该加强职业规划，多参加各种有利于提高自身主体意识的学习实践活动，力图在实践中形成惯性的主体意识。

其次，要增加信息搜寻的成本投入。

信息的获取需要以一定的时间和金钱为代价，这些可以看成为毕业生就业的前期投资。毕业生必须充分意识到这种投资的重要性，毕业生可以延长信息搜集的时间，如提前进入就业信息搜寻期，在求职的过程中花费更多的时间等增加就业信息搜寻的途径，充分利用个人的社会关系网络。主动加强与外界的交流，增加信息搜寻的投入，主动搜寻信息。

再次，要提高自身的信息处理能力。

目前，我国毕业生择业时间大多集中在毕业前的半年。这期间，社会和学校都要举办多种形式、不同层次的毕业生供需见面洽谈会。有相当一部分毕业生盲目地在市场与市场之间穿梭奔波，造成人力与财力的巨大浪费。因此，毕业生在人才市场中应首先确定择业目标，若决定去某种类型的企业求职，一进门便要寻找其所在，抓紧时间面谈，以提高成功的机率。我们知道应届毕业生择业同社会各类人员再就业之间最大的区别就是具有较强的时效性，毕业生必须充分把握时机，提高信息的辨别能力，积极主动地参与到人才市场的竞争中来，在尽可能多地搜集就业信息的基础上，及时地对信息进行分析、了解、取舍，尽快确定自己的就业去向，犹豫不决往往会坐失良机。此外，毕业生应该在充分了解社会就业形势与环境和客观评价自我的基础上，对适合自己发展的生活空间做出及时、准确的判断，这不仅包括生活环境，如地区、城市等，同时也包括行业及职业种类等等。在这一点上，因为毕业生缺乏对社会的充分了解，社会阅历比较浅，再加上社会、家庭、同学的影响，往往存在定位意识趋同、攀比等现象，这将直接影响到毕业生择业去向的合理性和准确性。

最后，要培养和提高获取有效信息的综合素质。

当今世界是一个信息爆炸的时代。毕业生就业的时间和精力都有限，要在有限的时间内搜集到尽可能多的有效信息，需要很强的信息素质。毕业生要有强烈的信息意识，充分认识获取信息资源对个人就业的重要性，同时要明确自己的求职方向，确认自己的信息需求，缩小信息搜索的范围，灵活地通过多种渠道迅速地获取有效信息。

就业信息的处理和运用

在现实社会中，就业信息来源渠道不一、传递方式不同，通过各种渠道收集来的就业信息一般比较杂乱，往往还不能直接利用。面对纷繁复杂的就业信息，毕业生一定要结合自己的实际情况，对信息进行有目的、有重点、有针对性地分析处理，“去粗取精，去伪存真”，做出正确的职业选择，迈好走向社会的第一步。

第一，要分析就业信息的真实性。

像来源于各级毕业生就业指导中心的就业信息以及各级教育部门或其他相关部门主办的毕业生供需见面会提供的信息，一般来说都是比较可靠的真实信息，这种信息无疑是需要保留下来的。而来源于互联网上其他网站的信息的可信度相对来说真实性就低一些，对于那些虚假的信息就要筛选掉。

第二，要把握就业信息的准确性。

就业信息本应真实、全面、准确反映用人单位的意图，但现实中有些就业信息往往很简单，甚至只言片语，容易产生错觉。因此，针对这种情况，应利用多种方式印证信息的准确性，要掌握用人单位对求职者的学历、学习成绩、特长、政治面貌、思想品德、职业能力、外貌、性别、身体状况的要求等。尤其是用人单位信息中的工资福利待遇及进修培训部分，应特别注意并准确理解，否则就容易使你做出错误的选择或者使你的合法权益受到损害。

第三，要注重就业信息的时效性。

虽然有的就业信息是真实的，但是它是几个月前的信息，当我们看到这一信息时，用人单位已经招聘了所需要的人员，所以这类失效的信息对于我们已经没有了任何意义。因此在搜集、整理和处理各类就业信息时一定要注意信息的有效时间，在搜集到就业信息后，应果断决策，适时使用，以免过期。用人单位发布信息后，职位信息随着应聘情况随时都会发生变化，毕业生应及时与用人单位保持联系。一可询问岗位报名情况，做到知己知彼；二能体现出积极的态度，为求职成功增加砝码；三是有些信息在时间上可能已过时，但有可能出现实际应聘人数不足的情况，仍可“见缝插针”。

第四，要评估就业信息与自己的匹配性。

适合自己的就是最好的，这是处理信息的核心之所在。毕业生在选择信息时，要根据自己的优势、长处和性格特点等，认真考虑自己是否适合和愿意从事这个职业，并做出取舍。而不顾自己的实际，以待遇、地点作为首选原则的毕业生，即使在求职中侥幸取得“成功”，在未来的发展中也会逐渐表露出自己的弱势，发展后劲也是不足的。在招聘活动中，常常会出现“优秀”学生竞争不过“一般”学生的现象，原因不是能力不行，而是单位认为你不适合这个岗位。

此外，判断就业信息是否适合，也不应只看表面和眼前，还要放眼未来。或许现在你要求职的单位只是一个名不见经传的小单位，但经过发展，以后可能会很成功。如果你现在独具慧眼，那你的将来可能会无可限量。应届大学生不能只注重单位眼下的经济和福利待遇，更要了解单位的文化、机制、环境等因素，以有利于自身长期发展为标尺来判断就业信息的去留。

科学使用就业信息

一旦确定了信息的真实性和对你自己的匹配性，就应该迅速做出反应，不能让信息在自己手里被耽误。

一、快速明确地反馈应聘意向

快速明确地反馈自己的应聘意向，往往是毕业生决胜人才市场的关键举动。对于用人单位的招聘信息，在进行分析判断的基础上，必须快速反应。一是可以捷足先登，赢得用人单位良好的第一应聘印象，同时，也可以巧妙地表明自己积极应聘的态度。一般地，在条件相当的情况下，首先应聘的人往往更容易赢得成功的机会。二是应聘的意向必须明确，意思的表达必须清楚，应聘的信心必须十足。只有这样，才更加有利于用人单位进行考核录用。

现在，许多毕业生对寻找工作存在错误的认识：毕业生自我感觉不顺心，就一味的挑、挑、挑，频繁的进行岗位挑选，尤其是自己根本就没有明确的就业意向，往往是挑花了眼，也丢了可能的机会；或者毕业生自我感觉不满意，一味地等、等、等，即使用人单位给出明确的可以签约的想法，毕业生往往也是犹豫不决，或不作反应，或随意回绝，总认为“最好的往往在最后”，一味等待所谓“最好的机会”。常常是有机会，自己丢了，到头来，却又没有机会；或者是毕业生自我感觉不理想，拼命地考、考、考，或考研、或考公务员、或考 GRE，总以为多考可以赢得更多的机会、更多的选择，但是多考未必就可以带来理想的机会。重要的是，珍惜机会，工作理想不理想总是相对的，永远不可能有最满意的职业。毕业生将不是十分理想的工作视为自己的事业，并为之全身心地奋斗，最终也可能成为理想的职业；反之，不奋斗，理想的职业也会变成不理想的。

二、有的放矢，想方设法对照信息推荐自己

俗话说，事在人为。社会是人的社会，用人单位也不例外。对于自己获得的就业信息，毕业生如果非常希望签约，应当按照招聘信息要求，想方设法调动自己一切可能的力量推荐自己。或邀亲友，从中周旋；或请教师，予以推荐；或动员自己可能的社会资源，通力协助。同等情况下，推荐力度大的毕业生，赢得就业成功的机会更大，当然，成功的关键在于毕业生本人的基本条件是否达到招聘单位的要求。同时，积极进行准备，在用人单位组织的考核中，充分展示自己，全力突出自身优势。毕竟，内因是根本，外因是条件，内外因相协调，就可以获得成功。

三、见好就收，快速签订协议

一经和招聘单位协商一致，就应快速签订协议。就业协议的签订，可以视为毕业生成功使用了就业信息，标志着就业单位的落实。从就业信息的发布时开始到就业协议的签订，毕业生与招聘单位就像青年男女从恋爱到办理结婚手续一样，尽快签订就业协议对双方是一种保护。从某种意义上说，签订就业协议，是维护毕业生和招聘单位维护自己合法权益的重要“护身符”。

好的，谈完信息，我们下面就给大家介绍笔试和面试。

第十章

沉着应试

——成功就业的关键

提醒：如果你得到的就业信息是有效的信息，而你的推荐材料也反映出你正是相关用人单位需要的毕业生，用人单位可能就会通知你去接受笔试和面试，笔试对所有大学生而言难度是差不多，但是，面试的结果可能就会大相径庭。

面试的前提——笔试

笔试是招聘单位对求职者的专业知识、心理素质和文字表达能力等综合能力的一次书面考试。一般来说，招聘单位在录用人才时第一步是笔试，只有笔试合格了，才有面试的机会。

面试具有三个特点：首先，它具有客观公正性，可以防止任人唯亲的不正之风。因为对所有的应聘者试卷是一样的，评分的标准答案是一样的，评卷是在密封的状态下进行的，它弥补了面试结果往往是根据个人爱好、感情用事评分的缺陷。笔试得出的分数往往可靠、真实且排名简易。对求职者们来说是一次公平的竞争，对用人单位来说是检查和核实求职者真才实学的办法。其次，笔试的试卷是招聘单位决定求职者去留的最科学的法律文本和依据。再次，通常笔试主要限于一些对专业技术或者或对拟录用岗位要求较高的单位，如跨国公司、知名企业、国有事业单位、公务员单位等。

一、笔试的种类

笔试按内容可分为许多种类，在人才市场上求职，需要笔试的单位很多，所以必须了解笔试的大概内容，才能有的放矢的去准备考试。

（一）专业知识考试

考试主要是为了检验求职者文化知识水平和相关的实际能力能否达到其所要求的专业知识水平和相关的实际能力。外贸外资企业招聘雇员要注意考外语，金融单位要考专业知识，公检法机关录用干部注意考法律常识等。各个单位的招聘条件不同，规模大的单位更注重求职者的发展潜力，笔试内容更注重知识面和能力结构，小单位注重的是能否立即上岗并独当一

面。但也有一些特殊的用人单位，需要通过笔试的方式对求职者的研究生进行文化专业知识的再考核。值得引起注意的是这种考试方式已被愈来愈多的热门就业单位所采用。

（二）心理测试

心理测试是用事先编制好的标准化量表或问卷要求被试者完成，根据完成的数量和质量来判定其心理水平或个性差异的方法。一些特殊的用人单位常常以此来测试求职者的态度、兴趣、动机、智力、个性等心理素质，并以此分析考生是否具有良好的人际关系、与人合作的精神、心理承受能力、心理调节能力等。

（三）命题写作

这种考试目的在于考察文字表达能力以及分析问题和逻辑思维的能力。比如限时写出一份会议通知、请示报告、或某项工作总结，也可能提出一个论点，请予以论证或批评等。

（四）综合能力测试

综合能力测试是对毕业生的阅读理解能力、发现问题、分析和解决问题的能力、知识面等素质的全方位测试，公务员招录考试中的公共知识考试主要就是综合能力测试，如《申论》、《行政职业能力测试》、《公共基础知识》等三门课程。涉及的知识面很广，有政治学、管理学、心理学、历史学、数学、文学等专业知识，题量较大，只有达到了一定的分数线和名次，应聘者才有资格去面试。近年来，除了公务员的招录要统一考试外，选调、村官等由上级党委或政府组织的招录工作，都要求有笔试，通俗地说是“凡进必考”。

（五）智商测试

智商测试通常也叫 IQ 测试，跨国公司使用的比较多，主要是通过测试评估人才的发展的潜力。尽管毕业生在大学学的专业不一定符合他们的要求，但是那不是他们最关心的，他们关心的是应聘者经过专业的培训后能否在专业内有更大的潜力，能否具有更广阔的上升空间。譬如：一种图形识别题，一组有四种图形，让应试者指出其相似点和不同点；又如：给定一组数据，让毕业生根据不同的要求求出平均值。难度并不大，但是得高分并不容易。

二、笔试的准备

（一）知识的准备

一般说来笔试都有个大体的范围，可围绕这个范围有针对性地开展复习。笔试的主要内容是基础知识和专业技能知识，其次是同专业知识有关及同招聘单位有关的某些知识。但是一般的笔试从报名到考试时间都很短，根本来不及复习，因此，大量的知识必须依靠平时的学习。良好的笔试成绩也来自于平时对知识的积累。知识积累一靠记忆掌握的知识；二靠通过不断的运用来掌握的知识。大学期间的学习，应注意经常复习，将所学专业及基础知识弄懂，这样在考试时就能信心十足，得心应手。不可依赖“临时抱佛脚”，猜题押题。笔试前的复习也只能是简单的复习。

（二）保持良好的身体状态

求职笔试前，要保证充足的睡眠，可以适当参加一些文体活动。从而使高度紧张的大脑得到放松，疲惫的身体得到休息，以充沛的精力去参加考试。

（三）保持良好的心理状态

提前熟悉考场环境，有利于消除应试时的紧张心理。还应看看考场注意事项，尽量按要求做好。除携带必备的证件外，一些考试必备的文具（钢笔、2B 铅笔、橡皮等）也要准备齐全。

三、笔试的常见题型

笔试考试的科目题型主要分为主观和客观两类题型。通常主观题主要考查应聘者对工作可能产生影响的理解能力、分析能力、认识水平、心理素质、性格和创造力等内容，客观题主要考察应聘者的反应速度和智力，解答客观题主要依靠知识的积累自身的提高。

由于各种职业的笔试的门类比较多，不同科目的考试的题型差别比较大，这里不能一一介绍，仅以报考公务员为例做介绍。

（一）《行政职业能力倾向测验》题型主要有类比推理、事件排序、定义理解、定义判断等。类比推理是根据两个（或两类）对象在某些属性上的相同或相似，推出它们在另一属性上也相同或相似的推理。

如：A 对象具有属性 a、b、c、d，

B 对象也具有属性 a、b、c，

所以，B 对象也具有属性 d。

类比推理的结论是或然性的，即使前提是真的，结论仍有两种可能：真或假，它不同于演绎推理。进行类比推理时，要防范机械类比的错误。

事件排序主要用来考察考生未掌握全部必要事实的条件下解决问题的能力。如，每道题中给出五个事件，每个事件是以一句话表达的，接着给出的备选项是表示五个事件的四种假定发生顺序的四个数字序列，要求考生选择其中最为合乎逻辑的一个事件顺序。

定义理解主要用来考查应试者运用标准进行判断的能力，也就是说，先给应试者一个概念的定义，然后在给出一组事物或行为的例子，要求应试者从中选出最符合该定义或最不符合该定义的一个答案。

定义判断的题型一般并不难，给出的选择题量大时间紧，往往一道题目只有几十秒的时间来做，虽然题目看似不难，但是由于题目数量多，时间又有限制，所以得高分是很难的，考生在复习的时候应该选择一些题目进行练习。

(二)《申论》题型

《申论》主要是考查考生的阅读能力和表达能力。现在该科目考试的阅读量有增大的趋势,如江苏省的《申论》由几年前开始时1500字的阅读资料增加到近年的几千字以内,考试时间仍为150分钟,内容增加几倍。因此,考生在复习时要锻炼阅读理解的能力,从整体出发,统筹思考,按照复习的答题套路答题,如有条件,建议请专业老师予以辅导。

(三)《公共基础知识》题型

《公共基础知识》主要的题型是在判断题、单项选择题、多项选择题、不定项选择题、纠错题、简答题、公文实务题、案例分析题、综合分析题、阅读理解题和材料概括题等形式中选择4—6种题型,这些题型中甚至还包括一些国内外的大事件,因此,这样的复习主要是依靠平时的积累。

四、笔试的答题技巧

(一) 增强信心

客观冷静地对自己进行正确评估,克服自卑心理,增强自信心。笔试怯场,大多是由于缺乏自信心所致。应聘笔试与高考不同,高考是"一锤定音",而求职应聘考试则有着多次机会。

(二) 要掌握科学的答卷方法

先易后难,先简后繁。笔试题型多,内容多,拿到试卷后,首先应通览一遍,了解题目的多少和难易程度,以便掌握答题的深度和速度。然后按照先易后难的原则排出答题顺序,先做相对简单的题,难题放到后面再做,这样就避免了因为在难题上费时太多而导致没有时间做会答的题的现象产生。

精心审题,认真答题。在具体答题前,必须认真审题,切实弄清题目要求,逐字逐句分析题意,按要求进行回答。对于题型比较复杂的综合题或论述题应该先列出提纲,再逐步完成。常用的题型有填充题、问答题、选择题、判断题、再生题、应用题、作文题等。

注意复查,书写端正。要尽可能留出时间对易出错的地方进行复查,特别注意不要漏题。另外,书写时,力求做到字迹清楚,卷面整洁,格式、标点正确,不写错别字。需要提醒你注意的是卷面字迹也会影响你的成绩。因为求职笔试不同于其他专业考试,有时招聘单位的笔试有许多特殊的原因,如报名人太多,试图通过笔试刷一批人,或者通过笔试考核应聘者的综合素质等,并不一定在意应试者考分的稍许高低。认真的态度,细致的作风,则会大大增加被录用的可能性。

面试是什么

面试是什么?不同的就业指导专家有不同的回答。有学者说是一种特殊场景下以面对面的交谈与观察为主要手段，由表及里测评应试者有关素质的一种方式；也有学者说面试是通过当面交谈、回答对求职应试者进行考核的一种方式；也有学者说是用人单位安排的对应聘者的当面考试。

从上述定义中可以看出，面试至少应该包括三方面内容：首先它是考试，是一种用人单位设计的一种考试方式；其次，这种考试有特定的方式，或者是提问，或者是喝茶，或者是角色表演如应聘教师的大学生试讲，或者是讨论的方式等；再次，考核的内容比较全面，是对应聘者的全面素质的考核。因此，面试是用人单位经过精心设计，在特定的时间和空间内对应聘者通过某种方式来考核应聘者综合素质的一种录用人才的方式。通过面试，用人单位不仅可以直接了解应聘者的面貌、举止，而且可以了解应聘者的整体素质和相关才能，它是一种综合性极强、集多种知识、能力于一体的多方位考核方式。

对于大学毕业生而言，进入面试程序，意味着前面所有的努力如大学四年的知识的积累、能力的锻炼、就业材料的准备、就业信息的分析等已经初步得到了认可，如果面试成功，则基本上就业的主要目标就会达到，如果不成功，则意味着前面的努力没有收到直接的回报，面试犹如一座通向成功的桥梁，它对毕业生能否顺利就业非常重要。

目前，介绍面试知识的书籍、网站很多，其中不乏经典论述和案例，但也有许多误导的言论。到底怎么去面试，下面作详细介绍。

面试前的准备

面试既然是一种综合性极强、集多种知识、能力于一体的多方位的考核方式，我们必须慎重对待它。只有做充分的准备，才有可能取得成功。

一、掌握双方的基本情况

（一）了解用人单位

了解用人单位至少包括三个方面的内容：一是了解用人单位所属的行业，二是了解该单位的具体情况，三是了解你所想应聘的岗位，四是了解主考官的情况。

用人单位所属行业的了解，可以使你基本了解对方的行业状况和发展前景。了解这些知识，可以使你在面试时能使主考官觉得你是关心该行业的，增加你面试的得分可能性；也可以使你进一步了解该行业，增加、减少或放弃对该行业职业的希望，毕竟，这是一个机会。如到电脑公司工作，你就应该了解 IT 行业的行情；到制药厂工作你就要大致了解生物医药行业的状况和发展趋势。

了解用人单位的具体情况，主要是了解用人单位的性质、规模、特色、组织结构、金融状

况、发展前景、信誉、售后服务等情况，掌握用人单位对员工的具体要求、职责以及给予员工的报酬、发展空间、晋级晋升等情况，有助于你全面认识该单位目前的实际状况，调整好你的期望值。

了解你想应聘的岗位，有助于你将岗位要求和自身的性格、能力、知识结构、兴趣、爱好、特长等相比较，从中了解该岗位是否适合自己，是否和自己的职业生涯规划有内在的联系，从而可以增加面试的成功可能，减少被录用后的心理反差，有利于今后的职业生涯的设计和开发。

了解主考官的情况。主考官员可能不止一人，你应当尽可能地了解所有主考官的情况，实在不行，起码要了解负责面试主考工作的负责人的经历、性格特征、爱好、特长、学历、籍贯、毕业于哪所大学、目前的工作岗位等，对主考官的研究，往往会使你在面试时能收到事半功倍的效果。

紧接着就是如何了解用人单位的问题了。了解的途径主要有文献资料法、访谈法。

文献资料法。这种办法适合于了解用人单位的行业情况和单位的具体情况。可以通过各种报刊、杂志、广告、网络、单位内部宣传材料等了解单位情况，可以通过查阅文件、规定等了解单位的相关的制度、政策，通过相关的调查报告的了解，知晓你想应聘岗位的社会声望等。在运用这些文献资料的过程中应该积极思考，努力从繁杂的信息中提取对自己有指导价值的信息。

访谈法。你既可以自己直接采用访谈的方法，如，通过社会调查、实习、新闻采访等途径，亲自了解对方单位的情况，这种访谈要注意礼节。你也可以请你的同学、朋友、亲人等关系比较亲密的人去开展访谈，帮助你寻求必要的信息。访谈法比较费时间和精力，但是它得到的信息是最为感性的。

网络调查法。你所要应聘的单位，只要不是刚成立的新单位或者规模很小的公司，一般都应该有自己的网站或者主页，你可以通过互联网了解对方的情况，也可以通过百度或者谷歌等网站来搜集用人单位的相关信息，从中进行比较分析，得出有使用价值的信息。

咨询法。你可以到相关单位的主管部门、学校的就业指导部门、相关的教师、亲戚、朋友、同学、同乡等，就你关心的问题向对方提出咨询。

（二）了解自己

首先要了解影响自己职业生涯的自然因素，对于用人单位而言，应当了解招聘对象的背景、个性、能力、知识结构、性格等，以便决定他是否合适某职位；对于求职者自己而言，也应知道所申请岗位是否和自己的职业生涯规划相吻合。

怎么了解自己的上述情况呢？有条件的话，你最好与你的职业生涯规划老师联系，通过相关的心理测量、职业测量了解你自己；也可以请班主任、辅导员老师或者和你非常熟悉的专业老师指出你的长处和不足，了解适宜自己的就业倾向；还可以征询你的家人、熟悉你的亲友的意见，请他们对你进行评估。

其次是要了解、掌握自己的个人的基本情况，如个人的自然情况、家庭背景、教育状况、职业经验、价值观等。这些情况各人的内容不一样，但是在介绍自己时应当注意，你所介绍的内容应当和个人文字推荐材料保持完全一致，不能出现自相矛盾的状况，不能出现文字推荐材料的内容你不了解的情况，否则用人单位会对你的推荐材料的真实度产生怀疑。

面试前基本情况的掌握非常重要，准备的好，可以顺利过关，否则就可能功败垂成。对对方情况的了解，可以使自己掌握更多的主动权，在面试时处于有利的地位，增加面试成功的可能。

二、问题的准备

参加面试前，必须对所参加面试的问题有充分的准备，这方面的内容主要有两方面，一是可能要你回答的问题，二是你要问的问题，以前者为主。面试是对人的综合素质的考核，所以所涉及的问题的面比较宽。这些问题可能包括你的自我介绍，工作和学习经历、成就，个人兴趣爱好，家庭情况，与别人的关系等。对于有些自然性问题，可以做一个书面答案，将它熟记于心。对于非自然性问题，并没有一个标准答案，而是要根据时间、地点、场合和单位的不同进行相应的回答。尽管如此，面试前还是要根据对方单位的情况进行相应的准备。毛泽东同志说过，不打无准备之仗。

面试中你要问的问题虽然不占主要地位，但也不可轻视。因为你是否能提得出问题、提什么样的问题，直接体现你对对方的关心程度和你的表达能力，因此对所问问题也有一个范围，这个范围也是因单位不同而不同的。

一般而言，单位的规模越大，高科技的程度越高，收入待遇的优厚，发展前景的广阔，往往意味着它的面试的问题也越多、越复杂，对所招聘的人才的要求也越高。通常情况下，下列问题是应当准备的。虽然有时并不一定用得上，但有备无患嘛。

三、服饰的准备

绝大多数面试考官都知道，凭第一印象认识人并不是科学的办法，但是，面试几乎就是凭第一印象认识人，应聘者的服饰是构成第一印象的重要内容，几乎所有的考官在见到应聘者的第一刻起就在心中开始给他打分了，一个优雅得体的穿着打扮能给主考官留下良好的印象。

在大学校园里，大学生的服装比较随意，但是一旦走进职业场，就应该根据自己的角色的要求进行定位。衣着是一个人的文化水平、精神风貌和性格的外在体现，尽管不同的行业对于服饰的要求是不一样的，但是总体而言，衣着要整洁、大方、得体，给人以大学生的朝气和活力，恰当的服饰能弥补应聘者的一些不足之处。

（一）服饰应当和应聘的岗位、行业有关

面试之前，你必须根据应聘的岗位或行业进行服饰的准备，如应聘教师，你的服装就要像教师那样稳重、大方，应聘办公室行政人员或文秘人员就应当通过服饰透露出一股干练的气质，应聘广告设计师就应当穿的有艺术品位，应聘公关经理岗位就应当注意适当的时尚。

（二）服饰应当要和面试季节有关

不同的服装的颜色给人的感觉是不同的。隆冬季节，服饰应该选用暖色调，如红、黄、橙等颜色，这可以调和天寒地冻的单一色调；炎热夏日，服饰应该选用青、绿、白灰等颜色，这可以调和夏天的酷暑带来的闷热环境。

（三）服饰应当要和应聘者自身的性格有关

服饰应当和性格成互补作用。以男生为例，性格内向的可以穿夹克衫，让人觉得增加一点活泼的气氛，性格外向的可以穿西服，让人觉得更认真一些。对女生而言，性格内向的同学，服装可以在颜色上丰富一些，给人以活泼的印象；性格外向的学生在颜色上应单调一些，以显得严肃一些。当然，在照顾到自身的性格的同时还应该照顾到自身的体形，如体形肥胖的男生应该穿西服，体形偏瘦的男生可以穿夹克衫等。

（四）服装应当和学生身份相符

无论你怎样穿着，一定不要忘记你的学生身份。作为大学生，你是有一定文化修养、具备良好的审美能力的人，应当保持大学生的朝气、清纯和活力。千万不能把自己打扮成社会青年、江湖混混，任何不适当的打扮都可能给人造成老于事故、城府很深的不良印象，这样的人，任何正派的面试考官都不会录用你。

达到了以上几点要求，还要注意：你经过精心的准备后，你的服饰是否得体，即是否和你的身份、气质相符，是否干净、自然、协调。

● **资料**

男生的基础服装搭配和选择是整洁的两件套西装，配上颜色合适的领带、衬衫、皮鞋，这样以显示你对面试单位的尊重。女生的职业化服装会给人留下深刻的印象。一些工作纪律要求比较高的行业如司法部门、银行，职业化的套装应该是最好的选择；但是如果是广告公司、服装设计师等行业或职务，则可以尽量穿得时尚一些，反映出你对社会潮流的敏感和前卫。当然近年来，西方社会的服饰逐渐有从隆重及规范化转向随便或多元化的趋势，连重要的一些国际活动场所也开始允许一些非传统的做法，如一些国家首脑开始在正规的外交场合不再穿全套的西服，不再系领带。女士也越来越开放传统的衣裙套装，改穿时髦多样的衣裙，甚至穿长裤。

（五）不要穿没有穿过的新衣服去面试

曾有媒体记者撰文建议大学生为面试去购买新的西装，这是一种误导。面试是紧张的场合，若穿一套尚未“磨合”好的新衣服，将会使自己和主考官觉得别扭。其实，八成新的衣服是最合适的，这就像新买的汽车一样，在磨合期内，它是跑不快的。

注意：你不必在意你的衣服档次，档次不高不要紧，你是大学生，没有经济收入，用人单位的考官知道你的身份，不会因此责怪你，假若你穿的衣服比主考官的衣服还要高级，他会怎么看你？他也许会觉得你是一个对生活要求很高的人，或者是一个很要面子的人，或者是一个很不懂得节约的人，不会满足现在的公司提供的薪金，也会不安分地从最初级的职位做起。另外，明显是伪名牌的服装不要穿哦！

服装总体应该以符合社会大潮流为原则。女生的时尚衣服如超短裙、低胸上衣、紧身衣裤等都不适宜。

（六）皮鞋要干净

鞋子是最容易被忽略的部分，往往最能透露某种信息。一位服装看起来很完美的人，如果皮鞋不干净，先前的所有努力将全部付之东流。皮鞋虽然不起眼，却能体现个人做事的细心程度，因此许多单位在选人时很注意这点。如果男生穿的是西服，那么就应该穿皮鞋。运动鞋、布鞋、凉鞋与西服是不兼容的。女生的皮鞋要和衣裤相适应，不要穿跟太高太细的皮鞋。如果有皮鞋掌，最好选择塑料质地，金属质地的皮鞋掌将使你的脚步声如同马蹄声，效果很不好。

四、仪表的准备

仪表给考官的印象的重要性和服饰同等重要。

（一）发型

发型是最容易给人留下深刻印象的部位。头发应该干净自然，没有头屑，无汗味。有些大学生往往不注意这一点，其实，这是一个小细节，它能反映出你是否注重细节，是否有良好的生活习惯，反映你的精神状态，许多公司通常不允许业务人员两天以上不洗头，因为业务人员代表公司的形象。

男生：

男生的发型相对比较单一，面部饱满的男生可以留短发，能够体现朝气蓬勃的精神面貌。额头宽的人可以用分头。面试前三天左右不要理发。需要特别提醒的是，头发如果定型的话，一定要梳理整齐，但是绝不可以装扮的像奶油小生，给人以不成熟、不可靠的感觉。

女生：

女生可以根据自己的脸形来决定发型，设计的好可以让人更加端庄文雅。椭圆形脸是东方女性的标准的脸形，可选择任意发型；脸形偏长者在发型设计上应该适当遮住前额，让脸形显得宽一些，不适宜用短发；圆脸的人应该将头发梳高一些，使脸部在造型上增加一些

力度;方形的脸应该设法将脸部的棱角遮住一些;额头窄的脸形应该增加额头两侧的头发;下巴长的人可以留些鬓发。女生还应该根据自身的性格因素来设计发型。如性格内向、温顺的女生可以设计成短发,透出一股精明干练的特征;性格外向、泼辣大方的女生可以留披肩长发,并打理服帖。当然上述情况有一前提就是发型的设计也要根据自己的脸形来具体确定,不是绝对的。

无论是男生还是女生,头发最好不要染,女生如果染也只能淡淡的染,建议男生不要染成除了黑色以外的其他任何颜色。发型不能标新立异,不要有太多的饰物。

（二）面部化妆

对于男生,不需要有什么化妆,只是有些细节需要注意。必须将胡须刮干净,脸洗干净,有抽烟习惯的要适当清除身上的烟味,将长在鼻孔外面的鼻毛修剪一下,面试前吃一点口香糖防止有口臭。如果条件许可,可以适当地用一些男士香水。

女生的化妆是必不可少的。化妆应当考虑不同的季节和时间,根据自身的性格气质、职业特点、年龄、场合而采用不同的方法。对于大学生来说,用淡妆比较好,这样显得端庄秀丽,自然得体。由于大学生还缺乏社会阅历和相关的经验,常常在化妆时不懂得如何把握淡雅的分寸,把口红用得太红,粉用得太多,给人一种极不协调、自然的感觉,化妆的效果往往不像大学生,更像缺乏文化修养的社会青年。

（三）饰物

男生不要带什么饰物,即使你只有胸前的玉坠、手上的戒指等,面试前最好取下,也不要戴镶宝石的领带夹、闪亮的袖扣、造型夸张的眼镜等到引人注目的配件,当然,如果你要应聘的是服装模特、服装设计师等职务则另当别论。女生可以配饰物,但是不能多,最好只用一两件,而且也应选择秀气、高雅的首饰来佩戴,千万不可佩戴贵重的珠宝。如果平时不戴首饰,面试的时候最好也不戴,简单也是一种品位。如果你是面试的政府公务员、教育工作者、金融财务等岗位,最好不要戴任何饰物。

男生随身可以带不装电脑的不太大的电脑包,也可以带公文包;女生带手提包要考虑和服装的颜色相协调,包上不能有叮当着响的物件,不适宜带背包。

当你经过精心准备后,来到面试现场,你可以在正式面试前再最后检查一遍自己的仪表,力争不出差错。当你确信一切都完美无缺后,你就信心十足地走进面试室开始接受面试吧。

面试方式

面试方式多种多样,形式各异,如果认为面试就一种方式就大错特错了。我们上述的材料以传统的面试方式为主,但并不意味着传统的面试就是唯一的方式。用人单位可能会根据岗位的不同要求，采取灵活的面试方式，不经意中，说不定面试就已经完成了，所以，你千万不能认为面试就是一种方式。

一、结构化面试

结构化面试也称“答辩”型面试，是指依据预先确定的内容、程序、分值结构进行的面试形式。面试过程中，主试人必须根据事先拟定好的面试提纲逐项对被试人测试，不能随意变动面试提纲，被试人也必须针对问题进行回答，面试各个要素的评判也必须按分值结构合成。结构化面试是运用得最多的面试方式。它由数人组成的面试考评小组同时与一个应聘者开展对话，通过对不同角度的、不同性质的问题进行交流，获得有关应聘者全面、真实的情况。结构化面试最大的优势是可以和应聘者开展面对面的交流，通过交流能对对方有一个全面的认识，获得第一手资料；缺点是并不能肯定应聘者是否一定讲真话，不能对应聘者有本质的认识，或者对其能否胜任工作还存在怀疑。

但是，由于这类的面试比较容易组织，专业的测试要求并不高，比较容易考察出应聘者的一些优点和缺陷，面试的结果客观性程度比较高。避免了个人考核容易对应聘者形成片面印象的缺陷，因为有越多的人在考核中参与意见，就越能全面了解对方的知识结构和工作能力，选中最优秀人才的可能性就会越大。所以，采用这样的方式依然是占多数。作为应聘者而言，应通过系统的表述和适当的事例，充分展示自己的知识、能力和特长，尽量取得主考官的信任和理解，争取成功。

二、非结构化面试

非结构化面试是没有既定的程序、模式和框架，由考官“随意”提问应聘者且一般没有标准答案的面试方式。这种面试方式形式多样，可以充分考虑所招聘岗位的需要，也可以考虑到应聘者的特殊才能，考官可以发挥的空间比较大。优点是简单易操作，不拘场合、时间、内容，应聘者无法做充分的准备，了解的内容比较直接；缺点是难以量化，缺乏统一的评判标准。主要有情景模拟、无领导小组面试、电话面试和其他面试方式等。

（一）情景模拟面试

情景模拟面试方式运用的并不多，但是近年经常有单位运用这种方式，往往是单位的应聘岗位要求越高越有可能运用这种方式。由于这种方式运用的相对比较少，它带有“攻其不备”的性质，让应试者在毫无准备的情况下做出抉择，以考察应试者能否胜任某项工作。

【案例】

以招聘推销员为例，应聘者刚刚坐下，主考官立即出示该公司的一种产品，请应试者当场向他推销。碰到这种情况，应聘者往往毫无心理准备。所以，应聘者事先应做充分准备，对该公司

的产品不但要有概括的认识，而且要清楚那些产品的优点和缺点。如果你对其产品确实不了解，也不必慌张，应以坦诚的态度承认对该产品不了解，同时也可以巧妙地将自己熟悉的另一种产品向他推销，这样有可能赢得更好的印象。

又如某地招聘司法调解员，参加面试的人员到面试现场后，应聘者被要求表演司法调解员的角色，考官分别扮演村长、乡长和两位发生冲突的村民，在介绍了两位村民的冲突的原委以后，考官要求应聘者协调两位村民的矛盾。这也是典型的表演式案例，如果事先没有一定的心理准备，很有可能就此败下阵来。

这样的面试，考察的是应聘者的应变能力和实际工作能力。应聘者应该冷静思考，沉着应对，发挥应有的水平即可，至于表演的水平那是另外一回事。

（二）无领导小组面试

无领导小组面试方式是将众多应聘者分成几个人的小组，少的可能三四个人，多的可能有七八个人，讨论一个与工作相关的问题，让考生们进行一定时间（一般是1小时左右）的讨论，来检测考生的综合素质能否达到拟任岗位的要求，如，能力方面的口头表达能力、组织协调能力、辩论能力、说服能力、非言语沟通能力（如面部表情、身体姿势、语调、语速和手势等）等，心理方面的自信程度、进取心、责任心等，情绪方面的稳定性以及处理人际关系的技巧等。和其他面试方式比较，无领导小组面试涉及到应试者的多种能力要素和个性特质；能观察到应试者之间的相互作用；可依据应试者的行为表现对其进行更加全面、合理的评价；使应试者在相对无意之中暴露自己各个方面的特点，对竞争同一岗位的应试者的考核尤其便利，可以对同场的考生横向对比；因此其信度较高。这样的面试方式通常被用于选拔领导型岗位人才，如，企业招聘中层管理人员、高校招聘学生政治辅导员（一名辅导员要管理数百名学生，故也是领导型岗位）、组织部门招聘大学生村官等。另外，这样的面试往往比较节省时间。

无领导小组的面试考官一般由5—9人组成；考题一般都是智能型题目，主要可以分为开放式问题、两难问题、多项选择问题、具体操作型问题和资源争夺问题。作为考生要充分发挥平时练就的思维能力、应变能力、协调能力、交往能力、表达能力、分析问题和解决问题的能力等。既要避免在准备不充分的情况下先下手为强，大出风头，滔滔不绝；也要避免为了保持自己的“沉稳”形象而寡言少语，处处被动，这两种方式都会给对方形成不善于和他人协作的印象。只有条理清楚、逻辑性强、有说服力地表达你的思想才是表现自己的最佳方式。给所有考官和考生都留下良好的印象。

（三）电话面试

电话面试是近几年的新生事物。现在社会发展节奏快，为了节省时间，也为了节省人力物力，许多公司也开始用电话面试，对此，你应该有足够的思想准备。说不定，哪天你就有可能接到面试的电话，千万不能因为是电话面试你就放松警惕，它的意义应该是和直接面试同样重要。

首先,要保持通话环境的安静,保持你移动电话的畅通,在电话的旁边备有纸和笔,做好电话记录的准备。如果你的通话环境不清净,你可以向对方请求让自己换一部电话打过去,力求保证通话效果。

其次,要保持声音的清晰。说话不能紧张,语速不能太快,否则对方听不清楚。为保证你回答问题的流利,所以在通电话以前你进行准备是必要的。

再次,认真倾听对方的问话和介绍,听清对方问你的问题。

第四,要注意礼貌。接通电话后的自我介绍、通话结束时的感谢的话语等是必须要有的,但要等对方挂了电话再挂自己的电话。这对于大学生而言,细节往往是最容易忽视的。

你还要注意将你的移动电话随时携带,以保证对方在接下来的一段时间内能随时找到你。

【案例】

考　官:喂,你好,请问是某某同学吗?

大学生:是的,请问您是?(语气要柔和,语调要轻)

考　官:我是新希望电子有限公司人力资源部的经理,我姓张。

大学生:奥,是张经理,您好!

考　官:你好,某同学,因为考虑到你的学校离我们公司距离比较远,而来我们公司应聘的大学生又比较多,所以我们公司决定通过电话面试进行预选。你看你这会儿方便吗?如果方便我们就有关的问题进行一些交流可以吗?

大学生:可以的,我现在有时间,正好宿舍里其他同学又不在,现在通话挺方便的,您请讲。

考　官:好的,你先对自己作一个自我介绍吧。

……

(以下问题按传统的面试方式进行,这里省略)

考　官:好,今天我们就先谈到这儿吧,有什么情况我们公司人力资源部会及时和你联系的。

大学生:谢谢您,张经理!谢谢您给了我的这个机会,耽误您时间了。

考　官:再见。

大学生:再见!(听到对方挂电话以后再挂电话)

(四)其他面试方式

职业试验技能的方式。这类面试通常是运用和所从事工作相同或相近的方式来考核应聘者。如,某日资服装企业招聘服装设计师,设定的题目是让所有前来应聘的人在规定的时间内将一副打乱的扑克牌按从小到大排列好,达到指定时间要求的再进行服装设计,达不到要求的免谈。又如,现在许多教育单位在选用应聘者时,往往就是要求对方在指定的时间内

讲授一堂课或者说课。

放松应聘者警惕性的方式。这类面试方式通常以请吃饭的方式进行，因为人在吃饭的时候精神比较放松，有一些内在深层的东西能暴露无遗。如，某化妆品公司招聘大学生，招聘时间定在上午十一点，在所有的应聘者都到齐后，公司人事部负责同志说由于公司分管领导临时有事，故面试要推迟到一点进行，中午请所有来应聘的大学生吃工作餐，每桌十人，公司派人陪同。饭后，公司面试按时进行，但是大多数大学生仅仅只回答了一两个问题就被打发走了，只有那些在吃饭的过程中，谦让他人、有主动为别人盛饭的大学生才得到了正式的面试。对此，公司人事部的负责人说，只有会顾及别人、关心他人的人才是我们需要的人。

工作责任心测试方式。这类面试往往是不经意之间进行的，但是效果却具有说服力。如，一超市老板要招一名收银员，来应聘的几人在简单的交流后，老板都给他们二十圆人民币，让他们去买一包香烟。结果，只有一人上楼找老板要求换钞票，因为老板给他的是假钞，其他的人则自己掏腰包买来了香烟。结果，该老板只选中了那位退假钞的人，他认为，这样的人工作责任心最强，符合收银员工作的岗位的职责要求。

面试的方式其实很多，往往不经意中，就进入面试进程的案例很多，需要同学们在今后的求职过程中多加留意。从根本上说，万变不离其宗，你的自身素质过硬，一般面试应该是有希望的。

三、半结构化面试

这是介于结构化面试和非结构化面试这两种方式之间的一种面试方式。半结构化面试是指面试构成要素中有预先作出的统一程式和规范要求，面试过程中考官又加入随意性考察的内容的面试方式。半结构化面试的特点是简单、容易组织，但主考官的随意性较大，面试结果容易被考官的个人价值观所左右。

面试进行时

我国是礼仪之邦，素有礼多人不怪的传统，礼貌有加，彬彬有礼应是大学生的起码要求，面试场合更是如此。应聘者的礼仪表现程度，可以体现自己的基本素养，会给用人单位留下深刻的印象。谁懂得礼仪，谁就有可能拿到高分，才有可能最先通过。面试的礼仪内容非常丰富，主要可以表现在守时、等候、进入房间、问候、坐姿、语言表达、情感控制等方面。

一、守时

这是面试礼仪的第一要点。守时是一个人的修养的体现，表示你对用人单位的重视和对主考人员的尊重。面试是大学生求职过程中的大事，如果面试都不能守时，你给主考的感觉是你缺乏求职的诚意，缺乏工作责任心，对所应聘工作无所谓。

（一）提前10—15分钟到达

守时是职业道德的一个基本要求，提前10—15分钟到达面试地点效果最好，可以熟悉一下环境，稳定一下情绪。面试时匆匆忙忙到达现场是致命的，如果面试迟到，不管你有什么理由，也会被视为缺乏自我管理和控制能力。一个单位招聘面试，同一时间段里可能有许多的面试者，迟到一分钟，可能就会永远失去这个机会。

（二）事先了解单位位置

面试既然不能迟到，你就应该事先准备，争取万无一失。如果你要去的单位你不熟悉，你应该事先走一遭，应该考虑到沿途的交通拥挤、路面状况等情况，了解面试的建筑和洗手间，这样有备无患。

（三）不要太早进入办公室

你因为怕迟到，可能提早半小时或更早就到了，但是你不能立即进入人事部门的办公室，最好在单位外等到距离面试还有10分钟左右再进入面试地点。因为无论是外资还是国有单位都比较讲究效率，你提早到达，可能影响对方正在处理的工作，对方可能还正在忙其他的事，不便接待你。当然，如果有许多人来面试，早到者就可以早面试，那就另当别论了。

（四）主考人员不守时你不能介意

你不能迟到，但是主考官迟到是可以的。你不能太介意对方的迟到、随意，你应该表现出足够的宽容和大度，否则，对主考人员的一些小毛病你不能忍受的话，一定程度上也反应出你将无法和同事和谐相处，缺乏宽容、忍耐精神，这样是不利于面试的成绩的。

二、进入面试现场

（一）进入招聘单位面试地点

达到招聘单位面试地点，如果有保安把门，或者有专门的工作台和接待人员，你应彬彬有礼地向对方说明情况，请他告诉你怎么到面试房间，对别人的帮助你应该表示感谢。规模较大的单位往往设有专门的房间让来参加面试的人等待，轮到你面试时有专门的引导员带你去；规模较小的单位可能没有这样的等待室，可能就会让应聘人员在走廊里等待，有工作人员告诉你是多少号。你对这类引导员或者工作人员也应该表示感谢。到了招聘单位后，如需要填表你应该如实认真的填写。在等待时期，不要到处走动，不要和相关的接待人员套近乎，不要向已经面试结束的人打听面试的题目等，否则用人单位的接待人员会对你产生不良看法。面试无小事，你别小看保安或者前台的接待人员，他们可能是“小人物”，但是有时候也是能起一定的作用的。

(二) 等候

等候阶段往往显得有些无聊,但是你可以好好利用这段时间。你可以检查你材料是否带全,也可以对招聘单位进行观察,往往能从中看出点门道。如对方的生产场所是否正常在生产,厂区和办公场所的整洁程度,卫生间的卫生度,员工的精神状态是否饱满、待人是否热情等,从中可以得到你需要的一些信息,也为面试提供条件。在等候时,你一定要检查一下你的仪表是否因为挤公交或赶路而需要在整理一下,你还要检查你的手机是否处于关闭状态等。这个时期,如果有熟人和你相遇或者和同学一起去,你千万别大声喧哗,也不要大声接电话、抽烟或吃口香糖。

【案例】

在一次公务员面试的等待中,李小姐去洗手间补妆,在洗手间门口,她碰到另一位女士。李小姐彬彬有礼地点头向对方致意,并打开门,请对方先进,对方表示感谢后,李小姐又做了得体的回答。这本是一件小事。当李小姐进入面试考场时,惊讶地发现在洗手间碰到的那位女士,正是面试考官中的一位。她平静地向考官们打了招呼,面试就开始了。面试的整个过程,她都感觉到了那位女士对她友好、亲切与注意的目光,这个目光让她感到很轻松,似乎高高在上的主考官与自己的距离近多了,在洗手间与那位女士的短短的交流只是几句话而已,但这种非角色的人际交往,起到了很大的情绪互动的作用,让李小姐获益匪浅。

——摘自 www.diyifanwen.com

(三) 进入面试室

如果有引导员带你进入面试室,那是最好不过的;如果没有引导员,而是通过某种途径通知你,你应该在得到通知后走到面试室的门口,伸手敲门三下,在得到房间内的许可后再行进入。注意,敲门的声音不能太大或太小。进入房间后应主动转身(而不是随手)把门关上,回过头来再向面试考官微微弯腰,向主考人员表示问候,如:各位先生(领导、经理、老师),早上好(下午好、晚上好)! 我是某某。如果主考人员说,“你好,请坐”一类的话,你要表示感谢。在向主考介绍你自己的同时,你的目光要勇敢的和每位考官接触一下,在得到请坐的要求后,你应马上坐下,不要主动走到考官面前和考官一一握手,除非考官中有人站起来有这个意思,否则你就是喧宾夺主,像上级领导接见基层群众一样。

(四) 握手的讲究

握手是人们相互见面或离别时的礼节,具有欢迎、祝贺、鼓励、感谢等含义。进入面试室如果面试主考官主动(包含前面提到的接待人员)与你握手,你应注意:你的手应该干净,神态应专注、热情、友好、自然,面带笑容,目视对方双眼,同时向对方问候。握手的先后顺序为:男女之间,男方要等女方先伸手后才能握手,如女方不伸手,无握手之意,男方可用点头或鞠躬致意;宾主之间,主人应向客人先伸手,以示欢迎;长幼之间,年幼的要等年长的先伸手;上下级之间,下级在等上级先伸手,以示尊敬。一般不要先伸手,但对方无论身份如何只要先伸手就应热情相握,以免造成尴尬。握手时为了表示热情友好,应当稍许用力,但以不握痛对方的手为限度。在一般情况下,握手不必用力,握一下即可。尤其初次见面男方往往只轻握一下女士的手指部分,握手时不要看着第三者,更不能东张西望,否则是不尊重对方的表现。

一般而言,主考官不会主动给你递名片,你也不用主动给他们递你的名片(即使你有名片)。当主考官中有人向你介绍主考人员的情况时你应当尽量记住他的姓,不要搞乱。对考官中的领导者,你一定要知道他的姓、职务,这样在后面写感谢信时才更能有的放矢。

三、面试进行时

准确地说,进入面试等候区,面试就已经开始了。进入面试室,你必须全身心的投入,你需要注意的不仅是上述提到的内容,你还要具有良好的表现,充分展示你的魅力。

(一) 微笑的魅力

从你进入面试场所到离开,你应该始终面带微笑,自然大方、真诚的微笑常常被人比作人际交往的润滑剂,它可以缩短人与人之间的心理距离,为深入沟通与交往创造温馨和谐的氛围。进入面试场所,面带微笑将能有助于表现你的自信、友好、敬业,会使你更容易为主考官所接受。主考官可能会认为,你在工作岗位上始终保持微笑,表明你热爱本职工作,乐于克尽职守。如在管理岗位,微笑将有利于你和同事的协作,形成良好的团队合作精神;在服务岗位,微笑可以创造一种和谐融洽的气氛,让服务对象倍感满意。面试中应当时刻保持自信的微笑,但是只能是微笑,不能是傻笑、大笑。

(二) 语言表达的魅力

在语言的要求中,应聘者说了什么和说话的方式同等重要,主考官不仅关心应聘者说了什么,也关注应聘者说话的表情、语调、声音的高低、说话的速度等。所以对应聘者而言,在语言表达上有以下的要求:一是控制好表情、语音、语速和语调,千万不要小看这一点,同样的内容,往往会因为表情、语音、语速和语调的不同而让人感觉到不同甚至是相反的意思;二是表达的内容要有逻辑性,思路要清晰,前后的内容应围绕一个中心,或层层递进说明,或不同角度阐述,让人能从你的回答中得到完整的概念。如果需要回答的问题超过一点内容以上,最简单的办法就是用“第一、第二、第三”等语言表达清楚,不要用“还有、还有、再就是”等含混的表达层次的语言;三是语言应该简洁明了,绝对不要拖泥带水,能用一句话表达的意思千万不要用两句话表达;四是用语要准确,不能给人以模棱两可、含混不清的感觉。

语言表达方面,还需要注意:不能随便打断别人的讲话,若非要插话,也要以适当的方式,如“对不起,我能插一句吗”;讲话的时候不能有太多的口头语,如“啊”、“这个”等;普通话

应该力求标准，不能讲错字或念错音，有些字若吃不准的话宁可换个意思相同或相近的字，方言最好不用；讲话的内容不能太满等。

（三）倾听的魅力

认真倾听对方的讲话是对主考官的尊重，是礼节的要求，也是回答问题的关键所在，不会听就无法回答出主考的提问，所以在面试的全程中，你应该听清楚主考官的每一句话，把握对方讲话的重点和难点。在倾听时，你应该目光注视说话者，并以恰当地点头、会意地微笑、简短的附和、提出相关的问题等方式来显示你的认真倾听，哪怕对方所说的内容和面试的话题并没有直接的联系，你也应该有耐心，不能表现出走神、不耐烦的神情，更不要对对方的一小点错误予以反驳和争执，而要让对方将话题兴致勃勃的说完。

需要注意的是，有些主考官可能会用几个分句来表达他的意思，你一定要完整地听完对方的问题，不要急于回答对方的提问，考官的问题问完了你稍思考片刻再回答也是正常的。

（四）稳重的坐姿

“站有站相，坐有坐相”是对一个人行为举止最基本的要求。在面试入座时要轻而缓，走到座位面前转身，轻稳地坐下，不应发出声响。女士应用手把裙子向前拢一下。坐下后，身体放松，头部端正，腰板挺直，身体微微向前倾，目光平视。身体不能坐的太深，也不能坐的太浅，坐浅了容易紧张疲劳，导致注意力不集中，坐深了容易给人以懒散的感觉，一般只占座位的2/3。两手掌心向下，叠放在两腿之上，两腿自然弯曲，小腿与地面基本垂直，两脚平落地面，通常以两脚并拢为好。无论哪一种坐姿，都要自然放松，面带微笑，精神振作。

需要提醒的是，在坐姿中，你不能有一些下意识的小动作，如不停地看手表、接听手机；坐在位置上双腿叉开并不停摇晃；大腿跷二腿并不停地抖动；不停地摆弄眼镜、装饰物；不停地摇头晃脑、左顾右盼、指手画脚等，这些小动作会让主考官反感，让他们觉得你缺乏教养。

（五）目光的交流

面试时与主考官保持目光的交流是面试的需要，也是起码的礼貌，更是你自信的表现。正常状态下，面试人应将大部分时间望着向自己发问的主考官，但不是将目光一直盯着主考官，这会让对方觉得你咄咄逼人，应该盯着发问考官的额头或鼻梁处，每次十秒左右，然后自然地对其手、办公桌等处看，也可以对其他考官看一下，然后再盯向主考官的额头或鼻梁处。保持目光的自然、轻松和柔和，传达出你的真实思想。若你回避对方的目光，会被认为你太胆怯，自信心不足，要不就是太傲气，不把主考官放在眼睛里。

（六）情绪的控制

面试是一个公共场所，它的目的要求你必须在面试期间控制好自己的情绪，不能因为意外的因素使情绪失控。通常有这么几种情况往往使人难堪。

一是主考官的问题让应聘人员很尴尬。

【案例】

主考人员可能会说,“你的学校是一所层次很低的学校,我们觉得这所学校的学生素质很一般,该校学生我们通常不考虑”。这样的问题,若你听完后火冒三丈,拍案而起,恶语相向,那就中了主考官的“圈套”了。面对这样的问题,你一定要保持平静的心态和情绪,把你的正确的想法说出来。你可以说,“我们这所学校的确是一所普通的学校,多年来,将培养一流人才作为学校的目标,学校创办以来也培养了大量在各行各业有所建树的人才,如某某等,我相信只要自己努力,普通学校也是能出优秀的人才的”。这样的回答不卑不亢,让对方看出你良好的心理素质和应变能力。

二是应聘者就考官存在明显错误认识的问题和考官争论不休。可能考官不懂你的专业,即使对方的说法是错误的,你也不要争论,而是可以淡淡地表明你的正确的观点,这样既让对方有台阶可下,你也表明了你应有的水平。一味和对方的争论是不明智的,搞不好对方会认为你是在卖弄自己。

三是不要对自己的过错耿耿于怀,甚至急得不知所措。错了就错了,有办法挽回的就停下来道歉,重新进行正确的表述,没有办法挽回的急也没用,当场失态只会使事情向更糟糕的方向发展,暂时别管它,把下面的问题回答完就行了,有时就得碰运气了。

(七) 自然退场

退场的语言多种多样,有可能主考官说,“你的面试就这样,你可以走了”,那是最清楚不过的了。但是,有时主考官会说,“就这样吧”、“差不多了”、“你还有什么要问的没有”等,这时你就可以主动起身与主考官打招呼说,“谢谢各位领导给我这个面试机会,再见”等告辞的话,如果你没有把握,你就试探性地问:“面试结束了吗?”离开的时候听清主考对你说的话,如让你通知下一位进来面试、下次面试复试的时间等。离开的时候应当整理好你周围的环境,将椅子摆放好,将一次性茶杯、个人随身携带的资料一起带走,轻轻地将门关上,如果你进面试室时有人引导你的,也应一并向他(她)致谢。

面试的难点

面试是招聘单位对应聘者整体素质的考核,它涉及的内容很广,没有固定的方法和程式,就一个人,可能从各个方面不同角度去考核,即使做了百分之百的准备,到时候仍有“卡壳”的可能。有些问题,在我们平时看起来并不是难题的,在面试时可能就是难点。

难点一:适当赞扬对方但要控制好度

面试过程中,肯定招聘单位甚至适当赞扬或附和主考官是可以的,有时是一种拉近双方

距离、融洽你和主考官之间的关系的好方法，是你和主考官之间的润滑剂，但是，一定要控制好赞扬的“度”，过了度赞扬就有拍马屁的嫌疑了。过分的表扬会让人觉得肉麻，遭人反感，考官们可能会认为你在人际交往中擅长此道，如果考官有此感觉，那你的面试注定就不会有结果。因此，你在面试过程中，可以说，“您说的对，在这个问题上我的看法和您是基本一致的”这一类的话，而不能说“您说得完全对，真是太高明了”这类的话，若你存心巴结主考官，其结果只能引起主考官的反感，使他认为你很平庸，不宜录用。聪明的应聘者会举一两个事例来赞扬招聘单位，从而表现出您对应聘单位的了解和兴趣。

难点二：精神紧张

只要是应届毕业生，无论你是多么老练，起码你的第一次面试是会紧张的，精神紧张是面试时最大的敌人。在陌生的环境，被陌生的人考核，事关自己今后的发展，没有什么社会阅历的大学生不可能不紧张，适度的紧张会使你更加集中注意力投入面试，但是面试紧张若过了头，对面试是极为有害的，你事先的准备可能因为紧张忘记得一干二净，头脑一片空白。对这样的紧张，有三个办法：

一是做好充分的准备工作。预计到自己临场可能很紧张，应该事先和你有同样问题的同学一起请有关的教师或同学组织一场模拟面试，找出各种可能的问题和不足，增强自己克服紧张的信心。现在许多学校就业指导中心、团委、学生会都会组织一些模拟面试，作为即将要走上市场的毕业生应该积极参加，身临其境一番。

二是进行积极的心理暗示。反复提醒自己，在面试面前所有的应聘者都是紧张的，都有可能出差错，甚至还不如你。只要你克服紧张情绪，镇定、从容地回答问题，你就会取得成功。若你真的发挥了自己的水平而不能成功，那也没有什么可以遗憾的，因为有可能就是你的实力不如别人。

三是不要急于回答问题。主考官向你提出问题后，你不要紧接着回答，而是要稍加思考十至十五秒后再作回答，不要以为这样不礼貌或者显示自己准备不足，相反，你稍加思考再作回答则显示出你很老练、成熟，更富有理性。在回答问题时，注意语速不要太快，语速太快容易导致思维和表达脱节，导致表达混乱，而一旦表达混乱则容易使你更紧张，容易“越抹越黑”，忙中出乱，影响面试的效果。

【案例】

南京某高校毕业生小李经过层层筛选，如愿进入微软（中国）有限公司上海分公司最后一轮面试。能在数千大军中进入最后的面试实属不易。然而，因为特别看重这次面试，他唯恐说错一句话，所以特别紧张，结果却偏偏是越怕出错越容易出错，在面试过程中，平时英语口语流利的他此时却结结巴巴，还叫错了面试考官的姓，并且临走时把包也忘在了面试室里，结果是被淘汰出局。

难点三:对于不清楚的问题与对策

面试过程中有时会碰到一些难题,你并不知道怎么去回答。对此,你千万不能乱了方寸,你可以请主考官把这个问题再重复一遍。如果此时你仍不知道此问题的准确答案,你可以按照你的理解试探性地问是否关于某一方面的问题,如果对方认可,你可以按照你的理解回答,如果对方不认可,你就实事求是地说你不知道。这类问题一般应该是涉及专业的问题,可能在你的学习生涯中从未碰到过,回答不出来很正常。如果不是专业问题,你应该多少能回答出来一些。对于回答不了的问题,你绝对不能胡乱猜测,信口开河,这时的态度应该是最重要的,否则就是诚信问题了。

难点四:两位以上的主考官同时发问

两位甚至更多的主考官同时向你发问,这种情况尽管不多见,但是还是存在的。在这种情况下,如何有次序地回答完所有问题就显得很重要,这时,你可以看在问你问题的考官中,是否有今天面试活动的召集人,如果你不清楚谁是今天的召集人,你可以通过他们的座位来分析,按照中国人的传统习惯,领导总是坐在中间的位置上的,你也可以看谁的年纪比较大一些,总之,你应该先回答召集人或者年长者的问题。在你回答问题之先,你可以对其他的主考官说:对不起,请允许我先回答甲领导的问题,再回答乙领导和丙领导的问题。你回答前面考官的问题占用时间不能太长,否则其他的考官会有不被尊重之感;回答问题时,你的目光应该主要和发问的考官交流,也要适当顾及其他领导,让他们觉得,你是在和所有的主考官在交流。

其实,某种程度上说,这是在考察你的应变能力和协调能力。

难点五:长时间的沉默

面试时出现一些短时间的沉默是正常的,但是有些时候的沉默是主考官人为设置的,这种沉默旨在测试应聘者的心理承受力,许多缺乏经验的大学生往往不知所措,想方设法打破沉默,不断重复或补充前面已经说过的话,结果说了许多不该说的话,造成自己的被动。其实,你既可以利用这段时间适当补充前面的话,也可以提出你对招聘单位不了解的问题,千万不能为了打破沉默而没话找话说,与其如此,不如保持沉默、镇静,他不讲话你也不要讲话,沉默是金。

难点六:涉及隐私

一般的招聘单位不会问这类问题,但是一旦问了诸如“有没有女(男)朋友、为什么喜欢她(他)、最欣赏她(他)什么、将来会不会分手、你们同居了吗、你如何处理客户对你的非礼要求”等问题,这就比较难以回答。对这类问题,如果是结构化面试场合下进行的,并且你所应聘的岗位对责任心要求很高,那说明主考官是在认真考核你,你的回答应该让主考官觉得你是一个很负责的人。相反,如果是电话面试、单个面试,你就要留个心眼,细心观察,如果对

方是“别有用心”，你可以绕开这类问题，或者避而不答。作为应聘者而言，需要防止对方有投石问路的嫌疑，若果真如此，大不了你不去该单位工作，这样的单位不去没什么可惜的。

面试中的注意事项

面试过程中还必须注意下列问题：

一是不要和主考官套近乎。面试是正式公开的场合，一般面试的时候主考官不会是一个人，即使是电话面试和单个面试也可能有同事在场做记录，因此，面试的时候千万不要自作聪明地和主考官套近乎。具有一定专业素质的主考官是忌讳应聘者套近乎的，这只会引起对方的反感，因为他们认为这会使面试有失公平，一旦你被录用了，因为某种关系，也使得在以后的工作中出现的失误难以处理，个别主考官甚至会觉得你一定在岗位所要求的某些专业方面有欠缺。因此，即使对方可能是你的校友、学长、老师、同学或老乡，你也不应该在面试的时候提到这层关系，免得让对方觉得难堪(说不定其他主考官还会认为你和被套近乎的那位主考官有什么私下交易呢)，也免得让其他主考官为难(到底给不给你打高分呢?)。你倒是可以从对方岗位的要求，谈谈你的优势。如对方要招聘公务员，你可以向对方介绍你的父母或什么关系亲近的人是公务员，从小就在这样的环境中长大，所以你具有公务员职业所需要的性格和品质。但是这个法则不是什么时候都能运用的，万一你要应聘的单位和你家庭重要成员是同行竞争的单位，反会引起对方的格外警惕。

二是不能对母校和以前的老师同学持太多的否定意见。也许你面试的时候，面试主考官会谈到他的母校，甚至会在你面前批他的母校以及老师同学，你可千万别人云亦云，顺着他的思路往下说到母校、老师、同学等，你无论如何不能谈太多的缺点，而要实事求是，主要谈优点、长处为主。否则，主考官会认为，你的人际关系比较差，没有容人之量。因为你对自己曾学习过的母校、教导你的老师、一起学习的同学都如此，你对新单位未来的领导、同事又会怎样呢?

【案例】

某国的航空公司在北京招收十名空姐，报名的有几千人，经过几轮选拔，最后有三十几位选手参加面试，但是面试过后，招聘方只录取了其中十一人，面试主考官员在面试后接受新闻媒体采访时说，这三十几位选手的总体条件都很优秀，除了其他原因外，有几位选手对自己的祖国有微词，这样的人我们没有录取。因为一个人连自己的国家都不爱，能爱一家国外的公司吗?

三是不能报出熟悉的领导的名字。正式的面试应该是公平、公正的，招聘单位会尽量把影响公平公正的因素剔除掉的，面试的考官来自招聘单位的人事部门和相关的其他部门，在这样的环境中，你无论如何不能将你和该单位的关系说出，即使你的伯伯、舅舅是该单位的领导，你也不能说出来。说出来会怎样？主考官会认为你在抬出领导压他们，让他们对你反感，结果就是彻底否定你。即使你的伯伯或舅舅和他们打招呼让你通过面试进入单位，你若在面试时候提出来，也会使你以后在单位难以和别人相处，容易在工作中陷入被动，局面难以打开，因为一般的员工都不愿意和领导关系密切的人走得太近。

四是不要过分强调自我中心。现在的大学生是属于独生子女一代，他们由于成长的环境的原因，从小到大都处于家庭的中心位置，缺乏忍让、牺牲精神，缺乏容忍别人的胸怀，什么事情都会首先想到自己，面对工作，觉得要让社会适应自己，而不是自己主动适应社会，主体意识特别强。在面试中，作为应聘者应该以工作为中心、事业为中心，注意招聘单位的需要和面试主考官的需要，话题应该围绕工作提出的问题，不要只围绕自己，处处强调自己的特长、能力、爱好、目标等。此外，要理清面试的主次关系，面试的场合应该是由主考官控制讲话的进程，千万不能本末倒置，若你平时在学校有这个毛病的话，面试的时候一定要注意，做到不抢话、不插话、不控制面试的讲话进程。当然，强调不要以自我为中心的同时，也要注意不要唯唯诺诺，行阿谀奉承之事。

【案例】

如：主考官问：你为什么到我们单位来应聘？你若回答：贵单位待遇高，福利好，出国机会多，在这样的单位工作心情舒畅。你这样的回答也许没有错，但是不是人家想知道的内容，而且你这样回答缺乏远大的志向和目标，太俗套。相反，你应该回答：贵单位是属于高新技术企业，管理方式先进，在这样的单位中，我能充分运用我所学习的专业知识为单位服务，同时自己的专业也能得到提高。这样的回答给对方的感觉显然和前面的答案不一样，觉得你是一个有事业心的人。

五是保持适当的灵活性。有一个经典的面试案例，说的是在面试的过程中，在面试室门口通往应聘者座位的这段距离中，地面上有一张白纸。它是主考官专门用于考核应聘者的。应聘者在通过这张纸的过程中有三种态度，一是直接从纸上走过去，好像没看到那张纸，二是从那张纸旁绕过去，三是把纸捡起来放在桌上。主考官愿意看到的是第三种状况，不愿意看到第一、第二种状况。这个案例提醒你，面试时要礼让有加，见机行事，机械、呆板是面试的大敌。

【案例】

某杂志社到一所高校招聘毕业生，学校大学生就业指导中心推荐了三名学生让对方挑选，这三人的成绩都差不多，但是在和招聘单位的人见面的时候，只有一位学生帮着就业指导中心的老师打开会议室的门、开空调、倒开水，主动介绍学校和毕业生的情况，并在面试结束后将把杂志社的招聘人员送上汽车。杂志社第二天来电话，就是这名学生被录取，招聘单位的意见是该生比较灵活，适宜到杂志社从事采访、编辑工作。

六是不要让人陪着去面试。让人陪着去参加面试，哪怕是陪你进入面试等待室，一旦出

现这种情况，招聘单位的人会认为你缺乏独立性、自信心，尤其是让男(女)朋友陪着更是如此。招聘单位需要的是能够尽快胜任工作、独当一面的人才，对于面试这样重要的事，都要有人陪伴，招聘单位一般是会不会录取他(她)的。

面试后工作

千万别以为面试结束就万事大吉了，离真正的签约还有一定的距离。所以，面试后要及时总结，不断提高。

一、面试后的总结

总结是为了提高，为了今后的进步。不管你面试是否成功，成功了为了今后在工作中更好地与人相处，不成功则还需要进一步努力。你应当在面试问题的回答、面试的服饰、面试的仪表等方面进行总结。如：

你的仪表是否令对方满意？

面试过程中是否表现得沉着、自信、充满活力并轻松自如？

你对自己的求职资格和工作能力的申述是否充分、中肯、令人信服？

你是否恰当地表达了自己的思想？

你的言谈举止是否得体，特别注意礼貌？

主考官对你的态度如何，对你可能形成什么样的评价？

你想问的问题是否都问了？

你对对方提问的反应是否恰当？

在面试的全过程中，哪些方面表现得最好，哪些地方失误最多？

这次面试你总的打分是多少？

【案例】

南京某高校学生小张同学在求职之初多次面试失败，在又一次接到一个单位的面试通知后，她神情紧张地到学院负责就业指导的老师处寻求帮助。指导老师问她有没有对面试失败的原因进行总结，她说出了几次失败的原因。她说，在电信公司应聘管理岗位的面试中，对自己的业余爱好回答说自己喜欢和同学一起逛街聊天；在某民办高校应聘辅导员岗位的面试中她，她显得过于紧张，说话没有条理；在远大集团面试中她没有说好为什么要加盟远大等。指导老师在了解她的几次面试的全部情况后，指出她对自己的情况掌握的不全面，对相关的问题缺乏全面的了解和应有的高度，并帮助她分析了许多她可能会在面试中碰到的问题，使她高高兴兴地离开指导老师办公室。十天以后，满心喜欢的她告诉指导老师该单位通知她去签约。

二、面试后的致谢

面试结束后的两三天内，你应该给负责这次面试的人事部负责人写一封信或发一个电子邮件，感谢他给你提供的机会，为你所花费的精力和时间，对你的指导等。许多单位，尤其是欧美的企业，特别看重面试后的感谢信，说不定这也能增加你成功的可能。

【案例】

面试后的感谢信

尊敬的××先生：

感谢您×月×日为我的面试花费的时间和精力。我和您谈话觉得很愉快，您的敬业精神和专业态度让我深感敬佩，面试也使我了解到许多关于贵单位的情况，包括单位的历史、管理形式以及宗旨。

正像我已经谈到过的，我的专业知识、经验和成绩对贵单位应该是有一定作用的，我对贵单位前途十分有信心，希望有机会能在您的手下工作，和你们一起为单位的发展共同努力。

再一次感谢您。并希望有机会和您再谈。

您的学生：×××

××年×月×日

一个星期后，你可以给负责这次面试的人事部负责人打一个电话，询问他们是否已经做出决定。打电话要注意礼貌，它可以表示出你的兴趣和热情，你还可以从他的口气中听出你是否有希望得到的那份工作。哪怕他们已经暗示你可能落选了，你也不要把自己的情绪明显地表现出来，而是谢谢对方给了面试的机会。这样做不仅仅是出于礼貌，而且还能使接见者在公司出现另一个职位空缺时心里想着你，创造出一个潜在的求职机会。

面试常用问题解读

一、结构化面试要重点准备的问题

1. 请你做一个自我介绍。

要点：这个问题在许多结构化面试中都会问到（保密性面试如公务员面试等一般不会问这个问题），但是缺乏经验的应届毕业生的回答往往难以令人满意。这个问题看上去简单，要回答好并不容易。正确的回答方式是：一、回答该问题要有次序，对大学生而言，可以按照自己简历的顺序逐步介绍自己的自然情况、思想道德、专业学习、工作能力、人际关系等几方面；二、回答该问题要有逻辑性，前后回答的内容应该自成一体，层层深入；三、重点突出你与众不同的地方，尤其是与岗位要求相适配的地方。

回答这个问题还必须注意，若你的面试的次序排在前几位，那你就必须做好详细的介绍的准备(除非考官有特别的要求)，因为作为考官而言，这时的思绪是清晰的，可能对你的每一句话都记得很清楚，如果你是不是处于前几位，那么你可能要做好两种版本的答案，一为简单介绍，一为详细介绍，无论是哪种版本，你都应该在介绍中突出自己与众不同的特点、和岗位为相适配之处。

为保证此问题的回答的绝对成功，建议你事先做好书面答案，并将其熟记于心。

2. 请你谈谈你的家庭情况。

要点：这个问题主要不是要了解你的家庭成员的职业、地位、收入，而是要通过你对家庭的叙述来了解你的相关情况。这里的相关情况主要有三方面：首先是了解你的成长环境和教育背景，你的父母是什么职业和文化水平，对你都不构成障碍，考官对你的受教育情况才是关注的重点，即你的父母是否对你的教育关心、你的成长历程是否具有良好的接受教育的环境；其次，通过你对家庭成员关系的描述，了解你对家庭的责任心，相当程度上这种责任心就是工作责任心的缩影；再次是家庭成员对你工作的支持程度，能否经常加班或者出差等；第四是家庭的成员的关系情况某种程度也说明你的人际协调交往能力。

一个学生对家庭情况的介绍

我出生在一个普通的工人家庭，我的父母都是工厂的职工，父亲是高中毕业，母亲是中专毕业。虽然他们的文化层次都不高，但是他们都重视子女教育，注重言传身教，经常给我讲学习知识文化的重要性。在我很小的时候，我就记得我父亲起早贪黑，加班加点地工作，他对工作的认真态度深深地影响了我，逐步地培养了我刻苦、认真的学习态度和工作态度。我的母亲心地善良，待人真诚，乐于助人，在单位的人际关系特好，她的一言一行也教育着我应该怎样去做人。生在这样的家庭，我觉得特别的幸福！

3. 谈谈你的大学生活。

要点：对于这类问题，切不可泛泛而谈。可以在简单的介绍你的大学的学习和工作情况后，着重谈谈你在大学阶段的难忘的人或事。如可以着重介绍一位给你留下深刻印象的教师或课程，一次你成功组织的课外活动等。

4. 你有哪些优点？

要点：许多刚出校门的大学生往往自我感觉甚好，加上为了得到工作的心理，容易把自己的优点说的比较好，不能准确、客观的评价自己。需要指出的是，如果你的主考官是中方人员，你应该谦虚的介绍自己的优点或者长处，不要把话说得很满；如果主考官是外方人员则应该实事求是，不用过于谦虚，尤其是欧美人士做考官时更应如此。提出你的优点时最好用事例予以证明，否则容易陷入空洞，如你说你的组织能力强，但到底怎么强需要事例加以说明。

5. 你有哪些不足，准备如何克服？

要点：这个问题看似简单，实际上并不好回答。如果说自己没有什么缺点，这是不合常规的，因为没有绝对的完美的人；如果如实地说自己的缺点，你可能会因此丧失就业的机会。一般而言，你所说的不足不能对你的应聘岗位形成威胁，即你的岗位要求和你的个人的弱点不能相冲突。正确的方法是婉转的提出你的一些日常显而易见的弱点，如性格急躁、耐心不足、性格内向、不够活泼、缺乏工作经验等。尤其要注意的是你不能自作聪明地说你的缺点是"工作太认真，不知道休息"等一类让考官容易误解的话，因为这样的话若出自大学生之口，让人觉得你虚伪，会说空话套话。

克服存在不足的方法，你可以从提高个人自身修养的途径去回答。

6. 你在大学的课余时间主要做什么？

要点：对这样的问题，主要是了解你的知识结构或者能力结构。如果你在大学期间是属于那种"书生型"的学生，你的课余时间应该阅读了大量的书籍；如果你喜爱运动，那么你可能在体育方面有一定的优势；如果你喜爱社会活动，你的能力可能比较全面。回答上述的三点内容都应该有相应的事例作说明。

7. 谈谈你的一次失败的经历。

要点：你不能说没有过失败的经历，也不能把是明显的成绩说成是失败；你要明确说明自己有失败的经历，并说明导致自己失败的主客观的原因，应当以客观的原因为主，关键是自己对待失败的态度以及自己在失败以后是怎么尽快地振作起来的。

8. 你为什么选择我们单位？

要点：你首先要强调的是对方的工作环境有利于自己的才能的发挥，其次是对方单位对员工的关怀与其他单位的不同之处，还有就是你自己和其他应聘者相比，你的与众不同的地方。千万不能单纯讲因为工资高、福利好的原因，否则会给对方以目光短浅的印象。

9. 你怎么看待你应聘的岗位？

要点：你可能是为了高薪而来，也可能是为了事业的发展而来。但是，不管如何，你首先要从该岗位的宏观方面的重要性谈，然后再谈你对该工作的兴趣及自我相关的能力。如：你学的是水利工程专业，应聘到水利部门当一名技术员，谈到对工作的认识时，你首先要从宏观方面谈水利对国计民生的意义，然后再谈你自身的兴趣相关的能力等。

10. 谈谈你理想中的同事。

要点：这个问题实际是在试探你与人相处的基本原则，了解你的人际关系和协作精神。一般而言，理想中的同事主要应该具备四点：一是要有良好的道德素质；二是要具备相互协作的团队精神；三是服从领导，遵章守纪；四是宽厚待人，心胸开阔。其他不要作太多的要

求，否则要求越多就对人越苛求，能适合你要求的人就越少，这正显示你人际关系中的不利的一面。

11. 上级让你做违反原则的事怎么办(譬如，领导让你做假账)?

要点：这个问题是一个两难的问题。如果违反原则，将来你可能会被追究责任，如果不违反原则，则领导会不高兴。正确的回答是，你应该尽可能说服你的上级不要做违反原则的事。如果上级能听你的意见则很好，否则你要么越级向上反映(你应该考虑反应不起作用的后果)，要么拒绝。不管怎么说，即使领导不高兴你也不能违反原则。当然，还有一种办法就是你服从领导的要求，但是，将来的结果完全可能由你兜着。

答这类问题，你应当坚持你的立场。需要强调的是，违反原则的事坚决不能去做。即使有可能导致你下岗也不做，要相信坚持原则没有错。往往正是你的立场坚定，就有可能会收到意想不到的效果。面试中经常用类似的题目来测试你的工作责任心、对待原则问题的立场等，因为用人单位即使有这样的想法也不会在面试的时候和你说。

12. 谈一下你的毕业论文或者毕业设计。

要点：回答这个问题，意味着考官中可能有你所学的专业的内行，千万不能造次。你应该本着严谨的态度，从毕业论文或者毕业设计的选题、国内外此选题的理论依据、研究进展、难点、重点、研究方法、实际价值等方面进行阐述，充分展示你的良好的专业素质和研究能力。

13. 如果我录用你，你将怎样开展工作?

要点：这实际上是要让你谈谈你的工作打算。你可以根据具体的岗位来说明。一般是认真学习，先尽快熟悉岗位要求；然后提出自己的计划目标。

14. 你是应届毕业生，在缺乏工作经验的情况下你如何开展工作?

要点：这个题目不难回答，但是回答的内容一定要透露出你谦虚的态度。你可以先说明任何经验都是在实践中积累的，对大学生而言，缺乏工作的经验，但是大学生有自身的优势，如身体素质好，精力充沛，接受新知识的能力强等；然后，你强调要加强学习，弥补经验缺乏的不足，向书本学，向身边的同事学，尽快适应岗位的要求。

15. 你对工资的期望值是多少?

要点：这是一个比较敏感的话题。通常情况下，你最好别主动问这个问题，如果考官问你，你也应该慎重回答。因为，如果你对薪金的要求过高，你应当考虑你将来付出的劳动是否大于这个数字，否则对方承担不了；如果你的薪金要求过低，显示你缺乏自信。如果你应聘的是欧美国家企业，尽量也不要按照书本上说的那样：欧美人崇尚有多大能耐开多少价。因为欧美的企业在中国投资的，其管理层也是以中国人为主，他们具有东方人的思维，除非考官都是欧美籍人员。通常情况下，你所应聘的岗位的薪水早已被安排好，问你这个问题可能是对方想证实一下对他们所开工资是否能引起你的兴趣，或者试图通过问此问题来进一步了解你。聪明的办法是把这个问题让对方去回答。

如，你可以这么说：待遇当然是应该考虑的，但不是最重要的，只要能对自己的工作有相应的体现就行了。贵单位一定有相应的薪金标准，不同学历层次的员工的收入是不同的，不知道像我这样大学本科刚毕业的学生在贵单位能享受到什么样的待遇？

16. 你怎么看待刚才进来的你的同学？

要点：这个问题有一个前提条件，就是你可能和你熟悉的同学一起去面试。这个问题实际是考察你的道德素质。你既然去应聘了，当然希望得到所向往的职业，但是不能因此就随意的贬低你的同学，不管主考人员出于什么目的问你，你应该实事求是地回答问题，对同学进行评价。评价要以正面的内容为主，简单介绍其不足。否则，你首先将丧失你自己的机会。

17. 你有什么需要问的？

要点：这实际是告诉你面试已经接近尾声了。对于这个问题，千万不要说没什么可问的，应该大胆、但是要谨慎的提出来，这实际上是给你一个自由发挥的机会，把你想了解的问题搞清楚，展示你的应有的水平和良好的素质。当然，你也可以简单地问"为什么这个岗位是空缺的？在这个岗位上以后有没有进修的机会？"等问题。

18. 你喜欢出差吗？（女生必读）

要点：这个问题一般对男生没有问题，而且问的可能并不大；但是对于女生则完全不同，许多单位在招聘工作中往往存在歧视女生的现象，其中能否单独出差、独当一面是考虑的重要因素之一。问到这个问题，并非对方一定要你出差，而是试探你是否具有吃苦耐劳的精神，你的家人是否支持你的工作，你是否具有较强的办事能力和独立精神。所以，回答这类问题应该针对性地回答，你最好在回答问题的过程中举例说明你的能力、工作的态度和家庭的支持，如，你可以说你在读书时期如何辛勤地参加学校的勤工助学工作，也可以说明你在大学阶段做了两年家教，每天都是晚上九点一人乘公交车从市区往学校赶。

19. 如果上司对你有非分之想你怎么办？（女生必读）

要点：对于应届大学生而言，这个问题是有些不能让人接受，但是既然对方问到了就不能回避。对于这个问题，你应当表明你的生活态度，如你可以说明你是光明磊落的人，希望和为人正派、作风端正、品行良好的人打交道，不能接受这样的事实，如果你真的碰到这样的领导，可以不惜辞职。这样的回答，既表明了你的态度，又将有可能有投石问路的领导拒之门外，为以后的工作创造良好的环境。当然，这样的问题一般被问的概率不大。

有女生这样回答这个问题：你们提出的这个问题其实我也考虑过，说明贵单位领导光明磊落，为人正派，现在媒体上这样的例子很多。我的一位同学在单位实习的时候就碰到这样

的问题，她愤而辞职，如果是我，我也会这样的，不过我相信，凭我认真工作的态度，敬业的精神，会得到领导的尊重的。

20. 你如何看待晚婚晚育？

要点：对于大学生而言，这个问题许多人恐怕都没有考虑过。这主要是考察你对工作、事业和家庭的态度。因为，对每个人而言，晚婚晚育意味着你可以有更多的时间用于工作，更多的单位并不希望你很快结婚生育，尤其是女生(硕士研究生毕业的女生更是如此)。对这个问题，你可以回答你还没考虑过，即使工作了，也不会很快就结婚生育，因为条件不具备，要对自己和未来的孩子负责。假如你是硕士研究生毕业的话，你也可以说，自己的年龄不小了，希望尽快地结婚，但是并不希望很快生育，因为个人的生活应该以不影响工作和事业为前提。

21. "掩饰"这个词的意思我们都知道，今天来面试的人都在尽量掩饰自己的缺点，展示自己的优点，请问你如何看待面试过程中的"掩饰"问题？

要点：这个题目主要考学生的逻辑推理能力和综合分析能力。

建议这样回答：不可否认，自己今天面试也有一些掩饰的成分，那是因为自己太想赢得今天的面试。生活中谁都不能离开掩饰，虽然有时候掩饰的是缺点。但是，如果社会上每个人每天每时每刻都能掩饰自己的缺点，展现自己的优点，那么，我们的社会就是一个非常和谐的社会。

二、结构化面试要准备的一般问题解读

1. 你认为大学四年哪些课程对你有帮助？

要点：这是考察你主要对哪一方面的知识感兴趣，你应当照实回答。如果是专业课你应当回答专业的主干课程；如果是应用型课程你也不用回避。

2. 你认为你有哪些特殊才能？

要点：你的推荐材料里都应该有了，你应当按照推荐材料的介绍回答。如果你确实没有什么特殊才能那就如实道来。

3. 你有过公开的演讲、主持或者授课的经历吗？

要点：主要是考察你在公开场合的表达能力，可能你应聘的岗位和语言表达有一定的关系，如果没有你千万不要捏造，否则露馅就更麻烦了，因为你有没有这样的经历，内行人通过面试基本能看出来。

4. 你觉得利用课余时间学习其他课程很困难吗？

要点：你所应聘的岗位可能对知识的更新要求比较高。回答这个问题你要准备对方继续往下问。如你回答"困难"，说明你学习其他知识的能力比较差，对方可能会问为什么，如

你说“不困难”，你就应当举例说明。

5. 你喜欢什么样的工作环境？

要点：这个问题主要是了解你的性格爱好。注意：千万不要给人你的自我中心感太强。

6. 谈谈你对我们单位的看法。

要点：那你千万不能说没有，你应当以肯定对方单位为主，最好不要提不足，如果非提不可，也要提一些不是很重要的问题。

7. 你应聘的岗位工作的压力是很大的，你能承受吗？

要点：毫无疑问，你如果想得到这份工作你就应该回答“能”，可以适当举例说明你对待工作的责任心和吃苦耐劳的品德。

8. 今后在事业上你有什么打算？

要点：不能说自己没有打算，最好也不要说诸如“我想过几年辞职报考研究生”等话，着重谈谈你今后在工作上的打算。

9. 工作中遇到麻烦你怎么办？

要点：能自己解决就自己解决，不能自己解决请同事帮忙解决，或者向领导汇报，请领导出面解决。

10. 你喜欢看什么样的书？

要点：注意，你看的书可以是专业的，也可以是其他业余爱好的书，但是不要让考官觉得你非常喜欢诸如武打、言情小说等，这样让人会觉得你可能会沉湎于这类小说而影响工作。

11. 你喜欢和什么样的人交朋友？

要点：物以类聚，人以群分，和什么样的人交朋友反映出你的性格和素质，你的回答应该向考官传递这样的信息，你喜欢和志向远大、热爱生活、品行高尚的人交往。

12. 你与其他求职者有什么不同？

要点：这个问题不要多回答，只要回答你的特点、爱好就差不多了。

13. 单调的工作你能干好吗？

要点：你应当这么回答：单调是相对的，只要是你喜欢的工作，再单调你也会好好干。

14. 你最引以为自豪的事是什么？

要点：介绍你的人生历程中做得比较成功的事吧。如，你的专业学习、你做学生干部期间组织的最成功的活动、你参加的校园文化活动和有关的比赛等。

15. 你的领导出于某种原因，当众对你进行了不公正的批评。你将怎样处理此事？

要点：考察考生的自我情绪控制及自信心。领导的不公正批评，原因可能故意的、也有可能是非故意的。作为下级，应该沉着冷静，结合自己及当时的实际情况，找出领导批评你的原因，然后在适当的场合向领导作一个解释。

三、无领导小组面试问题解读

1. 你认为以工作取向的领导是好领导呢，还是以人为取向的领导是好领导？

要点：这样的题目没有标准答案，只要能层层递进，自圆其说即可。

2. 如果今天面试结束后我们决定不录取你，你认为主要原因会是什么？为什么？

要点：主要考察求职动机与拟任职位的匹配性，也可考察考生的应变能力。此问题主要是让考生对自己的劣势做出分析。这是压力性题目，不要为压力所吓倒。你可以谈你今天面试表现欠佳的地方，但是，切记，不能将工作岗位需要你具有的素质变成你的不足。

3. 请你用十分钟的时间阅读下面的材料，并对材料后提出的问题进行思考，最好能够拟出发言提纲，以备讨论。

材料：

近年来，消极腐败现象，引起了广大人民群众的强烈不满，成为社会舆论的热点问题。导致腐败现象滋生蔓延的原因很多，有的群众归纳了十个方面问题：

(1) 随着改革开放的深入发展，西方国家的一些不健康思潮涌入我国，给人们以消极的影响；

(2) 中国传统封建意识中的"做大官发大财"，"当官做老爷"等等的意识复苏，一些干部"为人民服务"思想淡化；

(3) 商品、市场经济的负效应诱发了"一切向钱看"，导致拜金主义和个人主义泛滥；

(4) 谁都憎恨腐败，但对反腐败问题无能为力，有时自觉或不自觉地参与了腐败行为，从而助长了腐败问题的蔓延；

(5) 所谓"衣食足则知廉耻，仓廪实则知礼节"，由于现在是社会主义初级阶段，商品经济发展还不充分，人民的物质生活水平不高，贫富差距拉大，造成"笑贫不笑娼"等畸形心态；

(6) 政治思想教育跟不上，从而形成"一手硬而另一手软"的现象；对我党我军的光荣传统，不敢理直气壮地宣传；

(7) 国家在惩治腐败问题上，政策太宽，打击不力，人们反腐败信心不足；

(8) 还有一种说法认为腐败是任何社会都具有的共同特质，是人类社会无法消除和扼制的；

(9) 与商品、市场经济发展配套的相适应的民主制度与法律法规不健全；

(10) 十年动乱时期国家贫、人民穷，腐败现象少；现在人民安居乐业，所谓"富贵思淫欲"，这助长了腐败的蔓延。

问题：你认为上述十个问题中，哪三项是导致腐败现象滋生蔓延的主要原因(只准列举三项)？并陈述你的理由。

要点：(3)(6)(9)为准确答案。

摘自 http://news.xinhuanet.com/edu/2008-02/15/content_7610540_2.htm

4. 你是村支部副书记，星期日恰逢你在村委会值班。在你值班期间，你接到电话，你村一个体化工企业突发爆炸事故，造成多人伤亡。你经过核实后，情况属实。请问你作为村值班干部在第一时间里应该紧急处理哪些事项(请从下列备选项中选四项,不许多选),并陈述理由。

(1) 迅速赶往事故现场。

(2) 立即和当地的急救中心联系,派医生和救护车救人;

(3) 立即向当地的公安机关报告,请求派员支援;

(4) 动员本村力量组织营救工作,协调营救过程中的矛盾。

(5) 立即向当地的消防部门报告,请求救援;

(6) 立即向媒体通报情况;

(7) 处理好遇难工人的后事;

(8) 立即向村主要领导汇报情况;

(9) 成立抢险救灾领导小组;

(10) 成立事故调查小组;

要点:(2)(3)(5)(8)为正确答案。

3、4题考生发言应积极主动,内容要有道理,不重复。善于总结和利用他人的观点为己所用;并能够协调其他考生之间的冲突,善于系统、全面地分析问题;论点鲜明、论据充分、逻辑性强;语言说服力、感召力强。

需要说明的是,因为篇幅的限制,上述仅仅是罗列了一些较为常见的面试题目,实际操作层面的题目是非常多的,这需要同学们在今后的就业过程中不断地学习。除此之外,任何专业岗位的面试还会有专业的面试题目,尤其是今年来公务员考试的升温,使得公务员面试题也越来越广,村官面试也大有赶上公务员面试之势,在这里不能一一介绍,还需要同学们在就业的过程中注意收集相关资料,及时了解掌握。

附一:结构化面试场景图

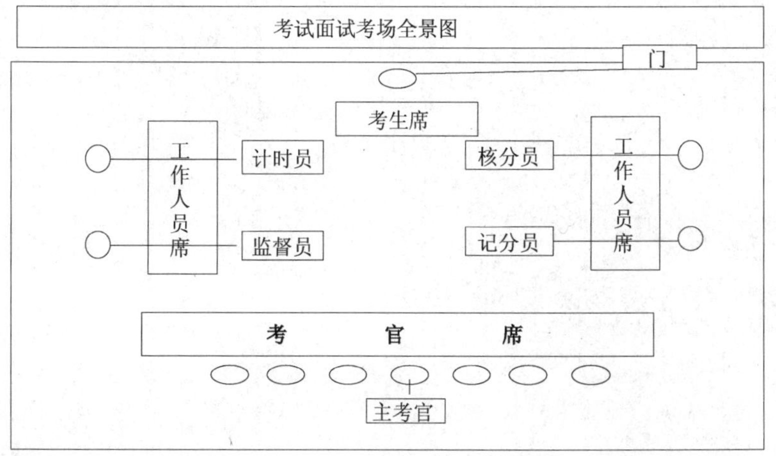

附二：无领导小组面试场景图

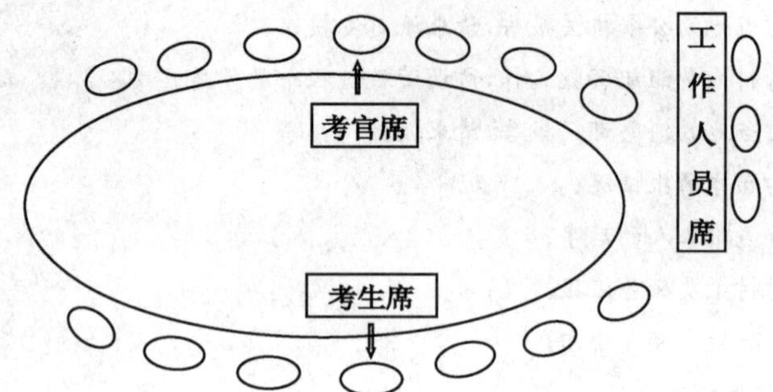

第十一章

签订协议

——成功就业的保障

提醒：面试成功后，用人单位和毕业生的双向选择应该达到了目的，这时候，签订协议是保障双方权利的重要途径，不可小瞧这一纸协议噢。

就业协议书定义和作用

一、就业协议书的定义

高校毕业生就业协议书(以下简称就业协议书)是明确毕业生、用人单位和学校在毕业生就业工作中权利和义务的具有法律意义的书面表现形式。它是国家教育行政部门为规范毕业生就业工作，保障毕业生和用人单位的合法权益，杜绝就业欺诈行为而采取的一项必要措施。它一般由国家教育部或各省、市、自治区教育行政部门印制。就业协议是毕业生和用人单位关于将来就业意向的初步约定，是对双方的基本条件以及即将签订的劳动合同的基本内容的大体认可，并经用人单位的上级主管部门(没有主管部门的用人单位就是其自身)和高校就业指导部门同意，一经毕业生、用人单位、高校、用人单位主管部门签字盖章，即具有法律效力。随着就业市场的变化，一些省份，例如江苏、山东、上海等地不再将高校列为就业协议书的当事人，只要毕业生和用人单位之间签字盖章就算完成签约程序，就业协议书也变成了双方协议。就业协议书是将来双方订立劳动合同的依据，也是学校形成就业方案的依据，更是作为学校派遣学生的依据，还是毕业生办理报到、接转档案户口的依据。

二、就业协议书的作用

应届高校毕业生与用人单位达成就业意向后，须签订由学校发放的就业协议书。该协议书是转递毕业生档案和户口关系，办理报到落户手续的依据，学校凭毕业生已签订的就业协议书派遣毕业生的档案、户口等关系。如果不签订就业协议书，毕业生毕业后的人事档

案、户口等关系就可能被派回到生源所在地。因此,毕业生在找到合适的工作单位后,就可与单位签订就业协议书。就业协议书上除了用人单位盖章外,还需由用人单位上级人事主管部门盖章。

毕业生到民营企业、合资企业、外资企业等单位工作时会碰到一个具体问题——这些法人实体没有上级人事主管部门。这就需要用人单位到各地的人才交流中心办理人事代理手续,来解决该单位接收毕业生人事关系的问题。只要用人单位持营业执照和公章到有关人才交流中心,即可免费办理人事代理开户手续,就业协议书的鉴证、档案的接收、落户、党组织关系接转等,都可由有关人才交流中心来为用人单位接收和办理。

就业协议书的内容

一、就业协议书的主要内容

就业协议书是一种格式合同,具体包含以下内容:

(一) 毕业生(乙方)应按国家法规就业,向用人单位(甲方)如实介绍自己的情况(包括本人的姓名、学校、专业等),了解用人单位的招聘意图,表明自己的就业意见,在规定的时间内到用人单位报到,若遇到特殊情况不能按时报到,需征得用人单位同意。

(二) 用人单位要如实介绍本单位的情况(包括单位的性质、档案管理方式等),明确对毕业生的要求及聘用年限和岗位、工资等待遇,做好各项接收工作。

(三) 学校要如实向用人单位介绍毕业生的情况,做好推荐工作,用人单位同意录用后,经学校审核列入建议就业计划,报主管部门批准,学校负责办理派遣手续。

(四) 用人单位和毕业生之间根据国家毕业生政策及相关规定,遵守诚实信用的原则,在平等自愿、协商一致的基础上,依法对甲方接受乙方事宜进行约定,并规定甲乙双方各自权利和义务。

(五) 各方应严格履行协议,任何一方若违反协议,应承担违约责任。

(六) 其他补充协议。

(七) 协议经双方认可并签字盖章后生效。

二、就业协议书的附加协议的主要内容

就业协议书属于格式文本,其中内容大多是规定或填空式的,基本上涵盖了用人单位和毕业生的权利和义务。但仍然有许多内容,条款中未涉及或需要进一步明确的,这就需要双方约定后,填写在附加栏或用附加协议予以补充。

【案例】

关于××航空公司拟招飞行学员签订《高校毕业生就业协议书》附加条款

1. 该生必须符合中国民航总局规定的飞行员政治条件及体格标准，否则用人单位将不予接收。

2. 该生必须于2014年3月前通过用人单位安排的英语口语及笔试测试，否则不予接收，且该生应向用人单位支付违约金人民币伍仟元整。

3. 该生必须于2014年7月前毕业，并取得毕业证书、学位证书，否则用人单位不予接收，且该生应向用人单位支付违约金人民币伍仟元整。

4. 除本附加条款以上3条规定外，用人单位和毕业生任何一方提出解除协议的，必须征得另一方同意，并向另一方缴纳违约金人民币伍仟元整。

……

从上面的案例我们可以看出，附加协议主要是针对毕业生未能如期毕业取得相应的毕业证书、学位证书或体检不合格等原因造成就业协议无法履行所应该承担的责任。当然，毕业生如果有什么要求，也可以在附加协议中明确。附加栏是为毕业生、用人单位、学校三方共同约定的其他条款所设计的。在附加栏中毕业生与用人单位约定的条款如果不涉及学校的有关规定，不违反政策，并只在毕业生与用人单位之间约定，学校是不予干涉的。

三、签订就业协议书应注意的条款及内容

(一) 有关毕业生本人的信息应如实填写。

(二) 用人单位的信息一定要让用人单位填写详细，以便学校就业部门核对盖章。

(三) 备注部分有关升学、考研、出国等情况应与用人单位提前沟通，并取得对方谅解，不能有欺骗行为。

(四) 毕业生在与用人单位签订就业协议书时，应注意维护自己的合法权益。与用人单位商定的工作地点、工作岗位、培训机会、违约条款、社会保险（养老保险金、医疗保险金、住房公积金、失业保险金等）、薪酬（应注意了解单位提供的薪酬是否是扣除社会保险后的税后收入）这些条款宜在就业协议中标明，万一今后产生劳动纠纷，这些都是劳动争议的判定依据。

(五) 除协议书规定内容外，三方如有其他约定事项可在协议“其他约定”内容中加以补充确定，口头承诺无效。

签订就业协议书

一、签订就业协议书的原则

（一）平等自愿原则

身份平等是指当事人的法律资格平等，或说是民事权利能力平等。自主是指当事人依照自己的价值准则，自立地去判断、去选择，而不受他人的强迫。

（二）双向选择原则

即用人单位和毕业生通过沟通了解，用人单位愿意接收毕业生，毕业生也愿意到用人单位工作。在这个过程中，双方的选择权是自由的。

（三）合法性原则

即订立就业协议的主体必须合法，内容必须合法。主体合法主要是指求职者必须具有就业资格，即必须是毕业生或结业生，并具有民事能力；用人单位必须具有民事能力，具有录用毕业生的权利或计划。内容合法主要是指所签订的协议必须符合国家的法律法规，符合国家的就业方针政策和各级政府的有关规定，符合社会道德。

（四）诚实信用原则

这主要是指当事人各方面都要客观、如实地介绍情况，不得用欺诈、隐瞒、作假等手段骗取他方，同时必须守信践约，认真履行协议规定的义务。

二、签订就业协议的注意事项

第一，签协议前，毕业生一定要全方位地了解用人单位的相关情况。例如企业的发展趋势、企业招聘的岗位性质、企业的员工培养制度、待遇状况、福利项目等系列内容，不但要掌握资料，更要实地考察。并且还需要重点了解单位的人事状况，了解企业是否具有应届毕业生的接收权。

第二，毕业生在签约时要按照正常程序进行。一般程序是：由用人单位签署意见、盖章，毕业生本人签名，用人单位上级部门盖章，交学校毕业生就业指导机构盖章，协议生效。有些学校规定毕业生持用人单位的接收函到院系领取就业协议书，由毕业生、院系在协议书上签署意见后交用人单位，用人单位签署意见后再交给学校。有的毕业生为省事，要求学校先签署意见，但这样做使学校无法起到监督、公正的作用，最可能受害的将是毕业生本人。

第三，签署协议书时，一定要认真、如实地填写协议书内容。如果报考了研究生或准备出国，应事先向用人单位说明，并在协议书中注明。以往有毕业生向用人单位隐瞒这些情况，而后会引起不必要的麻烦。协议中空白处若无相关约定，最好划上“/”或注明“空白”。

第四，毕业生在签约时也要考虑对自身权益的保护。协议具有双向约定的作用，如果有双方需要相互承诺的部分，一定要在协议书或补充协议上加以说明。就业协议中可以规定违约金的数额，对于违约金，尚无统一规定，但一定要有金额限度。

第五，毕业生在签约中，一定要注意条款的合理性。我国劳动法明确规定，用人单位不得以任何理由，向毕业生收取报名费、培训费、押金、保证金等，并以此作为是否录用的决定条件。

第六，毕业生、用人单位双方都不应单方面拖延签约周期。毕业生遇到问题而犹豫不决时，最好能够及时咨询高校就业部门负责老师，征求相关的意见和指导。

第七，每位毕业生只能与一个用人单位签订就业协议书。复制协议书后与多家用人单位签订协议的行为是违规行为，不仅协议无效而且将受到校纪处分或法律追究。

第八，签订就业协议书后，一定要签署劳动合同。正式的劳动合同可能是学生毕业前签订、毕业后生效的，也可能是毕业后签订、立即生效的。一般就业协议书也会在劳动合同生效时，而终止其效力。

三、签订就业协议的几个关键点

签订就业协议的过程中，有以下几个方面要特别注意：

（一）关于实习问题

一般而言，在未正式签订就业协议书之前，单位都会要求毕业生先去实习一段时间，有的单位签约后也会要求毕业生去实习，先熟悉工作环境。这样做，可以缩短毕业生的工作适应期，也可以进一步考察毕业生，这都是情理中的事。但在实际操作中，毕业生因为还有毕业论文毕业设计等许多教学环节未完成，所以不可能像“职业人”那样全身心投入，否则会影响自己的学业。另外，对于大学生实习中遇到的待遇、保险、劳保等问题，尚无明确的法律法规，一旦出现类似的问题，将很难有相应的法律来维护自己的权利。因此，建议毕业生，一是未毕业之前，仍然要以学业为重，毕竟毕业才是就业的前提；二是实习也要与用人单位签订相关的书面协议，明确双方的权利和义务，规定实习的期限，以免一旦用人单位不能接受毕业生，好另作安排，不耽误毕业生联系其他单位。

（二）关于工资问题

工资问题是毕业生十分关注的，我们建议，毕业生应注意以下几点：一是注意工资的结构，工资如何构成，按照规定，工资不能低于当地的最低工资标准，而且最低工资不含保险、加班津贴等；二是根据单位所处的行业和地区实事求是的确定自己的工资心理价位，毕业生刚就业，需要一段适应期，是单位的培养考察期，至于以后的待遇，主要看你的对单位的贡

献；三是要了解单位的人事薪酬体系，薪酬体系的设计，是一个单位管理的重要组成部分，一个成熟的单位，都会有一整套奖励激励机制来吸引和留住对单位有用的人才。

（三）关于保险问题

《劳动法》第七十二条明确规定，“社会保险基金按照保险类型确定资金来源，逐步实行社会统筹。用人单位和劳动者必须依法参加社会保险，缴纳社会保险费。”因此，大学生与用人单位签订合同后，用人单位有义务为员工缴纳社会保险费，应依法到当地社会保险经办机构办理参加基本养老保险手续。这意味着，企业给员工办保险是一个法定的义务，不取决于当事人自愿与否。而作为合同期一部分的试用期也应该为员工办保险。社会保险中包含养老、医疗、工伤、失业和生育保险五大险种。“三险一金”指：失业保险、养老保险、医疗保险、住房公积金。“五险一金”指：失业保险、养老保险、医疗保险、工伤保险和生育保险、住房公积金。其中失业保险、医疗保险和养老保险，这三种险是由企业和个人共同缴纳的保费，工伤保险和生育保险完全是由企业承担的。“五险”是法定的，而“一金”非法定。

（四）关于工作期限问题

工作期限根据双方协商愿意，可以分为短期、中期、长期等类型。《劳动合同法》实施后，用人单位对于这个问题还是很慎重的。作为毕业生来说，要根据自己的实际情况和对单位的了解来确定工作的期限。特别要提醒的是，如果用人单位在招收或使用劳动者（包括大学毕业生）的过程中提供特殊待遇后，可以与劳动者协商确定一个附属的工作期限，而且，一经商定形成协议，毕业生应该严格按商定执行。这里的所谓特殊待遇，应该有两个特征：一是这种待遇不是法定的待遇；二是这种待遇不是用人单位为本单位全体劳动者提供的普遍待遇，而是只提供给特定的劳动者。例如用人单位出资为劳动者提供培训，解决住房等。

（五）关于违约金问题

毕业生与用人单位签约时，一般都会设置一笔违约金。通过违约金的设置，对双方进行适当约束，这是符合相关法律和就业政策的。但是，关于违约金的具体数额，国家相关部门却没有明确的规定，在实际操作中也有不少争议，而且违约金一般更多的是约束毕业生，对用人单位约束相当有限，而毕业生因为还没有具体工资收入，赔付能力也相当有限。所以，违约金要经双方约定，并且数额有限。上海市2006届毕业生使用的就业协议书中首次对于违约金进行了明确限定，规定违约金不得高于毕业生第一年的平均月收入。

（六）关于毕业生落户的问题

毕业生的户籍管理工作关系到毕业生的切身利益，关系到社会稳定，上学时将户口随之迁入学校的学生，毕业时一般将户口再随之迁出。落户基本有两种情况：一是已落实就业单位的，学校将把你的户口从学校所在地迁往你的就业单位所在地。二是没有落实就业单位的，将现户口迁往原籍，也就是从何地迁入再迁回何地（保留非农业户口）。在签约时，还要注意，有些地方对于毕业生落户是有特别规定的。例如上海市对于非上海生源毕业生在沪就业办理户籍有详细的规定，要求一般为应届毕业研究生或上海普通高校、国务院各部（委、办、局）所属普通高校、列入“211 工程”的地方普通高校的应届本科毕业生，并且对于毕业生的英语等级、计算机等级等都有要求，必须由用人单位向相关单位递交《非上海生源应届普通高校毕业生进沪就业办理户籍申请表》（附学习成绩），经严格审核后才能办理。关于这类的问题，毕业生在签约时，一定要先了解相关的政策。

这里需要特别提醒的是：毕业生毕业离校后，个人档案、户籍证明应当及时迁移，要么转入所在单位相应部门，要么转入相关人才市场代理机构；二是毕业生本人的党员组织关系介绍信、毕业证书、学位证书、各种获奖证书应当妥善保存。一旦遗失，要么没法补办，要么补办的手续很麻烦。

就业协议书的法律效力

就业协议书是一种特殊的民事合同，其订立和执行都适用于《民法通则》、《合同法》的调整。从订立的原则来看，就业协议书必须双方当事人意思表示一致为前提；从签约的主体来看，无论是用人单位还是毕业生，其法律地位都是平等的。

【案例】

2012 年 11 月，某报到某高校选聘文字编辑，小周参加了招聘考试。当天，她就签了约，一份是《全国普通高等学校毕业生就业协议书》，另一份是《聘用协议》。然而，直到 2013 年 6 月中旬，高校毕业生就业工作基本结束时，小周仍未来报到，也没有任何音信。原来她已经到另外一家报社上班去了。7 月，报社正式致函，请其履行协议，否则，将通过法律途径解决问题。9 月，在始终没有得到任何方面明确答复的情况下，报社向法院提起诉讼，状告小周违约，要求被告赔偿。10 月 28 日，法院开庭审理此案。法院认为，原、被告之间自愿签订的全国普通高等学校毕业生就业协议、聘用协议，是双方当事人真实意思的表示，双方都应按照协议履行。被告的行为，违反了《合同法》，应承担违约责任。

就业协议书经双方当事人签字盖章后即具有法律约束力，任何一方无权擅自变更或解除，案例中的同学属于明显的违约行为，也有专家指出以上案例用人单位之所以能胜诉，关键就在于签订的附加聘用协议，它的合法性是毋庸置疑的，实际上也是最值得所有大学毕业生和用人单位共同关注的地方。因为，受到一些体制、法律等因素的影响，毕业生就业协议书由于是单位、个人、学校三方的协议意向，往往在法律定性上比较复杂。而这个单位的法律意识很清晰，在就业协议书不能明确分清聘用关系的情况下，与学生签订明确的双方聘用补充协议，一下子使这种聘用关系有了清楚实在的约定，也为日后一旦产生纠纷提供了

保障。

一、就业协议的解除

就业协议的解除分为单方解除和双方解除两种。单方解除,包括单方擅自解除和单方依法或依协议解除。单方擅自解除协议,属违约行为,解约方应对另一方承担违约责任。单方依法或依协议解除,是指一方解除就业协议有法律上或协议上的依据。如:学生未取得毕业资格,用人单位有权单方解除就业协议;毕业生被录取为研究生后,按规定可解除就业协议;或依协议规定,毕业生未通过用人单位所在地组织的公务员考试,用人单位有权解除协议(此处专指通过公务员录用考试方能录用毕业生的国家机关或参照公务员管理的机关),此类单方解除,解除方无须对另一方承担法律责任。双方解除是指毕业生、用人单位,经协商一致,取消原订立的协议,使协议不发生法律效力。此类解除因是双方当事人真实意愿表示一致的体现,双方均不承担法律责任,但须取得学校同意。

应当说,学校和用人单位都不希望出现随意解除就业协议的现象发生。但是,在市场选择过程中,总有一些毕业生因为这样那样的特殊原因需要解除已经签订的就业协议。按照有关规定,要解除就业协议毕业生必须履行必要的审批程序与手续后,才有可能与新的用人单位签署新的就业协议。办理解除协议的程序主要有以下几方面:

(一)毕业生首先应该提出合适理由。这种理由,通常有两种类型,一种是客观原因导致的,如毕业生本人、家庭、原签约单位出现的不以人的意志为转移的天灾人祸,导致毕业生无法正常报到就业;另一种是毕业生的主观原因,如又找到了更好的单位,或者发现签约单位有许多让人无法接受的东西等。不管哪种情况,毕业生都应该先征求用人单位的同意,否则,解除协议就无从谈起。还有一种情况主客观因素都有,如毕业生考取研究生(公务员、出国学习等等)。一般地,用人单位进入高校招聘的时间比较早,毕业生在不能确定自己能否考取的情况下,与用人单位签下就业协议。如果录取,违约在所难免。这种情况,视为违约的原因是,签约前后毕业生本人始终隐瞒自己报考研究生的诸多事实。一般来说,毕业生如果仅仅因为薪水、待遇、条件等追求个人利益的最大化的问题提出解约,往往会导致用人单位的不愉快。用人单位即使勉强同意毕业生解除协议,毕业生也要缴纳一笔不菲的违约金。因此,最好的办法是毕业生能以情感人,主动征得已签约单位的谅解,同意开具解除协议的书面证明(必须加盖用人单位公章),索回自己的就业协议书(含推荐表)。

(二)凭原用人单位同意解除协议的书面证明,毕业生本人前往自己所在院系负责就业工作的老师处进行情况登记、解约审核,并由院系分管领导签署“同意解约”的书面意见,并加盖公章。

(三)毕业生本人将签有原签约单位和本学院(系)领导签字的同意解除协议的书面证

明送交学校毕业生就业指导中心审批。获得批准后，在交还原就业协议书的前提下，可以申请领取新的就业协议书。

（四）毕业生在人才市场上寻找新的接收单位，签署新的就业协议，并将新的协议书的“学校联”在规定时间内交至学校毕业生就业指导中心，以便学校及时列入就业派遣计划、办理毕业生离校手续；如果大学生已经毕业离校，那么本人必须自行前往所属省（市）教育行政部门学生就业指导机构，先交还已经开具的原就业派遣证，再领取新的就业派遣证。

（五）凭新的就业派遣证，毕业生可以在协议双方约定的时间内前往新的接受单位报到上岗。

二、不属于违约的情况

一般情况下，毕业生签订协议后，不会轻易要求解除协议。即使解除协议，原因也是多种多样的，不能一概而论，需要具体情况具体分析，然后再依据不同情况，进行有针对性的解决。

解除协议并不一定等于违约。违约是有明确界限要求的。下列情况出现后，不属于违约的范围：

（一）就业协议本身如果是无效协议，即使一方违反就业协议，也不属于违约。因为违约以及违约责任的成立，必须以有效就业协议的存在为前提。无效就业协议，从开始就不发生法律效力，对协议双方都没有任何约束力，也不存在履约和违约问题。

（二）协议双方经平等协商后达成一致，共同要求解除协议的，不属于违约。毕竟，就业协议的订立是双在平等基础上协商一致的结果，是双方共同意愿的表示。违约却是关于协议履行的单方面意愿的表示，一般来说，一方的违约必然造成另一方的一定程度的损失。

（三）就业协议解除或者终止约定出现时，一方或者双方提出解除协议或者终止协议的，不属于违约。譬如，因为毕业生不能正常毕业或者体检不合格，用人单位提出解除协议，不属于违约范畴。毕竟这是协议双方预先约定的协议生效条件。

（四）附加特殊条件的就业协议，因为条件的成立或者不成立而使协议不生效的，那么解除协议的行动不属于违约的情形。

【案例】

小C与上海X外企签约了，但是，考虑到工作的实际需要，企业要求并且双方约定：小C毕业时必须通过国家英语六级考试。遗憾的是，毕业时，小C以1分之差与CET6证书失之交臂。当然，小C的签约没有办法生效，用人单位最后拒聘小C，这显然不是违约的情形。

（五）相关法律法规规定的其他行为。例如，依据江苏省人民政府办公厅苏政办发[2003]53号文件中第四条规定：“已与用人单位签订就业协议（合同）的应届高校毕业生，在

毕业离校前升学、入伍或被录用为国家公务员(含参照部门),不视为违约,用人单位不得收取违约金”。

三、违约的法律后果

就业协议书一经毕业生、用人单位、学校签署即具有法律效力,任何一方不得擅自解除,否则违约方应向权利受损方支付协议条款所规定的违约金,从实际情况来看,就业违约多为毕业生违约。

毕业生违约,除本人应承担违约责任,支付违约金外。往往还会造成其他不良的后果,主要表现在:

一、就毕业生个人而言,首先涉及到个人信用问题。作为受过高等教育的大学毕业生,应当遵守诚信原则。如果你想做一个有信用的人,签约之后就应当履约。所以在大学生签约之前一定要慎重从事。目前,很多高校对于学生应聘违约问题都有严格的规定,重新办理手续很繁琐。学生一旦违约,需要与签约单位解约,由签约单位出具同意解约的书面证明材料,学校才能重新办理相关手续。有些学校还会在网上对学生的违约行为进行公示,并会在其协议书上注明“已违约一次”。这些,都会使学生个人的诚信度下降。

二、就用人单位而言,用人单位往往为录用毕业生做了大量的工作,有的甚至对毕业生将要从事的具体工作也有所安排。同时毕业生就业工作时间相对比较集中,一旦毕业生因某种原因违约,势必使用人单位的招聘工作成果付之东流,用人单位若另行选择其他毕业生,在人力上、时间上会付出更大的代价,从而给用人单位工作造成被动。

三、就学校而言,用人单位往往将毕业生违约行为认为是学校的管理不力造成的,从而影响学校和用人单位的长期合作关系。由于毕业生存在违约现象,用人单位往往对学校的推荐工作表示怀疑。从历年情况来看存在着这样一种现象:一旦有毕业生违约,和学校有多年合作关系的用人单位往往会在几年之内都不愿到学校来挑选毕业生。面对激烈的就业竞争,用人单位的需求就是毕业生择业成功的前提,如果一再出现学生违约的情况,必定影响今后学校的毕业生就业工作。

四、就其他毕业生而言,用人单位到校挑选毕业生,一旦与某毕业生签订就业协议,就不可能再录用其他毕业生。若日后该毕业生违约,有些当初希望到该用人单位工作的其他毕业生由于录用时间等原因,也无法补缺,造成就业信息的浪费,影响其他毕业生就业。因此,毕业生在就业过程应慎重选择,认真履约。

什么是劳动合同?

劳动合同,也称劳动契约、劳动协议,它是指劳动者同企业、事业、机关单位等用人单位为确立劳动关系,明确双方责任、权利和义务的协议。根据协议,劳动者加入某一用人单位,承担某一工作和任务,遵守单位内部的劳动规则和其他规章制度。企业、事业、机关、团体等用人单位有义务按照劳动者的劳动数量和质量支付劳动报酬,并根据劳动法律、法规和双方的协议,提供各种劳动条件,保证劳动者享受本单位成员的各种权利和福利待遇。

一、劳动合同的一般特征

劳动合同作为合同的一种,它具有合同的一般特征。

(一) 合同是法律行为,是设立、变更或消灭某种具体的法律关系的行为,其目的在于表达设定、消灭或变更法律关系的愿望和意图。这种愿望和意图是当事人的意思表示,通过这种意思表示,当事人双方或多方产生一定的权利义务关系,但这种意思表示必须是合法的,否则,合同没有约束力,也不受国家法律的保护。

(二) 合同以在当事人之间产生权利义务为目的。合同当事人的协商,总是为了建立某种具体的权利义务关系,而一旦合同依法成立,这种对当事人有约束力的权利义务关系就建立起来了。任何一方当事人都必须履行自己所应履行的义务,如果不履行合同规定的义务,就是违反合同,就要承担相应的法律责任。

(三) 合同是当事人双方或多方相互的意思表示一致,是当事人之间的协议。主要表现为:合同的成立,必须有两方或两方以上的当事人;当事人双方或多方意愿必须互相充分表达;当事人的意思表示必须一致。

二、劳动合同的法律特征

劳动合同除具有合同的一般特征外,还具有法律特征。

(一) 劳动合同是建立劳动关系的一种法律形式,以合同形式确立了劳动者与用人单位的权利义务。

(二) 劳动合同双方当事人中,一方必须是具有劳动权利能力和劳动行为能力的公民本人,另一方必须是企业等用人单位的行政,不能是企业的党团组织或工会组织。

(三) 劳动合同的当事人之间存在着职业上的从属关系,即作为劳动合同一方当事人的劳动者,在订立劳动合同后,成为另一方当事人企业等用人单位的一员,用人单位有权指派劳动者完成劳动合同规定的属于劳动者劳动职能范围内的任何任务。这种职业上的从属关

系,是劳动合同区别于其他合同的重要特点之一。

(四)劳动合同双方当事人的权利和义务是统一的,即双方当事人既是劳动权利主体,又是劳动义务主体,根据签订的劳动合同,劳动者有义务完成工作任务,遵守本单位内部的劳动规则,用人单位有义务按照劳动者劳动数量和质量支付劳动报酬。劳动者有权享受法律、法规及劳动合同规定的劳动保险和生活福利待遇,用人单位有义务提供劳动法律、法规及劳动合同规定的劳动保护条件。

(五)劳动合同的订阅、变更、终止和解除,按照国家劳动法律、法规的规定。

劳动合同分为固定期限劳动合同、无固定期限劳动合同和以完成一定工作任务为期限的劳动合同。

固定期限劳动合同,是指用人单位与劳动者约定合同终止时间的劳动合同。用人单位与劳动者协商一致,可以订立固定期限劳动合同。

无固定期限劳动合同,是指用人单位与劳动者约定无确定终止时间的劳动合同。

以完成一定工作任务为期限的劳动合同,是指用人单位与劳动者约定以某项工作的完成为合同期限的劳动合同。

劳动合同和就业协议书的区别

【案例】

眼下,由于一些单位和求职者对就业协议和劳动合同的认知比较模糊,争议时有发生。供职于上海一家研究所的小宋,在念研究生时和单位签订了就业协议。毕业后,他按协议约定工作已满3个月,但单位根本不与他签订劳动合同。日前,他找到一家公司打算就职,但研究所以"就业协议中有约定"为由,要求他支付3 000元"违约金"后方能走人,否则将扣留档案不予放行。

劳动保障部门指出,就业协议和劳动合同是两个不同的概念,单位一旦和求职者确立了劳动关系,就应依法签订正式的劳动合同;应当订立劳动合同而未订立的,劳动者可以随时终止劳动关系。小宋已经拥有劳动者身份,研究所不能继续凭借就业协议中的条款加以阻挠。

有关专家形象地比喻说,就业协议类似于"出嫁协议",而劳动合同类似于"夫妻协定"。前者发生在学生毕业之前,由学生、学校、用人单位三方共同签订"出嫁协议",以确定就业意向和相关权益,包括擅自解除约定方应支付的违约金;但是,"出嫁协议"只约束"婚前","婚后"的生活如何安排,应由"夫妻协定"明确。一旦学生毕业离校后,学校将脱离三方关系,毕业生和用人单位双方应确立劳动关系,签订劳动(聘用)合同,而就业协议则同时终止。

就业协议与劳动合同是用人单位录用毕业生时所订立的书面协议，但两者分处两个相互联系的不同阶段，表现在：

一、性质不同

毕业生就业协议是毕业生在校时，由学校参与见证的，与用人单位协商签订的，是编制毕业生就业计划方案和毕业生派遣的依据。劳动合同是毕业生与用人单位明确劳动关系中权利义务关系的协议，学校不是劳动合同的主体，也不是劳动合同的见证方，劳动合同是上岗毕业生从事何种岗位、享受何种待遇等权利和义务的依据。

二、内容不同

毕业生就业协议的内容主要是毕业生如实介绍自身情况，并表示愿意到用人单位就业、用人单位表示愿意接收毕业生，学校同意推荐毕业生并列入就业计划进行派遣。劳动合同的内容涉及劳动报酬、劳动保护、工作内容、劳动纪律等方方面面，更为具体，劳动权利义务更为明确。

三、签订顺序不同

一般来说就业协议签订在前，劳动合同订立在后，如果毕业生与用人单位就工资待遇、住房等有事先约定，亦可在就业协议备注条款中予以注明，日后订立劳动合同对此内容应予认可。

四、法律效力不同

就业协议是毕业生和用人单位关于将来就业意向的初步约定，对于双方的基本条件以及即将签订劳动合同的部分基本内容大体认可，并经用人单位的上级主管部门和高校就业部门同意和见证，一经毕业生、用人单位、高校、用人单位主管部门签字盖章，即具有一定的法律效应，是编制毕业生就业计划和将来可能发生违约情况时的判断依据。而劳动合同是劳动关系双方严格依据国家法律法规，特别是劳动法的有关规定签订的，具有严格的法律效力。

五、解决纠纷的手段不同

就业协议发生争执，除根据协议本身内容之外主要依据现有的毕业生就业政策和法律对合同的一般规定加以解决，目前尚没有专门的一部法律对毕业生协议加以调整，主要是依据毕业生与用人单位之间的协商来解决或者参照《民法》《合同法》的相关原则处理。而劳动

合同发生争议可依据《劳动法》《劳动合同法》等劳动法律法规来处理。另外还要说明的是，劳动合同争议处理有一个劳动争议的仲裁程序，即先通过劳动保障部门的仲裁，仍有疑义，则按照法定程序进入司法程序。

劳动合同的内容

劳动合同应当具备以下条款：

一、用人单位的名称、住所和法定代表人或者主要负责人；

二、劳动者的姓名、住址和居民身份证或者其他有效身份证件号码；

三、劳动合同期限；

四、工作内容和工作地点；

五、工作时间和休息休假；

六、劳动报酬；

七、社会保险；

八、劳动保护、劳动条件和职业危害防护；

九、法律、法规规定应当纳入劳动合同的其他事项。

劳动合同除前款规定的必备条款外，用人单位与劳动者可以约定试用期、培训、保守秘密、补充保险和福利待遇等其他事项。

【案例】

××市职工劳动合同范本

甲方(单位)全称 ____________________

单位类型 ____________________

法定代表人(或负责人) ____________________

登记注册地 ____________________

实际经营地 ____________________

劳动保障证号 ____________________

组织机构代码证号 ____________________

联系方式及电话 ____________________

乙方(职工)姓名 __________ 性别 __________ 文化程度 __________

出生年月 __________ 在本单位工作起始时间 __________

身份证件号 __________ 劳动保障卡号 __________

户籍所在地 ____________________

实际居住地________________

联系方式及电话________________

××市劳动和社会保障局制

根据《中华人民共和国劳动合同法》及有关法律法规规定，甲乙双方本着平等自愿、协商一致、合法公平、诚实信用的原则，签订劳动合同，并承诺共同遵守：

一、劳动合同期限

甲乙双方约定采用下列第(　　)种方式确定劳动合同期限

(1) 固定期限劳动合同：自______年______月______日起至______年______月______日止。合同期满，经双方协商一致可以续订；双方或一方不愿续订的，本合同终止；若乙方出现《劳动合同法》第四十二条情形之一的，依照第四十五条规定，应当顺延至情形消失时终止。

(2) 无固定期限劳动合同：自______年______月______日起。乙方符合《劳动合同法》第十四条规定情形并提出签订无固定期限劳动合同的，双方应当订立无固定期限劳动合同。

(3) 本合同自______年______月______日起始，以完成 工作任务(该工作为甲方事先确定并且完成目标是确切具体的)为合同终止期限。

二、工作内容和工作地点

(1) 工作内容：甲方安排乙方在______岗位从事______工作。

(2) 乙方的工作地点或工作区域为______。乙方的具体岗位职责和工作要求按甲方公布的相关标准执行，乙方应当提高职业技能，完成劳动任务。

三、工作时间和休息休假

(1) 工作时间：乙方的岗位实行(标准、综合计算、不定时)工时工作制。其中，标准工时工作制度为每天工作______小时，每周休息日为______；

实行综合计算工时工作制或不定时工时工作制的，应当由甲方报经劳动行政部门批准。

(2) 甲方保障乙方享有法定休息休假权利。甲方因工作需要安排乙方延长工作时间或在节假日加班的，应与工会和乙方协商同意，依法支付加班加点工资，或按规定安排补休。

(3) 乙方休息休假期间的工资支付或扣减办法按国家及本单位依法制订的相关规定执行。单位有集体劳动合同的，可按集体合同约定。

四、劳动报酬

每月______日为甲方工资发放日，工资发放形式为(现金直接发放、委托银行发放)，乙方的工资标准采用下列第(　　)方式确定：

(1) 乙方实行月薪制，每月为______元，具体办法按照甲方依法制订的相关规定执行。加班加点工资按国家规定的加班工资的计发基数标准计算。

(2) 乙方实行基本工资和绩效工资相结合的工资分配办法，乙方的基本工资为每月______元(实行年薪制的每月预付工资为______元)；绩效工资考核发放办法按甲方依法制订的相关

规定执行。

(3) 乙方实行计件工资制，计件工资的劳动定额管理按照甲方依法制订的相关规定执行，定额单价为　元。甲方确定、调整劳动定额应当保证本单位与乙方同岗位90%以上的劳动者在法定工作时间内能够完成。超过法定工作时间以外劳动定额，应当按照法定加班工资的标准计算计件工资。

(4) 乙方实行其他工资分配形式：

甲方应当根据本单位的经济效益增长情况、当地政府发布的工资指导线、工资指导价位和本地区、行业的职工平均工资水平等，通过工资集体协商以及修订劳动报酬规章制度，合理增加乙方工资。

五、社会保险

自劳动关系建立之日起，甲乙双方应当依法参加社会保险，按时足额缴纳各项社会保险费，其中乙方应缴纳的社会保险费由甲方代扣代缴。

甲方应当每年至少一次向本单位职工代表大会或本单位住所的显著位置公布本单位和个人全年社会保险费缴纳情况，接受乙方监督。

合同履行期间，乙方依法享受国家规定和双方约定的福利待遇。

六、劳动保护、劳动条件和职业危害防护

(1) 甲方必须执行国家关于特种作业、女职工和未成年工特殊保护的规定。甲方安排乙方的工作(属于、不属于)国家规定的有毒、有害、特别繁重或者其他特种作业。乙方从事有职业危害作业的，甲方应当定期为乙方进行健康检查。甲方应当对乙方进行劳动安全卫生教育。

(2) 甲方承诺，为乙方提供符合国家规定的劳动安全卫生条件和必要的劳动防护用品。乙方应当严格执行国家和企业规定的劳动安全规程和标准。

(3) 甲方及其管理人员应当保障乙方的生命安全和身体健康。乙方有权拒绝甲方管理人员违章指挥、强令冒险作业，并不视为违反本合同。乙方对危害生命安全和身体健康的行为，有权提出批评、检举和控告。

(4) 乙方因工作遭受事故伤害或患职业病，甲方应当负责及时救治，并按规定为乙方申请工伤认定和劳动能力鉴定，保障乙方依法享受各项工伤保险及相关待遇。乙方患病或非因工负伤，甲方保证其享受国家规定的医疗期和相应的医疗待遇。

七、其他约定条款

(1) 试用期：乙方试用期自________年________月________日起至________年________月________日止，试用期乙方的工资待遇为________元/月。

(2) 培训服务期：乙方由甲方出资进行专业技术培训的，双方可依法约定服务期；乙方违反服务期约定，承担的违约金不超过服务期尚未履行部分所应分摊的培训费用。双方约定的培训和服务期协议为本合同的附件。

(3) 保密和竞业限制：乙方依法负有保守甲方商业秘密和知识产权的义务。乙方的保密范围为：________，竞业限制的范围　________，竞业限制的区域为________，竞业限制期限为

________月。竞业限制期间，甲方按月向乙方支付经济补偿________元。

双方约定的保密和竞业限制协议为本合同附件。

(4) 其他(补充保险、福利待遇等)约定：

八、本合同履行过程中，若甲方变更名称、法定代表人或者主要负责人、投资人等事项，不影响本合同履行；若甲方发生合并或分立等情况，本合同继续有效，由承继单位继续履行。

涉及劳动者切身利益的条款内容变更时，双方应当协商一致，以书面方式变更本合同。

九、本合同的解除或终止，应当按照法定的条件、程序和经济补偿规定标准执行。甲方违反法律规定解除或终止本合同，按《劳动合同法》第四十八条规定处理。

双方依法终止和解除劳动合同的，甲方应当自解除或终止劳动合同之日起15日内，办理完毕乙方档案和社会保险关系转移等手续；甲方依法应当支付的经济补偿金、医疗补助费等相关费用，在乙方履行完交接手续时支付。

十、本合同未尽事宜，法律法规有规定的，按法律法规规定执行；法律法规没有规定的，由双方协商解决；双方协商一致，可以变更本合同。若双方协商不成或者发生劳动争议，应当依法向调解机构申请调解，或者依法申请劳动争议仲裁、向人民法院起诉。

十一、本合同一式________份，自双方签字盖章之日起生效；双方至少各执一份。甲方应按规定建立职工名册备查，并向劳动部门办理备案手续。

甲方(盖章)________　　　　乙方(签名)________

法定代表人、负责人

或委托代理人(签名)________

年　　月　　日　　　　　　　　　　　　年　　月　　日

双方当事人依法签订的劳动合同自愿申请鉴证，应当在劳动合同签订之日起三十日内向劳动保障行政部门提出，经鉴证的劳动合同不得涂改或换页。

鉴证机构(盖章)

——摘自 http://www.58.com/laodonghetongfa/laodonghetongfanben/20080419/6383.html

有效劳动合同的条件

劳动合同一经合法签订，即具有法律效力，其法律效力集中体现为劳动合同对双方当事人都具有法律约束力，双方的权利都受到法律保护，双方都必须履行劳动合同中规定的义务，任何一方不得违反合同，否则就要承担相应的法律责任。因此，我国《劳动合同法》第三条第二款规定："依法订立的劳动合同具有约束力，用人单位与劳动者应当履行劳动合同约定的义务。"

劳动合同有效必须满足以下条件：

一、合同主体合格

包括劳动者和用人单位的主体资格都必须合格。用人单位必须是经过合法注册的企业等组织或个体经营单位，劳动者必须是达到法定就业年龄、有劳动能力和就业愿望的自然人，即劳动合同主体双方必须具有劳动权利能力和劳动行为能力。

二、意思表示真实

双方当事人在订立劳动合同时必须表达各自的真实情况和意图，不得隐瞒。例如劳动者必须说明其真实的健康状况、技术水平等；用人单位也应该说明其真实的劳动条件和对录用者的具体要求。

三、平等协商地签订劳动合同

双方当事人必须在互相尊重对方的基础上就合同内容进行充分的平等协商，任何一方不得以胁迫、要挟、恐吓等手段，强迫对方签订劳动合同。

四、合同内容和形式符合法律和政策

双方当事人订立的劳动合同内容必须符合国家法律和政策的规定，不得违背，否则丧失法律效力。合同的形式，按我国法律规定，必须采用书面形式。

签订劳动合同的原则和注意事项

一、签订劳动合同的原则

《劳动法》第十七条规定："订立和变更劳动合同，应当遵循平等自愿、协商一致的原则，不得违反法律、行政法规的规定。"因此，订立劳动合同必须遵循以下两项原则：

一是平等自愿、协商一致的原则。平等即订立劳动合同的双方当事人法律地位平等，应以平等的身份签订劳动合同。自愿是指订立劳动合同完全出于当事人的意志，不得使用胁迫和欺诈的手段签订劳动合同。协商一致是指劳动合同的各项条款必须经双方充分协商并达成一致意见。

二是合法的原则。具体表现在三个方面：

(一)当事人必须具备合法的资格

用人单位一方必须是依法成立的企业、事业单位、国家机关、社会团体和个体工商户等；

劳动者一方必须是16周岁以上具有劳动权利能力和劳动行为能力的公民。按照《劳动法》第十五条规定，文艺、体育和特种工艺单位招用未满16周岁的未成年人，必须依照国家有关规定，履行审批手续；

(二)劳动合同内容合法

即劳动合同的各项条款，包括必备条款和约定条款，都必须符合国家法律、法规的规定；

(三)订立劳动合同的程序和形式必须符合规定

如订立劳动合同应当采取书面的形式等。

【案例】

王某到某公司应聘填写录用人员情况登记表时，隐瞒了自己曾先后2次受行政、刑事处分的事实，与公司签订了3年期限的劳动合同。事隔3日，该公司收到当地检察院对王某不起诉决定书。经公司进一步调查得知，王某曾因在原单位盗窃电缆受到严重警告处分，又盗窃原单位苫布被查获，因王某认罪态度较好，故不起诉。该公司调查之后，以王某隐瞒受过处分，不符合本单位录用条件为由，在试用期内解除了与王某的劳动关系。

《劳动合同法》第三条明文规定：订立劳动合同，应当遵循合法、公平、平等自愿、协商一致、诚实信用的原则。平等自愿的原则是指劳动者和用人单位在法律上处于平等的地位，且劳动合同订立的过程是完全出于当事人自己的意愿，而且是出于内心的真实意思表示。诚实信用原则是指劳动合同订立的过程中，劳动者和用人单位必须诚实、善意地行使权利，不诈不欺，诚实守信。

本案中，王某在填写录用人员情况登记表时，隐瞒了自己曾先后2次受行政、刑事处分的事实，是一种不诚实，不善意的行为，违背了诚实信用原则。虽然签订合同是双方自愿的，但这种自愿是建立在虚假材料的基础上的，本质上是违背了平等自愿的原则。

——摘自 www.ln-hr.com/cweb/svdoc.aspx? id=3002

二、签订劳动合同的注意事项

为保障劳动者的利益，在签订劳动合同时应注意以下几点事项：

(一) 建立劳动关系，应当订立书面劳动合同。已建立劳动关系，未同时订立书面劳动合同的，应当自用工之日起一个月内订立书面劳动合同。用人单位与劳动者在用工前订立劳动合同的，劳动关系自用工之日起建立。如果用人单位自用工之日起超过一个月不满一年未与劳动者订立书面劳动合同的，应当向劳动者每月支付二倍的工资；用人单位违反本法规定不与劳动者订立无固定期限劳动合同的，自应当订立无固定期限劳动合同之日起向劳动者每月支付二倍的工资。

用人单位未在用工的同时订立书面劳动合同，与劳动者约定的劳动报酬不明确的，新招用的劳动者的劳动报酬按照集体合同规定的标准执行；没有集体合同或者集体合同未规定

的，实行同工同酬。

（二）签订劳动合同要遵循平等自愿、协商一致的原则。平等自愿是指劳动合同双方地位平等，应以平等身份签订劳动合同。自愿是指签订劳动合同完全是出于本人的意愿，不得采取强加于人和欺诈、威胁等手段签订劳动合同。协商一致是指劳动合同的条款必须由双方协商达成一致意见后才能签订劳动合同。

（三）签订劳动合同要符合法律、法规的规定。在订立劳动合同时有些合同规定女职工不得结婚、生育子女；因工负伤协议“工伤自理”，甚至签订了生死合同等显失公平的内容，违反了国家有关法律、行政法规的规定，使这类合同自签订之日起就成为无效或部分无效合同。

（四）对用人单位向劳动者提出提供担保和扣押证件的行为作出了禁止性规定。用人单位招用劳动者，不得扣押劳动者的居民身份证和其他证件，不得要求劳动者提供担保或者以其他名义向劳动者收取财物。

（五）有下列情形之一，劳动者提出或者同意续订、订立劳动合同的，除劳动者提出订立固定期限劳动合同外，应当订立无固定期限劳动合同：

1. 劳动者在该用人单位连续工作满十年的；

2. 用人单位初次实行劳动合同制度或者国有企业改制重新订立劳动合同时，劳动者在该用人单位连续工作满十年且距法定退休年龄不足十年的；

3. 连续订立二次固定期限劳动合同，且劳动者没有《劳动合同法》第三十九条和第四十条第一项、第二项规定的情形，续订劳动合同的①。

用人单位自用工之日起满一年不与劳动者订立书面劳动合同的，视为用人单位与劳动

---

① 《劳动合同法》第三十九条　劳动者有下列情形之一的，用人单位可以解除劳动合同：

（一）在试用期间被证明不符合录用条件的；

（二）严重违反用人单位的规章制度的；

（三）严重失职，营私舞弊，给用人单位造成重大损害的；

（四）劳动者同时与其他用人单位建立劳动关系，对完成本单位的工作任务造成严重影响，或者经用人单位提出，拒不改正的；

（五）因本法第二十六条第一款第一项规定的情形致使劳动合同无效的；

（六）被依法追究刑事责任的。

第四十条　有下列情形之一的，用人单位提前三十日以书面形式通知劳动者本人或者额外支付劳动者一个月工资后，可以解除劳动合同：

（一）劳动者患病或者非因工负伤，在规定的医疗期满后不能从事原工作，也不能从事由用人单位另行安排的工作的；

（二）劳动者不能胜任工作，经过培训或者调整工作岗位，仍不能胜任工作的。

者已订立无固定期限劳动合同。

（六）劳动者者违反服务期约定的，需要承担一定的违约责任。用人单位为劳动者提供专项培训费用，对其进行专业技术培训的，可以与该劳动者订立协议，约定服务期。劳动者违反服务期约定的，应当按照约定向用人单位支付违约金。违约金的数额不得超过用人单位提供的培训费用。用人单位要求劳动者支付的违约金不得超过服务期尚未履行部分所应分摊的培训费用。

用人单位与劳动者约定服务期的，不影响按照正常的工资调整机制提高劳动者在服务期期间的劳动报酬。

（七）劳动者违反保密义务，应当按照约定向用人单位支付违约金。用人单位与劳动者可以在劳动合同中约定保守用人单位的商业秘密和与知识产权相关的保密事项。对负有保密义务的劳动者，用人单位可以在劳动合同或者保密协议中与劳动者约定竞业限制条款，并约定在解除或者终止劳动合同后，在竞业限制期限内按月给予劳动者经济补偿。劳动者违反竞业限制约定的，应当按照约定向用人单位支付违约金。

关于试用期的问题

试用期是劳动合同当事人为了相互了解对方的情况而在劳动合同中约定的特定期限。试用期是企业与新员工进行双向考察和熟悉的时间。试用期和劳动合同期限有联系也有区别。劳动合同法对员工试用期做了详细的规定。

一、试用期期限的确定

劳动法规定，劳动合同可以约定试用期，但最长不超过六个月。《劳动合同法》第十九条对试用期做了严格的限制性规定：劳动合同期限三个月以上不满一年的，试用期不得超过一个月；劳动合同期限一年以上不满三年的，试用期不得超过两个月；三年以上固定期限和无固定期限的劳动合同，试用期不得超过六个月；以完成一定工作任务为期限的劳动合同或者劳动合同期限不满三个月，不得约定试用期；试用期包含在劳动合同期限内；劳动合同仅约定试用期的，试用期不成立，该期限为劳动合同期限。

二、企业不得多次给员工设置试用期

《劳动合同法》第十九条规定：同一用人单位和同一劳动者只能约定一次试用期。试用期适用于初次就业或再次就业时改变工作岗位或工种的劳动者，用人单位对工作岗位没有发生变化的同一劳动者只能试用一次。

三、试用期的待遇

根据《劳动合同法》第二十条，劳动者在试用期的工资不得低于本单位相同岗位的最低档工资或者劳动合同约定工资的80%，并不得低于用人单位所在地的最低工资标准。专家建议：如果遇到公司在试用期内的薪资结构是“底薪＋提成”，那薪资的规定最起码有一点可以保证，就是底薪薪资不得低于当地最低工资标准。试用期内企业也必须按照规定为劳动者缴纳相关的社会保险。

四、试用期如何解除劳动合同

根据《劳动合同法》的规定，劳动者在试用期内提前三天通知用人单位，可以解除劳动合同。而用人单位只要证明劳动者不符合录用条件，则可以随时单方与劳动者解除劳动合同。也就是说，证明劳动者不符合录用条件是用人单位在试用期解除劳动合同的前提条件，不符合录用条件需要用人单位提供的证据。

劳动合同的解除和终止

一、劳动合同的解除

(一) 劳动合同的合意解除

经劳动合同当事人协商一致，劳动合同可以解除。

(二) 劳动者提前通知解除

劳动者解除劳动合同，应当提前三十日以书面形式通知用人单位。

(三) 劳动者随时通知解除

有下列情形之一的，劳动者可以随时通知用人单位解除劳动合同。

1. 在试用期内的；
2. 用人单位以暴力、威胁或者非法限制人身自由的手段强迫劳动的；
3. 用人单位未按照劳动合同约定支付劳动报酬或者提供劳动条件的。

(四) 用人单位“无过失性解除”

有下列情形之一的，用人单位可以解除劳动合同，但是应当提前三十日以书面形式通知劳动者本人：

1. 劳动者患病或者非因工负伤，医疗期满后，不能从事原工作也不能从事由用人单位另行安排的工作的；

2. 劳动者不能胜任工作，经过培训或者调整工作岗位仍不能胜任工作的；

3. 劳动合同订立时所依据的客观情况发生重大变化，致使原劳动合同无法履行，经当事人协商不能就变更劳动合同达成协议的。

用人单位解除合同未按规定提前三十日通知劳动者的，自通知之日起三十日内，用人单位应当对劳动者承担劳动合同约定的义务。

（五）用人单位“过失性解除”

劳动者有下列情形之一的，用人单位可以随时解除劳动合同：

1. 在试用期间被证明不符合录用条件的；

2. 严重违反劳动纪律或者用人单位规章制度的；

3. 严重失职，营私舞弊，对用人单位利益造成重大损害的；

4. 被依法追究刑事责任的；

5. 法律、法规规定的其他情形。

（六）用人单位不得解除情形

劳动者有下列情形之一的，用人单位不得解除劳动合同：

1. 患职业病或者因工负伤并被确认丧失或者部分丧失劳动能力的；

2. 患病或者负伤，在规定的医疗期内的；

3. 女职工在孕期、产期、哺乳期内的；

4. 法律、法规规定的其他情形。

（七）经济性裁员

用人单位确需依法裁减人员的，应当向工会或者全体职工说明情况，听取意见。用人单位的裁员方案应当在与工会或者职工代表协商采取补救措施的基础上确定，并向劳动保障行政部门报告。

用人单位实施裁员方案，应当提前三十日通知工会和劳动者本人。

用人单位依据本条规定裁减人员，在六个月内录用人员的，应当优先录用被裁减的人员。

（八）工会对劳动合同解除的监督

用人单位单方面解除职工劳动合同时，应当事先将理由通知工会，工会认为用人单位违反法律、法规和有关合同，要求重新研究处理时，用人单位应当研究工会的意见，并将处理结果书面通知工会。

（九）解除劳动合同的举证责任

因用人单位作出的开除、除名、辞退、解除劳动合同等决定而发生的劳动争议，用人单位负举证责任，举证不能或不充分的，人民法院或劳动争议仲裁机构可予撤销用人单位的决

定,用人单位应赔偿劳动者损失。

二、劳动合同的终止

(一) 劳动合同终止的情形

1. 劳动合同期满的;

2. 当事人约定的劳动合同终止条件出现的;

3. 用人单位破产、解散或者被撤销的;

4. 劳动者退休、退职、死亡的。

5. 劳动合同当事人实际已不履行劳动合同满三个月的,劳动合同可以终止。

6. 劳动者患职业病、因工负伤,被确认为部分丧失劳动能力,用人单位按照规定支付伤残就业补助金的,劳动合同可以终止。

7. 劳动者患职业病或者因工负伤,被确认为完全或者大部分丧失劳动能力的,用人单位不得终止劳动合同,但经劳动合同当事人协商一致,并且用人单位按照规定支付伤残就业补助金的,劳动合同也可以终止。

(二) 劳动合同不得终止的情形

劳动合同期满或者当事人约定的劳动合同终止条件出现,劳动者有下列情形之一的,同时又未严重违反劳动纪律或者用人单位规章制度;也无严重失职,营私舞弊,对用人单位利益造成重大损害;也未被依法追究刑事责任,劳动合同期限顺延至下列情形消失再终止:

1. 患病或者负伤,在规定的医疗期内的;

2. 女职工在孕期、产期、哺乳期内的;

3. 法律、法规、规章规定的其他情形。

第十二章

维护自身权益

——防范就业陷阱

提醒：提就业陷阱并不是每个同学都会碰到的，但是，为了防备万一，你应当有所了解。

就业陷阱，从广义上来说，是指毕业生在就业过程中出现的致使毕业生遭受损失的形式多样的骗局。狭义上的就业陷阱是指用人单位违背与毕业生之前的约定，违背毕业生意愿，使其承担就业协议范围之外工作，或以诱骗、胁迫的方式要求毕业生从事违犯法律或道德的行为。由于学校教育内容的相对理想化、学生接触范围与对象的狭窄与单一，加之严峻就业形势，常常导致学生在就业过程中出现"饥不择食"的心理，常有毕业生在择业过程中坠入形形色色的就业陷阱之中。如何识别和防范各种陷阱是大学生必须掌握的。

劳动法律法规作为一个法律体系，对包括大学毕业生在内的毕业生提供了实体上和程序上的法律保护。近年来，我国制定的重要劳动法律有《劳动法》、《劳动合同法》、《劳动争议调解仲裁法》、《就业促进法》、《职业病防治法》、《安全生产法》、《工会法》等；重要劳动法规有《工伤保险条例》、《失业保险条例》、《社会保险费征缴暂行条例》等。还有大量与劳动关系有关的其他法律、法规、规章、司法解释等。如《社会保险法》也于 2011 年 7 月开始施行。在就业过程中，需要重点把握的两部法律是《劳动合同法》和《劳动争议调解仲裁法》，与大学生就业相关的是《就业促进法》。

就业陷阱面面观

据《新京报》不久前报道，人才招聘网站英才网的一项调查显示，近八成求职者在求职过程中遭遇骗局。被骗后，有 50%的求职者选择了"忍"，因为"维权成本高"，仅有 20%的求职者会"报案"、"投诉"或"向法院起诉"。[①] 这个结果，一方面反映出就业形势的严峻和就业市

① 韩妹，《中国青年报》，2012 年 04 月 19 日。

场的不规范，另一方面也反映出一些大学生法律意识淡薄、求职心切、涉世未深是造成这种现象的根本原因。

一、中介陷阱

【案例】

某人才信息公司，一周时间内在网上发布招聘信息近千条，均为中介信息，并在每条信息的岗位描述中留下了邮箱和公司自己的网址，要求毕业生将个人简历直接发送公司邮箱或登录公司网站应聘。刘同学在网上查询到了该公司的此类招聘信息，记下了该公司的邮箱和网站地址，没有在网上进行应聘，而是将个人简历通过 E-mail 发送到了该公司，公司约见了刘同学，为其推荐了不少岗位，但要求刘同学每个岗位支付一定的介绍费用，并且如果面试成功，要刘同学支付给该公司首月工资的 50%作为中介费用。

——摘自：辽宁就业网 http://www.jyw.gov.cn/web/assembly/action/browsePage

《就业促进法》第三十九条规定：从事职业中介活动，应当遵循合法、诚实信用、公平、公开的原则。用人单位通过职业中介机构招用人员，应当如实向职业中介机构提供岗位需求信息。禁止任何组织或者个人利用职业中介活动侵害毕业生的合法权益。

分析：2008 年 1 月 1 日起实施的《就业服务与就业管理规定》中明确规定，公共就业服务机构不得从事经营性活动，要免费为求职者提供就业相关方面的咨询，还应对就业困难人员实施就业援助，招聘会不得向应聘者收取费用等。同时，用人单位委托公共就业服务机构或职业中介机构招用人员，或者参加招聘洽谈会时，应当提供招用人员简章，其内容包括用人单位基本情况、招用人数、工作内容、招录条件、劳动报酬、福利待遇、社会保险等。另外，用人单位招用人员时，应当依法如实告知求职者有关工作内容、工作条件、工作地点、职业危害、安全生产状况、劳动报酬以及求职者要求了解的其他情况。按照《就业服务与就业管理规定》依法成立的职业中介机构，可以在相关部门核准的前提下，收取一定的登记手续费、中介服务费等。所以毕业生如果通过职业中介机构找工作，不要轻易交纳费用，而要具体咨询相关事项并要求其出具正规证明，而且，介绍工作不成功的，应当退还中介费，否则将由劳动保障行政部门责令改正，可处 1000 元以下的罚款。此外，一旦落入求职陷阱，应及时向劳动部门投诉。

二、招聘陷阱

【案例】

“我社区拟招聘社区干事若干名，性别不限，要求：应届本、专科毕业生，专业不限。正规事业单位编制，公务员待遇……”。如此待遇优厚的招聘启事，引起大四学生小彭和她室友的注意:“就在我和室友开始四处投简历、面试时,正巧看到一则看上去很正规的社区干事招聘启事。我就跟启事中提到的负责人陈某联系上了。他说,他是社区主任,社区现在正好需要工商管理专业的毕业生,欢迎我们去参加面试。几句话说得我们心里可暖乎了。第二天,我们就到某大厦20楼的一个写字间参加面试,屋里挂着社区招聘的条幅和某社区临时办事处的牌子,看着也很正规。参加面试的除我和三个室友外,还有不少人,都是应届毕业生。面试后,郑勇让我们回去等通知。大约过了两天吧,我们就接到培训通知,让我们第二天每人带培训费和体检费共计800元钱,办理岗前培训手续。交了钱,陈某说体检后就通知我们参加培训。可等了一个月,我们也没接到体检的通知,再打电话也是空号,才知道自己上当了。”

《劳动合同法》第八条规定:用人单位招用毕业生时,应当如实告知毕业生工作内容、工作条件、工作地点、职业危害、安全生产状况、劳动报酬,以及毕业生要求了解的其他情况;用人单位有权了解毕业生与劳动合同直接相关的基本情况,毕业生应当如实说明。

《劳动合同法》第九条规定:用人单位招用毕业生,不得扣押毕业生的居民身份证和其他证件,不得要求毕业生提供担保或者以其他名义向毕业生收取财物。

分析:这类陷阱一般有两种情形,一是上述案例的先交培训费或手续费。这种情形往往比较显性,看起来似乎很有道理。二是交各种大学生很少听说过的费用,如服装费、档案管理费、培训费等等。这种情形往往更具欺骗性。这类陷阱主要是不法企业利用了毕业生不了解《劳动法》,初涉社会、缺乏社会经验和求职心切的特征而大肆侵占毕业生权益。一般让求职者交保证金的理由是一旦由于求职者的原因造成业务和客户的损失应该由求职者分担,求职心切的人在交钱后没等到上班或有机会犯“错误”的时候,往往又被告知招聘职位已经满了,但钱也不退还了。至于服装费、档案管理费、培训费等等实际应该是用人企业承担的成本,而求职者很少有能通过后期的培训考核的,即使通过了,骗子也会用各种苛刻的工作环境和要求迫使求职者自己知难而退。

因此,就业的过程中切忌“饥不择食”,一定要仔细思考后再做出选择。凡是简单聊两句,草草应付面试后就说你被录用的招聘企业,往往重视的是你的“财”而不是“才”。应当记住,凡是正规的单位招聘员工,草草了事的招聘程序一定要引起重视,往往越是工作环境好、福利待遇好的单位,招聘的程序也越复杂,成功的难度也越大。反之,招聘单位草草了事的招聘程序,即使对方不存在欺诈可能,至少说明要么对方单位效益很一般,要么就是管理混乱。

三、试用期陷阱

【案例】

“来了,先试用三个月看看吧。”去年11月到北京一家文化传播公司面试时,李同学得到的是这样一句话。“当时也没敢多问,只想着好好表现,让公司满意”。接待客户,整理资料,打扫

卫生,跑腿……三个月过去了,公司也没提签合同的事。再去问时,老板表示还没有看到她的潜力,建议她再试用三个月看看,或者去别的地方找工作。这时李同学才感到自己被"涮"了。

《劳动合同法》第十九条规定:劳动合同期限三个月以上不满一年的,试用期不得超过一个月;劳动合同期限一年以上三年以下的,试用期不得超过二个月;三年以上固定期限和无固定期限的劳动合同试用期不得超过六个月。同一用人单位与同一毕业生只能约定一次试用期。以完成一定工作任务为期限的劳动合同或者劳动合同期限不满三个月的,不得约定试用期。劳动合同仅约定试用期或者劳动合同期限与试用期相同的,试用期不成立,该期限为劳动合同期限。

分析:试用期是指用人单位对新招收的职工进行思想品德、劳动态度、实际工作能力、身体情况等进行进一步考察的时间期限。所谓"试用期陷阱"指的是企业以低廉的试用期薪酬招收员工为企业工作,而在试用期即将结束应该与员工签订正式劳动合同的时候借故将试用的员工辞退,从而达到以低成本换取劳动的目的。对于受害的应聘者来说,"试用期"陷阱不但造成了工作付出与薪酬回报远远不成比例的悲惨后果,而且还浪费了选择工作的机会成本。《劳动法》设立试用期的目的在于给予双方以相互考察、相互了解的期限。毕业生在试用期内可以随时通知用人单位解除劳动合同,不需要理由,也无需承担违约责任。而用人单位只有证明毕业生在此期间不符合单位的录用条件,才可以解除劳动合同。

试用期陷阱有两种,一种是以各种理由告诉毕业生是不合格的,公司解聘也是无奈之举,从而再以很少的薪水继续招聘同样也不会熬过试用期的新人,周而复始,降低成本。面对这样的招聘,毕业生千万不要轻信用人单位的口头承诺,任何试用期的要求和考核应该以书面形式表现。另一种就是非法延长试用期,常常是半年的合同试用期就占了三个月。因此,毕业生在签订试用期合同之前最好能通过各种途径了解一下对方企业的情况,主要打探该企业在务工人员心中的口碑、其目前是不是很需要招人、历年的招聘规模以及裁员规模等,那些人员入职和离职频率非常高的公司就需要十分当心。

四、协议陷阱

【案例】

毕业生小松通过招聘会进入武汉一家公司,当时小宋与公司间签订了就业协议书。当小宋提出与公司签订劳动合同时,公司表示已经有协议书,可以不签订劳动合同。半年后小宋被公司解雇,由于未签订劳动合同,小宋无法从公司得到任何赔偿。

《劳动合同法》第十条规定:建立劳动关系,应当订立书面劳动合同。已建立劳动关系,未同时订立书面劳动合同的,应当自用工之日起一个月内订立书面劳动合同。用人单位与毕业生在用工前订立劳动合同的,劳动关系自用工之日起建立。该法第十四条规定:无固定期限劳动合同，是指用人单位与毕业生约定无确定终止时间的劳动合同。用人单位自用工之日起满一年不与毕业生订立书面劳动合同的，视为用人单位与毕业生已订立无固定期限劳动合同。

分析：就业协议是明确毕业生、用人单位和学校在毕业生就业择业过程中权利和义务的书面协议。就业协议一经签订，对三方都具有约束力。就业协议书一般由教育部或各省、市、自治区就业主管部门统一制定。它是教育部制定就业计划的依据，是进行毕业生派遣的根据，是确认就业意向和劳动需求的凭证，也是进行劳动统计的重要依据。

就业协议对于学校管理毕业生就业工作，规范用人单位和毕业生在用人、择业过程中的行为，维护各方的合法权益发挥了一定的积极作用。但这一制度在实行中产生了许多问题，需要进一步改进和完善。签订就业协议本来是出于保护学生的目的，而且协议上也明确规定了学生就业后就执行劳动合同，已签订的就业协议不再生效。但实际上在签订就业协议后，不少单位在试用期间就不再签订劳动合同，所以常常会出现学生在试用期间要跳槽的现象，按照劳动法不需要承担违约责任，而单位则以就业协议为依据向学生提出索赔要求。按照有关规定，就业协议不能代替劳动合同或聘用合同，但实际上就业协议在法律含义上属于民事预约合同，它甚至可以对劳动合同的期限也进行约定。如果就业协议签订时的约定内容不能与随后签订的劳动合同或聘用合同内容吻合，就可能在毕业生和用人单位之间产生纠纷。

五、合同陷阱

【案例】

杨同学在一家设计公司工作了半个月后，因觉得不适合自己发展而提出辞职，却被告之要向单位赔付大额赔偿金。原因是她与单位曾经签订了一份合同，上面说明如果不满期限辞职要支付赔偿金以抵偿之前的培训费用、单位损失等。而当时急于找到工作的杨同学竟然没有自己研究合同。

《劳动合同法》第二十二条规定：用人单位为毕业生提供专项培训费用，对其进行专业技术培训的，可以与该毕业生订立协议，约定服务期。毕业生违反服务期约定的，应当按照约定向用人单位支付违约金。违约金的数额不得超过用人单位提供的培训费用。用人单位要求毕业生支付的违约金不得超过服务期尚未履行部分所应分摊的培训费用。用人单位与毕业生约定服务期的，不影响按照正常的工资调整机制提高毕业生在服务期期间的劳动报酬。

分析：作为大学毕业生在进入企业以后，应该注意对于一些含有服务期限、违约责任以及违约金支付等条款的协议要谨慎对待，一旦发生争议不要采取置法律于不顾的处理方式，应该采取积极运用法律保护自己的手段。具体来说，目前大学生服务期内解除劳动合同争

议是最多的，解除劳动合同后涉及的违约金的支付、培训费的赔偿，因此建议大学毕业生在就业后不要违法签订各种保证书，更不要擅自解除劳动合同，造成违约在先。

另外，现在很多单位使用预先拟定好的“格式合同”，其中包含诸多“霸王条款”，大学生就业者的意志遭剥夺。用人单位在劳动合同的订立中居于主导地位，在劳动合同订立时多使用的是预先拟定好的合同文本。在劳动合同中，格式条款的不合理主要体现在：第一，用人单位回避提醒义务，使毕业生难以注意限制自身权利的条款；第二，用人单位免除自身责任，如提出“工伤责任自负”等条款；第三，用人单位注明劳动合同条款的最终解释权归自己拥有，一旦发生争议，毕业生往往由于已经承认格式条款而处于不利地位。面对这样的合同，毕业生应该提高警惕，必要时应加以拒绝或询问是否能另外签订非格式合同。

六、传销陷阱

为挣学费尹同学今年7月外出“打工”。一个月后，尹同学突然给家里打电话称要交下学年学费。9月8日，尹同学的父亲收到学校通知，称他女儿并未去学校报到，他立即赶赴女儿学校，3天后，才把女儿从传销窝点解救出来。而据尹同学透露，她所在的传销组织有100多人，大多数都是大学生。

《中华人民共和国刑法》第二百二十五条规定：违反国家规定，有“严重扰乱市场秩序的非法经营行为”之一，情节严重的，“处五年以下有期徒刑或者拘役，并处或者单处违法所得一倍以上五倍以下罚金；情节特别严重的，处五年以上有期徒刑，并处违法所得一倍以上五倍以下罚金或者没收财产”。

分析：传销是指组织者或者经营者发展人员，通过对被发展人员以其直接或者间接发展的人员数量或者销售业绩为依据计算和给付报酬，或者要求被发展人员以缴纳一定费用为条件取得加入资格等方式牟取非法利益，扰乱经济秩序，影响社会稳定的行为。近年来，非法传销组织也将触角伸向了大学校园，以招聘为名，欺骗社会经验缺乏、求职心切的大学生。

非法传销人员一般利用每年的3、4月份考研成绩公布后，大批落榜生面临学业与就业的双重压力时机，通过打电话联络感情、假借介绍工作设陷阱，谈理想抱负迷惑人心、神化传销违法活动等一整套骗人伎俩来骗取毕业生的信任，待毕业生到达后立即失去人身自由，并被迫“洗脑”。所以毕业生在择业过程中一定要认清传销的违法本质，不轻信任何可疑的就业信息，同时在投简历前必须向有意向的单位所在地的主管人事部门或学校毕业生就业指导中心求证核实；对于用人单位提出的面试或实习要求，要征得学校的同意，离校之前必须留下尽可能多的联系方式；毕业生还要牢记学校、学院的毕业生就业联系方式，在求职过程如果遇到麻烦，可随时与学校联系。

防范就业陷阱

一、毕业生求职过程中的权益保护

从大学生的实际来看，毕业生与用人单位“双选”、签订就业协议书、签订劳动合同、就业报到等环节对于毕业生合法权益保护来说比较重要，可以归纳为以下几个方面：

（一）择业阶段

指毕业生和用人单位还未形成合同关系和劳动关系的求职阶段。这阶段的侵权主要有对毕业生平等权、知情权、隐私权、财产权的侵犯，主要问题有：就业歧视、就业信息虚假问题及以录取为名乱收费问题。

（二）签约阶段

毕业生与用人单位签订就业协议的阶段。这一环节的问题主要是就业协议签订的主体资格问题、就业协议的效力问题、内容不符合法律问题、程序不规范问题、就业协议与劳动合同对接不一致问题。

（三）就业报到阶段

毕业生到用人单位报到后应该马上与单位签订劳动合同，使就业协议与劳动合同“无缝对接”。这一阶段就业权益的侵犯主要表现为：不签订劳动合同或者是迟签订劳动合同、签订的合同与就业协议书的内容不一致、劳动合同不规范。具体表现为薪酬问题、保险问题、试用期问题。

（四）试用期内的纠纷

主要表现为：试用期过长、两次试用期、用试用期合同代替劳动合同、试用期的待遇问题、试用期辞职和补偿问题、违约金过高等问题。

（五）时效问题

解决劳动争议的时效是自权利被侵害或者应当知道被侵害之日起60日内提出诉讼。如果在仲裁程序中被认定超过申诉时效就会被驳回诉讼请求。一旦发生纠纷，要及时到劳动仲裁委员会提出诉讼。

二、如何在求职中避免就业陷阱

对于即将迈出校门，投身各场招聘会，来往于各家用人单位的毕业生来说，有必要增强对用人单位的认识，提高对职场陷阱的辨别能力。如何防范就业陷阱？毕业生首先必须树立正确的就业观念，保持正确的求职心态，从自身实际出发，面对严峻的就业形势，时刻保持

清醒的头脑，以法律武器维护自身的应有权利，顺利就业。具体而言，要做到以下几点：

（一）尽可能参加本校和兄弟院校举办的专场招聘会和政府部门组织的校外招聘会。因为这些招聘会上的单位其合法资格基本上都经过了严格的审查，相对比较真实可靠。特别是学校组织的招聘会，经过学校层层把关，招聘会组织慎密、安全、规范、高效，可以值得毕业生的信任。

（二）拒交各种名义的费用。任何招聘单位，以任何名义要求毕业生收取抵押金，服装费，产品押金，风险金，报名费，培训费等收费行为，都属于违法行为。不要将重要的证件作抵押，不要将自己的身份证，学生证，毕业证等相关重要证件作抵押。有的用人单位以保证学生实习时间等为由扣住学生的证件，根据相关的规定，任何单位都不能扣押证件。

（三）双方达成协议后首先一定要签订规范的就业协议书。就业协议书是毕业生和用人单位在签订劳动合同前，双方确定就业方向和学校在毕业生就业工作中权利和义务的书面表现形式。它应当遵循如下两个原则：一是主体合法原则；二是平等协商原则。在此，特别提醒毕业生注意，在签就业协议书时，一定要认真谨慎，因为就业协议书具有法律约束力，而且是签订劳动合同的依据，所以一定要仔细斟酌后再签，切不可草率。

（四）当毕业生与用人单位确定劳动关系后，要签订规范的劳动合同，用法律的形式保障自己的合法权利。毕业生要把握合同的基础条款，明确双方的各项约定，看清劳动合同的附加条款，当面签字盖章，不留任何缺陷。要注意“三看”：一看企业是否经过工商部门的登记以及企业注册的有效期限，否则所签的合同无效；二看合同字句是否准确，清楚，完整，不能使用缩写，替代或含糊的文字表达；三看劳动合同是否有一些必备的内容。劳动合同的一般内容包括：(1) 合同期限；(2) 工作内容；(3) 劳动条件和劳动保护；(4) 劳动报酬；(5) 劳动纪律；(6) 劳动合同终止的条件；(7) 社会保险和福利待遇；(8) 违反劳动合同者应承担的责任；(9) 双方认为需要规定的其他事项。其中前 8 项为法定条款，必须具备；第 9 项为协商条款。

（五）在正式进入用人单位之前，想方设法加强对企业的了解，以免误入骗子设下的陷阱。毕业生应聘之前，要事先通过上网搜集单位资料查看应聘单位是否有在工商部门登记注册、注册时间是否有效，或致电招聘单位人事部门打听其招聘计划，要注意单位的相关信息是否详尽可靠，特别是通讯地址，联系电话是否虚设，以判断这场招聘以及该单位是否有“诈”。上网查找该招聘单位的相关资料，注意招聘单位的营业执照等相关证件；正规单位的招聘场所一般会设在单位的办公室、会议室，一些以租用房间作为招聘地点的单位，要予以警惕。

（六）应聘过后，毕业生可以结合面试中的情况通过网络查询，询问师长、亲友等方式进行核实，也可带着自己面试中的疑惑去咨询学校就业指导中心的老师，确定招聘单位以及其招聘信息的真实性和可靠性。不要轻信到外地企业或某某外地分公司、分厂上班的承诺，无论其工作条件多好，待遇多高，毕业生千万要保持清醒的头脑和高度的警惕，不要轻信口头许诺，除非已经经过你的核实，准确无误。

（七）尽量不要只身一人去异地参加面试，特别是女生，可以约几个同学一起前往，临走前，务必把自己的去向告诉老师、同学或家人，以防万一。不要随意透露身份证号、银行账号等重要的个人信息，以免危及人身安全和财产安全。比如电话面试时，对方如询问你的身份证号码等个人信息，则要提高警惕，不要轻易告诉对方，对方可能会骗取你的身份证号码干不法勾当。也不要轻信对方对单位的描述，你可以通过网络查询，或向老师、同学、朋友咨询等多种方式核实该单位的真实性和可靠性。如果对方在电话里让你顺便带几个同学一起去某单位参加工作，则更要注意，很可能就是传销。

三、了解程序，规避签约风险

一般来说，大学毕业生签订协议过程中可能会面临下面几种风险：

就业协议的期限：就业协议约定的服务期限将成为双方的劳动合同期限，由于大学生是初次就业，缺乏明确的职业规划，不宜将第一次期限约定的非常长，以便在不合适的时候及时作出调整。

改派成本：就业协议强调的是“三方签约”，毕业生一旦违约必须承担违约责任，在征得用人单位同意并交纳违约金后才可重新签约。由于就业协议每个毕业生仅有一份，所以毕业生违约时，必须办理完毕与原签约单位的解约手续（有原签约单位的书面退函，交纳完毕违约金），然后将原协议书交还学校毕业生就业指导部门，并换取新的协议书。

就业协议的违约金：违约金虽然是对双方的一个保障，也是一把双刃剑，对毕业生个人和用人单位而言都是一种制约手段，所以，毕业生在签订就业协议时要慎重考虑，量力而行，对于那些违约金约定数额较高的企业，毕业生应该考量自己可能承受的风险及承受能力，而不要“病急乱投医”。

工作内容：大学生在实际工作中运用自己的学识是非常重要的，甚至超出了劳动报酬的重要性，因此对于日后的工作岗位以及工作内容等要有明确的约定。

劳动报酬：劳动报酬是劳动合同的必备条款，也是大学生毕业后作为劳动者最大的权益，因此对于劳动报酬应当约定明确。

谨慎签订劳动合同

在大学生就业的种种环节之中，劳动合同的签订无疑是最重要的一环，它不仅规定了用

人单位所必须恪守的权利和义务，也是在劳动争议产生时维护自身权益的根据。一个完整的劳动合同过程应当包括四个方面：订立主体、合同内容、合同形式、法定程序。

一、签订程序与环节

签订合同时须注意以下环节：

首先，必须察看用人单位是否具有用工资格，如果单位没有用工资格，毕业生和该单位之间的关系就不是劳动法律关系，毕业生的劳动权益将得不到法律的充分保护。

其次，看合同形式是否合法或者是否正常，劳动合同有口头形式和书面形式，问题往往出在口头合同上，口说无凭，特别是用人单位与毕业生仅仅口头约定试用期，不采取书面形式，这很可能是一种陷阱。

最后，看是否办理用工手续，单位用工是应当办理用工登记的。事实上，有些单位因为是非法用工而不依法办理用工手续，这样社会保险金就无法正常缴纳；解除劳动关系以后，毕业生也无法及时办理退工手续并享受相应的物质帮助待遇。

二、合同内容与条款

劳动合同约定的事项在劳动合同生效以后发生法律效力，双方有义务按照合同约定履行。现实中，劳动合同内容的协商过程常常表现为用人单位向毕业生出具格式合同，毕业生接受就表示同意签订，这样用人单位便处于主动地位，它们往往将法律规定的方式表达在事先拟定的合同之中。故需要特别注意合同上劳动法规定的由毕业生和用人单位共同协商的或者法律规定必备的那部分内容，避免合同中有些条款存在陷阱，隐蔽地违背毕业生的意愿，这就需要毕业生细心察看劳动合同。

劳动合同的条款分为必备条款和可备条款。必备条款是《劳动法》规定劳动合同必须具备的七个方面，即劳动合同期限、工作内容、保护和劳动条件、劳动报酬、劳动纪律、劳动合同终止条件、违反劳动合同的责任。可备条款是毕业生和用人单位协商而成的其他权利义务关系内容条款。必备条款强调一个“齐”字；而可备条款强调一个“准”字。必备条款少了，则该份合同部分无效，缺失的部分权利义务关系就处于不确定状态，对毕业生很不利。所以看必备条款关键就看七个方面是否齐备，陷阱往往出在条款缺失，做了“埋伏”。可备条款是劳动合同最体现合同双方协商精神的地方，法律规定最少、弹性最大，最能表达毕业生的利益所在，也是易出问题的地方。要做到“准”字，毕业生需要做好“四查看”。

第一，要查看试用期条款。试用期存在的常见陷阱可以概括三种，第一种为仅有试用期而没有合同期的约定，这种情形常常以口头合同形式出现。试用期期间，用人单位付出的代价往往小于合同期，有的用人单位依以此来规避法律，试用期满就将毕业生扫地出门，再换一批人，以此获得“廉价劳动力”，而此时毕业生也只能无奈而去。第二种是一个试用期刚完另一个试用期又至，毕业生与用人单位的关系一直处于“临时状态”，用人单位随时可以让毕业生走人。《劳动合同法》规定试用期最长不超过六个月，并且试用期越长，相应的合同期也应当越长，毕业生应谨防上当。第三种是将试用期美其名曰为转正期，名为转正期实为试用期，瞒天过海骗人，试用期一拖再拖。毕业生应当注意此时法律注重看实质而不看名称。

第二，要查看服务期条款。劳动合同一般不对服务期限作出约定，只有在法律规定的情形下，毕业生才有义务与单位订立服务期限条款，即出现单位出资招用、单位出资培训、单位提供其他特殊待遇这三种情形之一，单位可以要求与毕业生订立服务期限条款。服务期限的约定是毕业生对单位给予的特殊待遇的补偿，它实际上是一定期限内毕业生有专门为该用人单位服务的义务，限制毕业生选择其他单位工作的权利，而将合同期限的决定权交给用人单位。此时用人单位处于权利人地位，它可以选择行使权利，也可以选择放弃权利，毕业生有义务追随用人单位的选择。用人单位行使该项权利表现为：每一个合同期限终止后还想继续聘用该毕业生，那么它就可援引服务期条款，继续要求保持与毕业生的劳动法律关系。所以，毕业生需要注意服务期限条款，以免陷入“难以自拔”的境地。当用人单位向毕业生许诺给予优惠待遇、约定较长服务期的时候，毕业生应该权衡好用人单位许诺的优惠待遇和服务期限的限制程度。

第三，要查看商业秘密和竞业限制条款。

**【案例】**

80后银行经理跳槽 违反竞业限制被判赔偿8万元

日前，泰州市中级人民法院对一起竞业限制纠纷案作出终审判决，驳回原告杨琳（化名）的上诉，维持靖江法院的一审判决。杨琳除继续履行在离职后两年内不得在银行业或准银行机构任职的竞业限制义务外，还须向靖江某商业银行支付违约金8万元，承担诉讼费用。

80后女青年杨琳，2009年7月到靖江某商业银行工作，后任该行金融部客户经理，因杨琳在单位主要是负责企业信贷方面的金融业务，有条件接触工作秘密，银行在2011年3月底，与她签订了《保密与竞业限制协议》。

该协议特别约定：杨琳在与单位解除或终止劳动合同后2年内，不得在银行机构或准银行业务机构任职，如杨琳履约，将从她与单位解除或终止劳动合同后两年内按月支付竞业限制补偿金，年补偿额为她离开单位前一年从单位获得的薪酬总额的三分之一。如单位违反该协议不支付竞业限制补偿金，竞业限制协议对她没有约束力。如杨琳违反该协议，单位有权要求她继续履行竞业限制的约定，从银行或准银行机构离职，并支付违约金10万元。

跳槽到其他银行。2012年8月，杨琳以家庭及身体原因向单位提交了离职申请，同年9月26日，靖江某商业银行与她解除劳动合同关系，并从2012年10月起，按每月1 720.96元向她支付竞业限制补偿金。

杨琳辞职后不久即应聘到某银行泰州分行工作，并在2012年11月，将自己的社会保险关系转移到该银行。

靖江市某商业银行发现杨琳跳槽后，通知她履行《保密与竞业限制协议》确定的义务，但遭到杨琳拒绝。

2013年3月，靖江市某商业银行向仲裁委申请仲裁，2013年4月26日，靖江市劳动人事争议仲裁委员会作出裁决：杨琳于裁决生效后10日内支付靖江某商业银行违约金10万元；竞业限制协议继续履行，杨琳在裁决生效之日起从某银行泰州分行离职。

杨琳收到裁决书，她认为自己当初与单位劳动关系解除后，单位既没有支付她2012年9月份工资、二三季度的奖金，也未足额支付她的竞业限制补偿金，因单位违约在先，所以双方签订的竞业限制协议对她已不产生约束力。

靖江法院审理后作出一审判决：原告杨琳按照《保密与竞业限制协议》的约定，继续履行在离职后2年内的竞业限制义务，并于判决生效后15日内支付被告靖江某商业银行违约金8万元。

一审判决后，杨琳不服提出上诉。2013年5月，杨琳向靖江市人民法院起诉，泰州市中级人民法院审理后驳回上诉，维持原判。

——摘自：http://js.xhby.net/system/2014/04/02/020691059.shtml，2014-04-02

商业秘密，是指不为公众所知悉，能为权利人带来经济利益，具有实用性并经权利人采取保密措施的技术信息和经营信息。商业秘密的特征表现在经济性、实用性、秘密性等方面，在市场经济活跃的时代，商业秘密是与企业的经济利益甚至生存紧密联系的，所以企业会依法对员工保守商业秘密作出严密的规定，这些规定不仅体现在毕业生在职期间，也体现在毕业生与企业结束劳动法律关系以后而反映在劳动合同上。依据相应法律，保守商业秘密条款通常可以通过约定提前通知期或者竞业限制两种办法，但劳动合同只能选择其中一种方法，不能同时约定；商业秘密进入公开状态后，保密条款、保密协议的内容自行失效。《劳动合同法》第二十三条规定：用人单位与劳动者可以在劳动合同中约定保守用人单位的商业秘密和与知识产权相关的保密事项。对负有保密义务的劳动者，用人单位可以在劳动合同或者保密协议中与劳动者约定竞业限制条款，并约定在解除或者终止劳动合同后，在竞业限制期限内按月给予劳动者经济补偿。劳动者违反竞业限制约定的，应当按照约定向用人单位支付违约金。

根据第二十四条第二款的解释，竞业限制就是用人单位的高级管理人员、高级技术人员和其他负有保密义务的人员不得到与本单位生产或者经营同类产品、从事同类业务的有竞争关系的其他用人单位，或者自己开业生产或者经营同类产品、从事同类业务的限制。对二十三条与二十四条的解读不难看出，用人单位与劳动者约定竞业限制条款的需具备以下几个条件：(1) 前提条件，即存在可保护的商业秘密。(2) 义务主体：商业秘密的知悉者，即用人单位的高级管理人员、高级技术人员和其他负有保密义务的人员，而不是所有劳动者。

(3) 竞业限制期限，根据第二十四条第二款规定最多不得超过二年。

值得一提的是，毕业生往往认为保守商业秘密是自己当然义务，任由用人单位提出要求，不注意察看保密条款或者保密协议，而忽视了自己严格保守用人单位商业秘密依法获取补偿的权利。

第四，要查看违约金条款。根据《劳动合同法》，劳动者从单位辞职提前三十天书面告知用人单位即可。劳动者要求解除或终止劳动合同，仅两种情况要交违约金。一是用人单位为劳动者提供专项培训费用，对其进行专业技术培训的。根据《劳动合同法》第二十二条规定，劳动者违反服务期约定，应当按照约定向用人单位支付违约金。违约金的数额不得超过用人单位提供的培训费用。如果劳动者已经服务一段时间，用人单位要求劳动者支付的违约金不得超过服务期尚未履行部分所应分摊的培训费用。二是对负有保密义务的劳动者，用人单位可以在劳动合同或者保密协议中与劳动者约定竞业限制条款，并约定在解除或者终止劳动合同后，在竞业限制期限内按月给予劳动者经济补偿。劳动者违反竞业限制约定的，应当按照约定向用人单位支付违约金。

劳动合同对劳动者的违约行为设违约金的情形只有两种，即劳动者违反服务期约定和毕业生违反保守商业秘密约定的。劳动合同不能就其他违约金作出约定，即使约定了也不受法律保护。此外，现实当中违约金条款可能存在的陷阱主要有：(1) 用人单位和毕业生约定了服务期或者保守商业秘密条款，其中单位没有依法向毕业生承担任何额外的义务，却要求毕业生承担义务，这是空头约定，没有法律效力，毕业生无需执行。(2) 用人单位和毕业生约定了服务期或者保守商业秘密条款，其中单位承担的义务太少，毕业生承担的义务太多而享受的权利太少，这需要毕业生仔细权衡，常见的陷阱有：违约金约定太高，有些用人单位利用毕业生急于就业的心理，无故高额约定违约金；将服务期限条款与违约金条款结合起来，超长约定服务期限，使得毕业生不敢萌生跳槽的想法；将违约金约定与保守商业秘密条款结合起来，过高约定保密要求，一旦毕业生有所疏忽，便招来麻烦。

就业之中的法律问题应当引起每一位毕业生的关注。只有以法律武器为后盾，才能在应对就业陷阱、签订劳动合同等需要法律帮助的时候充分利用法律武器，维护自身权益。对高校而言，要加强对大学生的法律教育，提高大学生的自我保护意识。防止大学生就业陷阱不仅要创造安全、有序、公正、合理的外部环境，更重要的是要使大学生知法、懂法、守法，并能利用法律武器维护自身的权利。当前，许多大学生法律知识缺乏，法律观念淡漠，维权意识不强，即使权利受到侵害也不知道，当然，也不乏为息事宁人、忍气吞声者，但很少有依法维权，争取自己的合法权益者。这种现象不仅只是个别大学生利益、权利受到侵害，更严重的是助长了许多违法分子的气焰，造成许多不安全不稳定事件，也使刚进入社会的许多大学生受到不良影响，为他们的今后发展可能埋下隐患。

第十三章

心理调节

——绕开择业的心理误区

提醒：作为大学生，拥有良好的择业心理是不可缺少的，它会让你少走弯路，正确认识就业。

当前，在大学生就业市场上，毕业生的择业意识、择业观念、择业标准、择业渠道、择业办法以及在择业中所呈现出的矛盾等都在不断地发生变化。

毋庸讳言，当代大学生面临的就业形势给他们带来了巨大的心理压力，如不及时调节，则会导致心理失衡，有碍求职工作的顺利进行。本章当中，笔者选择了几个典型的案例，进行分析和反思，并对心理调适提出建议。

树立市场观念，主动参与竞争

我国的高校毕业生就业早已经从计划经济的分配模式进入了市场经济时期的市场双向选择模式，目前我国高校的绝大多数毕业生是通过就业市场落实就业的。高校大规模扩招以来，毕业生就业的形势一年比一年严峻，毕业生人数逐年递增，2014 年毕业生达到空前的 727 万人。这么庞大的就业队伍给市场带来了巨大的压力。面对如此形势，在校的大学生和毕业生因该未雨绸缪，及早准备，主动出击，迎接市场挑战，积极地参与就业竞争。

途径之一：打牢知识的基础。不少大学生意识到"学业"是"择业"的基础和前提，要想在未来的就竞争中胜出，就必须努力提高自身的竞争"实力"。全面提高专业水平，提升自身综合素质，注重各种能力的培养和提高。因此，校园中所出现的"外语热"、"计算机热"、"辅修课热"、"考证热"、"考研热"等，都是大学生为适应市场需要积极行动的表现，是值得肯定的。

途径之二：通过竞争，寻求理想的职业，实现个人的职业目标。许多大学生在全面提高自身素质的基础上，通过多种渠道了解社会需求，了解市场"行情"，按照社会需要塑造自己，学习求职知识和技巧，不靠父母、亲友和学校，主动关注市场，还有的甚至从低年级开始就关注就业市场的变化，并将学习、实习、社会实践与就业紧密地结合起来。实践证明，无数大学生找到的适合自己的职业大多数是从市场中大浪淘沙的过程中“淘”来的。

调整就业期望值，树立正确的择业观

毕业生择业时期望谋求到理性职业本来是可以理解的。但要使期望变为现实，必须认清形势，正确把握就业期望值。当前，把毕业生推向市场已成为不争的事实。下岗分流人员不断增加，大学急剧扩招，使就业形势异常严峻。大学生在择业时，要认真考虑所学的专业和方向，从实际出发。了解社会对该专业人才的需求情况，要根据自己的职业兴趣、专业特长、实际能力、性格气质特点、家庭情况等去确定职业期望值。在择业时要以自己所长择社会所需，抛弃片面的求稳定、求专业对口的想法，最终实现自己的职业理想。

同时，大学生要树立正确的择业观。择业观是大学生人生价值观的重要成分，它与大学生的世界观、道德意识及心理认知水平相互影响、相互制约，大学生择业过程中出现的急功近利、求闲怕苦、虚荣攀比等心理误区，在一定程度上影响了他们的职业发展，错误的择业观约束了大学生认知水平的提高。作为当代的大学生应当正确处理国家、集体和个人发展之间的关系，像习近平同志所说的，希望大学生们“勇做走在时代前面的奋进者、开拓者、奉献者”。把个人职业发展与社会要求有机地结合起来，树立自尊、自强、自立、自爱意识，发扬艰苦创业精神，在正确的择业观指导下促进大学生全面素质的提高。

【案例】

择业焦虑

小张，某高职院校大三学生，专业为工科，但认为工厂企业效益不好，不想进工厂，想进机关搞文秘工作，但又感觉自己的专业及性格特点都与此不适合，不知该怎么办？

分析：对择业都有很高的期望值，但又怕自己的愿望实现不了，因此感觉很担心、焦虑。这种择业的高期望值反映了大学生一种普遍的心态，对自身在社会中的定位没有正确地认识和分析，与一心追求舒适安逸的生活态度有关。在个体进行社会定位时，必须认真考虑自身的知识能力水平，专业的社会适应性、自身的个性特征等因素，经过综合，形成自己对择业倾向的大致结论。也可以通过就业指导，使学生充分明白如何利用择业的自主权找到适合自己的单位。

大学生择业过程中常见的心理误区

一、“选择的自由越大越好”

一部分学生认为，既然现在是社会主义市场经济了，就业政策就应该是完全的市场政

策,供需双方完全可以自由交易,自由成交。自由度越大,毕业生与用人单位“双向选择”的空间就越大,“我愿意选择哪里就选择哪里”,哪里选择我,我都可以去。他们抱怨改革的步子太慢,认为“一定范围内的双向选择”,实际上是给人限定了框框,他们期待一种无拘无束的选择空间。他们并不知道,就业制度的改革是要和劳动人事制度、招生制度和户籍制度的改革配套进行的,是逐步推进和实施的,是要经过一个历史过程的,而且即使这个过程已经完成了,也并非“自由度越大越好”。

二、“我不能比别人差”

攀比心理也被大学生们运用到了就业的过程中,大家一起找工作,相互之间比较,比周围的同学哪个选择知名度高、效益好的单位,哪个同学去了大城市或高层次部门,那个工作轻松又有好的福利等。他们选择总抱有一个念头就是“我不能比别人差”、“我不能不如别人”。尤其是学习成绩稍好一点的同学更是如此,总是把比别人强作为标准,“这山望着那山高,这花看着那花俏”,结果,不从实际出发,一而再、再而三,结果延误了时机。

三、“过去我事事顺利,择业也依然会顺利”

现在的大学生一般都是在顺境中成长起来的,他们从校门到校门,没有经受过大的坎坷,不具有复杂的经历,没有经受过真正的挫折。一些大学生就认为,既然过去我事事顺利,这次择业依然应当顺利。他们盲目乐观,过于自信,不做认真的心理准备,结果往往在择业中稍有困难,便意志消沉,自暴自弃,不再努力改正并继续求职,而是限于一蹶不振的境地。

四、“大多数人钟情的一定是好工作”

一部分学生选择工作单位,自己毫无主见,总是随波逐流,看大多数人选择哪里,自己就选择哪里;大多数人往哪里挤,自己也往哪里挤。他们认为大多数人钟情的,一定是好工作,大多数人选择的,一定没错。结果,人云我云,不假思索,盲目跟着大多数人走,忽视了自己的特长,丧失了最能发挥自己特长的机会,殊不知,适合自己的才是最好的。

五、“要去就去沿海地区或大城市”

一部分学生面对择业认为,要去就要去沿海或大城市。在他们看来,沿海地区可以赚到大钱,到大城市一定会有更多的发展机会。他们宁肯到沿海地区或大城市改行,也不愿意在当地或欠发达的地区择业,宁要大城市一张床,不要欠发达地区一套房。他们很少考虑自己事业的发展和能力的发挥,更少考虑国家的需要。

六、“求职的竞争就是关系的竞争”

有些大学生认为，择业的竞争不是求职者素质的竞争，而是纯关系的竞争，看谁的关系硬，看谁的关系起作用。于是，这些学生不把立足点放在自身的努力上，而是找关系、托门路、递条子、送票子，用及其庸俗化的方法对待择业，使公正、公平、公开的竞争原则受到了损害。

七、“首次就业关系一生命运”

有些学生受择业观的影响，把初次择业看得过重，在他们看来，选择一个单位预示着自己“嫁”给了这个单位，嫁鸡随鸡，嫁狗随狗，自己将在这个单位厮守终身，单位好了，自己就好，单位不行，自己跟着倒霉。因此，他们觉得首次的就业关系一生命运。他们看不到人才流动制度改革的悄然兴起，看不到新的择业观正在进入人的头脑，看不到越来越多的人正在通过流动，才寻找到最能发挥自己才能的岗位。把政府的“先就业、后择业”放在脑后，事实上，真正适合自己的职业是需要不断的选择的，而非一蹴而就。

当然，大学生择业心理误区还有不少，我们不一一举例。在择业的关头，大学生产生这些心理误区是不奇怪的，这是由于客观上就业政策改革宣传的力度不够，学生思想教育相对薄弱，市场负面的影响较大等等，主观上大学生心理成熟度不高，认识能力不强等原因造成的。认知上的偏差，学习和理解不够，误解了改革政策，或者缺乏正确客观的认识能力，导致大学生是非不清，以偏概全，缺乏长远眼光，而自己又意识不到。因此，引导学生消除心理误区最根本的方法是帮助学生提高认识能力。认识能力越强，越善于认识自我、他人、他事、他物，能够客观的、全面的、发展的看问题，即具有理性的认识观念，就容易面对现实，从实际出发去对待就业。

全面客观地认识和评价自己

一、自我反省

面对择业中的各种矛盾和问题，毕业生首先要正确认识和评价自我，应当明确自己今后的职业发展方向是什么，自己的性格气质特点是什么，自己最适合干什么工作，自己的优势和劣势是什么，等等。

二、社会比较

毕业生要正确地认识和评价自己，就要将自己与社会上的其他人做以比较。一是要通过与自己条件、情况类似的人比较来认识自己，避免孤立的认识和评价自己；二是要通过他人的评价和态度来认识自己，看看别人是怎样评价自己的；三是要通过参加社会活动，从活动的结果分析来评价和认识自己，如参加社会实践、毕业实习等，在客观上寻找评价的参照尺度来认识自己。

三、心理测验

毕业生可根据自己的需要，在专业人员的指导下，对自己的气质、性格、兴趣、价值观、职业倾向等进行测验，通过测验分析，明确自己的个性特点，找出自己适合的职业方向，从而减少择业的盲目性，避免承受不必要的心理挫折。

大学生择业的心理趋向

一、择业的功利主义

大学生的择业行为基本上是由其人生的价值取向所决定的。尽管各高校加强了对学生的思想政治工作，但是由于受到商品经济的负面影响，不少学生在择业时明显表现出实用的功利主义价值取向特征，将择业的价值定位于金钱，地位等方面，很少考虑自身能力与专业发挥，具体表现在：

（一）贪图安逸，怕吃苦心理

当代大学生大都没有经过艰苦生活的磨砺，普遍缺乏艰苦奋斗的创业精神。目前，大学生中存在着学工不爱工，学农不爱农等现象，毕业后不愿到基层。这些毕业生理想职业标准是“三高”，即起点高，薪水高，职位高，希望自己的职业名声好点，牌子响点，效益高点，工作轻点，离家近点，管理松点，这些都是典型的贪图享受怕吃苦的表现。在这种求安逸怕吃苦心理的影响下，学生们选择职业的面很窄，形成了千军万马过独木桥的局面，几个名额几百几千人参加竞聘，而有些专业或单位由于硬件条件差一些，或可能偏远一些，尽管求贤若渴却乏人问津。

（二）“求名”心理

许多毕业生在择业时有“求名”心理和追求较高的社会地位的就业意识。这部分大学生就业倾向在于选择有实权、有声望、经济基础雄厚的大单位，这些单位一般在条件舒适的大城市，且具有较高的社会地位，如果能在这样的单位工作，无疑是一件相当有面子的事情，所以为了满足自己的虚荣心，他们甚至坚守“宁要城里一张床，不要郊区一幢房”的就业理念。其实这些毕业生并不了解有些职业的内在要求，也并不知道自己能否胜任这项工作，只是单纯追求有名气、牌子亮的单位。例如，一名来自农村的大学生，一心向往留在大城市，立志再也不回到那个贫穷的小山沟，所以他宁愿留在广州一家政府机关里干一些打扫办公室，跑跑腿，抄送文件等事务性工作，而这些工作根本就不能发挥自己的专业特长，随着时光的流逝，他的专业荒废了。当别人问他为何如此选择的时候，他的回答令人回味，“大机关毕竟是大机关，基层再好，也是下级单位”。这种讲求高地位，高工资、高享受、看不起基层单位，不愿意从基层做起，只想坐享其成，把享受作为择业第一标准的职业价值取向是不可取的。

（三）逐利心理

经济利益是大学生选择职业所要达到的一个重要目的。大学生将面临着恋爱、结婚、建立家庭这三项需要大量经济支出的人生大事，成家后养育子女的大笔经济开销也必须具有一定的经济实力，而他们获得经济收入的主要渠道就是工资收入，因此大学生选择职业时对经济收入考虑较多本属正常。但是有些毕业生择业时走极端，只注重工资待遇，只要工资待遇理想，不管能否发挥自己的专长，单位发展前景如何，就轻易“以身相许”，这是一种非常危险而短视的择业观。

（四）求闲、求便心理

求闲、求便心理，是指那种为了工作清闲、离家近或追求生活便利的人的一般求职心态。当然不可否认，事业与家庭、工作和生活常常会有诸多矛盾，造成许多不便，所以有一部分毕业生在选择职业时就出现了图清闲、享清闲，一切为了方便，一切只为方便的择业心态。受这种就业观念的影响，许多本身就是城市户口的大学生不愿意到下面的村镇就业，宁愿在市里找一份非常普通的工作，也不到为自己提供很好创业机会的单位就业。

（五）欺骗心理

欺骗心理是一种社会极力反对的择业心态。本来在择业前毕业生进行一下包装也无可厚非，但是却有极少数毕业生为了达到自己目的，不惜编造假材料，伪造假证书，将原本十分普通的自己包装得十分“优秀”，欺骗用人单位。另外，还有一类毕业生不愿为自己的行为负责，在有更好选择的情况下，轻易违背诚信的原则撕毁与单位的协议，所有这些行为都表现了明显的利己主义色彩。

二、择业的依赖心理

新的从事制度改革曾博得毕业生的一片喝彩声，但是喝彩声过后，毕业生面临一个更新的课题，就业越来越难了！高校毕业生就业形势确如媒体所形容的“不容乐观”、“形势严

峻”。大学生本来是一个紧缺的人力资源，怎么会出现了就业难的问题呢？毕业生真的供大于求了吗？造成大学生就业难的因素是多方面的，但是受不良就业观念的影响，高校毕业生不愿意到基层单位、非国有单位、中小企业就业，少数“三高”工作大家争破了头，有些工作却乏人问津的局面。

新的人事制度改革不会马上消除传统的就业观念对学生们的影响。第一，现在仍然有许多毕业生抱着“铁饭碗、金饭碗”不放手，依然在等、在靠，部分毕业生甚至为了图稳定不惜放弃职业理想。也有的毕业生受怕担风险、怕失败、怕吃苦心理的束缚，失去了开拓进取，勇于挑战的胆识和气魄。第二，有些毕业生认为自己辛辛苦苦上了几年大学，毕业后应该从事体面的工作，而从基层干起是没有出息、没有能力的表现，片面地认为大学生只能到大城市、大机关的中高级部门去工作，结果造成这些单位部门虽招聘名额不多，但应聘者却摩肩接踵，纷至沓来。与之相对应，新兴行业的兴起多在基层，但是求职者却寥寥无几，门庭冷落。第三，就业观念陈旧，过分强调专业对口，致使在人才需求严重不平衡的状态下，不利于自己就业。如果毕业生学的是专业市场需求看好的热门专业也就罢了，但如果自己的专业是就业冷门专业，本来社会需求已经供过于求，还不肯做其他的选择，毕业就将等于失业。

虽然大学生分配工作已经成为历史，但是仍有部分大学生十分怀念过去的制度，依赖思想仍然强烈。临近毕业的时候，他们还把就业的希望寄托在学校、老师和家长的身上，抱着“车到山前必有路”的侥幸心理，他们不主动和用人单位联系，而是希望学校给他提供信息，安排工作，有的向千里之外的家长和亲友寻求帮助，把前途交给他人来安排，缺乏自主择业的意识，不适应独立地谋取职业和通过多种渠道就业的新形势。

【案例】

依赖心理

小黄是生长在大都市的独生子。出生“豪门”的她从来都是一帆风顺的，就连毕业前都比别人轻松。她说：“我参加过几场人才交流会，可杳无音信，心里真是挺难受。我想现在竞争压力实在是太大了，再努力也是白费，还不如交给我爸。”

分析：在求职期间，过分地依赖他人属于思想上缺乏独立的表现。小黄从小养尊处优，习惯性地依赖他人，以至求职压力一大，便马上把找工作的事推给了父母。这实际上也是自我挫败的行为表现。大学生择业时，一般要经历新鲜兴奋——观察思考——协调发展这样一个变化过程。这就需要他们具备独立的思考能力和判断能力。可是有些学生缺乏独立性而显得软弱无能，根本无法适应自身与新环境之间的摩擦和碰撞，最终只会被环境所淘汰。

要克服依赖思想，关键就是要加强自我意识。心理学家艾里克森曾指出：自我是自主的、有力量的实体，自我能决定个性的“命运”，参与决定个性行为的方向。自我不仅保证个人适应环境，健康成长，而且是个人自我意识和统一性的源泉。加强自我意识首先就是要树立独自处理事情的信心和决心，要明确自己的目标，即自己最想从事的职业，然后再多看看有关应聘技巧方面的书籍，增强自信度和踏实感。遇到困难时，也要与人交流，可以采纳别人的建议，但最终的决定权还是要掌握在自己手中。

三、择业的自卑心理

自卑是一种因过多地自我否定而产生的自惭形秽的情感体验。自卑是指自我评价偏低、自愧无能而丧失自信，并伴有自怨自艾、悲观失望等情绪体验的消极心理倾向。择业自卑主要是指在择业过程中，缺乏自信心，缺少勇气，惧怕失败，不敢竞争，主动示弱。它往往使得一些毕业生悲观失望、忧郁孤僻、不思进取，选择单位时降格以求，阻碍了自身聪明才智的发挥。自卑心理的产生，主要来源于个体不能正确地对周围环境和自身条件进行判断，心理上产生消极的自我暗示。初期择业的失败诱发了自我意识薄弱和心理发育不健全的大学生的自卑心理。自卑心理常表现为：缺乏正确的自我认识，缺乏信心和勇气。在双向选择时，往往缺乏信心和勇气，怕自身条件差、怕用人单位以貌取人、怕自己学习成绩平平、怕用人单位轻看自己等，尤其是经历多次无效择业后更容易变得缩手缩脚，觉得事事不如人，从而悲观失望，不思进取。这使得他们在机遇到来之时手忙脚乱，畏首畏尾，不能把自己的特点和优势表现出来，与就业机会失之交臂。

战胜自卑感就是要正确评价自己，多找自己的长处，即使微不足道也不要忽略。人人都有所长，利用自己所长弥补自己所短，寻求成功的经验，增强自信心。要经常对自己进行积极的心理暗示，相信“天生我材必有用”；要克服惧怕心理，在求职过程中遇到挫折是正常的，重要的是认真分析失败的原因，总结经验教训，争取新的机会。

**【案例】**

自愧不如

某用人单位到学校来招毕业生时，小李去面试，可没有几分钟就被淘汰下来了。据了解，小李是因为得知与其一起来应聘的有武大和华师的“高手”，深信自己无用武之地，一时间信心全无，甚至想打退堂鼓，结果很快就被淘汰下来了。

分析：自信心不足，自愧不如，是自卑的心理表现。心理学家认为，自卑属于性格上的缺陷，表现为对自己的能力和品质作出过低的评价。青年人对与别人的关系、别人对自己的关系和别人对自己的评价非常敏感，因而自尊心很容易受到伤害，尤其是对有竞争性的活动，怕受到挫折被嘲笑而往往采取“退避三舍”的态度。而求职并非一般性的竞争活动。如果在有限的机会面前畏缩退让、精神不振，只会让本该属于自己的工作白白丢失。

面试通常是用人单位的第一个考试，而这恰恰就是自卑者的难关。如何克服这一难关呢？吉尔福德研究指出：人们可以通过在头脑中设置自己已经取得的胜利画面，而使自己的

心智达到最佳状态。因而,自卑者可以在求职前进行积极地自我暗示,持着“你行我也行”的信念,努力克服自卑心态。在与用人单位交谈时,尽量表现出自己擅长的一面,从而体验“我能胜任”的愉悦感。

四、择业的自负心理

【案例】

自视过高

小张是一名成绩十分优秀的学生,在求职期间,很多用人单位都抢着要她。但小张偏偏就有自视过高的缺点,对那些令其他同学羡慕不已的单位不屑一顾,所以迟迟都不愿与之签约。最后当她有危机感时,以前的那些用人单位都拒之于千里之外。

分析:过分的优越感和自负感都属于高自我价值感。这种高自我价值感与自卑对立,但二者都是对自我的非客观评价。高自我价值感是优秀生中一种较为普遍的心理。他们自信、有活力并非坏事,但是在求职期间,人才济济一堂,职位供不应求,用人单位的选择也绝不会是唯一的,而且他们对这种缺乏自知之明、自视清高的毕业生是最有戒心的。

高自我价值者在求职期间应保持一种谦虚平和的心态,多与周围的同学交流,多听听别人的想法和意见,这样可以有效防止想法的极端性。在与用人单位交流的时候,要尊重对方,客观评价自己的实力,正确处理双方关系。必要时,还应该向家人和老师征求意见,以便明智地作出决定。

五、决策时优柔寡断

虽然现在大学生求职处于“卖方市场”,但初次参加人才交流会就被用人单位看中的情况也并不少见。可是由于时间尚早,有些学生一方面担心草率决定可能会错过以后更好的选择;一方面又不忍放弃成功的机会,所以一直处于矛盾之中,犹豫徘徊,取舍难决,顾虑重重。

从学校到社会是人生一个重要的转折点。每一个学生都希望能找到最适合自己的位置。择业的市场化为学生提供了双向选择的机会,赋予了他们一定的自主权,但同时也增加了选择的复杂性。所谓“人往高处走”,在面临选择时,出现犹豫的心理是可以理解的。但过分的优柔寡断则会使一些大学生产生困惑与迷茫,以至失去择业良机。

毕业生在择业时要想不失良机,当机立断,既需要有相当的观测力和判断力,更需要清楚地了解自己,明确自己的择业目标,弄清自己究竟希望得到什么样的职业,具备什么样的职业技能。一个不能正确认识自己的人,不可能把主观愿望和客观现实有机地结合起来。因此正视自身,包括对自己的思想表现、专业学习状况、各种能力、身心素质等有一个客观的认识，这是正确择业的第一步。

【案例】

犹豫不决

小邓还算是一名比较幸运的同学。他初次参加人才交流会就被一家用人单位看中了。可因为时间尚早，如果草率决定，可能会遇到更好的选择。可同时又担心会错过机会，所以他一直都犹豫不决，苦不堪言。

分析：从学校到社会是人生一个重要的转折点。每一个同学都希望能找到最适合自己的位置。而择业时的双向选择便为学生带来了一定的自主性和灵活性，但同时也增加了他们选择的复杂性。因而，在面临选择时，犹豫不决的心理是可以理解的。但过分的优柔寡断则会使一些大学生产生困惑与迷茫，以至白白失去择业良机。

毕业生在择业时要想不失良机、当机立断，就需要相当的观测力和判断力。在向用人单位推销自己的时候，不仅要了解自己的实力，还要看清楚对方的意图和价值感，最重要的是要能正确判断他对你的看法。只要判断正确，处理得当，即使是某些对己不利的情况，也可以转变为有利条件，这样才能做到"知己知彼，百战百胜"。

六、不善与人沟通

许多大学生踏上社会，由于无法与别人进行有效地沟通，只知道埋头做好自己手头的工作，基本上不与同事交流，所以常常不能顺利通过试用期。这表明，大学生在从学生到社会角色的转换上，还存在着一定的心理距离，往往在求职的过程中，自己的一些行为习惯和社会角色的要求之间还存有矛盾，因此学会与人交往，进行良好的人际沟通，是成功择业的一个关键。

学校的环境较为单纯，而社会环境就相对复杂得多。通常习惯了一种单一生活的人很难在一时间内转换自己的角色意识，于是就很容易产生学生行为习惯与社会角色要求之间的矛盾。其主要原因是学生对外部环境缺乏敏锐的感觉。有些学生平常总习惯于将自己封闭在校园内，两耳不闻窗外事，与社会基本保持隔离状态。久而久之，与社会上的人和事之间的心理距离就会越来越大。这种心理距离将成为学生求职时的巨大障碍。

大学生在与用人单位交流时，要注意倾听，听清楚面试者的话语，不要随便打断对方的谈话；要善于从对方的角度来考虑问题，尽量表现出自己良好的团队协作意识。同时，良好的沟通还需要有得体恰当的言谈，大学毕业生平时应该注意克服和消除自己的学生气、学生腔，多留心学习一些常用的工作用语、办公室用语，注意培养自己幽默、积极向上的语言风格，尽可能地在交流中将自己的闪光点展现无余。

择业过程是对大学生各种心理品质与整体素质的综合检验，学校、家长和社会有义务帮

助大学生树立正确的择业观，帮助他们客观认识社会，全面认识自己，积极调适心态，早日走出心理误区。在这方面，我们还有大量的工作要做，值得深入研究与探讨。

【案例】

不善沟通

小陈一直都找不到单位，原因就在于他极不善于和用人单位进行沟通，总觉得与对方格格不入。比如，有一次招聘单位到学校与其见面，一位同志在交谈中向小陈递了一支香烟，小陈连忙说："不抽，我没有这种坏习惯。"这一举动把招聘单位的领导搞得十分尴尬，而在座的人都啼笑皆非。

分析：小陈的失败就在于他和社会角色之间存在着较大的心理距离。学校是个较为单纯的环境，而社会环境就相对复杂地多。通常习惯了一种单一生活的人很难在短时间内转换自己的角色意识，于是就很容易产生学生行为习惯与社会角色要求之间的矛盾。这主要还是由于学生对外部环境适应不敏感造成的。有些学生平常总习惯于将自己封闭在校园内，两耳不闻窗外事，与社会保持隔离状态。久而久之，就会与社会上的人和事之间存在着一种心理距离。这种心理距离往往成为求职时的最大障碍。

大学生在与用人单位进行交流时，就应该善于与之沟通，要从对方的角度来考虑问题。投其所好也是一种心理战术，这往往是大学生在择业时迈向成功的第一步。良好的沟通需要得体恰当的言谈，这就要求毕业生要善于控制自己的"学生腔"，多留心一些常用的学习工作用语、办公室用语等礼貌语言。培养自己幽默、积极向上的语言风格，尽可能地在交流中将自己的闪光点展现无余。

进行有效的心理调节和控制

一、理性情绪法

美国临床心理学家艾里斯创立的"理性——情绪疗法"认为，情绪困扰并不一定由诱发事件直接引起，常常是由经历者对事件的非理性解释和评价引起，如果改变非理性观念，调整了对诱发事件的认识和评价，领悟到理性观念，情绪困扰就消除了。例如有的学生在择业中受到挫折便消沉苦闷、怨天尤人，其原因在于他原本认为"择业应当是顺利和理想的"，正是因为这样的心理定势，才导致了不良情绪，如果将这些想法加以纠正，不良情绪就得到了克服。大学生在择业中处于消极情绪状态时，要善于从中分析、抽取非理性的观念，综合、概括出理性的看法，并对比两种观念下个人的内心感受，使自己走出非理性的误区。

二、合理宣泄法

大学生择业中处于焦虑、抑郁等消极情绪状态时，不能一味地把不良心情藏在心底，而应进行适当的宣泄。比较好的办法是向知心朋友、老师倾诉，把心中的不快说出来，甚至可以大哭一场，使紧张的情绪得以缓解或消除。另外，也可以通过参加一些大运动量的户外活动，如打球、爬山等方式来宣泄不良情绪。宣泄情绪要注意场合、身份、气氛，宣泄要适度，没有破坏性。

三、自我慰藉法

自我慰藉就是自我安慰。毕业生择业中遇到困难和挫折，在经过最大努力仍无法改变状况时，要说服自己，适当让步，将不成功归因于客观条件和客观现实，同时要勇于承认并接受现实。这样，就能缓解因心理矛盾而引起的悲观失望等不良情绪，重新找回自信，树立继续努力的信心。

四、情绪转移法

在情绪低落时，把自己的精力和注意力转移到其他活动中去。例如，学习一些新知识或技能，或是参加一些自己有兴趣的活动，把不愉快的情绪抛在脑后，使自己没有时间和可能沉浸在不良情绪中，以求得心理的平衡。

五、自我激励法

毕业生在择业面试中常常出现胆怯、信心不足等现象，可以通过积极的自我暗示、自我激励进行调节，增强自信心。例如，运用内部语言或书面语言来调节情绪，在心里默念“我会发挥得很好”、“我一定能成功”等语句，或者写在纸上，或者找个旷野大声地喊出。这些对走出自卑，消除怯懦有一定的作用。

六、松弛练习法

松弛练习是一种通过练习学会在心理和躯体上放松的方法，常用的有肌肉松弛训练、意念放松训练等放松练习方法。放松练习可以帮助人减轻和消除各种不良身心反应，如焦虑、恐惧、紧张、失眠等症状。大学生在择业中遇到的心理问题，可在专业人员的指导下通过放松练习来解决。

大学生择业成功心理

择业过程是对大学生各种心理品质与整体素质的综合检验,学校、家长和社会有义务帮助大学生树立正确的择业观,帮助他们客观认识社会,全面认识自己,积极调适心态。

首先,要知己知彼。择业是一种双向选择,因此必须正确地估价自己的优势和劣势,明确自己在择业中可接受的范围,同时要全面准确地了解用人单位的用人需求和竞争对手的实力。在知己知彼的情况下去选择职业,就能增加成功的概率。

其次,目标要适中。大学生在择业过程中一定要实事求是地确定择业目标,切不可好高骛远。近几年大学生择业一个明显的特点是向往发达地区、沿海地区和大城市,那些地方因人才集中而很难找到理想的工作。而一些欠发达地区、内陆地区的中小城市或广大农村更需要大学生,大学生在那里往往更受重视,更有用武之地。就我国目前状况,只要大学生能降低择业标准,愿意到艰苦的地方去,就业市场还是十分广阔的。

第三,应有必要的形象设计。处于择业阶段的大学生,都希望能给用人单位留下良好而深刻的印象。这些印象是靠毕业生给用人单位提供的各种信息和自己的实际表现形成的。在不违背事实的前提下,可以通过形象设计和对信息的精心组织,突出自己的特长与优势,给用人单位留下鲜明深刻的良好印象。心理学研究表明,人与人接触的第一印象很重要,如果第一印象搞糟了,以后即使花上几倍的努力都难以挽回。因此,对自己进行适当的包装、修饰,是印象管理的一个重要方面。另外,在求职过程中免不了言语沟通,掌握沟通技巧也是择业不可缺少的准备。总之,预则立,不预则废。这一古训对大学生择业同样适用。

第四,扬长避短策略。扬长避短是任何竞争性活动都必须遵循的原则和必须采用的策略。任何人都有长短优劣,问题在于如何尽最大可能发挥出自己的长处与优势,避免短处与劣势。有长处没有得到发挥或有短处没有得到避免都会对择业有影响。因此,在择业过程中有必要对自己的长短优劣做一番分析,使自己的长处得以充分展现,并根据自己的长处和优势选择职业。

第五,树立自主创业的观念。传统就业观念是从社会提供的各种职业中选择一个适合自己的职业。但作为一个现代大学生,不仅要有多次择业的心理准备,而且要树立自主创业的观念,即职业不仅是可以选择的,而且是可以创造的。大学生已具备相应的知识,在条件许可的情况下完全可以根据市场需要和社会需求创造新的职业。

第三部分　创业指导

第十四章

大学生创业

——就业的新热点

提醒：大学生创业是时下的时髦词汇，但不是所有人都适合创业、了解创业，读了本章会对你有所启迪。

“大学生创业”是近来社会关注的焦点之一，国家鼓励、支持大学生创业不仅仅是为了就业，而是高等学校培养创新型人才的必然要求，是促进科技成果转换的一种形式，是提升我国创办企业质量的重要途径，更是建设创新型国家的需要。

大学生创业简介

大学生创业通常是指大学生自主创业，它是大学生就业的最积极、最主动的形式，是大学生实现充分就业的有效途径。

所谓大学生创业是指在校就读大学生于学习期间以及大学毕业生毕业后通过创办实体、提供产品或服务创造财富的活动。具体而言，就是大学生利用自身具备的知识、才能、素质和技术，以自筹资金、技术入股、寻求合作等方式开展的经营性活动。

其实，“大学生创业”并不是什么新鲜事物，早在1989年11月，联合国教科文组织在“面向21世纪教育国际研讨会”上就提出了学习的“第三本护照”，即创业教育和创业能力的问题，要求把创业能力提高到与目前学术性和职业教育同等的地位；1999年，联合国教科文组织在国际职业教育大会又前瞻性提出，二十一世纪将有50％的大学生要走自主创业之路。事实上，在市场经济国家，创业性就业一直就是社会就业的主要形式。在西方发达国家，大学生自我创业非常普遍。进入20世纪90年代，西方高失业率国家纷纷鼓励和奖励劳动者

以各种形式进行创业性就业。在美国，创业扮演着至关重要的角色，美国大学生创业的比重高达20%以上。在爆发金融危机的前十年中，美国平均每年新创企业六十万个，提供一千多万个新的工作岗位，并且全美67%的新发明来自新创企业。在韩国，大学生创业率也在不断的攀升，近年来，韩国大学生创业人数以每年增加一倍的速度迅速扩大，创业率已基本接近欧美水平，他们不仅深入到尖端科技领域，还活跃在传统制造业和农业等多个领域。许多学者认为，现在已经没有永恒的职业和岗位，不受时间和场所限制的弹性工作和第二职业也不再新鲜，创业已经变得不是简单、被动的选择，它是大学生重新发现自己人生价值的一种途径，是大学生人生发展的机遇和挑战。

我国真正的创业性就业始于改革开放以后，特别是20世纪90年代后期以来，就业的扩大，在相当大的程度上，是通过各种政策鼓励自主创业和自谋职业实现的。现在国内的很多知名的民营企业和高科技企业就是在这段时间发展起来的。目前，我国大学生创业率还比较低，创业发展的潜力和空间非常大。

但是，创业也是一项高风险的行动，目前，我国大学生创业的成功率还不足1%。客观地说，由于我国现行的教育体制的缺陷以及整个创业环境还欠佳等原因，这也说明一个问题，对于初出校门的大学生而言，创业的难度是远高于社会人士的创业难度的，毕竟，他们对社会的了解、人生的经验、社会资源的掌握等都无法和社会人士相比，他们仅有的优势是掌握现代科技知识、年轻，有初生牛犊不怕虎的勇气。因此有一些教育界和企业界人士认为，大学生创业的稳妥方式是，有创业愿望的大学生最好先到相关的企业和岗位去实习和磨炼两年左右，以开阔视野、积累经验、增长才干，为今后的创业打下坚实的基础。

大学生创业的价值

如前所述，大学生创业不容易，正因为不容易，因此其意义也非同一般。

大学生创业是国家经济建设和社会事业发展的需要。随着我国改革开放的深入，经济结构的转型，产品的升级换代，科技含量的提高，国家对创新型人才的渴求度越来越高，需要大量的高科技含量的经济实体参与国家的经济建设；伴随着金融危机，我国社会的就业压力陡增，大学毕业生、下岗工人、返乡民工等群体的待就业人数空前增加，出现了新增就业人数不断增加和集聚，而就业需求不足、大量人才不能充分就业的严峻局面。社会迫切需要通过创办各类新型经济实体吸纳更多的人就业，这个期望自然就落到了具有知识、年龄优势的大学生群体身上。大学生创业意味着大学毕业生不做现有岗位的竞争者，而是自立门户为社会、为他人、为自己创造更多的就业机会，它在转变人们的思想观念、促进中小企业快速发展、合理配置资源、促进科技成果转化、缓解就业压力等方面有着极其重要的意义。

有利于培养大学生的创新精神。大学生的创业要在现有的激烈竞争格局中脱颖而出，必须坚持走自主创新、科技创新之路，才能立于不败之地，按照常规思路、固有模式是难以成功的。大学生通过创业活动，培养自己的开拓创新精神，进而实现创业个人和团队的不断完善和自我超越，为社会做出更大贡献。

有利于锻造大学生自强自立，奋力拼搏的良好品格。大学生自主创业是开辟新的事业，自然会遇到意想不到的困难和挫折，甚至失败，这对创业的大学生各方面都是一个锻炼和挑战。大学生创业就意味着他抛掉了等、靠、要的被动思维，放弃了按部就班的生活习惯，选择了自己命运自己做主的生活方式，是自强、自立、自信的体现，通过社会的磨练和市场的考验，创业者会变得更加顽强和成熟，其自立自强意识、风险意识、拼搏精神和艰苦奋斗的作风都将得以提升。

有利于大学生人生价值的实现，是利国、利民、利己的好事。大学生创业一般会选择自己熟悉并感兴趣的行业，正是这种选择，使得创业的大学生能以饱满的热情和良好的精神状态投入自己的"事业"，做自己想做的事情，就能充分发挥自己各方面的潜能，正确面对前进中的困难与挫折，通过不懈努力，取得成功。大学生成功创业一方面可以带来经济增长、就业增加和社会进步，而且可以优化经济增长结构，为社会和国家创造财富，从而成为国家或地方繁荣的驱动力。另一方面，有利于大学生实现自己的财富梦想。当今社会，那些"精英"和高级白领的收入和地位固然让不少人羡慕，但这对高等教育大众化背景下的广大大学生来说，似乎还很遥远，想靠拿工资和替别人打工使自己在财富上迅速富裕起来几乎是不可能的，而创业为大学生实现这个梦想提供了可能。

大学生创业的相关政策

为鼓励大学生创业，国家近年出台了一系列政策。

一、大学毕业生在毕业后两年内自主创业，到创业实体所在地的工商部门办理营业执照，注册资金(本)在 50 万元以下的，允许分期到位，首期到位资金不低于注册资本的 10%(出资额不低于 3 万元)，1 年内实缴注册资本追加到 50%以上，余款可在 3 年内分期到位。

二、大学毕业生新办咨询业、信息业、技术服务业的企业或经营单位，经税务部门批准，免征企业所得税两年；新办从事交通运输、邮电通讯的企业或经营单位，经税务部门批准，第一年免征企业所得税，第二年减半征收企业所得税；新办从事公用事业、商业、物资业、对外贸易业、旅游业、物流业、仓储业、居民服务业、饮食业、教育文化事业、卫生事业的企业或经营单位，经税务部门批准，免征企业所得税一年。

三、国有商业银行、股份制银行、城市商业银行和有条件的城市信用社要为自主创业的

毕业生提供小额贷款，并简化程序，提供开户和结算便利，贷款额度在2万元左右。贷款期限最长为两年，到期确定需延长的，可申请延期一次。贷款利息按照中国人民银行公布的贷款利率确定，担保最高限额为担保基金的5倍，期限与贷款期限相同。

四、政府人事行政部门所属的人才中介服务机构，免费为自主创业毕业生保管人事档案（包括代办社保、职称、档案工资等有关手续）2年；提供免费查询人才、劳动力供求信息，免费发布招聘广告等服务；适当减免参加人才集市或人才劳务交流活动收费；优惠为创办企业的员工提供一次培训、测评服务。

为了进一步加大推进大学生创业工作的力度，国务院办公厅于2009年1月专门下发了《关于加强普通高等学校毕业生就业工作的通知》，其中进一步明确和强调了下列政策：

鼓励高校积极开展创业教育和实践活动。对高校毕业生从事个体经营符合条件的，免收行政事业性收费；落实鼓励中小企业、高新技术企业发展等现行税收优惠政策和创业经营场所安排等扶持政策；在当地公共就业服务机构登记失业的自主创业高校毕业生，自筹资金不足的，可申请不超过5万元的小额担保贷款；对合伙经营和组织起来就业的，可按规定适当扩大贷款规模；从事当地政府规定微利项目的，可按规定享受贴息扶持。有创业意愿的高校毕业生参加创业培训的，按规定给予职业培训补贴。

强化高校毕业生创业指导服务，提供政策咨询、项目开发、创业培训、创业孵化、小额贷款、开业指导、跟踪辅导的“一条龙”服务。各地要建设完善一批投资小、见效快的大学生创业园和创业孵化基地，并给予相关政策扶持。鼓励支持高校毕业生通过多种形式灵活就业，并保障其合法权益，符合规定的，可享受社会保险补贴政策。

为了推动大学生创业，除了国家出台了在政策以外，地方各级政府也出台了一系列政策。

如：江苏省人民政府办公厅在苏政办发〔2009〕17号文件明确指出：构建高校毕业生自主创业“绿色通道”，为高校毕业生自主创业提供资金支持、政策扶持、项目论证等“一条龙”服务。全面落实有利于高校毕业生创业的税收优惠、小额担保贷款、资金补贴、场地安排等扶持政策，逐步增加小额贷款担保资金，对在当地公共就业服务机构登记失业的自主创业的高校毕业生，将发放的小额贷款额度上限提高到5万元，规模较大的可提高到10万元；个人申请小额贷款并从事微利项目的由财政据实全额贴息，从事非微利项目的给予50%的贴息。毕业2年以内的高校毕业生从事个体经营的，按有关规定，自其在工商部门首次注册登记之日起3年内，免收管理类、登记类和证照类等有关行政事业性收费。对到村任职的高校毕业生优先安排农业科技创新创业项目。组织有创业意愿的高校毕业生参加创业培训，按规定给予职业培训补贴。鼓励支持高校毕业生通过多种形式从事灵活就业，保障其合法权益，符合规定的可享受社会保险补贴政策。

南京市2012年在《关于实施万名青年大学生创业计划的意见》(宁委发【2012】33号)中对具有大专以上文化的在校大学生或毕业五年内的大学生(含海外留学人员),在南京市范围内初创企业或从事个体工商经营者出台了具体的扶持政策:

(一) 资助优秀创业项目。市人社局、南京紫金科技创业投资集团负责评估青年大学生创业项目,每年遴选出200个可行性和预期成功率较高的优秀创业项目,每个项目给予10—20万元的一次性资助;其中,遴选出20个科技含量高、潜在经济与社会效益及市场前景好的特别优秀创业项目,每个给予50万元一次性资助。资助资金50%由市紫金科技创业投资集团天使基金投资、50%由政府补助。

(二) 支持创业载体建设。鼓励以多种方式建设大学生创业园(基地),经验收认定为"南京市大学生创业园(基地)"的,根据建设规模和标准,分别给予30—50万元的一次性建园奖励补贴,重点创业园(基地)建设,由市、区财政予以重点扶持。

(三) 提供创业场地扶持。对在宁初始创业青年大学生入住创业园区的项目,可提供最高30平方米、最长3年期限的免费场地或租金补贴,由大学生创业企业纳税属地区县(开发园区)负责。对无自有住房的在宁初始创业青年大学生优先安排公租房。

(四) 鼓励多渠道融资创业。1. 在宁初始创业青年大学生的创业项目,经过评估具有可行性的,均可申请创业小额担保贷款和贴息。从事个体经营、合伙创业的,最高可分别申请10万元、50万元的小额担保贷款;微利项目财政给予全额贴息,非微利项目财政贴息50%。2. 鼓励青年大学生以创业项目为平台,争取专项资金支持和社会风险投资,按照单个创业项目所争取资金或融资总额的10%给予无偿配套支持(最高不超过10万元),帮助青年创业大学生降低融资风险。3. 青年大学生自主创办的企业,招用本市户籍失业人员和高校毕业生人数达到员工总数30%以上,依法签订劳动合同、缴纳社会保险的,可申请最高200万元的商业贴息贷款,财政部门按贷款基准利率的50%给予贴息,最长期限两年。

以上三种融资方式不可同时享受财政补贴。

(五) 减免相关税费。自主创业青年大学生,在宁申办个体工商户登记的,自其在工商部门首次注册登记之日起三年内,免交登记类、管理类和证照类等行政事业性收费;申办注册资本10万元以下中小企业的,免收企业注册登记费。青年大学生自主创办的商贸和服务型等企业实体(除限制行业外),在新增加的岗位中,当年招用持《就业失业登记证》人员,与其签订1年以上期限劳动合同并依法缴纳社会保险费的,在3年内根据实际招用人数按照每人每年4 800元的优惠定额依次扣减营业税、城市维护建设税、教育费附加和企业所得税。毕业年度内的高校毕业生,从事个体经营(除限制行业外)的,在3年内按每户每年8 000元为限额依次扣减其当年实际应缴纳的营业税、城市维护建设税、教育费附加和个人所得税。

（六）鼓励创业带动就业。青年大学生创业并正常经营纳税一年以上和带动2人以上就业的，给予一次性4 000元奖励。初创企业3年内吸纳本市户籍失业人员或就业困难人员就业，签订一年以上期限的劳动合同并依法缴纳社会保险费的，给予1 500元/人的一次性带动就业奖励。创办企业吸纳就业困难人员就业的，给予最长3年期限的社会保险和岗位补贴（创办劳务派遣企业不在本政策扶持范围，下同）。

（七）加强创业指导和培训。鼓励驻宁高校结合大学生创业园建设成立大学生创业指导站，指导站建设符合市规定要求的，每个给予一次性5—10万元经费补贴。推行大学生创业导师制，通过“创业导师进校园”、“一对一”创业指导、跟踪服务等多种形式帮助大学生提高创业实践能力。开展青年创业培训实训，经具备创业培训资质且经过公开招标的社会培训机构培训合格的在宁青年大学生，可按规定申报创业培训补贴。对到定点实训基地参加创业实训的我市户籍大学毕业生，给予最低工资标准60%的生活费补助。

此外，上海等地也都公布或已实施了力度较大的针对大学生创业的政策措施。如上海市工商局出台了《关于鼓励创业促进就业的若干意见》，其中第一条尤为引人瞩目：毕业两年内的高校毕业生，投资设立注册资本50万元以下的有限责任公司，可“零首付”注册，自公司成立之日起两年内缴足注册资本。在杭州，2008年年底就颁布了《关于鼓励和扶持大学生在杭自主创业的若干意见》，将大学生创业项目申请无偿创业资助的金额从原来的最高10万元提高到20万元，还在税费方面给予很多优惠。天津市工商局推出四项举措，支持大学生创业。一是出台支持大学生创业政策。对于高校生申办公司的，允许零首付出资；申办个体工商户免管理费、注册登记费、验照费；同时架设“绿色通道”，对自主创业人员实行优先咨询、优先受理、优先登记。二是送创业登记政策进校园。三是配合教育部门共同搞好对创业学生的政策指导和培训。四是搭建创业学子与工商部门政策在线咨询平台。广东省2009年计划安排5 000万到一亿元的专项资金，重点资助大学生科技创业项目，毕业两年内的在粤全日制研究生、本科生及专科生均可获得资助，每个项目最高可获得20万元资金支持，该资金无需偿还。获得大学生科技创业项目资助资金须具备以下几个条件：申报人必须是毕业未超过两年的大学生，拟注册资金不超过50万元、职工人数不超过50人、资产总额不超过100万元、需与广东各地市创新基地对接并签订入驻协议。与自主创业小额担保贷款不同，大学生科技创业专项资金无须担保、无需偿还，而且门槛较低。成功申报的项目还可获得创新基地所在地的配套资金和各种优惠帮扶措施，如提供免费办公地点，水电费用减免等。此外，一些好的项目还可以申报国家中小企业创新基金。

大学生创业的素质要求

创业是开创新的事业，走的是一条全新的道路，尽管有一些经验可以借鉴，但创业的过程仍然会是艰辛的、曲折的，并不是每一个人都适合创业的，这其中对创业者的素质有基本的要求。

● 链接

创业的素质并非人人都具备

美国心理测验专家约翰．勃劳恩说："创业的技巧虽然是学来的，但是具有某种素质的人占了先天的优势。"并非所有的人都具有创业的素质。心理社会学家认为，以下十类人不具备创业的素质：

◎ 缺少职业意识的人；

◎ 优越感过强的人；

◎ 惟上是从，只会说"是"的人；

◎ 偷懒的人；

◎ 片面和骄傲的人；

◎ 僵化和死板的人；

◎ 感情用事的人；

◎ "多嘴多舌"与"固执己见"的人；

◎ 胆小怕事、毫无主见的人；

◎ 患得患失又容易自满的人。

一、开拓创新精神

这是创业者的首要素质。所谓开拓创新，就是不断拓展新领域、创新理念和经营管理模式。在当前国际国内市场竞争十分激烈的条件下，开创一番新的事业绝非易事，必须实现"人无我有，人有我优"的不断超越，仅仅停留于按部就班是不可能成就大事业的，因此，要敢于冒险，勇于竞争，不惧失败，坚定自己的选择，与时俱进，开拓进取，这是创业者必备的良好素质。

二、学习能力与洞察能力

学习能力即获取知识的能力，包括对知识的接受、转化与应用的能力，由一名大学生到一名创业者，需要学习的东西很多，如商业知识、管理知识、法律知识、国家政策知识、当代科技知识等等，这些都需要创业者不断学习，从容驾驭。洞察力是大学生创业者需要重点培养

和提高的，市场是无情的，也是瞬息万变的。如果缺乏对市场外部环境的敏锐洞察力，丧失一个关键的机会对创业者来说可能是致命的。只有能感知市场的变化，并采取有效的措施应对，才能挺立在市场经济的潮头，否则只会被市场无情地吞噬。

三、组织能力与领导能力

在企业管理和市场营销中，领导者的核心作用十分重要，在某种程度上来说，它指引着企业发展的方向，决定了企业的生命。不少创业团队在很短的时间就消亡了，很重要的原因在于该团队的领导者缺乏领导团队的素质和能力。作为创业团队的领导者要有感召他人的人格魅力，要有合理整合并使用资源的组织能力，以及从容面对复杂局面正确决断的魄力，而这些素质和能力不是与生俱来的，是要在实践中不断地学习和积累。首先，创业者要丰富自身的人文底蕴，不断开阔胸襟和视野，增强宏观意识，在平时工作中注意培养冷静、果断的作风；其次，要通过参加学校社团活动和社会实践来提高自身的组织管理能力。

四、拼搏精神和团队意识

大学生创业不是简单的摆摊子，办企业，而是一个复杂的系统工程。爱拼才会赢，在创业的过程中，吃苦耐劳、奋力拼搏是少不了的“功课”；但是，一个人的精力和能力是有限的。在新知识、新技术层出不穷、市场竞争日益激烈的今天，创业者不可能做到样样精通，事事亲为。相互支持，团结协作是解决问题的最好办法。协作是创业者事业成功的重要支持力量，是善于合作共事的优良心理品质，团队的合力是难以限量的，创业者应清楚一加一大于二的深刻道理，努力培养和加强自己的团队意识，扬长避短，优势互补，实现团队的最大效益。一意孤行，不善合作，终将会失败。

五、心理素质与守法品质

创业是个艰难的开拓过程，其中充满着诸多不确定因素和潜在风险，创业过程中常常会遇到意想不到的困难和挫折甚至是失败，这就需要创业者具备良好的心理素质和自我调节能力，拥有不惧失败，愈挫愈勇坚忍不拔的毅力。风雨后方见彩虹，真正的创业成功往往都是经历了多次磨难后所取得的，因此准备创业的大学生应有意识地加强心理素质的培养和意志品质的锻炼，为将来成功打下良好的基础。同时，我们也应该看到创业的过程也是极具诱惑的，在市场经济的大潮中，充斥着形形色色的人和事，也隐含着不少的陷阱和暗礁，对初出茅庐的大学生创业者来说，应该坚守道德和法律的底线，自觉抵御不良诱惑的侵蚀，守法经营，依法维权，是对每个创业者的基本要求，不懂法、不讲法、不守法势必付出高昂的代价。

大学生创业的优势和不足

大学生作为一个年轻的知识群体，在创业过程中有其独特的优势，也有其明显的不足，具体而言就是：

一、优势方面：

（一）具有较高的学历层次和科学文化素养，对事物有较强的领悟能力。

（二）自主学习能力较强，有母校作坚强的后盾，边学边干，边干边学，进步会很快。

（三）思维活跃，思想束缚少，头脑灵活，反应迅速，接收新事物快。

（四）应用IT技术能力强，能够通过互联网搜集到许多有用的信息，解决一部分难题。

（五）自信心较足，有冲劲，敢想敢干，对认准的事情有激情去做。

（六）年纪轻，精力旺盛，能打硬仗。

（七）大多没有小家庭负担，其创业能获得父母或家族的支持。

（八）全社会支持、鼓励、宽容的创业氛围正逐渐形成，有利于大学生创业。

二、不足方面：

（一）缺乏社会经验和职业经历，尤其缺乏人际关系和商业网络。

（二）缺乏真正有商业前景的创业项目，许多创业点子经不起市场的考验。

（三）融资渠道狭窄，导致资金运作困难。

（四）很难准确把握自身的创业特点，喜欢纸上谈兵，创业设想大而无当，市场预测普遍乐观。

（五）经营管理知识和法律法规知识欠缺，制约着创业的发展。

（六）独立人格没有完全形成，缺乏对于社会和个人的责任感，甚至毕业后有继续依赖父母过日子的想法。

（七）心理承受能力比较差，遇到挫折容易放弃。有的学生在前期听到创业艰难，没有尝试就轻易放弃。

（八）由于宣传不到位，以及相应的政策法规不健全，使得不少单位和个人对大学生创业所能承担的社会责任持怀疑态度，认为可信度低，风险大。因而，不愿意和学生公司打交道。

积极防范创业风险

所谓创业风险是指由于创业环境的不确定性,创业机会与创业企业的复杂性,创业者、创业团队与创业投资者的能力与实力的有限性而导致创业过程中存在的风险。

按创业风险的内容划分,可分为技术风险、市场风险、政治风险、管理风险、生产风险和经济风险。技术风险,是指由于技术方面的因素而导致创业失败的可能性。市场风险,是指由于市场情况的不确定性而导致创业者或创业企业损失的可能性。政治风险,是指由于战争、国际关系变化或有关国家政权更迭、政策改变而导致创业者或企业蒙受损失的可能性。管理风险,是指因创业企业管理不善而产生的风险。生产风险,是指创业企业提供的产品或服务从小批试制到大批生产的风险。经济风险,是指由于宏观经济环境发生大幅度波动或调整而使创业者或创业投资者蒙受损失的风险。

创业者要认真分析自己创业过程中可能会遇到哪些风险,这些风险中哪些是可以控制的,哪些是不可控制的,哪些是需要极力避免的,哪些是致命的或不可管理的。一旦这些风险出现,你应该如何应对和化解。特别需要注意的是,一定要明白最大的风险是什么,最大的损失可能有多少,自己是否有能力承担并渡过难关。

大学生创业的风险主要有以下七个方面。

一、管理风险

创业的失败,问题大多出在管理上,其中包括:目标游离、决策随意、缺乏创新、用人不当、急功近利、盲目扩张、过于乐观等等。特别是创业初期,工作头绪多,缺乏经验和资源、资金实力和心理素质明显不足等,更会增加在管理上的风险。

二、资金风险

资金风险在创业期间会始终伴随在创业者的左右。是否有足够的资金创办企业是创业者遇到的第一个问题。企业创办起来后,是否有足够的资金支持企业的正常运转是创业者遇到的又一个问题。对于初创企业来说,如果连续几个月入不敷出或者因为其他原因导致企业的现金流中断,都会给企业带来极大的威胁。相当多的企业会在创办初期因资金紧缺而严重影响业务的拓展,甚至错失商机而不得不关门大吉,或者一次决策失误,也可能会导致企业血本无归,使一个原本红火的企业难以为继。因此,规避资金风险是创业企业面临的头等大事。

三、竞争风险

如何面对竞争是每个企业都要随时考虑的事，而对新创企业更是如此。如果创业者选择的行业是一个竞争非常激烈的领域，那么在创业之初极有可能受到同行的强烈排挤。一些大企业为了把小企业吞并或挤垮，常会采用低价销售的手段。对于大企业来说，由于规模效益或实力雄厚，短时间的降价并不会对它造成致命的伤害，而对初创企业则可能意味着彻底毁灭的危险。因此，考虑好如何应对来自同行的残酷竞争是创业企业生存的必要准备。

四、团队分歧的风险

现代经营管理中，团队的作用越来越突出。一个优秀的创业团队能使创业企业迅速地发展起来。但与此同时，风险也就蕴含在其中，团队的力量越大，产生的风险也就越大。一旦创业团队的核心成员在某些问题上产生分歧不能达到统一时，如：管理与被管理、合伙双方的利益之争、目标与价值观的冲突等，都有可能会对企业造成强烈的冲击。很多初创时很好的合作伙伴会在后来闹得不欢而散。这一点尤其应该引起创业者高度重视。

五、缺乏核心竞争力的风险

对于具有长远发展目标的创业者来说，他们的目标是不断地发展壮大企业，因此，企业是否具有自己的核心竞争力就是最主要的风险。一个依赖别人的产品或市场来打天下的企业是永远不会成长为优秀企业的。同样，一个容易被复制的创业模式，其市场竞争的风险也是很大的。核心竞争力在创业之初可能不是最重要的问题，但要谋求长远的发展，就是最不可忽视的问题。没有核心竞争力的企业终究会被淘汰出局。

六、人力资源流失风险

一些研发、生产或经营性企业需要面向市场，大量的高素质专业人才或业务队伍是这类企业成长的重要基础。防止专业人才及业务骨干流失应当是创业者时刻注意的问题，在那些依靠某种技术或专利创业的企业中，拥有或掌握这一关键技术的业务骨干的流失是创业失败的最主要风险源。

七、意识上的风险

意识上的风险是创业团队最内在的风险。这种风险来自于无形，却有强大的毁灭力。风险性较大的意识有：投机的心态、侥幸心理、过分依赖心理以及故步自封等。

大学生创业过程中所遇到的风险并不仅仅限于这七个方面，在企业发展过程中，风险是

时刻存在的，只要创业者注重学习、善于总结、坚持理性，一切都会慢慢好起来的，成功就在不懈的追求之中！

【案例】

李玲玲与大学生创业

李玲玲，现为武汉海纳科技有限责任公司总经理，旗下拥有以其专利为核心技术的防盗门厂。17岁时，她发明"高杆喷雾器"，受到诺贝尔奖得主杨振宁颁奖。一年后，她考入华中科技大学(原华中理工大学)，1999年，她发明的防撬锁在第七届中国专利博览会上获金奖。

1999年7月，高杆喷雾器和防撬锁两项专利被武汉世博公司看好，双方签订协议：由世博公司出资60万元(实际到账10万元)，成立天行健科技开发公司。李玲玲以专利入股，占公司四成股份，出任公司董事长兼总经理，世博公司占六成股份，李玲玲也因此开始了她的创业生涯，被誉为"全国大学生创业第一人"。

然而，从1999年到2000年，短短一年时间，这位大学生创业明星就完成了从冉冉升起到飞速滑落的快速转换过程。事情并没有按既定轨道运行，不到一年时间，公司就匆匆倒闭收场，这位大学生创业第一人就这样迅速陨落。

有人分析是由于多数学生缺乏市场运营和企业管理的相关知识及操作经验，加上眼高手低、急躁冒进、异想天开、盲目自大，使得大学生创业的成功率非常低。从股权的纠纷到融资渠道和产品开发的分歧，终于导致她与投资方合作破裂，天行健公司也因此而宣告倒闭。

李玲玲则认为，最大的障碍还是在于人际关系的处理不当，他们整个创业圈子都有一个与生俱来的缺陷，那就是办事无头绪，人脉资源匮乏，不会处理人际关系。2001年，她在长沙开公司，半年就挺不下去了，原因就在于不会处理人际关系。

李玲玲总结说，10年创业很风光，可前3年都在摸索。她并不赞同大学生刚毕业就开公司。"大学生毕业后，最好先在基层摸爬滚打，开阔眼界和思路。真打算开公司，最好等到自己能独当一面的那一天。"但她同时也认为，面对正在兴起的创业浪潮，创业正迎来前所未有的大好时机，新型商业模式层出不穷，融资渠道多元化，政府也出台了众多扶持政策，这些对于有心创业的大学生会是一个好的契机。

——摘自广州日报2009年3月17日

正确对待创业中的挫折

市场是不断变化的，再周密的计划也会有其顾及不到的地方，创业过程中的一些不确定因素，如：资金链的突然断裂、营销决策的失误、团队内部的分歧以及一些不可抗力的因素等等，都会影响创业的成败。谁都无法保证在下一个十字路口自己的选择一定是正确的，所以，对初次创业的大学生来说，在创业过程中遇到挫折与失败是再正常不过的事情。创业者要放下浮躁的心，不要轻信那些通过创业一夜暴富的神话，既然创业，就要准备失败。德国人常说一句话："即使世界明天毁灭，我也要在今天种下我的葡萄树"。面对危机与失败，如果我们能有这样的心态和勇气，还有什么不可战胜的呢？失败并不可怕，"小失败"能很快扭转，并能使创业者更清醒、更成熟，即使是输得很惨的"大失败"，也有东山再起的机会，关键是要认真分析总结，找出问题所在，真正从失败中吸取教训。永远不要停止前进的脚步，这对于创业者来说尤为重要。看看我们身边一些成功的企业，特别是网络时代的英雄们，有几个是按照他们创业初期的想法赚到钱的？他们大都经历过一个"死而复生"的过程，坚持就是胜利，唯有坚持才使他们成为今天的网络英雄。其实，很多成功人士也都是经过好几次创业才成功的。当然，挫折和失败毕竟不是好事，创业者也应该尽可能预见潜在的危机，未雨绸缪，尤其应克服好高骛远、盲目自信、过分投机等不良心态，以尽量减少失误、避免失败。大学生创业更多的应把它当作是个学习的机会，通过市场把自己锻炼成个全才，即使第一次创业失败，身为大学生的我们还很年轻，还有很多机会，我们只有学习得多了，见识得多了，成功才会偏向我们。

【案例】

阿里巴巴的故事

马云，大家都知道他是成功人士，却少有人知道他经历过多少失败或曾经的失意。

马云1964年出生于杭州西子湖畔的一个普通家庭。

1982年18岁的马云第一次高考失败下学谋生，先后当过秘书、做过搬运工，后来给杂志社蹬三轮送书。一次偶然的机会马云在帮浙江舞蹈家协会主席抄文件的时候接触到路遥的代表作《人生》，这本书迅速改变了马云的思想，马云从书中体悟到"人生的道路虽然漫长，但关键处却往往只有几步"遂下定决心，参加二次高考。

1983年19岁的马云二次高考依然失利，总分离录取线差140分，但受《排球女将》永不言败的精神激励，准备参加第三次高考，因为家人反对只得白天上班，晚上念夜校，但决心永不放弃。

1984年20岁的马云第三次高考艰难过关。他的成绩是专科分数，离本科线还差5分，后因马云同专业招生不满，马云被调配到外语本科专业，捡了个便宜，跌跌撞撞、摇摇晃晃进入杭州师范学院本科。

1988年24岁的马云大学毕业后进入杭州电子科技大学当英语老师。

1988年—1995年在杭州电子科技大学任教期间业余时间在杭州一家夜校兼职教英语，同时帮助别人从事英语翻译。

1994年30岁而立之年的马云开始创业，不久，他辞去大学教师工作创立杭州第一家专业翻译社——海博翻译社。

1995年，31岁的马云受浙江省交通厅委托到美国催讨一笔债务。结果是钱没要到一分，却发现了一个"宝库"——在西雅图，对计算机一窍不通的马云第一次上了互联网。刚刚学会上

网,他竟然就想到了为他的翻译社做网上广告,上午10点他把广告发送上网,中午12点前他就收到了6封E-mail,分别来自美国,德国和日本,说这是他们看到的有关中国的第一个网页。马云当时就意识到互联网是一座金矿。开始设想回国建立一个公司,专门做互联网。马云萌生了这样一个想法,把国内的企业资料收集起来放到网上向全世界发布,他立即决定和西雅图的朋友合作,一个全球首创的B2B①电子商务模式,就这样开始有了创意,并起名中国黄页。回国当晚,马云约了24个做外贸的朋友也是他在夜校名义上的学生,给他们介绍,结果23人反对,只有一个人说可以试试。马云想了一个晚上,第二天早上还是决定干,哪怕24人都反对,他也要干。"其实最大的决心并不是我对互联网有很大的信心,而是我觉得做一件事,经历就是成功,你去闯一闯,不行你还可以调头,但是如果你不做,就像你晚上想想千条路,早上起来走原路,一样的道理"。马云提起当初,赞赏的是自己的勇气而不是眼光。

1995年4月,31岁的马云投入7 000元,向亲戚凑了两万元,创建了"海博网络","海博网络"从此成为中国最早的互联网公司之一,产品就是"中国黄页"。

1996年,32岁的马云艰难的推广自己的中国黄页,在很多没有互联网的城市,马云一律被称为"骗子",但马云仍然像疯子一样不屈不挠,他天天都这样提醒自己:"互联网是影响人类未来生活30年的3千米的长跑,你必须跑得像兔子一样快,又要像乌龟一样耐跑。"然后出门跟人侃互联网,说服客户。业务就这样艰难地开展了起来。1996年营业额不可思议地做到了700万!也就是这一年,互联网渐渐普及了。

1996年3月因为自己的公司与杭州电信的实力悬殊的竞争,最后马云不得已和杭州电信合作,马云的中国黄页资产折成60万,占30%股份,杭州电信投入140万人民币,占70%股份。后因经营观念不同,马云和杭州电信分道扬镳,放弃了自己的中国黄页,并将自己拥有的21%的中国黄页股份,全数送给了一起创业的员工。

这年是1997年,这是马云创业生涯第一次的失败,这年马云33岁。

1997年,马云离开中国黄页后,受外经贸部邀请,加盟外经贸部新成立的公司,中国国际电子商务中心,由马云组建、管理,马云占30%股份,参与开发了外经贸部的官方站点以及后来的网上中国商品交易市场。在这个过程中,马云的B2B思路渐渐成熟:用电子商务为中小企业服务。连网站的域名他都想好了——阿里巴巴。互联网像一个无穷的宝藏,等待着人们前去发掘,就像阿里巴巴用咒语打开那个山洞一样。

1999年,35岁的马云不适应在政府企业做事条条框框的束缚、磕绊与畏首畏尾,不甘心受制于人的马云谢绝了新浪和雅虎的邀请决心南归杭州创业,团队成员全部放弃其他机会决心跟随。这年1999年,这是马云遭逢的人生的第二次创业失败。1999年1月,马云和他的团队悄然南归。

1999年2月,在杭州湖畔家园马云的家中召开第一次全体会议,18位创业成员神情肃穆地

---

① B2B指的是Business to Business,有时写作BtoB,是指进行电子商务交易的供需双方都是商家(或企业、公司),他们使用了Internet的技术或各种商务网络平台,完成商务交易的过程。

围绕着慷慨激昂的马云，马云快速而疯狂地发表激情洋溢的演讲“黑暗中一起摸索，一起喊，我喊叫着往前冲的时候，你们都不会慌了。你们拿着大刀，一直往前冲，十几个人往前冲，有什么好慌的?”在这次会议上，马云和伙伴共筹了50万元本钱。并按照惯例进行了全程录像，马云坚信这将有极大的历史价值。在这次会议上马云说“我们要办的是一家电子商务公司。

我们的目标有三个：

第一，我们要建立一家生存102年的公司；

第二，我们要建立一家为中国中小企业服务的电子商务公司；

第三，我们要建立世界上最大的电子商务公司，要进入全球网站排名前十位。从这天开始，马云开始铁下心来做电子商务。

只有50万创业资金，他们没有租写字楼，就在马云家里办公，最多的时候一个房间里坐了35个人。他们每天16—18个小时野兽一般在马云家里疯狂工作，日夜不停的设计网页，讨论网页和构思，困了就席地而卧。马云不断的鼓动员工，“发令枪一响，你可不能有时间去看对手是怎么跑的，你只有一路狂奔”。他告诫员工“最大的失败是放弃，最大的敌人是自己，最大的对手是时间”。阿里巴巴就这样孕育、诞生在马云家中。

从1995年接触网络到1999年阿里巴巴问世，马云用了5年的时间，经历了2次失败才获得了第一阶段的成功。从马云的第一阶段创业里程中我们可以看出马云的这样几大品格：

1. 不甘落后、永不放弃。三次高考，两次失败只是更加激励马云坚持不懈，必须成功的信念。永不放弃的精神早在少年马云身上体现得淋漓尽致。

2. 反应敏锐、思路清晰，善于发现和把握网络发展规律。从中国黄页到阿里巴巴到淘宝到支付宝都验证了这一点。只有你想不到，没有马云做不到；当你还在怀疑马云的狂妄决定时，马云早把现实呈现出来。

3. 胆大心细、一往无前。先是作为杭州十佳教师辞职下海，然后离开和杭州电信合作的中国黄页、离开和外经贸部合作的中国国际电子商务中心，一是大胆，一往无前、不留退路；二是心细，虽然离开其实心中已经酝酿了一盘更大的棋局。能做到一往无前、不留退路实在没多少人，这也是许多创业者的遗憾。

4. 激情四射、魅力服人。马云先后离开与杭州电信和外经贸部合作的公司，手下员工都愿意放弃更好条件甘愿吃苦受累追随马云重新创业，难怪马云扬言:“没有人能挖走我的团队。”当今能口出此言的只有马云。

5. 相信自己，理智分析。马云对自己有超级的自信，很多人说马云狂妄，但马云说过自己创立海博网络的时候靠的是勇气而非眼光。阿里巴巴创业初期马云要求合作伙伴“用闲钱投资，不允许借钱，因为失败的可能性极大”。马云很狂很自信，但相信这是他基于理智分析的结果。一个人成功一次是偶然，但马云1999年自阿里巴巴创业成功至今的不断发展，我们不能说马云只有大胆和自信，这里面肯定还包含了智慧和理智。

马云的成功绝非单单因为他起得早！也许你认为马云恰逢时运，你生不逢时；也许你认为马云资金雄厚，你身无分文；也许你认为马云运气高照，你霉字当头，但你不要忘了马云二次高

考落榜，做过搬运、蹬过三轮、当过小贩；你不要忘了阿里巴巴创业之始35个人挤在一个房间，大家要集资才能创业，马云要靠借贷才能发工资；你不要忘了马云身高1.62米，体重100磅，中国黄页推出之初很多人说他是骗子。马云的创业成功绝非偶然，那是智慧和勇气的结晶，那是信心与实干的结果，那是领袖与团队无间结合。

如果你能像马云一样敢思、敢想、敢说、敢做、敢为天下先，那你也可能实现自己的“阿里巴巴帝国”。

——摘自 http://www.douban.com/note/85937730/

第十五章

大学生创业的必要准备

——未雨绸缪抢先机

提醒：如果你有创业的想法，本章的内容你必须要知道，对你未来可能的创业会有帮助。

高校毕业生是创业活动中最具有朝气和活力、最具有创新精神的一个特殊群体，需要给予大力的支持和关注。上个章节中，我们介绍了国家最近出台的一系列促进大学生就业的政策措施，其中，通过创业带动就业就是其中一项重要举措。对大学生而言，创办一家属于自己的工资，成就一番事业是当今许多大学生的梦想。大学生有理想、有知识，敢于挑战自己，我们赞赏他，但创业史一条充满艰辛和坎坷的道路。创业不仅需要激情，更需要理性的思考和务实的行动。本章节将会告知你，在创业前期需要的必要准备。先看一个案例。

【案例】

老李是个下岗职工，现在在一家公司里当司机。老李开店不容易，因为是个下岗职工，还拖家带口，所以从资金和心理上，老李都有很大压力。在权衡许久之后，老李看上了一个投资小回报快的项目——风味灌汤包。虽说店面不大，但投资却也不少，房租、设备、原料、员工，还有学习技术的费用，林林总总加起来也花去三四万，为了开店，除了把自己的储蓄拿出来，老李还向朋友借了一万多的外债。但不管怎么样，老李总算是把自己的店开起来了。开张的一个多月里，老李的生意好得不得了，可能是因为有风味小吃的诱惑，老李的店每天都是顾客盈门，可是就在这一个多月内，风味灌汤包的小吃店如雨后春笋般出现在太原的大街小巷，没过几个月，老李小店前的顾客数量明显减少，老李在朋友的建议下，在小店里也开始卖其他风味小吃，但生意还是没有多大的起色。

在连续亏了两个月后，老李的店就关门大吉了，老李说他还了外债之后，赔了一万多，对一个下岗职工来说，这并不是个小数目。老李失败后，没有再选择创业，而是选择给别人打工，老李说，给别人打工虽说赚得少些，但心里踏实。见招拆招：老李的失败原因很显而易见——没有做好市场调查和市场预测。选择创业项目一定要有自己的特色，老李的失败是在项目选择上，他选择的项目没有很大的市场潜力，同时该项目也已经有些市场饱和，缺乏发展潜力。过来者说：老李很清楚自己的失败原因，他劝那些想创业的人，在准备创业的时候，一定要学会一些必要的技能，如市场营销、市场调查等，老李说他最大的失败是没有认识到自己应该学习之后再去

创业,以至于盲目跟风,导致创业失败。

——摘自《生意通》杂志《成也灌汤包,败也灌汤包》

由以上材料可以看出,创业是需要有充足的准备的。如果对市场、创业团队、公司注册流程等方面不了解,就会赔了夫人又折兵。

什么是市场

市场起源于古时人类对于固定时段或地点进行交易的场所的称呼,指买卖双方进行交易的场所。发展到现在,市场具备了两种意义,一个意义是交易场所,如传统市场、股票市场、期货市场等等,另一意义为交易行为的总称。即市场一词不仅仅指交易场所,还包括了所有的交易行为。故当谈论到市场大小时,并不仅仅指场所的大小,还包括了消费行为是否活跃。广义上,所有产权发生转移和交换的关系都可以成为市场。

对创业之初来说,市场是指需要你的产品或服务的顾客,这些顾客愿意购买并且具有一定的购买能力,他们可能是企业或个人。

要详细了解市场的信息,我们可以采取"5W"信息框架来收集潜在的市场信息,或调查现有的市场,一边更好地把握和预测消费者的购买行为。要全面、细致的了解谁是你的顾客(Who)、他们需要什么(What)、他们何时购买(When)、他们在哪里购买(Where)、他们为什么购买(Why),通常称为市场"5W"。

有了创业想法后,我们可以通过市场调研的方法全面了解市场状况。我们设定了以下"5W"信息框架,表格如下:

调查指标	解释	市场调研指标
谁是你的顾客(Who)	统计学、调研法	人口:数量、年龄、性别、婚姻状况 教育:教育层次(按年龄阶段分类) 经济:收入水平、财产(房屋、汽车、资本) 家庭:家庭结构、构成
他们需要什么(What)	产品或服务	指标:需要产品的数量、何时更换或再次需要、什么样产品质量符合消费者需求 方法:市场调查(蹲点、观察、内部信息披露)
何时购买产品(When)	时间	商业周期 产品周期
在那里购买(Where)	地点	网络(淘宝、京东、易购等) 实体店(繁华地段、社区门面等)
为什么购买(Why)	产品价值	满足哪些需求? 品牌效应? 价值认同?

对于一个新企业来说，我们不仅要全面了解市场，还需要认真了解竞争对手。了解竞争对手既可以学习，又可以知己知彼，百战百胜。那么，怎样了解你的竞争对手呢？我们需要通过哪些途径或方法了解对手，让自己立于不败之地呢？

【案例】

对一个新创企业来说，竞争是不可避免的。但过多的竞争会产生不必要的风险。如果竞争太激烈，最好还是选择一种不同的企业形式。要像了解你的消费者一样了解你的竞争对手。所有的回报来自竞争中的胜利。要想在竞争中获胜，最好的办法是了解谁是你的竞争对手，并且要了解他们是如何运作的。很多创业者都是到最后才知道竞争对手的有关情况，但为时已晚。想要了解竞争对手，应该采取以下步骤。

第一步：确定谁是你的竞争对手

1. 直接竞争对手：列出各个竞争者的名称、地址和业务类型。

2. 间接竞争者：列出这些公司的名称、地址和类型。虽然他们提供的产品或服务的名称与你的不同，但是它们可以代替你的产品或服务。

第二步：分析近年来成立和倒闭的企业

1. 列出近两年来新成立的企业。

2. 列出近两年来倒闭的企业。

3. 分析近两年来失败企业可能失败的原因。哪些因素可以解释那些新创企业的成功？哪些因素出现在失败企业里？

第三步：分析现存的企业

1. 估算每个竞争对手的销售情况和营业额。

2. 针对价格、产品或服务的质量、便捷性、广告、促销和销售等方面，对竞争对手进行分析。比如他们的定价是多少？产品质量如何？广告费用是多少？他们提供了什么额外服务吗？销售余款宽松吗？他们的场所是昂贵、适中还是便宜？他们的生产设备和生产方式先进吗？员工受过良好培训吗？员工报酬很高吗？

3. 分析销售情况较好的企业的业绩，确定企业销售额与其经营方法之间是否具有相关性。

也就是说，要看看这些企业的定价销售策略和生产方式上是否相似。对这些企业的运作方式进行全面、彻底地分析，可以得出非常有价值的信息。

第四步：比较自己的与竞争者的运作计划

1. 指出你产品或服务在价格、性能、质量、耐用性等方面与竞争者相比所具有的优势。

2. 说明为什么你的运作方式会比竞争者更成功。

3. 如果你计划以与其他企业相似的方式经营你的企业，那么，你应该能够解释：为什么市场规模足够支撑你和你竞争者从中获利，或者虽然市场不足以支撑所有的竞争者，但是与竞争者相比，你的企业是更有效率的。

4. 如果你计划以完全不同于竞争者的方式经营你的企业，那么，你应该解释：为什么没有其

他企业运用这种方式？是其他企业不知道这种机会，又或是他们知道一些你至今尚未了解的情况？

——摘自《大学生KAB创业基础》高等教育出版社

大学生创业需要做哪些准备

一、创业知识的学习与实践

创业仅有激情和胆识是远远不够的，还必须有足够的知识储备和创业过渡性的实践和训练。据统计，全国大学生自主创业成功的比例仅为1%左右，究其原因主要是由于大学生缺乏创业知识、缺少管理经验以及心理准备不足等，因此准备创业的大学生在校期间就应该积极参加创业知识的学习及创业实务的训练。创业知识的学习是提高大学生创业基本素质、培养具有开拓型个性和创业精神的基本途径，在国家提出以创业带动就业的方针以及日益严峻的就业形势下，各级政府、各高等院校十分重视大学生创业教育以及大学生创业平台的搭建，这为大学生了解创业知识提供了良好的环境。创业教育是大学生获取创业知识、培养创业精神、提高创业能力、历练创业品格的有效途径，它有利于改变创业者临阵磨枪的窘境，减少大学生在创业中所表现出的浮躁、盲目、脆弱、草率等现象。而参与创业计划大赛、到大学生创业园和创业实践基地进行见习等实务训练，更有利于大学生贴近实战、积累经验、增强自信，为日后的创业打下坚实的基础。

二、积极磨练创业心态

创业是一种创新，也是一种冒险，创业的道路上，充满荆棘和坎坷，如果没有良好的心态，面对困难，就容易犹豫、退缩甚至自乱阵脚。消极的心态，使人悲观、沮丧，限制和扼杀自己的潜能；积极的心态，有利于人们克服困难，增强信心，保持昂扬的斗志。因此，大学生在创业前，应该注意培养自己良好的心态。

首先，要培养自信、乐观的进取心态，无论创业顺利与否，自信、乐观的心态始终是创业者必备的素质，如果创业者对自己选择的目标没有自信和激情，这样的选择是失败的。

其次，要磨练处变不惊，镇定自若的良好心态。90后的大学生，大多成长在条件比较优越的环境中，很少经历大的波折和困难，创业是他们真正独立面对社会的开始，创业是创业者自己的事情，一切责任，义务要由自己承担，加上创业的不确定因素很多，因此在创业伊始，创业者会感到压力特别大，没有固定的休息时间，加班是一种常态；不论你喜欢不喜欢，熟悉不熟悉的工作内容，你都得去面对；公司运作过程中的诸如现金流中断、客户纠纷、团队成员之间矛盾等问题，都可能随时困扰创业者，使人感到压力和无助。同时，创业还面临较大的风险，市场的无情，可能会使创业者的希望瞬间化为泡影，这些都需要提前做好思想准备，从而处变不惊，镇定自若。

再次，创业成功还必须具备“归零”心态、学习心态和感恩心态。“归零”心态就是重新开始，第一次成功相对比较容易，第二次成功却不太容易，原因是不能归零。长安集团总裁在接受中央电视台《东方之子》栏目采访时说过一句话：一个企业的失败往往是因为它曾经的成功，过去成功的理由是今天失败的原因。学习心态就是在创业过程中虚心学习他人的成功经验，博采众长，为我所用，以减少摸索的时间，提高成功的概率。盈利不是创业的唯一目的，拥有社会责任感、懂得感恩的人，才是一个成熟的创业者，才可能实现真正的成功。因此创业者要有感恩的心态，感恩坎坷，感恩困难，感恩对手。事物不是孤立存在的，没有周围的一切，也就没有个人的成功。

良好的心态不是一朝一夕形成的，它需要在生活中磨练，在实践中砥砺。因此大学生在日常的学习生活中应从大处着眼，培养宏观意识，从小处入手，踏实进取，积极参加社会公益活动和创新创业实践，勇敢应对各种挫折和挑战，及时总结经验，使自己不断成熟起来。

三、进行市场调研，确立创业项目

选择什么项目作为自己的创业方向（行业）呢？这是创业者创业之初首先要考虑的问题。一般对初次创业者来说应考虑以下因素：

（一）创业项目的来源

一般来说，大学生创业项目的来源主要有这样几个方面：

1. 实验及研究成果

实验及研究成果是指高校或研究机构自主研究开发的成果。这些成果具有一定的科技含量和市场运用前景，需要创业者有一定的专业知识做支撑，选择这些成果作为创业项目，将加快实验及研究成果的转化进程。

2. 大学生创业构思及创业计划大赛成果

大学生的创业构思是创业项目的重要来源。随着两年一度全国大学生“挑战杯”创业计划大赛如火如荼的进行以及国家以创业带动就业战略的实施，创新创业得到社会空前的重视和广大学生的认可。这些不但激发了大学生的创业意愿，培养了他们的创新能力，而且进一步促进了一些创业构思的诞生，有利于大学生创业计划的实施。目前，不少大学生创业公司的创业项目就来自大学生自己的构思以及大学生创业计划大赛的成果。

【案例】

大学生创业计划大赛的硕果

吴斌,这个年仅24岁的小伙子是武汉大学市场营销专业研二的学生,然而更多的时候,他的身份是武汉锐尔生物科技有限公司的老板。

吴斌的创业点子来源于对市场的敏锐观察。在读本科医学专业时的一次实习中,细心的他发现国内传统的伤口疗法采用干燥疗法,并用棉纱布捆绑,换药很不方便,还容易造成身体损伤,留下疤痕,他下决心研究出更好的替代方法。2005年春,吴斌召集同学组建了"纽绿特"创业团队。为了让自己的创新成果与市场需求"无缝对接",吴斌带着创业团队成员一边搞科研,一边跑市场。他们多次奔赴深圳、上海等地,深入医疗器械生产企业和大大小小的医院,了解医生和患者的实际需求。2005年,在武汉大学博士生导师杜予民的指导下,吴斌的团队研制出的面膜状创可贴问世。

这种创可贴采用的是"吸水保湿疗法",用海洋生物甲壳素替代传统棉纱布作为新型医用敷料,具有无疤痕修复、快速愈合、无需换药等特点,生产成本也较低,先后获得8项国家专利。在此基础上,吴斌的团队又完成了《纽绿特活性敷料创业计划书》,并在2006年全国第五届"挑战杯"中国大学生创业计划竞赛上一举夺金。

创业比赛成功了,"真枪实弹"的创业进程却才刚刚开始。要将科技成果转化为经济效益,顺利实现产业化,需要一笔启动资金,而当时团队所有的"家当"不过2万元。吴斌说,创业起步阶段,条件非常艰苦,租不起写字楼,就在郊区寻找民房办公;没有资金支持,就一家家地寻访洽谈,遭遇了无数的"闭门羹"……这一切,被当年指导他们参加创业大赛的一位企业家看在眼里,在最关键的时刻,他伸出了援手——分期为吴斌公司风险投资1 000万元。

2008年9月,50万元的启动资金注入了吴斌公司的账户。不久,活性敷料生产线在医药科技园落成,占地400多平方米,拥有齐全、独立的生产设备和检测设备,还顺利获得了医疗器械生产许可证。

在吴斌和他的团队不懈的努力下,如今,公司不仅有了自己的生产线,产品也成功挤进了湖北省内的三甲医院。经多方测评,吴斌的锐尔生物科技有限公司将在未来4年内实现数亿元的经济效益。

——摘自《中国教育报》 2009年3月21日

3. 各种发明和专利

发明和专利也是创业项目的重要来源。发明和专利成果以其独创性、新颖性、实用性和潜在的商业价值使其拥有不可比拟的市场竞争力,加上有国家《专利法》的保护,一旦开发成功,必然带来良好的经济效益。有的创业大学生就是用自己的发明或专利进行创业的,没有发明和专利的创业者也可以通过申请转让的形式购买发明和专利,并且利用发明和专利进行创业。当然,也并不是说所有的发明和专利都能顺利地转化为实际的大规模生产,因为要实现产业化还受到许多条件和环境的制约。

4. 其他具有实际市场潜力的项目

有市场潜力的项目很多，只有适合自己的才是最好的，但创业者未必能抓得准，创业者可在充分调研和正确自我定位的基础上，选择其他具有市场潜力的创业项目。

【案例】

江苏如皋大学生回乡创业成“芋头大王”

陈新颖，“80后”大学生，毕业后却回家务农，走上了创业道路。作为“80后”的年轻一代，他凭借勇敢、勤奋、坚韧、创新的创业精神，向社会证明“80后”不再是垮掉和自私的一代，而是富有责任感和敢于担当的一代，他用自己的创业故事为当代青年勾勒出一幅时代的创业图。

“这里是150公斤香堂芋，请您收下货!”凌晨3点，如皋市东皋市场里一片热闹景象，此时正忙着卸货的是搬经镇远近闻名的“芋头大王”——百亩芋田的当家人陈新颖，在刚刚落下帷幕的首届如皋地方特色农产品如皋香堂芋评比推介会上，他的新莹牌如皋香堂芋成功摘得了一等奖的桂冠。

陈新颖2011年毕业于宿迁学院建筑工程专业，这样的学历似乎很难让人把眼前这个高大黝黑的小伙子和芋头种植联系起来。谈及创业初衷，陈新颖有着自己的见解：“回家乡自主创业是我大学四年的梦想，寒暑假里常跟着父亲去泰州、常熟等地学习别人种芋头的先进技术，积累经验。我热爱种植，就一定会努力把这项事业做好。”

尽管看上去仍是个稚气未脱的阳光男孩，但打理起种植基地的事务来，陈新颖却是驾轻就熟：“一般打除草剂、喷农药这些农活儿我都自己干，剂量的多少直接关系到农产品质量安全，马虎不得。”当感慨于他的娴熟与老练时，他略有害羞地笑道：“种了两年的芋头，各方面都开始渐入佳境了，毕业刚回来的时候连药水桶都背不动，现在一个上午能打40桶20公斤重的农药。”

“前不久，首批1.5万公斤的香堂芋都被抢光了。今年芋头亩产1 150至1 200公斤，亩产值1万元左右，纯利润可达6 000至7 000元/亩。”说起芋头的产销两旺，陈新颖乐得合不拢嘴。然而，成功的背后不是一两句辛苦所能描述的，从娇生惯养的家中独子到吃住都在田间的农民，伴随着这些芋头的丰收，陈新颖也正一步步走向成熟。

芋头的大卖并未使陈新颖沉醉于创业融资成功的喜悦，头脑灵活的他又萌生了“转型升级”的想法。“接下来，我会把自制芋头酒、芋头饼、芋头粉，形成‘一条龙’加工，还可以开发礼盒包装原芋、剥皮芋仔、冷冻芋仔、即食芋仔以及罐装芋头菜肴等产品。”现在除了每天给各个市场供应芋头，销售芋头饼、芋头丸等成了陈新颖的主攻方向，他表示，这样既解决了销路问题，同时也能有不菲的收入。

作为该市地方特色农产品，如皋香堂芋一直以其品质优良、香酥无比、口感细腻、滑而不烂、实而不硬的特点备受人们的青睐。据统计，如皋市共有香堂芋种植面积3.5万亩，亩产1 000公斤左右。目前，如皋农委正筹划组建相关行业协会，为芋头等产业的发展提供“产供销”一条龙服务，实行统一供种、统一技术、统一收购、统一包装、统一品牌、统一销售，解决农户后顾之忧；组建农机服务队，引导农户规模化、机械化种植；对困难户采取“党员一对一结对帮扶”，通过采取帮机耕、送化肥、送技术、包销售等方式，全力扶持群众扩大芋头等地方特色农产品种植面积。

——2014年4月28日央视播出

（二）确立创业项目的原则

1. 选择自己熟悉的行业

别人能够成功的项目你未必能够成功，别人不能成功的项目你未必不能成功，关键是你要熟悉你的投资行业，不要盲目地交学费。比如，你对互联网有较深的研究，那你就可以做个网站，选定某个行业，收集、发布有用信息，可以为该行业的中小企业发布信息、推销产品。北京林业大学的陆军老师，组织学生把本校的农业、林业技术推广到学生自己的家乡，资源与市场都是学生们熟悉的，因而获得了较大的成功。

2. 选择资金周转周期短的行业。创业起步阶段，因为自己的资金有限，而且有限的资金要用于办理各种手续、购置固定资产、购买原材料等，因此，创业起步阶段选择的行业，其资金周转期要尽可能短一些。在确定创业项目之后，如果只有资本而无周转资金，创业经营就会困难重重，创业目标也难以实现。

3. 选择技术性要求不太高的行业。一般来说，在小资本创业初期，可以选择技术性要求不很高、资本需要量不大的行业，因为技术性要求过高往往对创业资本要求也比较高。

4. 选择成长性的行业。创业就是要使自己的事业不断发展壮大，一个成功的创业者所选择的创业行业应该是成长性行业。企业经营业绩比较好，而且逐年增长，甚至有高速发展的前景，这才是最有前途的投资创业行业。有发展前途的行业，既是对创业者的挑战，也能够给创业者以更多的回报。

（三）资金的筹措

资金难筹几乎是每一个大学生创业者都会遇到的难题。如果没有更广阔的融资渠道，创业计划只能是一纸空谈。

筹集创业资金的渠道一般有储蓄自备、借贷利用创业基金和风险投资等几种：

1. 储蓄自备。大学生创业初始一般都是小本经营，在起步阶段可以利用自己或家庭的储蓄作为创业启动资金。储蓄是一种筹措方便快捷、使用成本低的比较好的筹资方法。

2. 借贷。通常情况下，借贷方式有：

◎ 向亲友借贷。一般情况下，父母、兄弟姐妹、亲友都会支持，为大学生的创业提供经济帮助。在向父母、兄弟姐妹、亲友借贷筹集创业资金时，最好能订立借贷凭据，也要按期归还；如果拖延还款期限，会影响自己的信誉，没有信誉的人，在社会上将难以立足。另外，在向别人借钱时，最好集中在少数的特定对象上，免得发生财务纠纷时，到处债台高筑，有损自己的社会信用。

◎ 向银行借贷。每一个成功的创业者，都曾得到过银行的支持。向银行借钱创业时，银行为了确保借贷资金的安全，必须对客户进行详细的考察。银行比较重视的是客户的信用与客户对金钱的价值观念。除非收入稳定，或与银行往来的信用较佳，否则银行是不会轻易将资金贷出的，向银行借贷前必须考虑这一因素。

◎ 争取创业基金和风险投资

在欧美等市场经济发达的国家，创业者拿着完备的创业计划书去游说，就可能获得风险投资或创业基金的支持，从而开始自己的创业生涯。在我国，创业基金和风险投资的运作起步较晚，并且力度还不大，但是，近几年各级政府和商业机构正在加快这方面的步伐。就目前的情况来看，争取各级政府扶持大学生创业的创业基金是一个很好的途径，政府也会给予一定的指导和帮助。不要奢望风险投资商给你投钱，风险投资商首先看重的是利润，一般他们不会轻易看中一个大学生的项目，且风险投资进入很慢。你可以去找一些非投资商但很有钱的人，他们往往很好说话，钱到账的速度也快，但是这类人不好找。

（四）拟订创业计划书

创业计划书是对整个创业活动的科学规划和合理论证，是整个创业过程的灵魂，创业计划应聚焦于特定的策略、目标、计划和行动，对于一个非技术背景的、有兴趣的人士都应当是清晰易读。创业计划可能的读者包括：希望吸纳进入团队的对象，可能的投资人，合作伙伴，供应商，顾客，政策机构等。

创业计划一般包括：摘要、公司概述、市场调查和分析、公司战略、总体进度安排、风险因素的分析及应对、管理团队、财务计划、假定公司能够提供的利益等九个方面。

1. 摘要

创业计划要求。提出一个具有市场前景的产品、服务，围绕这一产品、服务，完成一份完整、具体、深入的创业计划，以描述公司的创业机会，阐述创立公司、把握这一机会的进程，说明所需要的资源，揭示风险和预期回报，并提出行动建议。主要包括以下几个方面：

◎ 本创业的宗旨及商业模式。

◎ 产品及服务（产品的性能及特性、产品的竞争力、品牌和专利等）。

◎ 目标市场的描述和预测。

◎ 竞争优势。

◎ 资金需求、资金筹措方法、销售总汇、资产负债总表。

◎ 团队概述。

摘要要尽量简明生动，特别要详细说明自身企业的不同之处，以及企业获得成功的市场因素。

2. 公司概述

公司概述应包括公司简介、详细的产品、服务描述、专利和相关技术以及它如何满足关键的顾客需求。

3. 市场调查和分析

主要是阐释以下问题：

◎ 顾客。

◎ 市场容量和趋势。

◎ 竞争和各自的竞争优势。

◎ 估计的市场份额和销售额。

◎ 市场发展的走势。

4. 公司战略

阐释公司如何进行竞争，它包括三个问题：

◎ 营销计划：定价和分销，广告和提升。

◎ 规划和开发计划：开发状态和目标，困难和风险。

◎ 制造和生产计划：生产周期，设备和改进。

5. 总体进度安排

公司的进度安排，包括以下方面的重要书件：

◎ 收入。

◎ 收支平衡点和正现金流。

◎ 市场份额。

◎ 产品开发介绍。

◎ 主要合作伙伴。

◎ 融资。

6. 风险因素的分析及应对

评估一下你业务的主要风险（包括管理问题、市场状况、技术状况和财政状况），以及对所预测风险的防范。

7. 管理团队

介绍公司的管理团队，其中要注意介绍各成员与管理公司有关的教育和工作背景（注意管理分工和互补）；介绍领导层成员，创业顾问以及主要的投资人和持股状况。

8. 财务计划

介绍公司的财务计划：如财务年度报表、资金需求、预计收入报表、资产债预计表。

一定要讨论如下几个因素：

◎ 毛利和净利。

◎ 盈利能力和持久性。

◎ 固定的、可变的和半可变的成本。

◎ 达到收支平衡所需的月数。

◎ 达到正现金流所需的月数。

9. 假定公司能够提供的利益

这是创业计划的“卖点”，包括：

◎ 总体的资金需求。

◎ 如何使用这些资金。

◎ 投资人可以得到的回报，还可以讨论可能的投资人退出策略。

制定创业计划应注意的问题

创业计划要符合实际。您订的创业计划必须符合自己的实际情况，做到心中有数，计划要切实可行，具有可操作性。

创业计划要量力而行。创业是开拓型进取性的事业，不可能一步登天，要根据自己的财力、物力、技术特长和管理能力等因素，综合考虑创业计划，要从小做起，不要把摊子铺得过大，要脚踏实地一步一个脚印，把自己的事业做大做强。

要把握市场行情。了解最新信息掌握他人心理，做好投资分析。投资分析尽可能客观全面，要尽量考虑各种影响因素，保持冷静的头脑，客观分析各种影响因素，不能用投机的心态进行投资分析。

（五）从亲力亲为到建立团队

企业的发展是一步步积累起来的，在创业的初期，受资金等条件的限制，在没有形成运作团队之前，很多事情都必须由创业者自己去完成。只有明确目标，奋发努力，才能实现不断超越。在创业的过程中，应分清主次轻重，抓住关键的重要的事情先做。每天解决一件关键的事情，比做十件次要的事情会更有效。当企业立稳足，并有了资金后，就应该及时建立一个团队。创业者应从自己亲力亲为转变为发挥团队中每一个人的作用，把合适的工作交给合适的人去做。一旦形成一个高效率的团队，企业就会跨上一个新的台阶，进入一个相对稳定的发展阶段。团队需要建立一个合理的组织结构。组织结构的整体设计包括三个部分：必要的工作活动、报告关系和部门组合。

1. 工作活动。部门的设立是为了完成某些任务，而这些任务被认为是对公司有重大战略意义的。部门通常是指组织中的一个明确区分的范围、部分或分支机构，如生产部、销售部、市场研究开发部、会计部等。

2. 报告关系。通常也称为命令链，它是一条连续的权力线，连接组织中所有的成员，表明谁应该向谁负责。明确了部门的界限和报告关系，也就明确了员工在各个部门中的组合方式。

3. 部门组合。部门的建立通常可依据所开展工作的职能、所提供的产品或服务、所设定的目标顾客或客户、所覆盖的地理区域，或将投入转换为产出所使用的过程等。部门组合

方法可以是职能组合、事业部组合和多重组合。

● **链接**

创业可行性自测

1. 你将创业企业的法律形式是否明确、确定？

① 是；　② 不确定；　③ 否

2. 你有把握筹集到创建自己企业的启动资金吗？

① 是；　② 不确定；　③ 否

3. 你确定了将要出售的商品或提供的服务吗？

① 是；　② 不确定；　③ 否

4. 你是否作了市场分析并确定了你的销售对象？

① 是；　② 不确定；　③ 否

5. 你是否访问过10位以上的潜在的顾客，并向他们了解对你的产品或服务的意见？

① 是；　② 不确定；　③ 否

6. 你知道谁是你的现实或潜在的竞争对手？

① 是；　② 不确定；　③ 否

7. 你对主要竞争对手做过优势和劣势比较吗？

① 是；　② 不确定；　③ 否

8. 你的开业地址确定了吗？

① 是；　② 不确定；　③ 否

9. 你对销售的商品或提供的服务定出价目表了吗？

① 是；　② 不确定；　③ 否

10. 你是否决定花一部分钱做广告宣传？

① 是；　② 不确定；　③ 否

11. 你对企业的促销做出了预算吗？

① 是；　② 不确定；　③ 否

12. 你是否已做了一年的销售预测？

① 是；　② 不确定；　③ 否

13. 你是否已经根据销售预测做出了盈亏平衡分析？

① 是；　② 不确定；　③ 否

14. 你对开业一年的损益状况做出了预测分析了吗？

① 是；　② 不确定；　③ 否

15. 你第一年的经营状况能保证不亏吗？

① 是；　② 不确定；　③ 否

16. 你制订了第一年的现金流量计划了吗？

① 是；　　② 不确定；　　③ 否

17. 你和开业有关的政府部门都接洽过吗？

① 是；　　② 不确定；　　③ 否

18. 你如果向银行贷款，你是否有担保的资产？

① 是；　　② 不确定；　　③ 否

19. 你知道需要怎样的员工及员工数量吗？

① 是；　　② 不确定；　　③ 否

20. 你知道雇佣员工所必须了解的法律知识吗？

① 是；　　② 不确定；　　③ 否

21. 你知道对员工必须承担的责任和义务吗？

① 是；　　② 不确定；　　③ 否

22. 你知道什么是为职工缴纳的“三金”吗？

① 是；　　② 不确定；　　③ 否

23. 你知道你的企业必须投保哪些险种吗？

① 是；　　② 不确定；　　③ 否

24. 你是否知道你的企业需要办理“特种行业”的申办手续？

① 是；　　② 不确定；　　③ 否

25. 你对申办企业的手续做过详尽的咨询和调查吗？

① 是；　　② 不确定；　　③ 否

26. 你清楚你的企业必须办理哪些许可证吗？

① 是；　　② 不确定；　　③ 否

27. 你是否为申办你的企业制订了申办流程和期限表？

① 是；　　② 不确定；　　③ 否

28. 你对将涉足的行业了解或懂行吗？

① 是；　　② 不确定；　　③ 否

29. 你办企业是否获得家人的支持并已安排好了家庭开支？

① 是；　　② 不确定；　　③ 否

30. 你是否坚信一定能把自己的企业办好？

① 是；　　② 不确定；　　③ 否

判分标准：

选择“是”得 3 分，选择“不确定”得 1 分，选择“否”得 0 分。

满分为 90 分，高分可达 80 分以上，如果你的得分为 60 分以下，建议你再作努力，等准备较充分时才进入创业实施阶段。

创业团队如何构建

在非洲的草原上如果见到羚羊在奔逃，那一定是狮子来了；如果见到狮子在躲避，那就是象群发怒了；如果见到成百上千的狮子和大象集体逃命的壮观景象，那是什么来了呢？是蚂蚁军团来了！

非典时期，大量的科学家团队通力合作才在短时间内研制出疫苗。

中国的登月计划实施长达20年将近50万人参加，涉及到2万余所公司，几十所大学，没有合作谈何容易？

据估计，21世纪的重大创造性活动都将依赖于跨国、跨地区、跨学科的人才的群体的合作。

现代社会，一个不争的事实就是：个人英雄主义时代已经一去不复返了，取而代之的是团队合作。合作创业、团队创业要比个人创业要多。特别是高科技行业，它所要求的能力远超过个人所拥有的。为了使新企业顺利成功地运行起来，你必须很好地安排团队成员。你必须指导你的企业有哪些工作要做，并且要安排合适的团队成员去做这些工作。让创业团队内部人尽其才，让公司内部物尽其用。一个企业具有什么样的人才观念，就决定该企业会拥有什么样的人才，而拥有了什么样的人才，将最终决定其成长为一个什么样的企业。

一、团队的组成

（一）团队规模

团队的规模只能是各种因素综合的结果，如果要知识、技能、智慧更全面，要扩大规模；如果要产生良好的沟通效果，保持优良的合作关系，又要减小规模。那么如何确定高效的团队规模呢？英国剑桥大学的产业培训研究部在贝尔滨教授的领导下做了10年的团队研究。他认为3人团队处在独裁和完全团队管理之间。它的优势是效率高，缺点是有可能发展为独裁，因个人的变化而对团队产生巨大的影响。这样就失去了团队本身稳定性和长久性的价值。而对于不需要太多的讨论或每人充分阐述自己观点的组织，10人团队为最佳选择。

（二）人员搭配

相对来说，一个优秀的创业团队必须包括以下几种人：一个创新意识非常强的人，这个人可以决定公司未来发展方向，相当于公司战略决策者；一个策划能力极其强的人，这个人能够全面周到的分析整个公司面临的机遇与风险，考虑成本、投资、收益的来源及预期收益，甚至还包括公司管理规范章程、长远规划设计等工作；一个执行能力较强的成员，这个人具体负责下面的执行过程，包括联系客户、接触终端消费者、拓展市场，等等。此外，如果是一个技术类的创业公司，那么还应该有一个技术高手，当然，这个创业团队还需要有人掌握必要的财务、法律、审计等方面的专业知识。但在团队形成之初，并不需要以上各方面的成员全部具备，在必要时，一个或多个成员去学习团队所缺乏的某种技能，从而使团队充分发 挥其潜能的事情并不少见。在一个创业团队中，不能有两个人的主要能力完全一样，比如，两个都是出点子的人，两个都是做市场的，等等，出现这种情况是绝对不允许的。因为只要优势重复，职位重复，那么今后必然少不了有各种矛盾出现，最终甚至导致整个创业团队散伙。

团队的搭配上应注意个人性格与看问题的角度的不同，一般而言，如果一个团队里总能有人提出建设性的可行性建议和一个不断发现问题的批判性成员，这对创业的成功是大有裨益的。但是，团队人员之间的差异也不能太大。如果成员之间存在较大的差异性，不要说是否能经常就项目本身进行讨论和交流，就是在项目的理解和执行上都会有很大的困难。英明的创业者主要是从对项目的理解、表达能力、执行能力、社会资源能力、思维创新能力等方面综合考虑，让团队成员之间的能力互补，年龄和经验互补，甚至性格和行为方式也要互补。

（三）团队管理

在创业初期的团队，人力资源必定是极其匮乏的。已有的人员不是缺乏知识技能，就是缺少经验素养。再加上社会关系生疏，可以调动借用的外部资源稀缺。创业者必须清醒地意识到，你是这个团队的领导人，应当对团队最终的结果负全部责任。作为创业者的你，就要培养增进自己对内点石成金的功夫、对外借力整合的能力。对员工和下属，必须在布道传经、授业解惑、指导说服、设立标准、转变观念、纠正习惯、校正行为等方面下功夫，来提高员工素养、培养团队精神、凝聚团队力量。只要这样，这个团队才有中流砥柱，员工才有主心骨，你才能赢得所有相关人员的尊重和信赖，才能使这个团队有战斗力、有持久力。

而当企业走入正轨后或者有一定发展规模后，权利下放是一个公司成长的唯一途径。学会把日常工作交由他人来做，多当裁判员、少当运动员，切莫事事亲自过问。这样，一可以满足中层人员的权力欲，调动他们的积极性；二可以客观公正地处理企业出现的各种问题，防止出现“不识庐山真面目、只缘身在此山中”；三是可以躲过与员工的直接对立，让中层唱黑脸，你唱红脸，以显示你的“宽厚仁慈”之心…… 也只有这样，你才能腾出精力，静下心来，拿出更多时间来解决企业的关键性的重要问题。

前苏联领导人赫鲁晓夫在谈论美国总统时说：“在美国，罗斯福当总统说明美国总统可

以终身制,艾森豪威尔当总统说明了美国没有总统也行。"设想一个团队无论谁当领导都能有效运作,那么这个团队就是优秀的团队,它具有完美的管理制度。

二、高效团队的特征

(一) 目标一致,众志成城

目标是团队努力的方向,只有在方向一致的情况下,大家齐心协力才能做到心力一致。不然大家方向不一样,最后的合力可能为0甚至还有可能为负。

(二) 协作高效,1+1>2

团队整体运作所取得的工作成效通常远远大于单个人员取得的工作成效。如果让团队的每个人单独去解决这个问题,最后的结果很可能是无功而返。

(三) 取长补短,木桶更高

在团队中成员之间互相学习、互相弥补各自的不足,使团队木桶能容更多水。工程师向工人学习实践的技术,工人向工程师学习科技。市场的推广人员和技术人员共同面对市场才能生产出顾客需要的产品。

(四) 各尽其能,术有专攻

团队集体里每个人都有自己的特长,当特长在统一的领导下充分地发挥出来就是伟大的成功。高效的团队就是这样在一起工作的。

(五) 相互理解,同心协力

理解产生信任,理解产生友谊。这个团队如果遇到困难就相互埋怨,各自为政,其后果可想而知。建立在理解基础上的团队文化是有巨大的包容力和整合力的。

在市场经济的条件下,企业之间的竞争往往是决策水平和人才素质的竞争。创业者怎样选好人、用好人,最大限度地调动人的积极性、创造性和主观能动性,使企业的骨干力量形成一个团结合作、奋发向上的优秀团队,这是一个企业是否能够在市场经济的汪洋大海中乘风破浪、胜利前进的关键。我国传统观念"打虎还是亲兄弟,上阵还是父子兵",这种思想就使不少家族式企业应运而生。但是实践证明,"子承父业"的家族式企业发展到一定程度后往往难以为继,企业管理的近亲繁殖常常使家族式企业出现"富不过三代"的现象,企业缺乏良性的人才管理机制,任人唯亲,只会使内部管理产生这样那样的问题,进而危及企业的生存或阻碍企业的健康发展。因此建立科学的人才管理机制是现代企业发展所必不可少的。

注册公司流程

● 链接

李克强推公司登记改革 取消注册公司资金限制

新华网北京10月27日电：国务院总理李克强10月25日主持召开国务院常务会议，会议指出，改革注册资本登记制度，放宽市场主体准入，创新政府监管方式，建立高效透明公正的现代公司登记制度。会议强调，推行注册资本登记制度改革，就是要按照便捷高效、规范统一、宽进严管的原则，创新公司登记制度，降低准入门槛，强化市场主体责任，促进形成诚信、公平、有序的市场秩序。会议明确了改革的主要内容：一是放宽注册资本登记条件。除法律、法规另有规定外，取消有限责任公司最低注册资本3万元、一人有限责任公司最低注册资本10万元、股份有限公司最低注册资本500万元的限制；不再限制公司设立时股东（发起人）的首次出资比例和缴足出资的期限。公司实收资本不再作为工商登记事项。二是将企业年检制度改为年度报告制度，任何单位和个人均可查询，使企业相关信息透明化。建立公平规范的抽查制度，克服检查的随意性，提高政府管理的公平性和效能。三是按照方便注册和规范有序的原则，放宽市场主体住所（经营场所）登记条件，由地方政府具体规定。四是大力推进企业诚信制度建设。注重运用信息公示和共享等手段，将企业登记备案、年度报告、资质资格等通过市场主体信用信息系统予以公示。推行电子营业执照和全程电子化登记管理，与纸质营业执照具有同等法律效力。完善信用约束机制，将有违规行为的市场主体列入经营异常的“黑名录”，向社会公布，使其“一处违规、处处受限”，提高企业“失信成本”。五是推进注册资本由实缴登记制改为认缴登记制，降低开办公司成本。在抓紧完善相关法律法规的基础上，实行由公司股东（发起人）自主约定认缴出资额、出资方式、出资期限等，并对缴纳出资情况真实性、合法性负责的制度。

——摘自 http://news.qq.com/a/20131027/004882.htm

根据《中华人民共和国公司法》（2013年修订），注册公司的流程如下：

一、核名：到属地工商局去领取一张“企业（字号）名称预先核准申请表”，填写你准备取的公司名称，由工商局上网（工商局内部网）检索是否有重名，如果没有重名，就可以使用这个名称，就会核发一张“企业（字号）名称预先核准通知书”。这一步的手续费是30元。核名通过后，打印名称预先核准通知书。

二、租房：公司经营场所的租赁合同。租房后要签订租房合同，并让房东提供房产证的复印件。签订好租房合同后，还要到税务局去买印花税，按年租金的千分之一的税率购买，例如你的每年房租是1万元，那就要买10元钱的印花税，贴在房租合同的首页，后面凡是需要用到房租合同的地方，都需要是贴了印花税的合同复印件。

三、编写“公司章程”：可以在工商局网站下载“公司章程”的样本，修改一下就可以了，

章程的最后由所有股东签名。

四、到工商局现场办理营业执照，带齐以下资料：

公司设立申请书（可以在当地工商局网站下载）；

公司章程（可以在当地工商局网站下载）；

董事法人监事任免书（可以在当地工商局网站下载）；

总经理任免书（可以在当地工商局网站下载）；

全体股东法人身份证原件；

名称预先核准通知书（公司注册流程及费用的第一步已打印名称预先核准通知书）。

五、凭营业执照法人身份证到专业刻章店刻印公章、财务章，正规的章是到公安分局备案过有刻章卡的；

六、凭营业执照、法人身份证、公章到市场监督管理局办理企业组织机构代码证（1个工作日）；

七、凭营业执照和组织机构代码证、法人身份证、公章到各（您所在）区的国税或地税分局办理税务登记证；

八、到银行凭公司全套资料把验资户转成基本户（没有开验资户的实收资本为0的也可以到银行开基本户）。

九、领取执照后，30日内到当地税务局申请领取税务登记证。办理税务登记证时，必须有一个会计，因为税务局要求提交的资料其中有一项是会计资格证和身份证。

十、如果你的公司是销售商品的，应该到国税去申请发票，如果是服务性质的公司，则到地税申领发票。

附　录

附录一　MBTI 性格测量表

（一）MBTI 测试前须知

1. 参加测试的人员请务必诚实、独立地回答问题，只有如此，才能得到有效的结果。

2.《性格分析报告》展示的是你的性格倾向，而不是你的知识、技能、经验。

3. MBTI 提供的性格类型描述仅供测试者确定自己的性格类型之用，性格类型没有好坏，只有不同。每一种性格特征都有其价值和优点，也有缺点和需要注意的地方。清楚地了解自己性格的优劣势，有利于更好地发挥自己的特长，从而尽可能的在为人处事中避免自己性格中的劣势，更好地和他人相处，更好地作重要的决策。

4. 本测试分为四部分，共 93 题，需时约 18 分钟。所有题目没有对错之分，请根据自己的实际情况选择。将你选择的 A 或 B 所在的○涂黑，例如：●

只要你是认真、真实地填写了测试问卷，那么通常情况下你都能得到一个确实和你的性格相匹配的类型。希望你能从中或多或少地获得一些有益的信息。

（二）测试题

1. 哪一个答案最能贴切的描绘你一般的感受或行为？

序号	问题描述	选项	E	I	S	N	T	F	J	P
1	当你要外出一整天，你会 A 计划你要做什么和在什么时候做，B 说去就去	A								
		B								
2	你认为自己是一个 A 较为随兴所至的人，B 较为有条理的人	A								
		B								
3	假如你是一位老师，你会选教 A 以事实为主的课程，B 涉及理论的课程	A								
		B								
4	你通常 A 与人容易混熟，B 比较沉静或矜持	A								
		B								
5	一般来说，你和哪些人比较合得来？ A 富于想象力的人，B 现实的人	A								
		B								

(续表)

序号	问题描述	选项	E	I	S	N	T	F	J	P
6	你是否经常让 A你的情感支配你的理智,B你的理智主宰你的情感	A								
		B								
7	处理许多事情上,你会喜欢 A凭兴所至行事,B按照计划行事	A								
		B								
8	你是否 A容易让人了解,B难于让人了解	A								
		B								
9	按照程序表做事, A合你心意,B令你感到束缚	A								
		B								
10	当你有一份特别的任务,你会喜欢 A开始前小心组织计划,B边做边找须做什么	A								
		B								
11	在大多数情况下,你会选择 A顺其自然,B按程序表做事	A								
		B								
12	大多数人会说你是一个 A重视自我隐私的人,B非常坦率开放的人	A								
		B								
13	你宁愿被人认为是一个 A实事求是的人,B机灵的人	A								
		B								
14	在一大群人当中,通常是 A你介绍大家认识,B别人介绍你	A								
		B								
15	你会跟哪些人做朋友? A常提出新注意的,B脚踏实地的	A								
		B								
16	你倾向 A重视感情多于逻辑,B重视逻辑多于感情	A								
		B								
17	你比较喜欢 A坐观事情发展才作计划,B很早就作计划	A								
		B								
18	你喜欢花很多的时间 A一个人独处,B合别人在一起	A								
		B								
19	与很多人一起会 A令你活力倍增,B常常令你心力憔悴	A								
		B								

（续表）

序号	问题描述	选项	E	I	S	N	T	F	J	P
20	你比较喜欢 A 很早便把约会、社交聚集等事情安排妥当， B 无拘无束，看当时有什么好玩就做什么	A								
		B								
21	计划一个旅程时，你较喜欢 A 大部分的时间都是跟当天的感觉行事， B 事先知道大部分的日子会做什么	A								
		B								
22	在社交聚会中，你 A 有时感到郁闷，B 常常乐在其中	A								
		B								
23	你通常 A 和别人容易混熟，B 趋向自处一隅	A								
		B								
24	哪些人会更吸引你？ A 一个思维敏捷及非常聪颖的人， B 实事求是，具丰富常识的人	A								
		B								
25	在日常工作中，你会 A 颇为喜欢处理迫使你分秒必争的突发情况， B 通常预先计划，以免要在压力下工作	A								
		B								
26	你认为别人一般 A 要花很长时间才认识你，B 用很短的时间便认识你	A								
		B								

2. 在下列每一对词语中，哪一个词语更合你心意？请仔细想想这些词语的意义，而不要理会他们的字形或读音。

序号	问题描述	选项	E	I	S	N	T	F	J	P
27	A 注重隐私　B 坦率开放	A								
		B								
28	A 预先安排的　B 无计划的	A								
		B								
29	A 抽象　B 具体	A								
		B								
30	A 温柔　B 坚定	A								
		B								

（续表）

序号	问题描述	选项	E	I	S	N	T	F	J	P
31	A思考　B感受	A								
		B								
32	A事实　B意念	A								
		B								
33	A冲动　B决定	A								
		B								
34	A热衷　B文静	A								
		B								
35	A文静　B外向	A								
		B								
36	A有系统　B随意	A								
		B								
37	A理论　B肯定	A								
		B								
38	A敏感　B公正	A								
		B								
39	A令人信服的　B感人的	A								
		B								
40	A声明　B概念	A								
		B								
41	A不受约束　B预先安排	A								
		B								
42	A矜持　B健谈	A								
		B								
43	A有条不紊　B不拘小节	A								
		B								
44	A意念　B实况	A								
		B								

（续表）

序号	问题描述	选项	E	I	S	N	T	F	J	P
45	A 同情怜悯　B 远见	A								
		B								
46	A 利益　B 祝福	A								
		B								
47	A 务实的　B 理论的	A								
		B								
48	A 朋友不多　B 朋友众多	A								
		B								
49	A 有系统　B 即兴	A								
		B								
50	A 富想象的　B 以事论事	A								
		B								
51	A 亲切的　B 客观的	A								
		B								
52	A 客观的　B 热情的	A								
		B								
53	A 建造　B 发明	A								
		B								
54	A 文静　B 爱合群	A								
		B								
55	A 理论　B 事实	A								
		B								
56	A 富同情　B 合逻辑	A								
		B								
57	A 具分析力　B 多愁善感	A								
		B								
58	A 合情合理　B 令人着迷	A								
		B								

3. 哪一个答案最能贴切地描绘你一般的感受或行为?

序号	问题描述	选项	E	I	S	N	T	F	J	P
59	当你要在一个星期内完成一个大项目时,你在开始的时候会 A. 把要做的不同工作依次列出,B. 马上动工	A								
		B								
60	在社交场合中,你经常会感到 A. 与某些人很难打开话匣儿和保持对话, B. 与多数人都能从容地长谈	A								
		B								
61	要做许多人也做的事,你比较喜欢 A. 按照一般认可的方法去做,B. 构想一个自己的想法	A								
		B								
62	你刚认识的朋友能否说出你的兴趣? A. 马上可以,B. 要待他们真正了解你之后才可以	A								
		B								
63	你通常较喜欢的科目是 A. 讲授概念和原则的,B. 讲授事实和数据的	A								
		B								
64	哪个是较高的赞誉,或称许为? A. 一贯感性的人,B. 一贯理性的人	A								
		B								
65	你认为按照程序表做事 A. 有时是需要的,但一般来说你不大喜欢这样做, B. 大多数情况下是有帮助而且是你喜欢做的	A								
		B								
66	和一群人在一起,你通常会选 A. 跟你很熟悉的个别人谈话,B. 参与大伙的谈话	A								
		B								
67	在社交聚会上,你会 A. 是说话很多的一个,B. 让别人多说话	A								
		B								
68	把周末期间要完成的事列成清单,这个主意会 A. 合你意,B. 使你提不起劲	A								
		B								
69	哪个是较高的赞誉,或称许为 A. 能干的,B. 富有同情心	A								
		B								
70	你通常喜欢 A. 事先安排你的社交约会,B. 随兴之所至做事	A								
		B								
71	总的说来,要做一个大型作业时,你会选 A. 边做边想该做什么,B. 首先把工作按步细分	A								
		B								

（续表）

序号	问题描述	选项	E	I	S	N	T	F	J	P
72	你能否滔滔不绝地与人聊天 A. 只限于跟你有共同兴趣的人，B. 几乎跟任何人都可以	A								
		B								
73	你会 A. 跟随一些证明有效的方法， B. 分析还有什么毛病，及针对尚未解决的难题	A								
		B								
74	为乐趣而阅读时，你会 A. 喜欢奇特或创新的表达方式，B. 喜欢作者直话直说	A								
		B								
75	你宁愿替哪一类上司(或者老师)工作？ A 天性淳良，但常常前后不一的， B 言词尖锐但永远合乎逻辑的	A								
		B								
76	你做事多数是 A 按当天心情去做，B 照拟好的程序表去做	A								
		B								
77	你是否 A 可以和任何人按需求从容地交谈， B 只是对某些人或在某种情况下才可以畅所欲言	A								
		B								
78	要作决定时，你认为比较重要的是 A 据事实衡量，B 考虑他人的感受和意见	A								
		B								

4. 在下列每一对词语中，哪一个词语更合你心意？

序号	问题描述	选项	E	I	S	N	T	F	J	P
79	A 想象的　B 真实的	A								
		B								
80	A 仁慈慷慨的　B 意志坚定的	A								
		B								
81	A 公正的　B 有关怀心	A								
		B								
82	A 制作　B 设计	A								
		B								
83	A 可能性　B 必然性	A								
		B								

（续表）

序号	问题描述	选项	E	I	S	N	T	F	J	P
84	A温柔　B力量	A								
		B								
85	A实际　B多愁善感	A								
		B								
86	A制造　B创造	A								
		B								
87	A新颖的　B已知的	A								
		B								
88	A同情　B分析	A								
		B								
89	A坚持己见　B温柔有爱心	A								
		B								
90	A具体的　B抽象的	A								
		B								
91	A全心投入　B有决心的	A								
		B								
92	A能干　B仁慈	A								
		B								
93	A实际　B创新	A								
		B								
	每项总分									

（三）评分规则

1. 当你将●涂好好，把8项(E、I、S、N、T、F、J、P)分别加起来，并将总和填在每项最下方的方格内。

2. 请复查你的计算是否准确，然后将各项总分填在下面对应的方格内。

每项总分

外向	E			I	内向
实感	S			N	直觉
思考	T			F	情感
判断	J			P	认知

（四）确定类型的规则

1. MBTI 以四个组别来评估你的性格类型倾向：

“E－I”“S－N”“T－F”和“J－P”。请你比较四个组别的得分。每个组别中，获得较高分数的那个类型，就是你的性格类型倾向。例如：你的得分是：E（外向）12 分，I（内向）9 分，那你的类型倾向便是 E（外向）。

2. 将代表获得较高分数的类型的英文字母，填在下方的方格内。如果在一个组别中，两个类型获同分，则依据下边表格中的规则来决定你的类型倾向，知道你的性格类型，你可以对照 16 种性格类型与职业匹配表，看看匹配的职业是什么。

	性 格 类 型			
	E－I	S－N	T－F	J－P
得分				

（同分处理规则：如果：E＝I 则请填 I，S＝N 则请填 N，T＝F 则请填 F，J＝P 则请填上 P）

附录二　价值观量表

（一）测量方法

下面有 52 道题，代表 13 项工作价值观，每题有 5 个被选答案（非常重要、比较重要、一般、不太重要、很不重要），请根据自己的实际情况或想法，选一个答案。非常重要记 5 分；比较重要记 4 分；一般记 3 分；不太重要记 2 分；很不重要记 1 分。

1. 你的工作必须经常解决新的问题
2. 你的工作能为社会福利带来看得见的效果
3. 你的工作奖金很高
4. 你的工作内容经常变换
5. 你能在你的工作范围内自由发挥

6. 你的工作能使你的朋友非常羡慕你
7. 你的工作带有艺术性
8. 你的工作使你感觉到你是团体中的一份子
9. 不论你怎么干,你总能和大多数人一样晋级和加工资
10. 你的工作使你有可能经常变换工作地点、工作场所或工作方式
11. 在工作中你能接触到各种不同的人
12. 你的工作上下班时间比较随便、自由
13. 你的工作使你有不断取得成功的感觉
14. 你的工作赋予你高于别人的权利
15. 在工作中,你能试行一些你的新想法
16. 在工作中,你不会因为身体或能力等因素被别人瞧不起
17. 你能从工作的成果中知道自己做得不错
18. 你的工作经常要外出,参加各种集会或活动
19. 只要你干上这份工作,就不会再调到其他意想不到的单位或工种上去
20. 你的工作能使世界更美丽
21. 在你的工作中,不会有人常来打扰你
22. 只要努力,你的工资会高于其他同年龄的人,或升级、加工资的可能性比其他工作大得多
23. 你的工作是一项绝对智力的挑战
24. 你的工作要求你把一切事情安排得井井有条
25. 你的工作单位有舒适的休息室、更衣室、浴室及其他设备
26. 你的工作有可能结识各行各业的知名人物
27. 在你的工作中,能和同事建立良好的关系
28. 在别人的眼中,你的工作是很重要的
29. 在工作中,你经常接触到新鲜事物
30. 你的工作使你常常能帮助别人
31. 你在工作单位中,有可能经常变换工种
32. 你的作风使你被别人尊重
33. 你的工作单位的同事和领导人品较好,相处比较随便
34. 你的工作会使许多人认识你
35. 你的工作场所很好,比如有适度的灯光,舒适的坐椅,安静、清洁的环境,宽敞的工作间甚至有恒温、恒湿等优越的条件

36. 在工作中,你为他人服务,使他人感到很满意,你自己也就很高兴

37. 你的工作需要组织和计划别人的工作

38. 你的工作需要敏锐的思考

39. 你的工作可以使你获得较多的额外收入,比如:常发实物,常购买打折扣的食品,常发紧俏商品的购货券,有机会购买进口货等

40. 在工作中,你是不受别人差遣的

41. 你的工作结果应该是一种艺术品而不是一般的产品

42. 在工作中,你不必担心会因为所做的事情领导不满意而受到训斥或经济惩罚

43. 在工作中,你能和领导有融洽的关系

44. 你可以看见你努力工作的结果

45. 在工作中常常要提出许多新的想法

46. 由于你的工作,经常有许多人来感谢你

47. 你的工作成果常常能得到上级、同事或社会的肯定

48. 在工作中,你可能做一个负责人,虽然可能只领导很少几个人,你信奉"宁做兵头,不做将尾"的俗语

49. 你从事的那一种工作,经常在报刊、电视中被提到,因而在人们心中很有地位

50. 你的工作有数量可观的夜班费、加班费、保健费或营养费等

51. 你的工作体力上比较轻松,精神上也不紧张

52. 你的工作需要和电影、电视、戏剧、音乐、美术、文学等艺术打交道

(二) 测量结果统计

每道题目都有非常重要、比较重要、一般、不太重要、很不重要四种答案。四种答案代表不同的分数,请按照以下要求计算统计结果。

1. 利他主义,说明:工作目的和价值,在于直接为大众的幸福和利益尽一份力。题号:2,30,36,46,汇总得分______

2. 美感,说明:工作的目的和价值,在于能不断地追求美的东西,得到美的享受。题号:7,20,41,52,汇总得分______

3. 智力刺激,说明:工作的目的和价值,在于不断进行智力的操作,动脑思考,学习以及探索新事物,解决新问题。题号:1,23,38,45,汇总得分______

4. 成就感,说明:工作的目的和价值,在于不断创新,不断取得成就,不断得到领导与同事的赞扬或不断实现自己想要做的事。题号:13,17,44,47,汇总得分______

5. 独立性,说明:工作的目的和价值,在于能充分发挥自己的独立性和主动性。按自己的方式、步调或想法去做,不受他人的干扰。题号:5,15,21,40,汇总得分______

6. 社会地位,说明:工作的目的和价值,在于所出事的工作在人们心目中有较高的社会地位,从而使自己得到他人的重视与尊重。题号:6,23,32,49,汇总得分______

7. 管理,说明:工作的目的和价值,在于获得对他人或某事物的管理支配权,能指挥或调遣一定范围内的人或事。题号:14,24,37,48,汇总得分______

8. 经济报酬,说明:工作的目的和价值,在于获得优厚的报酬,使自己有足够的财力去获得自己想要的东西,使生活过得较为富足。题号:3,22,39,50,汇总得分______

9. 社会交际,说明:工作的目的和价值,在于能和各种人交往,建立比较广泛的社会联系和关系,甚至能和知名人物结识。题号:11,18,26,34,汇总得分______

10. 安全感,说明:不管自己能力怎样,希望在工作中有一个安稳的局面,不会因为奖金、加工资、调动工作或来领导训斥等经常提心吊胆、心烦意乱。题号:9,16,19,42,汇总得分______

11. 舒适,说明:希望能将工作作为一种消遣、休息,或享受的形式,追求比较舒适、轻松、自由、优越的工作条件和环境。题号:12,25,35,51,汇总得分______

12. 人际关系,说明:希望一起工作的大多数同事和领导人品较好,相处在一起感到愉快、自然,认为这就是很有价值的事,是一种极大的满足。题号:8,27,33,43,汇总得分______

13. 变异性,说明:希望工作的内容经常变换,使工作和生活显得丰富多彩,不单调枯燥。题号:4,10,29,31,汇总得分______

从得分最高和最低的三项中,可以大致看出你的价值观的倾向,在选择职业时就可以加以考虑。

附录三 职业兴趣自测问卷

下列《职业兴趣自测问卷》,可以帮助你作职业兴趣测量,从而获自己的个性特征更适合从事哪方面的工作。

(一) 测量方法

题目:请根据对每一题目的第一印象作答,不必仔细推敲,答案没有好坏、对错之分。具体填写方法是,根据自己的情况,如果选择"是",请打"√",否则请打"×"。

1. 我喜欢把一件事情做完后再做另一件事。 ( )
2. 在工作中我喜欢独自筹划,不愿受别人干涉。 ( )
3. 在集体讨论中,我往往保持沉默。 ( )
4. 我喜欢做戏剧、音乐、歌舞、新闻采访等方面的工作。 ( )

5. 每次写信我都一挥而就，不再重复。 (　　)
6. 我经常不停地思考某一问题，直到想出正确的答案。 (　　)
7. 对别人借我的和我借别人的东西，我都能记得很清楚。 (　　)
8. 我喜欢抽象思维的工作，不喜欢动手的工作。 (　　)
9. 我喜欢成为人们注意的焦点。 (　　)
10. 我喜欢不时地夸耀一下自己取得的好成就。 (　　)
11. 我曾经渴望有机会参加探险。 (　　)
12. 当我一个独处时，会感到更愉快。 (　　)
13. 我喜欢在做事情前，对此事情做出细致的安排。 (　　)
14. 我讨厌修理自行车、电器一类的工作。 (　　)
15. 我喜欢参加各种各样的聚会。 (　　)
16. 我愿意从事虽然工资少、但是比较稳定的职业。 (　　)
17. 音乐能使我陶醉。 (　　)
18. 我办事很少思前想后。 (　　)
19. 我喜欢经常请示上级。 (　　)
20. 我喜欢需要运用智力的游戏。 (　　)
21. 我很难做那种需要持续集中注意力的工作。 (　　)
22. 我喜欢亲自动手制作一些东西，从中得到乐趣。 (　　)
23. 我的动手能力很差。 (　　)
24. 和不熟悉的人交谈对我来说毫不困难。 (　　)
25. 和别人谈判时，我总是很容易放弃自己的观点。 (　　)
26. 我很容易结识同性朋友。 (　　)
27. 对于社会问题，我通常持中庸的态度。 (　　)
28. 当我开始做一件事情后，即使碰到再多的困难，我也要执著地干下去。 (　　)
29. 我是一个沉静而不易动感情的人。 (　　)
30. 当我工作时，我喜欢避免干扰。 (　　)
31. 我的理想是当一名科学家。 (　　)
32. 与言情小说相比，我更喜欢推理小说。 (　　)
33. 有些人太霸道，有时明明知道他们是对的，也要和他们对着干。 (　　)
34. 我爱幻想。 (　　)
35. 我总是主动地向别人提出自己的建议。 (　　)
36. 我喜欢使用榔头一类的工具。 (　　)

37. 我乐于解除别人的痛苦。 (　　)
38. 我更喜欢自己下了赌注的比赛或游戏。 (　　)
39. 我喜欢按部就班地完成要做的工作。 (　　)
40. 我希望能经常换不同的工作来做。 (　　)
41. 我总留有充裕的时间去约会。 (　　)
42. 我喜欢阅读自然科学方面的书籍和杂志。 (　　)
43. 如果掌握一门手艺并能以此为生,我会感到非常满意。 (　　)
44. 我曾渴望当一名汽车司机。 (　　)
45. 听别人谈“家中被盗”一类的事,很难引起我的同情。 (　　)
46. 如果待遇相同,我宁愿当商品推销员,而不愿当图书管理员。 (　　)
47. 我讨厌跟各类机械打交道。 (　　)
48. 我小时候经常把玩具拆开,把里面看个究竟。 (　　)
49. 当接受新任务后,我喜欢以自己的独特方法去完成它。 (　　)
50. 我有文艺方面的天赋。 (　　)
51. 我喜欢把一切安排得整整齐齐、井井有条。 (　　)
52. 我喜欢做一名教师。 (　　)
53. 和一群人在一起的时候,我总想不出恰当的话来说。 (　　)
54. 看情感影片时,我常禁不住眼圈泛红。 (　　)
55. 我讨厌学数学。 (　　)
56. 在实验室里独自做实验会令我寂寞难耐。 (　　)
57. 对于急躁、爱发脾气的人,我仍能以礼相待。 (　　)
58. 遇到难解答的问题时,我常常放弃。 (　　)
59. 大家公认我是一名勤劳踏实的、愿为大家服务的人. (　　)
60. 我喜欢在人事部门工作。 (　　)

（二）测量结果统计

职业人格的类型:(符合以下“是”或否答案的记1分,不符合的记0分)

事务型(C):“是”(7,19,29,39,41,51,57),否(5,18,40)

实际型(R):“是”(2,13,22,36,43),否(14,23,44,47,48)

研究型(I):“是”(6,8,20,30,31,42),否(21,55,56,58)

企业型(E):“是”(11,24,28,35,38,46,60),否(3,16,25)

社会型(S):“是”(26,37,52,59),否(1,12,15,27,45,53)

艺术型(A):“是”(4,9,10,17,33,34,49,50,54),否(32)

请将得分最高的三种类型从高到低排列，得出一个（或两个）三位组合答案。

分析：按形态、人格倾向、典型职业三个主题进行分析

实际型（R）

具有顺从、坦率、谦虚、自然、坚毅、实际、有礼、害羞、稳健、节俭的特征，表现为：

1. 喜爱实用性的职业或情境，以从事所喜好的活动，避免社会性的职业或情境。

2. 用具体实际的能力解决工作及其他方面的问题，较缺乏人际关系方面的能力。

3. 重视具体的事物，如金钱、权力、地位等。

适合从事工人、农民、土木工程师

研究型（I）

具有分析、谨慎、批评、好奇、独立、聪明、内向、条理、谦逊、精确、理发、保守的特征，表现为：

1. 喜爱研究性的职业或情境，避免企业性的职业或情境。

2. 用研究的能力解决工作及其他方面的问题，即自觉、好学、自信，重视科学，但缺乏领导方面的才能。

适合从事科研人员、数学、生物方面的专家

艺术型（A）

具有复杂、想象、冲动、独立、直觉、无秩序、情绪化、理想化、不顺从、有创意、富有表情、不重实际的特征，表现为：

1. 喜爱艺术性的职业或情境，避免传统性的职业或情境。

2. 富有表达能力和直觉、独立、具创意、不顺从（包括表演、写作、语言），并重视审美的领域。

适合从事诗人、艺术家

社会型（S）

具有合作、友善、慷慨、助人、仁慈、负责、圆滑、善社交、善解人意、说服他人、理想主义等特征，表现为：

1. 喜爱社会型的职业或情境，避免实用性的职业或情境，并以社交方面的能力解决工作及其他方面的问题，但缺乏机械能力与科学能力。

2. 喜欢帮助别人、了解别人，有教导别人的能力，且重视社会与伦理的活动与问题。

适合从事教师、牧师、辅导人员

企业型（E）

具有冒险、野心、独断、冲动、乐观、自信、追求享受、精力充沛、善于社交、获取注意、知名

度等特征，表现为：

1. 喜欢企业性质的职业或环境，避免研究性质的职业或情境，有以企业方面的能力解决工作或其他方面问题的能力。

2. 有冲动、自信、善社交、知名度高、有领导与语言能力，缺乏科学能力，但重视政治与经济上的成就。

适合从事推销员、政治家、企业家

事务型(C)

具有顺从、谨慎、保守、自控、服从、规律、坚毅、实际稳重、有效率、但缺乏想象力等特征，表现为：

1. 喜欢传统性质的职业或环境，避免艺术性质的职业或情境，会以传统的能力解决工作或其他方面的问题。

2. 喜欢顺从、规律，有文书与数字能力，并重视商业与经济上的成就。

适合从事出纳、会计、秘书

（三）测试结果与职业匹配对照表

RIA：牙科技术员、陶工、建筑设计员、模型工、细木工、制作链条人员。

RIS：厨师、林务员、跳水员、潜水员、染色员、电器修理、眼镜制作、电工、纺织机器装配工、服务员、装玻璃工人、发电厂工人、焊接工。

RIE：建筑和桥梁工程、环境工程、航空工程、公路工程、电力工程、信号工程、电话工程、一般机械工程、自动工程、矿业工程、海洋工程、交通工程技术人员、制图员、家政经济人员、计量员、农民、农场工人、农业机械操作、清洁工、无线电修理、汽车修理、手表修理、管工、线路装配工、工具仓库管理员。

RIC：船上工作人员、接待员、杂志保管员、牙医助手、制帽工、磨坊工、石匠、机器制造、机车(火车头)制造、农业机器装配、汽车装配工、缝纫机装配工、钟表装配和检验、电动器具装配、鞋匠、锁匠、货物检验员、电梯机修工、装配工、托儿所所长、钢琴调音员、印刷工、建筑钢铁工作、卡车司机。

RAI：手工雕刻、玻璃雕刻、制作模型人员、家具木工、制作皮革品、手工绣花、手工钩针纺织、排字工作、印刷工作、图画雕刻、装订工。

RSE：消防员、交通巡警、警察、门卫、理发师、房间清洁工、屠夫、锻工、开凿工人、管道安装工、出租汽车驾驶员、货物搬运工、送报员、勘探员、娱乐场所的服务员、起卸机操作工、灭害虫者、电梯操作工、厨房助手。

RSI：纺织工、编织工、农业学校教师、某些职业课程教师(诸如艺术、商业、技术、工艺课程)、雨衣上胶工。

REC:抄水表员、保姆、实验室动物饲养员、动物管理员。

REI:轮船船长、航海领航员、大副、试管实验员。

RES:旅馆服务员、家畜饲养员、渔民、渔网修补工、水手长、收割机操作工、搬运行李工人、公园服务员、救生员、登山导游、火车工程技术员、建筑工作、铺轨工人。

RCI:测量员、勘测员、仪表操作者、农业工程技术、化学工程技师、民用工程技师、石油工程技师、资料室管理员、探矿工、煅烧工、烧窑工、矿工、炮手、保养工、磨床工、取样工、样品检验员、纺纱工、漂洗工、电焊工、锯木工、刨床工、制帽工、手工缝纫工、油漆工、染色工、按摩工、木匠、农民建筑工作、电影放映员、勘测员助手。

RCS:公共汽车驾驶员、一等水手、游泳池服务员、裁缝、建筑工作、石匠、烟囱修建工、混凝土工、电话修理工、爆炸手、邮递员、矿工、裱糊工人、纺纱工。

RCE:打井工、吊车驾驶员、农场工人、邮件分类员、铲车司机、拖拉机司机。

IAS:普通经济学家、农场经济学家、财政经济学家、国际贸易经济学家、实验心理学家、工程心理学家、心理学家、哲学家、内科医生、数学家。

IAR:人类学家、天文学家、化学家、物理学家、医学病理、动物标本剥制者、化石修复者、艺术品管理者。

ISE:营养学家、饮食顾问、火灾检查员、邮政服务检查员。

ISC:侦察员、电视播音室修理员、电视修理服务员、验尸室人员、编目录者、医学实验定技师、调查研究者。

ISR:水生生物学者、昆虫学者、微生物学家、配镜师、矫正视力者、细菌学家、牙科医生、骨科医生。

ISA:实验心理学家、普通心理学家、发展心理学家、教育心理学家、社会心理学家、临床心理学家、目标学家、皮肤病学家、精神病学家、妇产科医师、眼科医生、五官科医生、医学实验室技术专家、民航医务人员、护士。

IES:细菌学家、生理学家、化学专家、地质专家、地理物理学专家、纺织技术专家、医院药剂师、工业药剂师、药房营业员。

IEC:档案保管员、保险统计员。

ICR:质量检验技术员、地质学技师、工程师、法官、图书馆技术辅导员、计算机操作员、医院听诊员、家禽检查员。

IRA:地理学家、地质学家、声学物理学家、矿物学家、古生物学家、石油学家、地震学家、声学物理学家、气象学家、原子和分子物理学家、电学和磁学物理学家、设计审核员、人口统

计学家、数学统计学家、外科医生、城市规划家、气象员。

IRS:流体物理学家、物理海洋学家、等离子体物理学家、农业科学家、动物学家、食品科学家、园艺学家、植物学家、细菌学家、解剖学家、动物病理学家、作物病理学家、药物学家、生物化学家、生物物理学家、细胞生物学家、临床化学家、遗传学家、分子生物学家、质量控制工程师、地理学家、兽医、放射性治疗技师。

IRE:化验员、化学工程师、纺织工程师、食品技师、渔业技术专家、材料和测试工程师、电气工程师、土木工程师、航空工程师、行政官员、冶金专家、原子核工程师、陶瓷工程师、地质工程师、电力工程量、口腔科医生、牙科医生。

IRC:飞机领航员、飞行员、物理实验室技师、文献检查员、农业技术专家、生物技师、动植物技术专家、油管检查员、工商业规划者、矿藏安全检查员、纺织品检验员、照相机修理者、工程技术员、编计算程序者、工具设计者、仪器维修工。

CRI:簿记员、会计、记时员、铸造机操作工、打字员、按键操作工、复印机操作工。

CRS:仓库保管员、档案管理员、缝纫工、讲述员、收款人。

CRE:标价员、实验室工作者、广告管理员、自动打字机操作员、电动机装配工、缝纫机操作工。

CIS:记账员、顾客服务员、报刊发行员、土地测量员、保险公司职员、会计师、估价员、邮政检查员、外贸检查员。

CIE:打字员、统计员、支票记录员、订货员、校对员、办公室工作人员。

CIR:校对员、工程职员、海底电报员、检修计划员、发扳员。

CSE:接待员、通讯员、电话接线员、卖票员、旅馆服务员、私人职员、商学教师、旅游办事员。

CSR:运货代理商、铁路职员、交通检查员、办公室通信员、薄记员、出纳员、银行财务职员。

CSA:秘书、图书管理员、办公室办事员。

CER:邮递员、数据处理员、办公室办事员。

CEI:推销员、经济分析家。

CES:银行会计、记账员、法人秘书、速记员、法院报告人。

ECI:银行行长、审计员、信用管理员、地产管理员、商业管理员。

ECS:信用办事员、保险人员、各类进货员、海关服务经理、售货员,购买员、会计。

ERI:建筑物管理员、工业工程师、护士长、农场管理员、农业经营管理人员。

ERS:仓库管理员、房屋管理员、货栈监督管理员。

ERC:邮政局长、渔船船长、机械操作领班、木工领班、瓦工领班、驾驶员领班。

EIR:科学、技术和有关周期出版物的管理员。

EIC:专利代理人、鉴定人、运输服务检查员、安全检查员、废品收购人员。

EIS:警官、侦察员、交通检验员、安全咨询员、合同管理者、商人。

EAS:法官、律师、公证人。

EAR:展览室管理员、舞台管理员、播音员、驯兽员。

ESC:理发师、裁判员、政府行政管理员、财政管理员、工程管理员、售货员、职业病防治、商业经理、办公室主任、人事负责人、调度员。

ESR:家具售货员、书店售货员、公共汽车的驾驶员、日用品售货员、护士长、自然科学和工程的行政领导。

ESI:博物馆管理员、图书馆管理员、古迹管理员、饮食业经理、地区安全服务管理员、技术服务咨询者、超级市场管理员、零售商品店店员、批发商、出租汽车服务站调度。

ESA:博物馆馆长、报刊管理员、音乐器材售货员、广告商售画营业员、导游、(轮船或班机上的)事务长、飞机上的服务员、船员、法官、律师。

ASE:戏剧导演、舞蹈教师、广告撰稿人报刊专栏作者、记者、演员、英语翻译。

ASI:音乐教师、乐器教师、美术教师、管弦乐指挥、合唱队指挥、歌星、演奏家、哲学家、作家、广告经理、时装模特。

AER:新闻摄影师、电视摄影师、艺术指导、录音指导、丑角演员、魔术师、木偶戏演员、骑士、跳水员。

AEI:音乐指挥、舞台指导、电影导演。

AES:流行歌手、舞蹈演员、电影导演、广播节目主持人、舞蹈教师、口技表演者、喜剧演员、模特。

AIS:画家、剧作家、编辑、评论家、时装艺术大师、新闻摄影师、男演员、文学作者。

AIE:花匠、皮衣设计师、工业产品设计师、剪影艺术家、复制雕刻品大师。

AIR:建筑师、画家、摄影师、绘图员、雕刻家、环境美化工、包装设计师、绣花工、陶器设计师、漫画工。

SEC:社会活动家、退伍军人服务官员、工商会事务代表、教育咨询者、宿舍管理员、旅馆经理、饮食服务管理员。

SER:体育教练、游泳指导。

SEI:大学校长、学院院长、医院行政管理员、历史学家、家政经济学家、职业学校教师、资料员。

SEA:娱乐活动管理员、国外服务办事员、社会服务助理、一般咨询者、宗教教育工作者。

SCE:部长助理、福利机构职员、生产协调人、环境卫生管理人员、戏院经理、餐馆经理、售票员。

SRI:外科医师助手、医院服务员。

SRE:体育教师、职业病治疗者、体育教练、专业运动员、房管员、儿童家庭教师、警察、引座员、传达员、保姆。

SRC:护理员、护理助理、医院勤杂工、理发师、学校儿童服务人员。

SIA:社会学家、心理咨询者、学校心理学家、政治科学家、大学或学院的系主任、大学或学院的教育学教师、大学农业教师、大学法律教师、大学工程和建筑课程的教师、大学数学、医学、物理教师,大学社会科学、生命科学教师,研究生助教、成人教育教师。

SIE:营养学家、饮食学家、海关检查员、安全检查员、税务稽查员、校长。

SIC:描图员、兽医助手、诊所助理、体检检查员、娱乐指导者、监督缓刑犯的工作者、咨询人员、社会科学教师。

SIR:理疗员、救护队工作人员、手足病医生、职业病治疗助手。

附录四　我的生涯规划档案

姓名________　　日期________

1. 你的霍兰德类型是:________　________　________

请根据霍兰德职业兴趣类型表和职业兴趣测试报告中对六种类型的描述,在下面列出最能描述你自己的所有语句。

附表一　“霍兰德类型表”中符合你自身情况的描述:

________________________________　________________________________

________________________________　________________________________

________________________________　________________________________

________________________________　________________________________

________________________________　________________________________

________________________________　________________________________

________________________________　________________________________

________________________________　________________________________

2. 你的 MBTI 偏好类型：______ ______ ______ ______

请根据附表二"MBTI 维度解释表"和附表三"MBTI 的 16 种性格类型及其通常具有的特征"表中对 MBTI 类型的描述，写下最能描述你自己的语句。

注意：你所考虑的职业至少应当在一定程度上允许你表达自己的兴趣和个性。如果在阅读完相关材料并做完测试后你仍不能确定自己的类型，请你重新做测试，如果仍不能确定自己的类型，请与职业生涯教师联系。

二、职业清单

1. 你的霍兰德类型建议你考虑的职业

根据你的兴趣探索的结果，列出至少 10 种与你的霍兰德类型相对应（或近似）的职业，并标出每种职业的霍兰德代码。

职　　业	霍兰德代码（3 个字母）
(1)	
(2)	
(3)	
(4)	
(5)	
(6)	
(7)	
(8)	

(9) ______________________ ________

(10) ______________________ ________

注意:同时请参考你所做的其他兴趣联系。请思考:什么样的职业令你感兴趣?

____

____

____

2. 你的MBTI类型所建议的职业

根据你的MBTI类型偏好,从相关测评或者资料中所列举的职业中挑出你感兴趣的职业,至少要有10种。

职　　业

(1) ______________________________

(2) ______________________________

(3) ______________________________

(4) ______________________________

(5) ______________________________

(6) ______________________________

(7) ______________________________

(8) ______________________________

(9) ______________________________

(10) ______________________________

注意:这些职业有什么共通之处吗?请根据自己的MBTI类型思考,什么样的职业能使你感到满意?

____

____

____

____

三、将你的清单上的职业进行进一步分类和探索

对于你在前两页上所列出的每一个职业进行分类,并把它填在相应的横线上,比如,若"医生"这个职业在你的兴趣列表和MBTI列表中都有出现,就将它列在第一类中。在第四类中列出那些你特别感兴趣但在前面未曾出现过的职业。

第一类:很有可能

在兴趣和个性探索中都曾出现过的职业

____________________　____________________

____________________　____________________

____________________　____________________

注意:这些职业都值得你深入地探索。你的职业探索最好首先集中在这些职业上。了解这些职业的要求和工作环境等细节。根据目前你对自己的兴趣和个性的了解,考虑一下你将会如何从事这份工作。

第二类:比较有可能

在兴趣或个性探索中层出现过一次的职业

____________________　____________________

____________________　____________________

____________________　____________________

注意:这些职业也有比较大的可能性,供你进行下一步的探索。

第三类:有些可能

根据你的兴趣和个性探索,符合你一方面的情况却与另一方面的情况有冲突的职业

____________________　____________________

____________________　____________________

____________________　____________________

注意:考虑一下,如果你从事这些职业,会出现什么情况?是否会有矛盾冲突?如何解决?

第四类:其他的职业

在兴趣和个性探索中都未曾出现且与之没有共同点的,但你感兴趣的职业

____________________　____________________

____________________　____________________

注意:这些职业的可能性通常不是很大。问问自己:你为什么会对它感兴趣?是出于什么样的动机?想想你的目标和信念是否与这些工作匹配。

四、你的价值观

你最重要的五项价值观,并请具体说明它们的含义。

1. ____

2.

3.

4.

5.

五、你的技能

找出你最擅长并愿意在未来职业中运用的技能。

1. 你最重要的五项管理技能(形容词)

(1)

(2)

(3)

(4)

(5)

2. 你最重要的五项可迁移的技能(动词)

(1)

(2)

(3)

(4)

(5)

3. 你最重要的五项专业技能(名词)

(1)

(2)

(3)

(4)

(5)

六、继续探索的职业清单

重阅你在前面所列出的所有职业，根据你对自我的了解，结合你的价值观和技能，在下面空白处列出那些你想继续探索的职业（可以是上面也曾出现过的，也可以是未曾出现但符合上面共同特点的职业）。

______________________ ______________________

______________________ ______________________

______________________ ______________________

______________________ ______________________

______________________ ______________________

______________________ ______________________

注意：在选择你想继续探索的职业时，请不要在未对它有任何了解前就轻易地将它排除。在这张清单上，你需要足够的职业供自己探索，但也要有一定的目标。就是说，最好不少于5个，不多于10个。将你的精力集中在下面的这些职业上。

作为职业的一部分，下一步我打算：

□ 收集、研究与特定领域的职业有关的书面信息

□ 采访有关人士，对我感兴趣的职业领域有进一步的了解

□ 从职业咨询老师或其他老师那里寻求更多的个人帮助

□ 通过选修课程来检测自己对某一相关职业领域的兴趣

□ 通过参加社团活动来检测自己对某一相关职业领域的兴趣

□ 通过业余兼职、实习或做志愿者等方式来检测自己对某一相关职业领域的兴趣

□ ____

七、目标的设立与行动计划

1. 我的长期目标

____

____

____

2. 为了做到这一点，我还需要信息和帮助

____

____

____

3. 为了实现这一目标，在一个月内我应该做的事

——摘自钟谷兰，杨开.大学生职业生涯发展与规划.华东师范大学出版社，2008.

后　记

《大学生全程就业指导》第一版(2009)、第二版(2011)出版后,受到了广大的学生和部分从事就业指导工作的教师的肯定和欢迎,十多所高等院校使用了本教材。如何更好地为学生提供高质量的就业指导一直是我多年来在思考的问题,经过和大学生、从事就业指导的教师、有关高校领导和南京大学出版社的编辑的座谈、沟通和交流,2013 年我萌生了将生涯规划、就业指导、创业指导有机衔接、融为一体的想法,经过一年的努力,这本《生涯规划 · 就业指导 · 创业指导——大学生全程就业指导》终于完成了编写工作。

本教材的主要编写人员都是长期从事就业指导理论研究和工作的专业人士,具有良好的理论基础和丰富的实践经验,本书得以成稿,感谢他们的鼎力相助!我的同事薛艳、蒋志强、杨九东、李海燕在教材的编写策划、校对等方面给予了巨大帮助,在此一并表示感谢!

将本教材做好做优是我的一贯想法,虽然我们尽力朝向这一目标努力,但是书中的仍会有不少的差错和不足,恳请读者批评指正,对你的真诚帮助,我表示深深的敬意和诚挚的谢意!

王新文

2014 - 8 - 23